한겨레역사인물평전 ── 안중근 평전

안중근 평전

평화를 위해 총을 겨눈 인간의 다면적 초상

황재문 지음

발간의 글

'한겨레역사인물평전'을 기획하며

정출헌 | 부산대 한문학과 교수, 점필재연구소 소장

　역사는 인간이 일궈온 삶과 다름이 없습니다. 사람들의 발길이 새로운 길을 내듯, 역사도 그렇게 만들어진 것이겠지요. 그런 점에서 시간 단위로 인간의 삶을 분절한 편년의 역사 서술 관습을 넘어서, 인간을 통해 시대의 편폭을 보여주려 했던 사마천의 시도는 빛나는 것이었습니다. 다양한 인간 군상을 한데 모아놓은 열전(列傳)은, 그래서 수천 년 동안 동아시아 역사 서술의 전범(典範)으로 자리 잡을 수 있었습니다. 물론 그곳에 이름을 올린 이들 모두가 역사상 위대한 업적을 남긴 인물은 아니었습니다. 적장을 살해하려다 실패한 자객, 우스갯소리를 잘하던 사람, 재물을 많이 벌어들인 부자, 질병을 잘 고쳐낸 명의 등까지 망라하고 있으니까요. 역사란 크나큰 발자취를 남긴 위인만이 아니라 인간의 존엄성을 올곧게 지켜 나간 사람들이 함께 어우러져 만들어가는 것이라 여긴 사마천의 믿음이 선연합니다.

　사마천이 역사의 이름으로 불러들인 인물들에 대한 선별은 과연 타당했는가, 또는 그들 각자에 대한 평가는 온당한가, 이에 대한 시비가 없을 수는 없겠지요. 하지만 과거 인물들의 삶을 기록하려는 우리는 사마천의 그런 마음가짐에서 많은 것을 배울 수 있습니다. 역사의 물굽이를 뒤바꾼 행적을 남긴 위인으로부터 하찮은 일상을 통해 시대의 가치를 되새기게 만든 범인(凡人)에 이르기까지 소중하게 여겼던 그 마음 말입니다. 그래서 우리는 아득한 저 고대로부터 근대 전환의 격변기에 이르기까지 우리 역사를 다채롭게 아로새겼던 수많은 인물들을 평전의 대상으로 삼으려 했습니다. 정치·사회·문화·예술 등 다양한 분야에서 우리 시대에 되살릴 만한 다양한, 또 의미를 지닌 인물 100명의 평전을 기획한 것은 그런 문제의식의 산물입니다.

또한 우리는 시대적 흐름에 유념하면서 성패·신분·성별 등을 나름 고려하면서 유사한 삶을 살았던 인물들을 몇몇 범주로 묶어보았습니다. 우리가 지난 역사 인물을 되살려보려는 이유는 시대와 개인이 맺고 있던 복잡다단한 관계를 읽어내고 싶기 때문입니다. 동일한 시대 상황에서 유사한 삶의 궤적을 읽을 수 있는 반면, 그들에게서 발견되는 미묘하지만 화해할 수 없는 차이를 추적하는 것이야말로 시대의 요구와 인간의 선택이 빚어내는 공명과 파열을 생생히 전달하는 것이라 믿은 까닭입니다.

비슷한 시대에 각기 다른 빛깔의 인간을 탐색해가는 과정은 역사라는 거대담론으로 인간 개개인을 재단하던 병폐를 넘어 인간의 삶을 통해 시대의 흐름을 재구성하는 방법이기도 합니다. 특히 생애 관련 자료의 제한 때문에 독립된 평전을 서술하기 어려운 인물의 경우, 시대 및 대상 인물과의 관계 위에서 조망함으로써 그들의 행로를 도드라지게 드러내려 했습니다.

 하지만 오늘날 어떤 인물에 주목할 것인가보다 훨씬 어려운 과제는 그들을 어떻게 그려낼 것인가 하는 문제입니다. 많은 사람들은 평전을 쓸 때 가장 중요한 미덕으로 해당 인물을 객관적이고도 정확하게 그려내는 것을 꼽습니다. 충분히 수긍할 수 있는 지적입니다. 하지만 생애 관련 자료가 풍부하지 못한 현재 우리의 열악한 사정을 감안하지 않는다 해도 그것은 참으로 어려운 요구입니다. 생애 관련 자료가 풍부하다고 하더라도 객관적인 자료란 애당초 기대하기 힘들뿐더러 한 인간을 둘러싼 엇갈린 기억과 자료 가운데 어느 것은 취하고 어느 것은 버릴 것인가를 결정해야 하는데 이는 온전히 필자의 몫일 수밖에 없기 때문입니다. 그래서 역사는 물론이고 한 인간에 대한 기록은 시대에 따라 달라지고 거듭해서 새로 쓰이는 듯합니다.

 그런 점에서 평전을 쓴다는 것은 남아 있는 사실의 기록과 오늘을 살고 있는 필자의 평가 사이에서 아슬아슬한 외줄타기를 하는 작업입니다. 그래서 어렵게 마련이지요. 아마도 위태롭기 그지없는 그 험난한 과정을 버티게 해주는 힘은 과거와 현재, 사실과 허위, 객관과 공감 사이의 균형 감각일 것입니다. 우리는 그런 곤혹스러운 상황을 애써 외면하지 않으려 했습니다. 한 인물의 평전을 쓴다는 것이 과거를 통해 현재를 돌아보고 미래를 전망하는 작업의 일환이라면, 그것은 반드시 건너야 하는 강이라고 생각했기 때문입니다. 대신 힘겨운 작업을 필자 한 사람의 몫으로 떠넘기지 않고, 뜻있는 사람들과 의견을 주고받으며 자신의 균형 감각을 가다듬을 수 있는 자리를 많이 갖도록 노력했습니다.

그런 점에서 역사 속 인물에 깊은 애정과 관심을 가지고 있는 연구자, 그런 연구자를 한자리에 모아 외롭지 않게 함께 작업해갈 수 있도록 엮어주는 연구소, 그리고 연구자의 충실한 성과를 일반 대중에게 알려주는 출판사가 공동 기획하여 발간하는 오늘 우리의 작업은 매우 뜻깊은 시도일 것입니다. 실제로 부산대학교 점필재연구소와 한겨레출판은 전체 기획의 의도, 대상 인물의 선정, 최적의 필자 선택, 평전 집필의 방향을 함께 논의하고 결정했습니다. 그런 뒤 개별 필자들이 평전을 집필하는 과정에서 구상 발표, 자료 점검, 사실의 진위 판단, 원고의 교정·교열에 이르기까지 수시로 의견을 주고받으며 때론 뼈아픈 조언도 아끼지 않았습니다. 이런 공동 작업을 거쳐 세상에 선보이는 '한겨레역사인물평전'은 평전으로서 갖추어야 할 미덕을 고루 갖추고 있는 것은 물론이고 학계와 출판계가 서로 힘을 모으는 새로운 풍토를 마련하는 데도 적잖이 기여할 수 있으리라 기대합니다.

사실 평전을 쓰고 읽는다는 것은 옛사람이 남긴 발자취를 따라가면서 그의 마음과 시대를 헤아려보는 여정일 겁니다. 우리는 그런 여정에서 나 자신이 옛사람이 되어 헤아려보기도 하고, 옛사람이 내 귀에 속내를 속삭여주는 경이로운 체험을 맛보기도 할 것입니다. 때론 앞길을 설계하는 지침이 되기도 하겠지요. 퇴계 이황은 그런 경지를 이렇게 읊었습니다. "고인(古人)도 날 못 보고 나도 고인을 못 뵈어, 고인을 못 뵈어도 가던 길 앞에 있네. 가던 길 앞에 있거든 아니 가고 어찌할까"라고. 우리도 그런 마음으로 옛사람이 맞닥뜨린 갈등과 옛사람이 고민했던 선택을 헤아리며 그의 길을 따라 걸을 수 있으리라 믿습니다. 세월의 간극을 훌쩍 뛰어넘는 그런 가슴 벅찬 공명이 가능한 까닭은, 그도 나도 시대를 벗어나서는 잠시도 살아갈 수 없는 인간이란 이유 때문이겠지요. 그것이야말로 한 치 앞을 내다보기 힘든 우리 시대에 굳이 평전이 필요한 까닭일 것입니다.

| 머리말

영웅의 삶, 성자의 삶, 그리고 인간의 삶

1

2009년은 안중근이 하얼빈역에서 이토 히로부미(伊藤博文)를 저격한 지 100년이 되는 해였고, 2010년은 그가 세상을 떠난 지 100년이 되는 해였다. 100주년의 상징적 의미 때문인지 각계에서 안중근을 기념하는 행사들이 열렸고, 그의 삶을 재조명하는 뮤지컬과 연극도 여러 편 공연되었다. 또 소설, 전기, 학술서, 자료집 등도 여럿 간행되었다. 그 내용 또한 안중근 사후 100년 동안의 연구 성과를 집대성하면서도 새로운 시각을 선보인 것이라 할 만하다.

그럼에도 불구하고 안중근이라는 인물의 평가에 대해서는 사회적 합의에 이른 것 같지 않다. 그 단적인 예를 호칭을 둘러싼 논쟁에서 찾아볼 수 있다. '의사'와 '장군' 가운데 어떤 호칭이 더 적절한가로 요약할 수 있는 이 논란은, 용어의 사전적 정의로 해결할 수 있는 문제가 아니기에 쉽사리 합의에 이를 수는 없을 듯하다. 이 경우에 호칭이란 인물에 대한 평가의 초점을 압축적으로 제시하는 것이므로,

그 인물에 대한 평가에 미세한 차이라도 있는 경우에는 합의를 이끌어내기 어렵기 때문이다.

사실 안중근이 세상을 떠난 직후에 작성된 전기물에서도 그에 대한 호칭은 다양하게 나타났다. "만고의사(萬古義士)", "대동위인(大東偉人)", "한의병장(韓義兵將)"과 같은 호칭이 확인되는데, 각각의 호칭은 인물의 생애를 평가하고 기술하는 데 핵심 용어로 사용되었다. 당시에 호칭을 두고 논쟁을 벌이지는 않았지만, 안중근에 대한 평가를 둘러싸고 사회적 합의가 이루어지지 않은 점은 오늘날과 마찬가지였던 셈이다. '안중근은 위대하다'라는 결론은 동일하지만 그러한 결론에 이르기까지의 논리나 과정은 각기 조금씩 달랐던 것 또한 오늘날과 유사하다.

안중근의 호칭에 대해 논란이 벌어지는 이유는 평가하는 사람에 따라 시각이 다르기 때문이기도 하지만, 더 근본적으로는 안중근이라는 인물의 다면성 때문이기도 하다. 사실 실제 인간은 누구나 다면적인 속성을 갖고 있다. '나'는 가족의 일원이면서 지역사회의 일원이다. 동시에 종교적·정치적 신념을 같이하는 집단의 일원이면서 민족 또는 국가의 일원이다. 또 특정한 직업을 갖고 있으면서도 그와는 별개의 일을 하기도 한다. 안중근 또한 그러한 다면성을 갖는 것은 자연스러운 일이 아닐까.

2

안중근은 오늘날 한국에서 간행되는 거의 모든 '위인전집'에 빠지지 않고 등장한다. 위인전집에 포함되는 순간 그 인물이 위대하다는 결론은 이미 내려진 셈이다. 또 이때의 '위인'이란 영웅과 거의 유사한 의미를 갖는 말로 볼 수 있다.

그런데 안중근이 왜 위대한가, 또는 어떤 영웅인가에 대해서는 의견이 갈린다. '의사'와 '장군'의 호칭을 두고 벌어진 논란은 이러한 의견 차이의 단적인 사례이다. 안중근의 생애를 다룬 글 또는 문학 작품들에서도 이러한 차이를 볼 수 있다. 안중근이 세상을 떠난 직후인 1910년 4월에 쓰인 「근세역사(近世歷史)」부터 오늘날의 전기, 소설, 영화, 뮤지컬에 이르기까지, 그리고 안중근의 동지였던 우덕순과 이강, 조카인 안미생, 딸인 안현생 등의 회고담에서도 그의 영웅성에 대한 다양한 견해를 발견할 수 있다.

우선 1911년 8월에 하와이에서 간행된 「대동위인 안중근전」에서는 안중근을 군담소설의 주인공과 유사하게 그려내면서 장군으로서 그의 면모를 강조했다. 을지문덕이나 이순신에 버금가는 능력을 가졌지만, 나라에서 등용하지 않았기 때문에 자신의 능력을 발휘하지 못했다고 했다. 안중근이 세운 돈의학교 출신인 이전(李全)의 「안중근혈투기(安重根血鬪記)」(1949)에서는 어릴 때부터 뛰어난 사격술을 보였음을 강조했고, 적군인 동학군 장수 김구를 만나러 간 대목을 묘사할 때는 "국군 장교가 단신으로 평양을 방문하는 것"에 비견할 만한 용기 있는 행동을 보였다고 서술했다. 김택영(金澤榮)이 「안중근전」(1916)의 첫머리를 "한국의 의병장인 안중근"이라고 시작한 것 또한 장군으로서의 면모를 중시한 사례라고 할 수 있다. 최근에 공연된 뮤지컬 「영웅」(2009)에서는 단지 동맹의 비장한 장면을 서두에 배치하고 설희와 같은 가공인물을 설정하여 고종 황제와의 관련성을 암시하는 등 장수로서의 면모를 강조했다. 물론 이 작품에 안중근이나 이토의 인간적인 고뇌를 그려낸 몇몇 장면이 있긴 하지만, 제목에서 짐작할 수 있듯이 그 초점은 안중근의 영웅적 면모에 놓여 있다.

한편 박은식(朴殷植)은 「안중근전」(1914)을 통해 안중근이 "평화의 대표"라는 점을 강조하였다. 그는 중국인들이 안중근을 형가(荊軻)와 견주면서 조국을 위해 복수한 열협(烈俠)으로 평가하는 것을 경계했는데, 안중근이 평화를 내세운 점에서 두 사람의 차이를 찾았다. 평화를 해친 이토의 정책에 대해 분석하고 재판 과정을 상세히 다룬 점은, 이를 통해 평화를 위한 안중근의 구상과 갈망을 잘 드러낼 수 있었기 때문일 것으로 짐작된다. 요컨대 실천적인 사상가로서의 면모를 높이 평가한 것이다.

계봉우(桂奉瑀)는 「만고의사 안중근전」(1914)에서 안중근의 생애를 상무가(尙武家), 대종교가, 대교육가, 대시인, 대여행가 등의 항목으로 나누어 서술하였다. 안중근이 가진 다양한 면모를 항목별로 지적한 셈인데, 각 항목의 서술은 안중근의 영웅성을 극대화하는 방향으로 집중되고 있다. 단순화해서 말한다면, 모든 면에서 뛰어난 인물이었다는 것이다. 안중근이 영웅적인 인물이었음이 사실이라고 해도, 이처럼 모든 면에서 뛰어난 인물이었는지는 다시 생각해볼 문제이다. 이러한 구도 속에서는 과장된 진술이 섞이기 쉽고, 그 결과 실제 인물과는 다른 모습이 형상화될 수도 있다.

영웅 또는 위인으로서의 안중근을 서술하다 보면, 생애 가운데 몇 장면에 초점을 맞추게 된다. 또 삶의 여러 국면들에 대해 다소 지나친 의미를 부여할 가능성도 있다. 그렇게 되면 독자는 한 시대를 살아간 인물로부터 삶의 총체성을 읽어내기 어렵다. 안중근을 영웅으로 그려내는 데는 이러한 위험이 따를 것이다.

3

 안중근의 삶을 요약하는 핵심어 가운데 빠뜨릴 수 없는 것이 천주교이다. 안중근이 자신의 삶을 직접 서술한 「안응칠역사(安應七歷史)」에서 가장 상세하게 언급한 것은 자신의 신앙에 대한 부분이었다. 죽음을 눈앞에 두고 작성한 유서에서는, 장남을 신부로 키울 것을 당부하고 가족들이 신앙을 굳게 지킬 수 있기를 기원했다.
 안중근의 생애에서 천주교 신자로서의 면모는 곳곳에서 확인할 수 있다. 아버지 안태훈을 따라 천주교에 입교한 이래 그는 빌렘 신부의 복사로 활동하면서 지식과 견문을 넓혔다. 천주교 포교에 힘쓰는 한편 억울한 처지에 놓인 신도들을 대신해서 문제를 해결하는 모습도 보였다. 해외로 떠날 때는 신부와 협의했고 의병 활동에 나설 때도 종교 의식을 행하는 것을 잊지 않았다. 의병 활동을 벌이다가 죽음의 위기에 처했을 때는 다른 의병들에게 대세(代洗)를 행하여 그들을 천주교로 이끌었다. 뤼순 감옥에서 죽음을 맞기 직전에 빌렘 신부가 성사(聖事)를 베풀어주기를 간절하게 원했던 사실은 이미 널리 알려져 있다.
 천주교 신도로서 안중근의 면모는 이미 가장 빠른 시기의 전기물인 「근세역사」에서도 서술된 바 있다. 여기서는 성모마리아가 나타나는 기적이 있었다는 등의 서술까지 보인다. 2004년에 상영된 영화 「도마 안중근」에서도 기도를 올리는 안중근의 모습이 지속적으로 나타난다. 사실 천주교 교단에서는 공식적으로 천주교인 안중근의 존재를 인정하기까지 많은 시간이 소요되었지만, 일반 신자들 사이에서 안중근의 천주교 신도로서의 면모는 지속적인 관심의 대상이었던 셈이다. '안중근 연구'에 가장 열성적이었던 곳이 천주교 관련 기관과 연구자임은 이를 입증한다.

천주교 신도로서 안중근의 수행이나 성취는 어떤 것이었을까? 그것은 종교 의례를 거르지 않았다거나 신도로서의 의무를 다하고자 했다는 정도는 아닐 것이다. 하얼빈역이나 뤼순 감옥, 그리고 법정에서 보여준 태도를 유심히 살펴본다면, 종교적인 의미에서의 '성자(聖者)'를 지향한 것이라고 해도 지나친 말은 아닐 듯하다. 천주교 측에서 그를 '성인(聖人)'으로 공식화하는 시복(諡福)을 위해 노력하는 것도 이러한 측면에서 의미 있는 일일 것이다.

다만 성자로서의 삶 또한 안중근의 총체성을 모두 담아낼 수는 없을 듯하다. 당대를 살아갔던 수많은 천주교 신자 모두가 안중근과 같은 삶을 지향하거나 살았던 것은 아니다. 또 안중근의 사상 가운데 핵심으로 평가되는 '동양평화론'만 하더라도, 천주교 신자로서의 경험이나 인식만으로 그 기원이나 실체를 해명하기는 어렵다. 천주교 교리가 그 출발점일 가능성을 부정할 수는 없지만, 그러한 전망을 구체화하기까지의 현실에 대한 인식과 판단은 천주교 안에서만 찾아내기 어렵기 때문이다.

4

 영웅이나 성자 이전에 안중근은 한 사람의 인간이다. 인간은 실수나 잘못을 저지르고 후회하기도 하며, 때로는 성격적인 결함을 갖기도 한다. 안중근 또한 한 사람의 인간인 이상, 그에게도 '인간적인 약점'이 존재하는 것은 자연스러운 일이다.

 인간으로서 안중근의 약점은 우선 그의 성격에서 찾아볼 수 있다. "번개입"이라는 자신의 별명을 소개한 것을 고려하면, 안중근은 다소 성급한 성격이었을 듯하다. 성장기의 일화들을 살펴보면 무모하다고까지 생각될 만한 부분도 있다. 절벽에 핀 꽃을 꺾으려다가 목숨을 잃을 뻔했던 일화나 7명밖에 안 되는 인원으로 수만 명의 동학군을 기습한 일화는 그런 대표적인 사례이다. 물론 시각에 따라서는 이러한 일화들을 용감하고 후퇴를 모르는 성격을 보여주는 것이라고 해석하여 칭송할 수도 있겠지만 말이다.

 사실 안중근의 생애를 살펴보면 뜻밖에도 적지 않은 실패 사례들을 발견할 수 있다. 물론 그 원인을 시대적 상황이나 적대자의 방해에서 찾을 수도 있겠지만, 곰곰이 살펴보면 부분적으로는 안중근의 성격이나 기질에서 그 원인을 찾을 수도 있다. 석탄 회사를 운영하려다가 실패한 일은 그 대표적인 사례이다.

 그렇지만 안중근은 실패로부터 교훈을 얻고 새로운 발걸음을 내딛었던 것으로 보인다. 그러한 과정에서 자신이 살았던 시대와 사회에 부딪히면서 자신의 길을 개척한 것이다. 30년 남짓한 생애를 고려하면, 그가 겪은 고난은 참으로 다양하고도 큰 것이었다. 천주교

집안의 일원으로서 부정과 불의에 맞서고자 했으나, 오히려 해를 입을 위기를 겪기도 했다. 천주교 대학을 설립하려는 계획을 세우고 이를 주교에게 건의했으나 성공하지는 못했다. 학교를 세우고 국채를 해결하고 산업을 일으키기 위한 운동을 펼쳤으나 결실을 보지 못했고, 먼 이국땅에서 동포들을 단합시키고 의병을 일으켰으나 목표를 완수하지는 못했다. 그럼에도 포기하지 않고 새로운 목표를 세우고 그것을 실행하는 데 힘썼다.

인간의 삶은 모순적이다. 선택을 놓고 갈등하고 실행에 앞서 고뇌한다. 신념이 가득한 것처럼 보이는 사람일지라도 개인의 삶 속에서 모든 것이 완전히 통일되고 일관되기는 어렵다. 그래서 그 삶을 세밀하게 들여다보면 약하고 갈등하는 인간을 만나게 된다. 나라가 망해 자결을 결심한 후 절명시(絶命詩)를 써놓고도 입에서 약 떼기를 세 번이나 했다고 고백한 매천(梅泉) 황현(黃玹)의 일화는 그 좋은 사례가 될 것이다. 인간인 이상 누구에게나 죽음은 쉽지 않은 일이며, 따라서 갈등하지 않을 수 없다.

안중근 또한 한 사람의 인간이다. 그런데 인간으로서의 안중근만을 강조하게 되면, 이 또한 그의 삶을 총체적으로 바라보기 어려워질 수 있다. 인간적인 갈등과 시행착오를 거치면서 이룬 공적이 우연으로 치부될 수도 있다. 지나치게 과장해서 칭송하는 것도 곤란하지만, 그렇다고 갈등 과정만을 부각시키는 것도 온당하지는 않다. 우리 자신과 똑같은 인간으로서의 조건을 지니면서도 어떻게 스스로를 발전시키고 고난을 극복해나갈 수 있었는지를 균형 잡힌 시각으로 살필 수 있어야 할 것이다.

영웅이나 성자의 삶은 특수한 조건과 관계를 맺고 있다. 영웅은 특정한 시대적 상황의 산물일 수 있고, 성자는 특정한 신념이나 가치관을 공유하는 집단이나 시대를 중심으로 평가받을 수 있다. 이에 비해 인간으로서의 삶에는 이러한 제한이 없다. 이것이 인간으로서의 안중근의 삶에 주목해야 하는 또 하나의 이유이다.

5

한 사람의 삶을 영웅, 성자, 인간으로 나누어 살피거나 서술하는 것은 가능하지 않다. 또 특정 독자를 대상으로 하는 일부 위인전류를 제외하면 집필자가 그러한 목표를 세우지도 않을 것이다. 인간의 삶에 존재하는 다면성이 뚜렷하게 몇 개의 영역으로 분리될 수는 없기 때문이며, 모든 전기류가 대상의 총체성을 지향하고 있기 때문이다. 그렇지만 실제로 인간의 삶을 서술하면서 다면성의 균형을 잡는 것은 쉬운 일이 아니다.

이러한 어려움을 알면서도 안중근의 삶을 더욱 다면적이면서도 총체적으로 서술할 수 있으리라는 희망을 갖게 되는 것은, 무엇보다 안중근 자신이 남긴 기록이 있기 때문이다. 그는 뤼순 감옥에서 자신의 생애를 한문으로 기록하여 「안응칠역사」를 남겼다. 현재 친필 원본은 발견되지 않았지만, 전사본(轉寫本) 및 번역본 3종이 남아 있다. 원본과 일부 차이가 있을 가능성이 있고 개별적인 일화의 사실 여부에 일부 이견이 있기는 하지만, 이 자전적 기록을 통해 영웅, 성자, 인간으로서 안중근의 면모를 모두 찾아볼 수 있다. 따라서 이 평전에서는 오늘날 남아 있는 다양한 기록과 자료를 「안응칠역사」와 대비하면서 안중근의 흔적을 찾아가 보고자 한다.

앞으로 제시할 개별적인 사실들, 그리고 그 해석에 이견을 가진 분들도 있으리라고 생각한다. 당연하면서도 자연스러운 일이다. 안중근에 대한 연구에 미진한 부분이 존재할 뿐만 아니라, 그것을 다시 읽어내는 시대의 성격과 독자의 목적이 달라지기 때문이다. 또한 우리 자신의 삶과 시대라는 거울에 비추어 안중근의 삶을 되돌아보아야 하기 때문이다. 생각하고 판단하는 것은 독자의 몫이며, 이 책은 그러한 생각과 판단의 사례와 자료를 제공하는 데 밑거름이 되었으면 한다.

- 1969년에는 한국국제연구원 최서면 원장이 도쿄의 고서점에서 입수한 일역본(日譯本)이 소개되었고, 1978년에는 나가사키의 금융업자 와타나베 쇼시로(渡邊庄四郎) 소장이 가지고 있던 뒷부분이 생략된 한문본이 세상에 알려졌다. 와타나베 소장본은 원래 안중근을 신문했던 사카이 요시아키(境喜明) 경시가 갖고 있던 것인데, 그의 아들인 사카이 노보루(境喜明)가 이를 와타나베에게 제공했다고 한다. 1979년에는 비로소 완전한 형태의 글이 발견되었다. 일본 국회도서관 헌정연구실의 '시치조 기요미 문서(七條淸美文書)'에서 「안응칠역사」와 미완성의 「동양평화론」이 합철된 책이 발견된 것이다. 시치조 기요미는 헌병학교 교관을 거쳐 검사 및 변호사로 활동했던 인물이다. 이들 이본(異本)이 발견된 경위와 성격에 대해서는 다음 책을 참조했다. 윤병석, 「안중근 의사의 저술과 유묵」, 안중근의사기념사업회 편, 『안중근 연구의 기초』, 경인문화사, 2009, 80~82쪽; 나카노 야스오(中野泰雄) 지음, 양억관 옮김, 『동양평화의 사도 안중근』, 하소, 1995, 79~82쪽.

차례

발간의 글 | '한겨레역사인물평전'을 기획하며 — 정출헌 · 5
머리말 | 영웅의 삶, 성자의 삶, 그리고 인간의 삶 · 10

1부 격한 성품, 그리고 거침없던 어린 시절
1장 · 황해도 해주, 수양산 아래에서 태어나다   25
2장 · 현감 할아버지와 진사 아버지 슬하에서   31
3장 · 이름은 중근이요, 자는 응칠이라   43
4장 · 어린 장군, 동학군과의 싸움에 나서다   53
5장 · 백범 김구와의 인연   67
6장 · 개화파 가문, 천주교에 입교하다   76
7장 · 빌렘 신부를 따르다   84

2부 민족의 현실에 맞서다 — 국내 활동
1장 · 젊은 천주교인, 민권을 꿈꾸다   97
2장 · 천주교 세력의 성장과 안태훈 가문의 고난   107
3장 · 민족이 처한 현실에 눈뜨다   117
4장 · 상하이 여행, 그리고 아버지의 죽음   130
5장 · 교육자의 길   142
6장 · 국채보상운동, 재정 문제를 고민하다   150
7장 · 고국을 떠나는 길   156

3부 독립을 향한 지난한 여정 — 해외 활동
1장 · 간도를 거쳐 블라디보스토크로   169
2장 · 블라디보스토크의 거물, 이범윤과 최재형   178
3장 · 동포의 단합을 호소하다   186

4장 · 의병을 이끌고 두만강을 건너다　　　　　　　198
5장 · 미래를 향한 전망, 만국공법　　　　　　　　205
6장 · 후퇴하며 돌아오는 길, 절망을 넘어서다　　　214
7장 · 단지 동맹, 그리고 새로운 결심　　　　　　　222

4부 때가 영웅을 만듦이여, 영웅이 때를 만드는도다 — 하얼빈 거사
1장 · 블라디보스토크에서의 모의　　　　　　　　233
2장 · 무엇을 할 것인가　　　　　　　　　　　　　244
3장 · 하얼빈으로 가는 길　　　　　　　　　　　　251
4장 · 하얼빈과 차이자거우 사이에서　　　　　　　259
5장 · 안중근과 우덕순의 노래　　　　　　　　　　268
6장 · 1909년 10월 26일　　　　　　　　　　　　　275
7장 · 이토의 최후에 관한 이견들　　　　　　　　　285
8장 · 사건의 파장과 반응, 그 표면과 이면　　　　　293

5부 재판, 그리고 사후의 풍경
1장 · 이토 히로부미의 죄를 밝히다　　　　　　　　303
2장 · 뤼순 감옥의 풍경　　　　　　　　　　　　　310
3장 · 재판의 경과와 이를 바라보는 시각　　　　　322
4장 · 성사, 그리고 못다 이룬 꿈　　　　　　　　　333
5장 · 마지막 순간, 동양의 평화를 호소하다　　　　344
6장 · 유족의 비극　　　　　　　　　　　　　　　350
7장 · 사진, 그리고 남아 있는 흔적들　　　　　　　361
8장 · 「동양평화론」과 평화의 기획　　　　　　　　370

주석 · 379
주요 저술 및 참고도서 목록 · 411
연보 · 421
찾아보기 · 426

일러두기
1. 인명, 지명을 포함한 외래어는 국립국어원의 『외래어 표기 용례집』을 따랐다.
2. 책·잡지·학위논문·신문 등에는 겹낫표(『　』)를, 시·소설·소논문·기사·노래·영화·연극 등에는 홑낫표(「　」)를 사용했다.
3. 직접 인용 중 현재와 맞춤법 및 어법이 다른 경우, 가독성이 떨어지는 부분에 한해 현대어로 수정했다.

1부

격한 성품,
그리고 거침없던 어린 시절

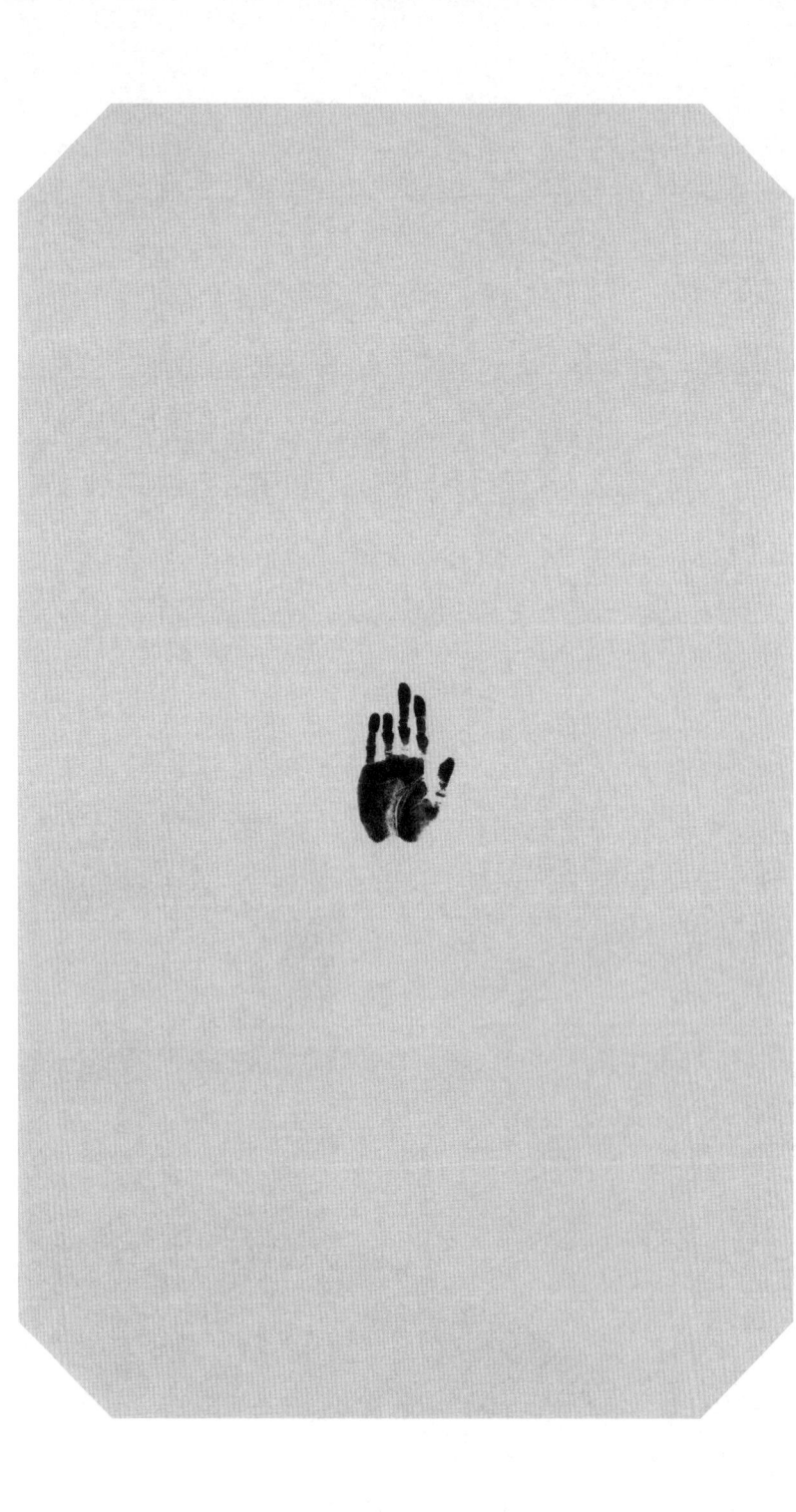

1장
황해도 해주, 수양산 아래에서 태어나다

「안응칠역사」의 첫머리에서 안중근은 자신이 1879년 7월 16일 황해도 해주부의 수양산(首陽山)[1] 아래에서 태어났다고 기술했다. 이날은 양력으로는 9월 2일이며, 수양산은 해주 관아에서 동쪽으로 5리 거리에 있는 산이다.[2] 조선의 시인 성임(成任, 1421~1484)은 시를 읊어 이 산을 노래했다.

> 청산은 창해 가에 첩첩하고
> 창해는 청산 앞에 아득하네.
> 수양산은 진실로 기이하고 빼어나지만
> 지도에는 주나라 땅에 들어 있지 않았네.
> 옛 대(臺)는 완연하여 아직 변함이 없고
> 고을 사람들은 생생하게 다투어 전하네.
> 승려 찾느라 들판의 절집에 갈 것도 없고
> 신선 찾느라 바다에 배 띄울 것도 없네.
> 고사리 캐던 옛 자취 홀로 우러를 만하니

우뚝하여 백세 천세에 뛰어났네.

굶주려도 먹지 않고 은거하기를

형과 아우가 서로 좇아 하였네.

달게 여겨 다시 세상에 나가지 않고

그 몸과 자취를 산중에 의탁했네.

산이 있어 내 뼈는 묻을 수 있을 것이니

주나라 곡식 있은들 내 어찌 목구멍에 넣겠는가.

한 번 죽음으로 후세 깨우치리라 맹세하니

아름다운 풍모 천 년 후에도 늠름하게 전하네.

아아 한스럽구나, 나무 하나로 큰 집 지탱하진 못하는 법,

은나라를 오랫동안 부지하진 못했구나.

青山疊疊滄海邊 蒼海森森青山前

山名首陽正奇絶 圖籍不入周家天

古臺宛然尙未改 州人歷歷爭相傳

不須訪僧投野寺 不須尋眞浮海船

採薇遺躅獨可仰 高出等夷超百千

餓而不食去而隱 兄及弟矣同周旋

甘心無復向天下 寄身托跡山樵煙

有山自可葬吾骨 有粟豈是容吾咽

誓將一死警後世 英風千載吹凜然

嗚呼恨未一木支大廈 長使有殷多歷年

수양산이라는 이름은 중국 산시성(山西省)의 수양산과 그 형상이

비슷하다고 해서 붙여졌는데, 중국의 수양산은 은나라의 현인 백이(伯夷)와 숙제(叔齊)가 주나라의 곡식은 먹지 않겠노라며 은거했다는 곳이다. 그래서 동아시아에서 이 산은 망한 나라를 위해 지키는 절개를 상징하는 장소로 인식되었다. 게다가 해주의 옛 이름 가운데 하나가 바로 고죽(孤竹)이다. 백이와 숙제는 고죽국 군주의 아들이었다. 해주의 수양산을 바라보는 성임의 눈에 백이와 숙제의 높고 아름다운 절개가 들어오는 것은 자연스런 일일 터이다.

백이와 숙제의 절개가 철저하지 못했다고 나무란 사람도 있다. 사육신의 한 사람인 성삼문(成三問)은 시조를 읊어 "굶주려 죽을지언정 수양산의 고사리는 왜 캐는가? 비록 푸성귀이지만 그 고사리는 누구의 땅에서 난 것이겠는가?"라고 힐문했다. 중국의 문인 루쉰(魯迅)은 『고사신편(故事新編)』에서 "고사리는 어느 나라 땅에서 난 것이냐?"는 『고사고(古史考)』의 옛 질문을 되새겼다. 그렇지만 백이와 숙제의 수양산 은거가 동아시아에서 절개에 대한 미담이자 상징이었음은 부정할 수 없다.

안중근이 절개의 상징을 품은 해주 수양산 아래에서 태어났다는 사실이 어떤 특별한 의미를 가지는지는 쉽게 말할 수 없다. 산천과 지리가 사람의 생애에 미치는 영향을 일반화하기 어렵기 때문이다. 또한 안중근이 어린 시절에 이 산이 위치한 해주를 떠났기 때문이기도 하다.

그렇지만 안중근이 자신의 행동을 결정하는 데 수양산에 대한 기억이나 상징성이 아무런 영향을 미치지 않았을 것이라고 말하기도 어렵다. 그의 기억이나 주변 사람들의 언행 속에 수양산과 백이·숙제의 고결한 태도가 남아서, 그것이 안중근 개인에게 어떤 영향을 주었을 수도 있기 때문이다.

산천과 인물 사이에서 어떤 인과관계를 입증하는 것은 사실 어려운 일이다. 그럼에도 수양산에 관심을 갖게 되는 까닭은 산시성 수양산의 백이·숙제와 해주 수양산의 안중근 사이에 몇 가지 비슷한 점이 있는 것처럼 보이기 때문이다. 망해가는 나라에서 살았다는 점, 그 나라의 마지막 순간을 빛낸 특별한 상징이 된 점, 그것이 최선의 행동이었는지에 대한 비판이 있었다는 점, 최후의 순간 성인과 같은 풍모를 보여 칭송된 점 등이 그것이다. 물론 활동 방식은 '은거'와 '항쟁'으로 크게 다르지만, 그들의 태도와 후세에 미친 의미를 생각해보면 이러한 유사성도 찾아볼 만하다.

당대 사람들 가운데도 이런 생각을 했던 이가 있었을까? 박은식(朴殷植, 1859~1925)이 최충(崔沖)과 이이(李珥)의 터전으로 해주를 언급했고, 김택영(金澤榮, 1850~1927)이 "최충이 해동공자의 이름을 얻은 땅에서 안중근이 천하의 높고 큰 절개(天下宏大俊偉之節)를 세웠으니 땅의 기운(地氣)이 그렇게 한 것인가"라고 논했다.[3] 그렇지만 이들은 백이와 숙제를 언급하지는 않았다.

안중근이 운영했던 돈의학교 출신인 이전(李全)이 쓴 「안중근혈투기」에는 안중근의 출생지를 "백이·숙제의 백세청풍비(百世淸風碑)로 이름이 높은 황해도 해주 수양산 아래 광석천(廣石川) 가의 한 고가(古家)"[4]로 묘사했다. 이 표현은 또한 안학식(安鶴植)의 『의사안중근전기』(1963)에도 그대로 수록되었다.

한편 가장 이른 시점의 전기인 「근세역사」의 마지막 부분에는 한

편의 노래가 수록되어 있는데, 이렇게 시작한다. "수양산은 푸르고 전당수(錢塘水)는 드넓네. 인걸(人傑)은 지극히 영묘하니 고금이 다르겠는가."⁵ 이러한 표현은 혹 수양산과 안중근의 관련성을 떠올린 데서 비롯된 것은 아닐까?

안중근 스스로 백이와 숙제를 거론한 일도 있다. 바로 최익현(崔益鉉, 1833~1906)을 평가한 대목에서이다.

> 최익현은 이름 높은 선비이다. 격렬한 상소를 여러 차례 올리다가 도끼를 들고 대궐에 엎드려서 '신의 머리를 베소서'라고 강요한 등의 일로 보건대 참으로 국가를 근심한 선비이다. 또 5조약에 반대하여 글을 올렸고, 결국 자신의 뜻과 같이 행해지지 않으니 의병을 일으켰다. 일본 군사가 잡았지만 '나라의 의사(義士)'라 하여 일본 대마도로 보내 가둬두었다. 그런데 그는 백이나 숙제보다 뛰어난 인물이다. 백이나 숙제는 주나라 곡식을 먹지 않겠다고 말했을 따름이지만, 최 선생은 물조차 마시지 않았다. 만고에 얻기 어려운 근세 제일의 인물이다.⁶

최익현과 안중근 사이에는 적지 않은 차이점이 있다. 태어난 지역뿐만 아니라 사상적 배경도 다르다. 의병 전쟁에 참여한 점은 같지만, 그 구체적인 양상은 같지 않다. 그럼에도 안중근이 최익현을 높이 평가한 이유는 바로 정신 때문일 것이다. 옳다고 믿는 일을 위해 최선을 다함으로써 자신의 믿음을 온전하게 하는 일, 백이나 숙제의 경지를 넘어설 정도로 철저하게 자신의 믿음을 실천하는 자세. 이것이 바로 최익현과 안중근이 공통적으로 추구했던 바가 아닐까?

백이와 숙제의 빼어난 행적을 연상시키는 해주 수양산 아래에서 안중근이 태어났고, 또 그 안중근이 백이와 숙제의 행적을 연상시키는 인물로 최익현을 거론하고 있다는 점은 상징적이다. 이들이 모두 동아시아 공통의 전통적 가치를 지키는 데 최선을 다한 인물이라 할 수 있기 때문이다. 설혹 그 가치의 내용은 각기 달랐다 하더라도 그것을 지키고자 하는 자세는 서로 닮은 것이 아니었을까.

2장

현감 할아버지와 진사 아버지 슬하에서

「안응칠역사」의 서두에서는 할아버지와 아버지에 대해서도 기록하고 있다. 안중근은 단순히 가계와 경력을 기록하는 데 그치지 않고, 이들의 덕성을 구체적으로 드러내고자 했다. 해당 부분을 살펴보자.

할아버지의 이름은 인수(仁壽)이다. 성품이 어질고 후덕했으며 가산이 풍부하였다. 도내에서는 자선가로 이름이 알려졌다. 일찍이 진해현감을 지내셨다. 6남 3녀를 낳았다. 맏이는 태진(泰鎭), 둘째는 태현(泰鉉), 셋째는 태훈(泰勳, 나의 아버지), 넷째는 태건(泰健), 다섯째는 태민(泰敏), 여섯째는 태순(泰純)이니, 6형제가 모두 글재주가 있었다.

그중에서도 아버지는 재주와 지혜가 뛰어났다. 8~9세에 사서삼경(四書三經)을 통달했고, 13~14세에는 과거 시험에 쓰이는 문체를 모두 익히셨다. 『통감(通鑑)』을 읽을 적의 일이었다. 교사가 책을 펴고 한 글자를 가리키며 물었다.

"이 글자에서부터 열 장 아래 있는 글자가 무슨 글자인지 알겠느냐?"

묵묵히 생각하다가 대답하셨다.

"예. 그 글자는 틀림없이 '천(天)' 자일 것입니다."

뒤져보았더니 과연 말대로 '천'이었다. 교사는 기이하게 여기며 다시 물었다.

"이 책을 거슬러 올라가도 알 수 있겠느냐?"

"알 수 있습니다."

이렇게 10여 차례 시험했지만, 바로 하나 거꾸로 하나 한가지로 전혀 착오가 없었다. 보고 들은 사람 가운데 칭송하지 않는 이가 없었고, 선동(仙童)이라 일컬었다. 이로부터 그 명성이 원근에 널리 알려지게 되었다.

중년에 과거로 진사(進士)가 되셨다. 조씨(趙氏)와 혼인하여 3남 1녀를 낳으니, 맏이는 중근(重根, 나), 둘째는 정근(定根), 셋째는 공근(恭根)이다.[7]

우선 할아버지 안인수(安仁壽, 1836~1892)는 무반(武班)의 자리인 진해현감을 지냈다고 했다. 그렇지만 당시에 어떤 선정(善政)을 베풀었는지는 언급하지 않았다. 그렇다면 안인수가 어떤 인물이었는지를 살피기 위해서는 "자선가로 이름이 알려졌다"는 서술에 주목할 필요가 있다.

「안응칠역사」에서는 안인수가 어떤 자선을 베풀었는지를 기술하지 않았지만, 김구의 『백범일지』에는 그 내용을 짐작해볼 만한 대목이 있다. "안 진사의 아버지 인수 씨는 12~13세대 동안이나 해주 부내에서 살았는데, 진해현감을 역임한 뒤에 많은 재산을 친척들에게 나눠주고 300여 석 추수할 자본만 남겨가지고, 청계동이 산수가 수려할 뿐 아니라 피난지가 될 만하다고 생각하고, 장손 중근이 두 살 때 청계동으로 이사하였다"[8]라는 기록이 그것이다.

|안중근 가계도|

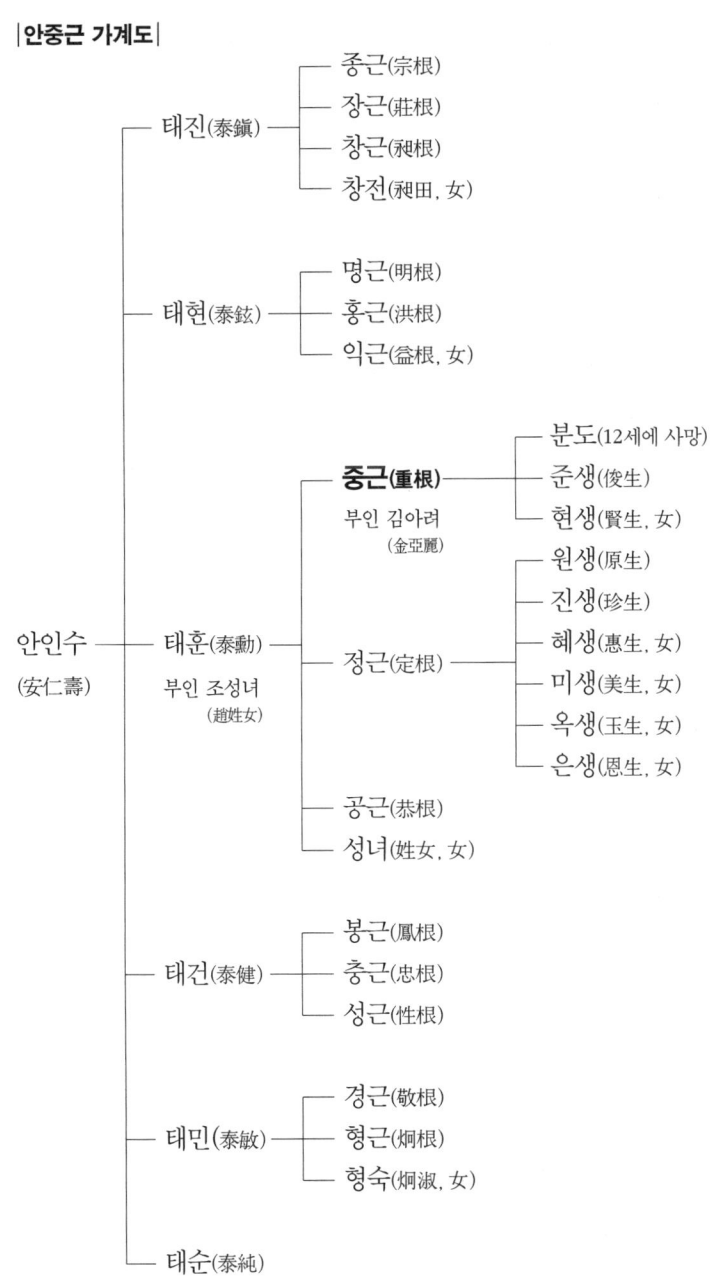

청계동으로 이주한 시기나 이유 등 사실과 다르지만, 많은 재산을 친척들에게 나눠준 '자선' 행위를 기록하고 있다는 점에 주목해보자. 자선을 베푼 대상이 친척의 범위를 벗어나는지는 이 기록에서 확인할 수 없지만, 적어도 안인수가 재물을 아끼지 않는 성품이었음은 짐작할 수 있다.

안인수가 자선가로 이름이 날 수 있었던 까닭은 일단 경제적으로 풍족했기 때문일 것이다. 다소 과장된 것으로 보이지만, 이전의 「안중근혈투기」에는 '풍부한 가산'에 대한 구체적인 기록이 남아 있다. "고조 대에는 거만(鉅萬)의 자산을 갖추어서 해주, 봉산, 연안 일대에 광대한 토지를 소유하여 황해도에서 3, 4위를 다투는 부자의 명성을 얻었다"[9]라는 서술이 그것이다. 요컨대 황해도 각지에 농토를 소유한 대지주였다는 것이다.

또한 1911년에 조선을 찾은 노르베르트 베버(Norbert Weber) 신부의 여행기에는 안인수 일가가 400석의 토지를 소유했으며 어부들을 동원해서 1년에 2~6만 마리가량의 청어를 잡아들였다는 기록이 남아 있다.[10] 400석이라면 황해도에서 중등 규모의 지주에 해당한다.[11] 청어 잡이가 가계에서 차지하는 비중이 어느 정도였는지, 또 그것이 얼마나 지속적으로 이루어졌는지는 분명하지 않다. 다만 베버 신부는 청어 잡이가 하락세를 보여서 이들 일가가 해주를 떠나게 되었다고 기록했는데, 이는 사실과 다르다. 뒤에 살펴보겠지만 안인수 일가가 해주를 떠난 것이 경제적인 문제 때문은 아니라고 판단되기 때문이다. 그렇다면 청어 잡이가 안인수 가문의 지속적이거나 중심적인 경제활동은 아니었으리라고 볼 만한 여지도 있다. 요컨대 상당한 규모의 농토와 적지 않은 노동력을 소유한 지주였다고 보는 것이 적절할 것이다.

한편 안인수가 미곡상을 경영하여 막대한 재화를 축적했다는 설도 있다.[12] 그 근거는 이토 저격 사건 직후 일본 측에서 정리한 정보 가운데서 찾을 수 있다. 경무국장 명의로 작성된 1909년 11월 12일 문서에서 안인수에 대해 "황해도 해주읍에서 미상(米商)을 경영하였는데, 미곡 매입 대금을 항상 지불하지 않는 등 각종 간악(奸惡) 수단을 쓴 까닭으로 세상 사람들이 그 본명을 부르지 않고 안억핍(安億乏)이라고 달리 불렀다"[13]라고 기술한 것이다.

그런데 이 기록에는 안중근의 거사를 폭거(暴擧)로 보고 그 근원을 선대로부터 찾아내려는 의도가 담겨 있다. 과장된 정보가 포함될 만한 여지가 있는 셈이다. 정확성 또한 의심스럽다. 경무국장 명의의 다른 문서에서 안태훈(安泰勳, 1862~1905)에 대해 조사한 내용을 보면,[14] 출생지와 본관을 혼동하고 사망 원인을 임의로 파악하는 등 정확하지 않은 부분이 적지 않다. 적어도 "억핍", 즉 '억지'라고 기록한 것은 탐문 사항 가운데 가장 부정적인 내용을 내세운 것일 가능성이 커 보인다.

오히려 문제는 미곡상을 경영했다는 부분에 있다. 안인수가 적어도 중등 규모 이상의 지주였음은 다른 자료에서도 확인할 수 있는데, 미곡상이라는 서술은 이 자료에만 나타난다. 상당한 농토를 소유한 지주가 쌀을 사들여서 장사를 했다는 점도 사농공상의 분별이 아직 잔존했을 당시의 상황을 미루어보면 쉽게 이해하기 어렵다. 사실 미곡상과 지주는 쌀을 통해 경제활동을 한다는 점에서는 같다.

그렇다면 미곡상 경영은 일시적인 활동이었거나 탐문자의 착각이 아니었을지 의심해볼 여지가 있다. 적어도 미곡상을 안인수의 경제활동에서 핵심적인 부분으로 지목하는 것은 무리가 아닌가 싶다.

그렇다면 이처럼 안인수가 황해도의 지주로 자리 잡은 것은 언제부터일까? 이 문제에 답하기 위해서는 안인수 가문의 성격에 대해 살펴볼 필요가 있다.

순흥 안씨 참판공파는 안중근의 15대조 안효신(安孝信) 이후 대대로 해주에서 살아왔던 것으로 알려져 있다.[15] 김택영과 이건승이 서술한 바와 같이 이들은 초기에는 '주리(州吏)', 즉 향리직을 세습했을 것으로 추정된다.[16] 적어도 이 시기에는 명문가라고 하기 어려웠을 것이다.[17]

이전의 「안중근혈투기」에는 안중근의 가계에 대해 "지방의 무반호족(武班豪族)"이라고 서술하고 있는데,[18] 이처럼 향리직을 벗어나 무반 가문으로 자리 잡게 된 것은 안중근의 고조부 안지풍(安知豊) 때의 일이다. 5대조 안기옥(安起玉)은 벼슬을 하지 못했지만, 안영풍(安永豊), 안지풍, 안유풍(安有豊), 안순풍(安順豊) 등 아들 4형제는 모두 무과에 급제하였다.[19] 이후에도 이 가문에서는 안중근의 증조부인 안정록(安定祿)을 포함하여 적지 않은 무과 급제자를 배출했다.

경제적인 측면을 고려할 때 여기서 주목할 만한 부분은 안기옥의 아들 4형제가 모두 무과 시험을 준비할 수 있었다는 점이다. 사실 과거 시험 준비는 적지 않은 경제적 뒷받침이 필요한 일이었다. 무과에 급제하여 무관으로 활동했던 노상추(盧尙樞, 1746~1829)의 일기에 그려진 생활고에서도 그러한 상황을 짐작해볼 수 있다.[20] 4형제가 무과 시험에 몰입하도록 뒷바라지하기 위해서는 상당한 재산이 필요했을 것이다.

「안중근혈투기」에서 언급한 "거만의 자산을 갖춘 고조"는 바로 안기옥의 아들 안지풍이다. 그렇다면 안기옥 이전 세대에서 향리직을 통해 형성한 재산을 물려받은 안지풍이 많은 농토를 소유하면서 재산을 불렸고, 이 재산이 안정록·안인수·안태훈에게로 이어졌다고 볼 수 있다.

안인수 개인에 한정한다면, 선대로부터 이어받은 풍족한 재산을 소유한 지주였으며 조부 대부터 형성된 무반 가문의 가풍이 몸에 밴 호걸형 인물이었다고 말할 수 있을 것이다. 재산을 아끼지 않는 호탕한 성품이었으리라는 점도 짐작할 수 있다. 안인수가 지극한 효자였다는 기록도 남아 있는데, 자신의 손가락을 베어서 그 피로 어머니의 병을 치료했다는 일화가 그것이다.[21] 전형적인 효자 이야기의 유형인 이 일화가 사실인지는 확인하기 어렵지만, 한편으로는 세심한 성격 때문에 이 같은 이야기가 유포된 것이 아닌가 한다.

안인수는 안기옥이 그랬던 것처럼 아들들을 가르침으로써 가문의 성격을 바꾸고자 했던 듯하다. 「안응칠역사」에서 "6형제가 모두 글재주가 있었다[文翰有餘]"라고 한 데서 그 단서를 찾을 수 있다. 즉 안인수는 아들들로 하여금 무과가 아닌 문과로 과거를 치르도록 했을 것이다. 그리고 그 구체적인 성과가 안태훈의 문과 급제였던 셈이다.

과거를 준비하면서 안태훈이 보여준 능력이 탁월했음은 앞서 제시한 일화에서 충분히 짐작할 수 있다. 8~9세에 이미 사서삼경을 통달했고, 13~14세에는 과거 시험에서 필요한 문체를 숙달했다. 게다가 『통감』을 줄줄 외워서 주변 사람들을 놀라게 했다. 안태훈의 재주는 널리 알려져 있었던 것으로 보이는데, 황주(黃州) 출신인 박은식은 자신과 안태훈이 "황해도의 두 신동(神童)"으로 일컬어졌다고 언급하기도 했다.[22]

명성이 널리 퍼진 때문인지, 서울에 머물고 있던 안태훈은 박영효(朴泳孝, 1861~1939)가 주도한 70명의 외국 유학생단에 선발되었다. 1884년의 일이다. 그렇지만 곧 갑신정변이 일어난 탓에 유학을 떠날 수 없게 되었다. 박영효는 반역죄로 몰려 일본으로 달아났고, 학생들은 죽음을 당하거나 유배되었다. 이런 상황에서 안태훈이 할 수 있는 일은 은거하여 눈앞의 위험을 피하는 정도였을 것이다. 안중근은 이때의 일을 다음과 같이 서술하였다.

아버지는 피신하여 고향 집에 돌아와 지내셨다. 할아버지와 의논하면서 말씀하셨다.

"나랏일이 장차 날로 그릇되어갈 것 같습니다. 부귀공명은 바랄 수 없습니다. 차라리 일찌감치 산에 은거하여 밭 갈고 낚시나 하면서 이 세상의 삶을 마치는 것이 좋을 것 같습니다."

집안 살림을 모두 팔아서 재산을 정리하였다. 말과 수레를 준비하여 70~80여 명의 식구를 이끌고 신천군(信川郡) 청계동(淸溪洞)의 산속으로 이사했다. 지형은 험준하지만 논밭이 모두 기름진 곳이었다. 산명수려(山明水麗)하니 가히 '별유천지(別有天地)'라 할 만했다. 그때 내 나이 6, 7세였다.[23]

대대로 살던 해주를 떠나 인적이 드문 험준한 청계동으로 들어가는 광경이다. 개화의 꿈을 품었을 안태훈이 세상 돌아가는 형편에 실망하고 은거지로 선택한 청계동은 산과 물이 아름답고 논밭이 기름진 요해처(要害處)였다. 망대산(望臺山)이 앞을 가로막고 있고 천봉산(天峰山)으로 둘러싸인 이 땅에는 산에서 발원한 청계천(淸溪川)이 흐르고 있었다. 앞서 살펴본 김구의 기록대로라면 "많은 재산을 친척들에게 나눠주고 300여 석 추수할 자본만 남겨가지고" 이사한 것일 터이며, 베버 신부가 들은 정보가 정확하다면 친척들에게 나눠준 재산은 100여 석 정도였을 것이다. 더 넓은 세상을 꿈꾸었던 청년 안태훈은 오히려 그 꿈 때문에 많은 것을 포기하고 세상과 격리된 깊은 산속으로 들어가야 했던 셈이다.

그런데 안태훈 일가의 청계동 이주에 대해서는 다른 견해도 있다. 앞서 살펴본 김구의 기록을 따른다면, 안중근이 두 살 때인 1880년 무렵에 "산수가 수려하고 피난지가 될 만한" 청계동으로 이주한 것이 된다. 또한 베버 신부는 청어 잡이가 하락세를 보임에 따라 이주했다고 했다. 이 두 가지 기록은 안태훈의 활동과 무관하게 안인수가 이주를 결정했다고 판단한 점에서 위에 인용한 「안응칠역사」의 서술과 다르다.

이전의 「안중근혈투기」에도 안인수가 청계동 이주를 주도한 것으로 서술되어 있다.[24] 이에 따르면 대원군이 경복궁을 중건하면서 무리한 원납금(願納金) 납부를 요구하자 안인수가 가족회의를 열었고, 안태훈과 안태건 두 사람이 반대했지만 가산을 팔아서 원납금을 완납하기로 결정했다고 한다. 또한 자손들의 뒷날을 위해 적당한 이주

황해도 신천군 청계동의 전경(위)과 청계동 안중근 본가 앞의 정자(아래). 1911년 방한하여 이곳을 방문했던 베버 신부가 소장한 사진으로, 위의 사진에서 학생들을 바라보며 서 있는 이가 안중근과 가까이 지냈던 빌렘 신부이다.

지를 찾도록 했고, 그 결과 둘째 아들 안태현이 찾아낸 청계동을 이주지로 선택했다고 기록하고 있다. 집을 짓고 우물을 파고 연못과 누정을 만드는 등 마을을 조성한 경위에 대해서도 상세하게 기록하였다. 실제 사실과 일치하는지 의문이 남는 기록이기는 하지만,[25] 그 내용은 안인수가 주도하여 정세를 판단하고 훗날을 위해 이주를 준비했다는 것으로 요약할 수 있다.

현재까지 발견된 자료로 판단한다면, 안태훈의 개화적 성향의 활동과 연관시킨 「안응칠역사」의 기록이 더 믿을 만한 것으로 보인다. 10여 세대 넘게 살았던 해주를 떠나게 되는 계기도 합리적이거니와 당대의 기록에도 유사한 기술이 나타나고 있기 때문이다.[26]

안태훈의 청년 시절은 이처럼 총명한 과거 준비생이자 개화 성향의 지식인으로 요약할 수 있다. 또한 그러한 성향으로 은거할 수밖에 없는 상황에 처하게 되었다는 점도 지적할 수 있다. 그런데 안태훈과 관련하여 아직 해결되지 않은 문제가 하나 있다. 그것은 문과 시험에 급제해 진사가 된 시기이다.

조선시대에 소과(小科)에 급제하여 진사 또는 생원으로 불린 사람들의 이름은 일종의 급제자 명부인 『사마방목(司馬榜目)』에 실려 있는데, 현재 안태훈의 이름은 확인되지 않는다. 여러 문헌에서 '진사' 또는 '성균 진사'로 지칭된 것을 보면 급제한 것은 사실인 듯한데, 급제 사실 자체를 기록한 문헌이 남아 있지 않은 것이다. 최근 연구에서는 동생 안태건의 이름을 차용하여 1891년 증광시에 합격했을 것이라는 주장이 제기된 바 있는데,[27] 안태건이 진사로 지칭된 자료가 없다는 점 등을 보면 그럴 가능성도 있다. 그렇지만 안태훈이 굳이 동생의 이름을 차용하면서까지 과거를 보려고 할 만한 이유가 있었을지는 의문이다. 새로운 자료를 발굴하고 당시 상황을 정밀하게 재검토하면서 연구해야 할 문제이다.

3장

이름은 중근이요, 자는 응칠이라

안중근은 자신의 출생에 대해 생일과 출생지, 그리고 이름과 자(字)로 구성된 짤막한 기록만을 남겼다. 그리고 주석의 형태로 이름과 자를 지은 뜻을 덧붙였다. "성질이 가볍고 급한 편이어서 '중근(重根)'이라고 이름을 지었고, 가슴과 배에 일곱 개의 검은 점이 있어서 '응칠(應七)'이라고 자를 붙였다"[28]고 한 것이다. 아버지 안태훈이 붙여준 아명(兒名)인 '자임(子任)'은 「안응칠역사」에서는 언급하지 않았다.[29]

응칠이라는 자는 신체적인 특징을 드러낸 것이다. 태어났을 때 지었을 가능성이 높으므로 원래는 아명이었을 것이다. 몸에 난 일곱 개의 점은 북두칠성을 연상시킬 만한 것이니, 이름을 지으면서 북두칠성의 보호를 기대했을 법도 하다.[30] 아이가 북두칠성처럼 빛나는 존재로 성장하기를 기원했을 수도 있다. 더 나아가 김유신처럼 북두칠성의 화신(化身)과 같은 존재이기를 기대했을 수도 있다.[31] 어느 쪽이었는지는 알 수 없지만, 응칠이라는 아명은 성장한 이후에는 자로 사용되었을 것이다.[32] 안중근이 해외에서 활동할 때 사용한 이름이 바로 응칠이다.

그런데 주변 사람들 사이에서는 이 '일곱 개의 점'이라는 사실에 바탕을 둔 영험한 탄생 이야기가 구전(口傳)되었던 듯하다. 이전의 「안중근혈투기」와 안학식의 『의사안중근전기』에는 친족들 사이에서 전승되던 일화가 다수 포함되어 있는데, 여기서 이와 관련된 기록을 찾을 수 있다. 후자의 기록을 오늘날의 표현으로 고쳐서 옮겨 본다.

인걸이 곧 땅의 신령스러운 기운이라고 하는 것은 전래하는 옛이야기에 불과하지만, 이 절세의 구국 거성 안중근 의사의 탄생에 많은 이적(異蹟)과 상서로운 조짐이 따랐다는 것은 꾸밈없는 사실이다.

그의 부친 태훈이 조부(안중근의 증조부)의 무덤을 해주 금산면(錦山面) 냉정동(冷井洞)으로 이장할 때 광혈(壙穴)에서 오색이 찬란한 고대의 자기병 한 쌍이 발굴되었다. 지관이 고승 도선(道詵)을 묻어놓은 표식이라고 하므로, 이를 덧널 안에 넣어서 안장하였다.

이런 일이 있은 지 얼마 지나지 않아 처 조씨(안중근의 어머니) 꿈에 건방(乾方)에 일곱 개의 기이한 별이 나타나 상서로운 빛이 찬란한 몽조(夢兆)가 있었다. 그날부터 태기가 있어 1879년 7월 16일에 마침내 남자아이를 출산하였다.[33]

이날 태어난 '남자아이'는 물론 안중근이다. 인걸이 땅의 신령스러운 기운으로부터 태어난다는 말이 옛이야기에 불과하다고 서두에서 말했지만, 안중근 같은 걸출한 인물이 태어난 데는 그 같은 배경이 있었다는 점을 말하고 있다.

　이 이야기는 사실 전형적인 풍수담에 속한다. 선조의 묘를 이장하려다가 땅속에서 신이한 물건을 얻었고, 그 물건을 땅에 다시 묻은 결과로 뛰어난 후손을 얻게 되었다는 것이 요지이기 때문이다. 우리의 풍수사상을 대변하는 인물인 도선을 등장시킨 것은 새로운 묏자리가 매우 특별한 명당이라는 사실을 보증하는 장치가 된다.

　안중근의 몸에 있던 일곱 개의 점에는 다시 '태몽'이라는 장치가 더해진다. 도선이 점지했던 명당에다가 도선의 의도를 훼손하지 않은 채로 선조의 묘를 쓴 결과 좋은 태몽을 얻었다는 것이다. 건방(乾方), 즉 서북쪽에 일곱 개의 기이한 별이 나타나는 태몽은 아이가 사실상 별의 기운을 가지고 태어났음을 분명한 사실로 인식하도록 하는 근거가 된다.

　여기서 풍수담과 태몽으로 이루어진 이 탄생담을 사실이라고 주장하려는 것은 아니다. 다만 '응칠'이라는 이름에서 이와 유사한 기대가 있었으리라고 상상해볼 만하고, 뒷날 안중근의 업적에 대한 평가가 기이한 탄생담으로 재구성될 만한 것이었다는 점을 지적해두고자 한다.

　안중근이 태어난 곳은 해주이지만, 교육받은 곳은 신천군 청계동이었다. 어린 안중근을 기른 이는 할아버지였다. 물론 할아버지가 손자를 훈육하는 것은 자연스러운 일이지만, 안중근의 경우에는 아버지인 안태훈이 주로 서울에 머물렀으므로 그럴 수밖에 없었다. 안태훈과 교유한 바 있는 박은식은 안중근이 할아버지의 손에 길러진 사정을 말한 뒤에 수학기의 안중근을 이렇게 묘사했다.

(안중근은) 남달리 총명하여 경전과 역사에 통달하고 서예에 뛰어났다. 놀 때는 반드시 활을 끼고 총을 잡았고, 말 타기를 익혔다. 늘 이러했으므로 솜씨가 뛰어나서 말을 탄 채 나는 새를 쏘아 떨어뜨릴 수 있었다.[34]

요컨대 문무(文武) 양쪽에서 모두 뛰어난 재능을 보였다는 말이다. 안중근이 활과 총을 가지고 노는 한편으로 경전을 배우고 서예를 익혔다는 점은 무과에서 문과로 변화를 꾀했던 가문의 성격을 생각해보면 자연스러운 일이다. 또한 무반 출신인 할아버지의 손에 자랐으므로 무과 시험을 준비할 때 익히는 경전과 병서, 그리고 각종 무예는 어린 손자에게 익숙할 수밖에 없었을 것이다. 이 때문인지 안중근의 할아버지에 대한 애정은 각별해서 "14세 무렵에 할아버지가 세상을 떠나셨다. 나는 사랑으로 길러주신 정을 잊지 못해서 매우 애통해하였다. 그러다가 병이 들어 반년 만에야 회복되었다"[35]라고 술회했을 정도다.

안중근은 「안응칠역사」에서 자신이 6~7세 무렵 한문학교(漢文學校)에 들어가서 이후 8~9년간 보통학문(普通學文)을 익혔다고 밝히고 있다. 한문학교가 어떤 형태의 교육기관을 가리키는지는 분명하지 않지만, 청계동으로 이주한 후에 다닌 곳이라면 큰 규모는 아니었을 것이다. 1895년 김구가 보았던 "(안태훈이) 아들과 조카를 위해 만든 서재"[36]에 글 선생을 초빙한 정도의 서당이 아니었을까 한다.

1885년 무렵 청계동으로 이주한 이후에 8~9년간 익혔다는 '보통학문'이 무엇을 지칭하는지도 분명하지 않다. 한문학교라면 한문을 가르치는 곳이었을 터이므로 기본적인 유학 경전이 교과에 포함되었을 것임은 짐작할 수 있다. 오늘날 전하는 안중근의 글씨(遺墨) 가운데 경전 글귀가 다수 포함되어 있다는 점을 생각해보아도 이는 사실일 듯하다. 아버지 안태훈이 청계동으로 피신한 이후에는 개화사상을 담은 서적도 접했을 법하지만, 이에 대한 기록은 남아 있지 않다.

어린 시절 안중근의 성격은 어떠했을까? 「안응칠역사」에 기록된 몇 가지 일화를 통해 어느 정도 짐작해볼 수 있다.

첫째는 절벽에 핀 꽃을 꺾으려다가 목숨을 잃을 뻔한 사건이다. 3월 어느 날 여러 벗들과 함께 산에 올랐을 때의 일이다. 층암절벽 위에 올라 경치를 감상하던 안중근은 문득 한 송이 꽃을 발견했다. 꽃을 꺾으려다가 미끄러져서 절벽 아래로 떨어지려는 위기의 순간, 안중근은 정신을 가다듬고 앞에 있던 나뭇가지를 잡았다. 나뭇가지를 잡지 못했다면 수백 척의 절벽 아래로 떨어질 뻔한 아찔한 순간이었다. 겨우 정신을 차린 벗들이 끌어올린 덕분에 안중근은 간신히 목숨을 구했다고 한다. 목숨을 건진 이후의 행동을 「안응칠역사」에서는 다음과 같이 서술하고 있다.

> 손을 맞잡고 칭하(稱賀)하였고, 천명(天命)에 감사했다. 산을 내려와서 집에 돌아갔다. 어려운 상황에서 죽음을 면한 첫 번째 일이다.[37]

특별히 다친 곳이 없었다고 해도, 이 사건이 한 소년에게 주었을 충격이 얼마나 컸을지는 충분히 짐작할 수 있다. 그리하여 안중근 스스로도 "죽음을 면한 첫 번째 일"이라고 술회하고 있다. 자신을 끌어올려준 벗들에게 감사하고 함께 기쁨을 나누는 행동은 당연한 것이겠지만, '천명'을 거론한 것은 아이에게는 어울리지 않아 보이기도 한다. 왜 그랬을까? 아마도 소년 안중근이 아닌 「안응칠역사」를 쓴 시점에서 안중근의 감상이기 때문일 것이다. 즉 독실한 천주교 신자인 안중근이 뤼순 감옥에서 되돌아본 자신의 어린 날의 사건에 대한 감회가 이 하나의 단어에 집약된 것이라고 해석해도 좋을 듯싶다.

꽃을 꺾기 위해 절벽 위에서 몸을 움직인 행동은 사실 무모하다고 할 만하다. 반면 위기의 순간에 나뭇가지를 발견하고서 그것을 잡은 행동은 침착하거나 담대하다고 할 수 있다. 무모하면서도 때로는 침착하고, 그러면서도 담대한 소년 안중근의 모습을 이 사건에서 찾아볼 수 있다.

다음으로 살펴볼 내용은 친구와의 대화를 통해 자신의 포부를 밝힌 일화이다.

나는 어려서부터 유별나게 사냥을 좋아하였다. 늘 사냥꾼을 따라서 산과 들로 놀러 다녔다. 성장해서는 총을 메고 산에 올랐는데, 새와 짐승을 사냥하느라고 글 배우는 데는 힘쓰지 않았다. 그래서 부모와 교사들이 크게 꾸짖기도 했지만, 끝내 굽히지는 않았다. 글을 배우는 친한 벗들이 알아듣도록 타이르기를 "그대 아버님은 문장으로 세상에 이름난 분인데, 그대는 무슨 이유로 무식한 하등인이 되려고 하는 것인가?" 하므로, 나는 대답하였다.

"그대의 말도 옳다. 그렇지만 내 말을 좀 들어보게나. 옛날 초패왕(楚覇

王) 항우(項羽)는 '글은 이름이나 적을 수 있으면 충분하다'고 말하였네. 그런데도 만고 영웅 초패왕의 명예는 천추에 남아 아직도 전하고 있네. 나는 글을 배워서 세상에 이름을 내고 싶지는 않네. 그가 장부라면 나 또한 장부가 아닌가. 그대들은 다시 내게 글 배우기를 권하지 말게."[38]

안중근이 어릴 때부터 사냥을 좋아한 것은 가문에 이어진 무인 기질 탓도 있겠지만, 청계동이라는 특별한 환경의 영향이 적지 않았을 것이다. 이전의 「안중근혈투기」에서 청계동 안씨의 집이 "산포군(山砲軍)의 영사(營舍)", 즉 사냥꾼의 근거지가 되었다고 한 것은 조금 과장된 표현일지 모르지만,[39] 청계동 주변의 산이 사냥하기 좋은 곳이었음은 분명한 듯하다.

초패왕 항우를 거론한 이유는 영웅호걸이 되려는 호기와 자부심을 드러내고자 했기 때문일 것이다. 항우의 지위가 아니라 항우 같은 기개와 명성을 목표로 삼았음은 물론이다. 이처럼 호기로운 주장을 폈지만, 안중근이 8~9년 동안 보통학문을 익혔다고 한 것을 보면 글공부를 완전히 포기한 것은 아닐 것이다. 다만 문과를 본 아버지와 다른 길을 걷겠노라고 다짐한 것은 사실일 듯하다. 그러한 아들의 태도를 아버지 또한 인정해준 것으로 보인다. 안태훈이 유독 맏아들에게는 공부하지 않는다고 질책하지 않았다는 김구의 언급을 보면, 이러한 아버지와 아들의 관계를 짐작할 수 있다.[40]

20대에 접어들었을 때의 일로 보이지만, 다음의 일화도 안중근의 성격을 살펴보는 데 중요한 단서가 될 만하다.

〔가〕 평생 동안 특별히 즐기던 것이 네 가지이다. 첫째는 벗을 사귀는 일(親友結)이요, 둘째는 음주가무요, 셋째는 사냥(銃砲狩獵)이요, 넷째는 말달리기(騎馳駿馬)였다. 그래서 의협(義俠)의 인물이 산다는 말만 들으면, 그곳이 멀건 가깝건 가리지 않고 총을 들고 말을 달려 방문하곤 했다. 만약 뜻이 맞으면 비분강개한 이야기를 하면서 실컷 술을 마셨고, 취한 다음에는 노래하고 춤추기도 했다.

〔나〕 언젠가 기생집에서 놀다가 기생에게 이렇게 말했다.

"너희가 절묘한 자색(姿色)을 갖추었으니, 호걸남자와 혼인한다면 얼마나 빛나고 아름답겠느냐? 너희는 그렇게 하지는 않고, 돈 소리만 들으면 침을 흘리고 정신을 잃어서 염치를 돌아보지 않는구나. 오늘은 장씨(張氏), 내일은 이씨(李氏)를 상대로 맞아들이니, 금수(禽獸)와 같은 행동이 아니겠느냐."

말이 이와 같으니 미녀들이 받아들이지 않았다. 오히려 미워하는 빛이나 공손하지 않은 태도를 밖으로 드러내 보였다. 그러면 나는 욕을 퍼붓거나 매질을 하곤 했다. 이에 친구들은 나를 '번개입(電口)'이라고 불렀다.

〔다〕 하루는 예닐곱 명의 벗들과 함께 산에 가서 노루 사냥을 하였다. 공교롭게도 탄환이 총구멍에 걸렸다(구식 6연발). 뽑아낼 수도 밀어넣을 수도 없어서 겁도 없이 쇠꼬챙이로 총구멍을 맹렬하게 쑤셨다. 생각지도 못했는데 '꽝' 하는 요란한 소리가 났다. 혼비백산하여 머리는 붙어 있는지 살아 있는지조차 깨닫지 못했다. 조금 뒤에 정신을 수습하여 자세히 살펴보니, 탄환이 폭발하여 쇠꼬챙이와 탄환이 내 오른손을 뚫고 공중으로 날아간 것이었다. 나는 곧바로 병원으로 가서 치료하였다. 이

제 그로부터 10년이 지났지만, 꿈에서라도 그때 놀랐던 일을 생각하면 모골이 송연해진다. 그 뒤에 다른 사람의 오발탄 2발을 등에 맞은 일도 한 번 있지만, 별로 중상(重傷)은 아니어서 바로 총알을 빼내었더니 회복되었다.[41]

〔가〕 일화에서는 자신이 평생 즐기던 네 가지 일을 제시했다. 벗을 사귀는 일과 음주가무를 즐겼으니, 벗 삼을 만한 이가 어디에 있건 즐거운 마음으로 찾아갈 수 있었을 것이다. 사냥과 말 타기를 즐겼으니 뒷날 발휘하게 될 출중한 무예 또한 자연스럽게 닦을 수 있었을 것이다. 네 가지 일 가운데 글공부나 붓글씨 쓰기 같은 것이 없음은 그의 지향점이 아버지 안태훈과 다른 데 있었음을 짐작하게 한다.

〔나〕 일화에서는 '번개입'이라는 별명을 얻게 된 연유를 밝혔다. 기생집에 와서 올바른 생활을 하지 않는다고 기생을 나무라면, 그 훈계를 듣는 기생이 기분 좋을 리 없었을 것이다. 욕설이나 매질로까지 이어진다면 당연히 환영받을 수 없는 일이다. 그런 상황을 알고 있으면서도 하고 싶은 말을 참지 못한 것은 안중근의 성격이나 기질이라고 해야 할 것이다. 적어도 젊은 날의 안중근은 그랬던 듯하다.

〔다〕 일화에서는 사냥을 하다가 부상당한 사건을 서술하였다. 오발탄을 맞는 것이야 사냥터에서 있을 법한 일이지만, 총구멍에 걸린 탄환을 쇠꼬챙이로 쑤셔서 빼내려고 한 행동은 그리 흔한 일은 아닐 것이다. 무모하거나 성급한 행동임이 분명하다. 10년이 지난 일이라

고 했으므로, 20대 초반의 사건일 것이다. 당당하고 자신만만하면서도 한편으로는 성급하고 무모한 청년의 모습을 찾아볼 수 있다.

중근이라는 이름은 "성질이 가볍고 급한 편이어서" 지은 것이라고 했음을 다시 떠올려보자. '근(根)' 자는 돌림자이므로, '중(重)' 자를 이름에 넣었다는 의미일 것이다. 그렇다면 "가볍고 급하다[輕急]"는 것은 20대 초반까지의 안중근의 성격을 대변하는 말이 아닐까? 물론 이런 성격이 이후에까지 이어진 것은 아닐 것이다. 생애 마지막 부분에서 치밀하면서도 진중한 안중근의 모습을 누구나 확인할 수 있기 때문이다.

4장

어린 장군,
동학군과의 싸움에 나서다

1894년은 우리 역사에서 커다란 전환점이 마련된 시기이다. 그 중심에 동학농민전쟁이 있음은 널리 알려진 사실이다. 이를 통해 안중근은 처음으로 전쟁을 경험하게 된다.

안중근은 16세가 된 이해에 김홍섭(金鴻燮)의 딸 김아려(金亞麗)를 아내로 맞이하여 가정을 이뤘다. 또 비록 어린 나이였지만 무예를 익히는 데 힘써서, 청계동 일대에서는 이미 뛰어난 사격술로 이름이 높았다고 한다. 안학식의 『의사안중근전기』에 전하는 14세 때의 일화에서 그 예를 찾아볼 수 있다. 당시 청계동에 모여들었던 포수들은 편을 갈라 사격술 경쟁을 하곤 했는데, 14세의 소년 안중근이 이해 가을의 시합에서 극적으로 다섯 발을 모두 최고점에 명중시킴으로써 자기편을 승리로 이끌었다는 것이다.[42] 과장일 수는 있겠으나, 불과 2년 뒤에 보여준 모습을 생각하면 근거 없는 이야기는 아닌 듯싶다.

안중근은 아버지 안태훈이 일으킨 '의병'의 일원으로 이 전쟁에 참여했다. 그리고 여기서 용맹과 재주를 발휘하여 큰 공을 세웠다. 박은식은 5척도 되지 않는 작은 소년으로 놀라운 사격술을 선보여서 적들로부터 "하늘에서 내려준 홍의장군(紅衣將軍)"이라고 여겨질 정도로 두려움의 대상이 되었다고 기록하고 있다.[43] '홍의'는 어린 아이의 옷을 가리키는 말이라고 설명했으므로, '홍의장군'은 어린 장군 또는 소년 장군을 뜻하는 말인 셈이다.

 그런데 안중근의 '의병 활동'은 오늘날 시각에서 안중근의 생애를 살필 때 부딪치게 되는 가장 당혹스러운 문제 가운데 하나이다. 의병이 상대한 적군이 바로 동학군이었기 때문이다. 동학군은 오늘날 학교교육을 받은 사람 대부분에게 긍정적인 존재로 각인되어 있다. 그 때문에 동학군과 맞선 사람들이 의병이라거나 안중근이 이러한 의병에 포함되었다는 것은 혼란스러운 진술일 수 있다.

 그런 이유 때문인지 아동용 서적에서는 안태훈이 상대한 동학군은 당시 다른 동학군들과 달리 많은 악행을 저지른 무리였다는 식의 기술을 한 예가 보인다. 소설가 조정래가 쓴 위인전에서 그러한 예를 찾아볼 수 있다.

 동학군 모두가 인간 차별이 없는 인내천의 세상, 타락하고 썩은 벼슬아치들을 몰아낸 새 세상 건설을 위해 바르게 행동한 것은 아니었다. 동학군을 빙자하여 닥치는 대로 돈을 빼앗거나 도둑질을 하는 자들의 행패가 곳곳에서 벌어졌다.

 올바른 동학군들은 그런 가짜 동학군들을 없애기 위해 또 싸워야 했다. 백범 김구의 부대가 이동엽 부대와 싸운 것이 그 좋은 예였다.

 안태훈 진사는 가짜 동학군들을 막아내기 위해서 군대를 조직했다.[44]

당시에 동학군을 빙자한 '가짜 동학군'이 있었으며, 안태훈은 이들 무리를 막기 위해 군대를 조직했다는 말이다. 동학군 내부에서 김구 같은 인물이 '가짜 동학군'과 싸워야 했듯이, 안태훈 또한 군대를 조직해서 '가짜 동학군'을 맞아 싸워야 했다는 것이다.

이런 진술은 과연 얼마만큼 사실과 가까울까? 두 가지 문제를 살펴볼 필요가 있다. 우선 황해도에 '가짜 동학군'이 활동했는지를 확인해야 하며, 그다음으로는 안중근이나 안태훈이 동학군 자체에는 반대하지 않았고 '가짜 동학군'과 싸우겠다고 생각했는지를 검토해보아야 한다.

황해도 동학군의 '아기 접주(接主)'였던 김구는 『백범일지』에서 구월산 접주 이동엽(李東燁)이 이끄는 무리의 잘못에 대해 기술한 바 있다. 이동엽의 무리가 노략질을 하는 일이 있었고, 김구의 부하 가운데서 잘못을 저지른 자들이 이동엽의 휘하로 들어가곤 했다는 것이다.[45] 그렇지만 이것만으로 이동엽의 무리가 동학군을 빙자한 가짜라고 판단하기는 어렵다. 이동엽이 김구가 요양하고 있던 곳으로 쳐들어가면서 접주인 김구는 해치지 말라고 명령했던 것을 보면, 그 또한 동학군의 질서와 기율을 존중하고 있었던 듯하다. 전쟁을 수행하는 방법상의 차이가 둘 사이에 있었다고 보는 편이 자연스럽지 않을까 한다. 또한 만약 이동엽이 '가짜 동학군'이었다고 하더라도, 안태훈이 상대한 동학군이 이동엽과 같은 무리였다는 근거는 찾아보기 어렵다.

황해도의 동학농민전쟁이 어떻게 전개되었는지를 잠깐 살펴보자. 이에 대한 기록으로는, 당시 황해감사였던 정현석(鄭顯奭, 1817~1899)

의 「갑오해영비요전말(甲午海營匪擾顚末)」과 일본군을 이끌고 동학군과 전투를 벌였던 일본군 소위 스즈키 아키라(鈴木彰)의 「황해도동학당정토략기(黃海道東學黨征討略記)」를 참고할 만하다. 이들 자료를 살펴보면 황해도에서는 동학교도 외에도 일반 농민, 소리(小吏)나 촌리(村吏) 등 말단 관리, 산포수, 사금 채집 광부 등이 농민전쟁에 참여하고 있었으며, 동학의 2차 봉기에 해당하는 시점인 9월경에 봉기하였음을 알 수 있다.[46]

김구가 최시형을 방문하여 동학교도의 성명이 적힌 단자를 올린 데서 짐작할 수 있듯이, 이들 황해도의 동학교도는 북접(北接)과 연계되어 있었다.[47] 따라서 전봉준 등이 이끌던 남접(南接)의 동학군과 성격이 같지는 않았겠지만, 그렇다고 동학농민전쟁에서 내세운 이념에서 벗어나는 활동을 한 것으로 보기는 어렵다.

스즈키가 황해도에 '위동학당(僞東學黨)'의 활동이 활발했다고 언급한 점은 주목할 만하다.[48] 그렇지만 이 위동학당이 실제로 동학당을 빙자한 무리, 즉 '가짜 동학당'이었다고 단정하기는 어렵다. 정식으로 동학교단의 인정은 받지 못했다 하더라도 동학 이념과 어긋난 무리로 판단할 근거가 없기 때문이다. 임종현(林宗炫, 또는 林鍾賢)의 지휘를 받아 봉기에 참여한 김유영·한화석·원용일·방찬두 등이 1896년 최시형을 방문하여 정식으로 동학도가 되었으니,[49] 최시형을 포함한 동학교단은 동학농민전쟁 기간에 이루어진 이들의 활동을 사후에 승인한 셈이다. 안태훈이 상대한 동학군의 대장이 바로 원용일(元容日)이므로, 안태훈과 안중근이 '가짜 동학군'과 싸웠다는 주장은 성립할 수 없는 셈이다.

황해도의 동학농민전쟁에서 관군은 별다른 일을 하지 못했고, 결국 해주의 감영과 옹진(甕津)의 수영(水營)이 모두 동학농민군에게 점령당하기도 했다. 또 다른 지역과 달리 농민군에 맞서는 양반 사족(士族) 중심의 반(反)농민군 또한 거의 없어서 11월 14일에 70여 명의 병사를 이끌고 농민군 18명을 죽인 산포수 노제석(盧濟石)과 11월 19일 170여 명을 이끌고 농민군 영장(領將) 3명을 죽인 안태훈 정도를 '황해도 반농민군 의병'의 사례로 거론할 수 있을 뿐이었다.[50]

노제석은 청계동의 진사 안태훈을 찾아오곤 했던 산포군의 중심인물이었으므로, 두 전투는 모두 '안태훈 의병'에 의해 이뤄진 셈이다. 신천 수령은 이러한 공을 보고하였고, 이에 황해감사는 조정에 안태훈을 해서소모관(海西召募官)으로 임명해주기를 청하기도 했다.[51]

사실 황해도에서 동학군과 주로 싸운 상대는 일본군이었다. 일본군의 처지에서 안태훈이 이끄는 부대는 관심을 끄는 존재였을 것이다. 그래서인지 스즈키는 직접 안태훈을 만나보려고 시도하기도 했다. 스즈키의 기록을 살펴보자.

재령 지방에 있는 본대와 합류할 목적으로 신천을 향해 갔다. 그곳에는 의용병이 있었는데, 그 수는 200~300명이었다. 또 신천의 남쪽으로 약 3리 떨어진 어떤 읍에 안태운(安泰運)이라는 사람이 있는데, 의용병을 모집하여 스스로 의병 부대 대장이 되어 그들을 통솔하여 산속에서 농성하면서 누차 동도(東徒)와 싸웠다는 이야기를 들었다. 그렇지만 안태운이라는 사람은 단지 자기 읍을 지키기만 하였고, 다른 지방의 적을 치는 일은 없었다고 한다. 아울러 안태운 한 사람에 그치지 않고 부사, 군수, 현감 등이 모두 이처럼 1군 1읍의 안전만을 도모해왔다. 소관은 안태운에게 글을 써서 보내 한 번 만날 예정이었지만, 그가 병이 있기 때문에 만날 수 없었다. 그렇지만 부호이면서 또한 명성이 자못 높은 인물이었다. 일찍이 전 감사 정씨가 재직할 때 수양산성(首陽山城)의 별장(別將)을 했던 자에게 부탁하였지만 끝내 오지 않았다.[52]

'안태운'은 '안태훈(安泰勳)'의 오기(誤記)임이 분명하다. 의병 부대 대장 안태훈이 여러 차례 동학군과 싸웠다는 이야기를 들었기 때문에 스즈키는 직접 글을 보내서 만나기를 청했다고 했다. 그렇지만 '부호이면서 명성이 높은' 안태훈은 병이 있다는 이유를 들어 만나지 않았다. 동학군과 싸우고는 있지만, 안태훈이 일본군에 대해 호의적인 태도를 취하진 않았으리라는 점을 여기서 짐작할 수 있다. 또한 일본군 장교의 면회를 거절한 점을 보면, 명성을 얻거나 중앙 정계로 진출하고자 하는 목적에서 의병을 일으킨 것도 아닐 것이다. 그렇다면 안태훈은 동학군 일반에 대해 부정적으로 파악하고, 이를 상대하는 것이 자신의 의무라고 인식했던 것으로 볼 만하다.

스즈키는 안태훈의 의병 부대가 신천에서 고을을 지키기만 했을 뿐 다른 지방의 적을 치는 일이 없었다고 들었다고 기록하고 있지만, 이전의 「안중근혈투기」에서는 그 활동 영역이 훨씬 넓었던 것으로 서술하고 있다.

이전은 황해감사 정현석이 안태훈을 초청하여 협력을 요청하였고, 조정에 이러한 사실을 보고한 결과 안태훈을 해서소모관으로,

안중근의 아버지 안태훈과 그의 둘째 아들 정근, 셋째 아들 공근의 어린 시절 모습. 이들 안중근의 두 동생은 성장한 후 러시아를 거쳐 중국에서 활동했으며, 특히 안공근은 김구의 최측근으로 활약했다.

안태현을 별군관(別軍官)으로 임명하였다고 했다. 또한 부대를 3개 중대로 나누어 한재호·임도웅·노제호·안태건 등을 간부로 임명했으며, 여러 차례 승리함으로써 위기에 빠진 해주관아를 지켰고 신천군수 일가를 청계동에서 보호하기도 했다고 서술했다.

그런데 「안중근혈투기」의 서술을 그대로 받아들이기는 어렵다.[53] 「갑오해영비요전말」에 실린 신천군수의 첩보(牒報)에서 "감영에서 보낸 본군의 의려장 진사 안태훈(營門所差義旅長本郡進士安泰勳)"이라고 쓴 것을 보면, 황해감영과 관련하여 군대를 일으킨 일은 사실로 보인다.[54] 그렇지만 황해감사 정현석이 안태훈의 청에 따라 무기 등을 제공할 만한 여유가 있었는지는 의문스럽다. 소모관으로 임명해 달라고 조정에 요청한 것은 사실이지만, 「갑오해영비요전말」에서는 자신의 요구에 대한 답이 없다고 정현석 스스로 한탄하고 있다. 감사의 요청에 따라 구원군을 보내거나 다른 지역에까지 활동 범위를 넓힐 만한 상황도 아니었을 것이다. 안태훈이 의병 활동을 한 것은 사실이지만, 「안중근혈투기」에서는 그 구체적인 활동을 과장하여 서술한 듯한 인상이 든다.

이전이 이 같은 서술을 하게 된 이유는 무엇일까? 짐작하건대 이전이 동학에 대해 부정적인 시각을 가졌기 때문은 아니었을까 한다. 그는 동학군이 탐학한 관리들을 몰아낸다는 등의 명분을 내세웠음에도 "불궤(不軌)의 비도(非圖)", 즉 왕조를 바꾸고자 하는 나쁜 의도를 숨기고 있었다고 판단하고 있다.[55] 전봉준에 대해서도 가짜 승려로 무지한 대중을 선동한다고 기술하고 있다. 이전은 동학군을 '동도'나 '동비(東匪)' 등으로 비하하던 당대의 인식을 수용하였고, 이에 따라 다소 과장된 의병 활동의 묘사를 통해 안태훈을 칭송하고자 한 것일 듯하다.

안태훈의 사상적 경향도 의병 활동의 원인으로 지적할 만하다.[56] 안태훈이 박영효가 주도한 유학생단에 포함되었던 사건을 앞서 언급한 바 있거니와, 동학군이 박영효로 대표되는 개화 인사들에 대해 적대적인 태도를 취하고 있었기 때문이다.

다음은 동학군이 2차 봉기에서 공표한 한글 격문의 일부이다. 황해도의 동학군이 발표한 것은 아니지만, 지역에 따른 동학군의 차이를 파악하기 어려웠을 안태훈이 '동학군 일반'의 성격에 대해 인식하는 자료가 되었음 직한 것이므로 여기에 인용한다.

성상(聖上)의 인후하심에도 세 항구를 열어 통상 후인 갑신 10월에 네 원흉(김옥균, 박영효, 홍영식, 서광범)이 적을 도와 군부(君父)의 위태로움이 조석이 되었지만 종사의 홍복에 의해 간당(奸黨)을 소멸했다. (……) 생각해보면 조선인끼리라면 도속(道俗)은 다르다고 해도 척왜척화(斥倭斥化)는 그 뜻이 일반이다. 몇 마디 어구로 의혹을 풀도록 하고자 하니 각자 돌아보아 충군애국의 마음이 있다면 곧 의리로 돌아서 상의해서 함께 척왜척화하여 조선이 왜국이 되지 않도록 동심협력하여 대사를 이룩함이 어떻겠는가.[57]

1884년 갑신년의 '네 원흉'에는 당연히 박영효가 포함된다. '조선인'은 각기 지방에 따라 풍속이 다르다고 하더라도, '척왜척화'하는 마음은 당연히 같아야 한다고 규정했다. '척왜'가 일본을 배척한다는 것임은 분명한데, '척화'가 무엇을 배척한다는 뜻인지는 분명하지 않다. 중국일 수도 있고 개화일 수도 있다. 전자라면 선언의 요지가 외세 일반에 대한 배척의 뜻일 것이며, 후자라면 일본 세력 및 그에 의지한 개화에 대한 배척의 뜻이 될 것이다. 특히 후자로 해석할 수 있다면, 동학군의 2차 봉기는 안태훈의 정치적 태도와 대립될 수밖에 없었을 것이다.

그렇다면 안중근은 어떤 생각으로 의병 활동에 참여했을까? 안중근 자신의 목소리를 다시 한 번 살펴보자.

> 이때 한국의 여러 지방에서는 이른바 동학당(지금 일진회(一進會)의 근본 조상(本祖)이다)이 곳곳에서 봉기하였다. 외국인을 배척한다고 칭탁(稱托)하면서 고을마다 횡행했다. 관리를 살해하고 백성의 재물을 약탈하였다(이때 한국이 위태롭게 될 기초와 일본·청나라·러시아가 전쟁을 벌이게 될 원인을 만나게 되었다). 관군이 진압할 수 없었으므로 청나라 군사가 건너왔고, 또한 일본 군사가 건너왔다. 일본과 청나라가 충돌하니 반드시 큰 전쟁이 일어날 듯했다.
> 이때 아버님께서는 동학당의 포악한 행동(暴行)을 참을 수 없어서, 뜻을 같이하는 사람들을 모으고 거의(擧義)를 알리는 격문을 띄워 포수들을 불러 모았다. 또한 가족들을 군오(軍伍)에 편입시켰다. 정병(精兵)이 모두 70여 명이었으며, 청계동 산속에 진을 치고 동학당에 대항하였다.[58]

동학에 대한 인식만 찾아본다면 다음의 셋으로 요약할 수 있다. 첫째, 동학당이 외국인을 배척한다는 명분으로 포악한 행동을 하고 있다. 둘째, 동학당의 활동이 뒷날 청 · 일 및 러 · 일 사이의 전쟁을 불러오는 빌미가 된다. 셋째, 동학당은 곧 일진회의 뿌리이다.

셋 모두에서 동학당을 긍정적인 부분(무리)과 그렇지 않은 부분(무리)으로 나누어서 보는 시각은 보이지 않는다. 동학당 일반이 이와 같다는 것이다. 첫째가 사건 당시의 인식이라면, 둘째와 셋째는 사건이 있은 뒤의 해석이다. 셋째의 인식, 즉 일진회의 뿌리라는 인식이 「안응칠역사」를 쓰던 당시의 생각에 의거해서 붙인 주석이라면, 안중근은 상당한 시간이 흐른 뒤에도 동학당에 대해 부정적으로 판단하고 있었을 가능성이 크다. 사건 당시에는 아버지의 현실 인식을 받아들였다고도 볼 수 있겠지만, 이후에도 동학당을 부정적으로 인식하고 있음을 볼 때 안중근 자신의 동학당에 대한 인식 역시 부정적인 것이었을 듯하다. 그렇다면 그에게 '의병'은 '의로운 군대'로 지속적으로 기억되었을 것이다.

다시 16세의 어린 장군의 활약상에 주목해보자. 가문 전래의 무인 기질을 이때 발휘했다는 점은 여러 편의 전기류에서 지적하고 있다. 안중근 자신의 서술을 통해 어떤 상황에서 어떤 방식으로 싸웠는지 살펴보도록 하자. 원용일이 이끄는 동학군 2만 명을 상대하게 된 70여 명의 안태훈 부대가 비바람이 불던 12월의 어느 날 적진을 야습(夜襲)하기로 한 상황이다.

아버님은 닭이 울면 새벽밥을 지어먹고 정병 40명은 적진으로 가고 남은 사람들은 본동(本洞)을 지키도록 명령하셨다. 그때 나는 동지 여섯 명과 함께 선봉 겸 정탐 독립대로 자원하여 수색하며 전진하다가 적병의 대장이 있는 곳 지척에까지 다다랐다. 숲 속에 숨어서 적의 진세(陣勢)와 움직임을 살펴보니, 깃발은 바람에 펄럭이고 불빛은 대낮처럼 환한데 떠들썩하여 전혀 기율(紀律)이라고는 없었다. 나는 동지들을 돌아보며 말했다.

"지금 적진을 습격한다면, 반드시 큰 공을 세울 것이다."

여러 동지들이 말했다.

"적은 병사로 어찌 수만 명의 대군을 당해낼 수 있겠는가?"

나는 다시 대답하였다.

"그렇지 않다. 병법에 '적을 알고 나를 알면 백 번 싸워 백 번 이긴다'고 했다. 적의 형세를 보니 어지러운 오합지졸에 지나지 않는다. 우리 일곱 사람이 마음과 힘을 한가지로 한다면, 저런 어지러운 무리야 백만 대군이라 해도 두려워할 것이 없다. 날이 밝기 전에 출기불의(出其不意)의 전략을 쓴다면, 그 형세는 파죽지세와도 같을 것이다. 그대들은 의심하지 말고 내 계책을 따르라."

모두 응낙하여, 그대로 계책을 정하였다. 호령 한마디를 신호로 일곱 사람이 일제히 적의 대장이 있는 곳을 향해 총을 쏘았다. 벼락같은 총소리에 천지가 흔들리고, 탄환은 우박처럼 쏟아졌다. 적군은 미리 대비하지 않았으므로 미처 손을 쓸 틈도 없었다. 갑옷도 채 입지 못한 채 기계도 버리고, 서로 밀치고 밟으며 온 산과 들로 달아났다. 우리는 승세를 타고 추격했다.

이윽고 동이 텄다. 적병은 비로소 우리 쪽의 형세가 대단치 않음을 알아차리고, 사방에서 포위하여 공격했다. 형세가 위급하여 좌충우돌해보았으나, 전혀 빠져나올 길이 없었다. 갑자기 등 뒤에서 포성이 크게 울리면서 한 무리의 군사들이 달려와 공격하니, 적병이 패하여 달아났다. 그래서 우리가 적의 포위를 벗어날 수 있었다. 본진(本陣)의 후원병들이 와서 응원해준 것이었다.[59]

70명의 병사로 2만 명의 적과 맞선다는 것은 사실 무모한 일이다. 무기를 다루어본 경험이나 무기의 성능에서 차이가 난다 하더라도 그렇다. 설사 실제의 적이 2만 명에 못 미치는 수였다 하더라도, 적의 수를 2만 명으로 파악한 이상 상황을 판단하는 기준에는 차이가 없다. 이런 어려움을 극복하기 위해 안태훈이 제시한 방법이 야간에 기습하는 것이었다.

안중근이 맡은 역할은 선봉 겸 정찰대였다. 아마도 정찰이 주된 임무였을 것이다. 7명의 선봉 겸 정찰대로 적의 동태를 파악한 후 안중근이 내린 결론은 기습 공격이었다. 공기무비(攻其無備) 출기불의(出其不意), 즉 상대가 미처 준비를 갖추거나 예상하지 못하고 있을 때 기습 공격하는 손자의 병법을 적용하는 것이었다. 적의 상황과 자연 환경을 충분히 고려한 뒤에 내린 결론이었으므로, 안중근은 자신 있는 태도로 설득하고 과감하게 실행했다. 침착하면서도 과감한 행동력이 돋보이는 부분이다.

그렇지만 이후에 이어진 작전은 무모한 면도 있는 듯하다. 아무리 패하여 달아나는 적군이라 하더라도, 7명만으로 수만 명을 추격하기는 어려운 법이다. 날이 밝아 군사의 수가 드러나자 곧 위험에 빠진 것은 당연한 일일 것이다. 뒤이어 당도한 후원 부대의 도움으로 위기의 순간을 벗어나기는 했지만, 지혜로운 작전이라고 하기는 어렵다.

이 싸움에서 안태훈 부대는 큰 승리를 거두고 많은 전리품을 얻게 된다. 아군은 아무도 다치지 않은 데 반해, 상대방은 수십 명이 죽거나 다쳤다. 각종 무기를 노획하고 군량 천여 포대를 획득했다. 이 승리는 관찰부에 보고되었고, 일본군 소위 스즈키는 서신을 보내오기도 했다. 이후에는 적들이 감히 싸움을 걸어오지 못하고 달아나기도 했다.

「안응칠역사」에 등장하는 동학군과의 전투 장면은 여기서 거론한 원용일 부대와 치른 싸움이 유일하다. 또 다른 싸움이 있었을지도 모르지만, 「안응칠역사」에는 기록되어 있지 않다. 그렇지만 이 한 번의 싸움만으로도 전투에 임하는 안중근의 태도를 짐작해볼 수 있다. 과감하고 용감하면서도 한편으로는 무모한 면도 보인다는 것이 대략적인 내용일 것이다. 이러한 자세가 이후 안중근의 생애에서 어떻게 이어지거나 달라지는지 살펴보아야 한다.

한편 안중근은 동학군과의 전쟁이 끝난 뒤 심하게 앓았다고 한다. 석 달가량 지난 뒤 회복되었으나, 이후 자신의 생애에서 이처럼 앓은 일은 없었다고 안중근 스스로 술회하였다.[60] 열여섯 살의 어린 장군이 감당하기에 힘든 일이었기 때문일까? 아니면 이와는 다른 어떤 이유가 있었을까? 안중근이 직접 말하지 않았기에, 오늘날 여러 가지로 추측해볼 뿐이다.

5장
백범 김구와의 인연

황해도 동학농민군의 우두머리 가운데는 김창수(金昌洙)라는 '아기접주'가 있었다. 바로 김구(金九, 1876~1949)이다. 김구는 1893년에 동학에 입도했으며, 1894년 가을에는 황해도 접주 15인의 일원으로 보은에 가서 교주 최시형을 만난다. 그리고 돌아오는 길에는 동학당의 집회 광경과 삼남으로 떠나는 관군의 모습을 접하게 된다. 전봉준이 각 지방 농민군들에게 재봉기를 요청하는 격문을 보낸 후 교통의 요지인 전북 삼례에서 동학농민전쟁의 2차 봉기가 시작되던 시점이었다.

황해도에 돌아온 김구는 팔봉접주(八峯接主)로 동학군의 선봉이 되었다. 해주성 공격에 실패하고 해주 서쪽 회학동(回鶴洞)으로 물러나 있을 무렵, 신천 안 진사의 밀사가 김구를 방문하였다. 『백범일지』에서는 "비밀리에 조사하고 난 뒤 '군이 나이는 어리지만 대담한 인품을 지닌 것을 사랑하여 토벌하지 않을 테지만, 군이 만일 청계를 침범하다가 패멸하면 인재가 아깝다'는 후의에서 보낸 밀사"라고 했다.[61] 안태훈이 동학군에 몸담고 있는 김구의 재주를 높이 평가하여 김구의 부대는 공격하지 않겠다는 뜻을 보인 것이다. 이 밀사를 만나고 난 뒤 김구는 서로를 침범하지 않을 뿐만 아니라 위험한 때에는 돕기까지 하겠다는 밀약을 맺는다. 적군과 일종의 동맹을 맺은 것이다.

안태훈이 김구와 밀약을 맺은 것은 기본적으로는 전략적인 판단이었을 가능성이 높다. 아마도 처음에는 김구를 설득함으로써 이이제이(以夷制夷)나 원교근공(遠交近攻)의 계책으로 청계동 인근의 동학군을 막고자 했을 것이다.[62] 그렇지만 한편으로는 어린 나이에 동학군의 핵심 부대를 이끌고 있는 김구의 재주를 점차 인정하게 되었고, 그에 따라 진심이 담긴 후의를 보이게 되었을 듯도 하다. 무인 가문 출신으로 병법에 밝은 안태훈이 적에 대한 정탐을 게을리하지는 않았을 것이므로, 이러한 가정이 그리 무리는 아닐 것이다. 또한 일본군 장교를 만나지 않은 데서 짐작할 수 있듯, 안태훈은 개화파에 속하면서도 외세에 대한 경계심을 갖고 있었으므로 장차 외세를 막기 위해서는 김구 같은 젊은 인재를 특별히 보호해야 한다는 생각을 했을 법도 하다.

동학농민전쟁이 실패로 돌아간 뒤, 세 달 동안 몽금포에 은거하던 김구는 안태훈을 찾아간다. 쫓기는 신세였던 김구가 청계동으로 간 것은 직접적으로는 정덕현(鄭德鉉)의 권고 때문이었겠지만, 과거 안태훈이 밀사를 보낸 인연이 있었기에 가능했을 것이다. 청계동 의려소(義旅所), 곧 안 진사 댁을 찾아갔던 김구는 주변 경치를 꽤 상세하게 묘사하고 있다. 경관을 세밀하게 기억하고 묘사하는 김구의 심리 속에는 '패군의 장수'라는 데서 오는 일종의 불안감도 있었을 것이다.

청계동에 도착한 김구는 기대 이상의 환대를 받았다.[63] 1895년 2월부터 5월까지 스무 살의 청년 김구는 안태훈이 마련해준 청계동 집에서 생활한다. 그는 안태훈의 형제와 아들, 조카 등을 만났을 뿐 아니라 오주부(吳主簿)를 비롯한 안태훈 주변 인물과도 어울렸다. 이에 대한 김구의 기록은 안태훈 일가의 청계동 생활을 추정하는 데 중요한 자료가 된다.

김구가 청계동에서 만난 인물 가운데 특히 주목할 만한 이는 고산림(高山林)이다. 그는 유중교(柳重敎)의 제자로서, 고능선(高能善)이라고도 불렸지만 본명은 고석로(高錫魯)이다.[64] 고산림은 김구를 불러 글을 가르치기도 했고, 세상 돌아가는 일에 대한 견해를 펴기도 했다. 또한 손녀사윗감으로 생각하여 각별하게 대했다.[65]

고산림은 그의 학맥(學脈)에서 짐작할 수 있듯이 안태훈과 사상적 성향이 다른 인물이었다. 의병을 일으키던 초기에 안태훈이 모사(謀師)로 모셔왔다고 했는데, 이는 동학군에 대한 시각에 공통점이 있었기 때문일 것이다. 그렇지만 동학군과 싸움이 끝난 이후 두 사람의 사이는 멀어진다. 고산림은 안태훈이 천주학을 해볼 마음을 품고 있다고 판단하여 경계한다. 천주학을 해서 서양 오랑캐에 의지하고 의뢰할 마음이 있다면, 이는 결국 대의에 위반된 행동이라고 판단한 것이다.[66] 단발령이 내려진 후 의병을 일으키는 문제로 대립하던 두 사람은 결국 절교한다. 안태훈이 천주교를 믿다가 기회를 보겠다며 당장 머리를 깎겠다는 의향까지 내비쳤기 때문이다.[67] 고산림을 따르던 김구와 안태훈 일가의 인연 또한 여기서 잠시 멀어진다.

그런데 안중근 자신의 기록인 「안응칠역사」에는 김구에 대한 언급이 없다. 김구와 대면했던 인물은 안태훈이지 아들인 안중근이 아니기 때문일 것이다. 뒷날 안중근이 신문(訊問)당하면서 국내 인물에 대해 언급할 때도 김구의 이름은 보이지 않는다.[68] 이는 청계동에 머문 기간에 김구가 안중근과 특별한 교분은 없었다는 의미로 해석될 수 있다.

반면 「안중근혈투기」에는 안중근과 김구의 관계가 상당히 밀접했다고 묘사되어 있다. 이전은 16세의 소년 장군 안중근이 구월산에 있던 19세의 접장 김 청년, 즉 김구를 방문하여 동학군에서 빠져나올 것을 권고했다고 서술하였다. 또한 안중근의 의기에 감동한 김구도 청계동을 방문하기로 약속했다고 했다. 그 결과 김구는 '무익한 항전'을 그만두기로 결심했고, 이후 안중근과 김구 두 사람은 둘도 없는 벗이 되어 광복의 큰 사업에 헌신했다는 것이다.[69]

물론 이 진술은 사실과 다를 것이다. 안태훈의 밀사가 왔고 김구가 청계동에서 잠시 생활했다는 점만 제외하면, 『백범일지』의 기록과 일치하는 바가 거의 없기 때문이다. 또 당시 정황을 살펴보더라도 안중근이 "국군 장교가 단신으로 평양을 방문하는 것과 다름없는 일"[70]을 하지는 않았을 것이다. 다만 「안중근혈투기」의 기록은 안중근의 용맹하고 과감한 태도를 돋보이게 하는 효과는 있는 듯하다. 알려진 일화를 '혈투'라는 테마에 걸맞게 재구성한 결과일 것이다.

한편 김구는 안중근이 이토 히로부미를 쏜 이후 안중근 가문과 인연을 다시 이어가게 된다. 그는 교육 활동을 벌이다가 황해도 송화에서 영문도 모른 채 체포되는데, 얼마 뒤에야 안중근 집안과의 관계 때문에 체포되었음을 알았다고 한다. 고산림이 안태훈과 절교한 이후 김구 또한 별다른 왕래가 없었기 때문에, 이때 김구는 불기소로 풀려날 수 있었다.

중국으로 건너가 독립운동에 투신한 후에 김구는 안중근의 가족들과 함께 활동하였다. 안중근의 동생인 안정근(安定根, 1884~1949)과 안공근(安恭根, 1889~1939)은 러시아를 거쳐 중국에서 활동했으며, 특히 안공근은 김구의 최측근으로 활약했다.[71] 또한 안정근의 딸 안미생(安美生)은 김구의 맏아들 김인(金仁, 1918~1945)과 혼인하였고, 김구의 비서로 그를 수행하기도 했다.

김구가 안중근 가문의 인물들과 이처럼 긴밀한 관련을 맺게 된 데는 여러 가지 이유가 있다. 우선 안중근의 가족이 한반도를 떠날 수밖에 없는 상황이었고, 이들이 독립운동에 필요한 능력을 갖추고 있었다는 점을 들 수 있다.[72] 그렇지만 한편으로는 안중근이라는 이름이 갖는 상징성도 무시할 수 없는 비중을 차지했을 것이다. 안중근의 가족이라는 이유로 이들은 자연스럽게 독립운동의 핵심에 자리할 수밖에 없었고, 김구 또한 당연히 이러한 점을 고려했다고 볼 수 있다.

현실적인 상황을 고려하지 않더라도, 김구는 안중근에 대해 특별한 존경의 뜻을 품고 있었다. 충칭(重京)으로 옮겨간 중국 정부를 따라서 난징(南京)을 떠날 즈음에 김구는 안공근에게 특별한 명령을 내린다. 위험한 곳에 머물고 있는 안중근의 부인을 구해오라는 명이었다.

백범 김구와 며느리 안미생이 함께한 모습. 안미생은 안중근의 조카딸로 주충칭영국대사관 직원으로 근무하다가 대한민국 임시정부에서 활동했고, 김구의 아들 김인과 결혼했다가 1945년 남편이 사망하자 김구의 비서로 일했다. 사진은 김구가 귀국 후 집무실로 사용했던 경교장에서 찍은 것이다.

나는 안공근을 상하이로 파견하여 자기 가솔과 안중근 의사의 부인인 큰형수를 기어이 모셔오라고 거듭 부탁하였다. 그런데 공근은 자기의 가속(家屬)만 거느리고 왔을 뿐 큰형수는 데려오지 않았다. 나는 크게 꾸짖었다.

"양반의 집에 화재가 나면 사당에 가서 신주(神主)부터 안고 나오거늘, 혁명가가 피난하면서 국가를 위해 살신성인한 의사의 부인을 왜구의 점령구에 버리고 오는 것은 안군 가문의 도덕에는 물론이고 혁명가의 도덕으로도 용인할 수 없는 일이다. 또한 군의 가족도 단체 생활 범위 내에 들어오는 것이 생사고락을 같이하는 본의에 합당하지 않겠는가?"

그러나 공근은 자기 식구만 충청으로 이주하게 하고 단체 편입을 원하지 않으므로 본인의 뜻에 맡겼다.[73]

『백범일지』에서는 자기 가족만 거느리고 돌아온 안공근을 비난하고 있지만, 안공근이 노력한다고 해서 김구의 명령을 수행할 수 있었으리라고 볼 만한 근거는 없다. 이 사건을 계기로 안공근은 김구와 갈라서게 되는데,[74] 안공근의 처지에서는 억울할 수도 있는 일이었다. 다만 여기서 김구가 안중근을 '사당의 신주'와 같다고 할 정도로 높이 인식하고 있었음은 확인할 수 있다.

안중근에 대한 숭상에 대해 때로는 김구의 진실성을 의심하는 사례도 있었던 것 같다. 서로의 관계가 악화된 이후의 글이지만, 박헌영(朴憲永, 1900~1955)은 김구의 태도를 신랄하게 풍자하면서 비난하고 있다. 현대어로 고쳐 서두 부분을 인용한다.

조선의 양반들이 제 할아비의 뼈다귀를 대대로 물려 먹듯이, 중국을 방랑하는 조선의 '애국지사'들은 안중근의 명성을 두고두고 팔아먹는단다. 오늘날 국민당(國民黨)의 ○○에 응하여 윤봉길의 생명을 제단에 바친 김구는 여러 곳의 '중국 지사'로부터 윤봉길의 값을 받아서 부자가 되었는데, 그래도 또 좀 더 얻어먹으려고 여러 신문에다가 "윤봉길에게 폭탄을 던지게 한 어른은 누구냐? 다른 사람이 아니라 바로 나다. 나는 누구냐? 나는 곧 김구이다"라고 크게 광고를 내었다는 것이 결코 이상할 것이 없는 일이니, 이런 것이 상하이에 있는 '한국 임시정부' 및 그 수령들이 하는 '조선독립운동'이다.[75]

이 글은 1932년 7월 『콤뮤니스트』에 실렸다. 여기서 박헌영은 김구로 대표되는 임시정부의 인물들이 윤봉길의 이름을 팔아서 중국인의 돈을 얻어 부자가 되었다고 비난하고 있다. 또한 이는 과거에 안중근의 명성을 팔아서 활동하던 이력에 비추어본다면 이상할 것도 없다는 것이다. '애국지사'란 애국지사를 자처하는 무리를 비꼬는 말일 것이며, 그것이 지칭하는 대상에는 당연히 김구가 포함될 것이다. 안중근과 윤봉길이라는 상징적인 인물들이 결국 김구에 의해 이용되고 있다는 것이다. 이러한 발언의 기저에는 독립운동에 대한 노선 대립이 놓여 있었겠지만, 김구의 안중근에 대한 태도에 어떤 불순한 의도가 있는 것은 아닌지 의심하는 경향이 있었음도 짐작해 볼 수 있다.

한편 김구는 광복을 맞이한 조국에 돌아오기 직전에 한 가지 특별한 일을 하고자 했다. 안중근의 아들 안준생(安俊生)을 체포하여 교수형에 처해달라고 중국 관헌들에게 부탁한 것이다.[76] "안준생은 왜놈을 따라 본국에 돌아와서 왜적 이토 히로쿠니(伊藤博邦)에게 부친인 의사(義士)의 죄를 사죄하고 미나미 지로(南次郎) 총독을 애비라고 불렀다"라는 주석이 여기에 붙어 있는데, 이 사건에 대해서는 이 책의 5부에서 자세히 살펴볼 것이다. 여기서는 김구가 이토 히로부미의 차남인 이토 분키치(伊藤文吉, 1885~1951)와 입양된 장남인 이토 히로쿠니를 착각했다는 점과 함께 조국으로 돌아가는 마지막 순간에 해야 할 일로 안중근 가문과 관련된 문제를 떠올렸다는 점을 지적하는 것에서 그치고자 한다. 안중근이 김구에 대해 어떻게 생각했는지는 알 수 없지만, 이와 무관하게 김구에게 안중근과의 인연은 지극히 중요한 문제였음을 여기서 엿볼 수 있다.

6장
개화파 가문, 천주교에 입교하다

동학군과의 싸움을 마친 후 안중근의 집안은 큰 어려움을 겪게 된다. 안중근은 토사구팽(兎死狗烹)의 고사를 앞세워 이 사건의 경과를 기록하였다.

다음 해(을미년(1895년)) 여름 두 사람의 손님이 찾아와서 아버지에게 말했다.

"작년 전쟁 때 실어온 천여 포대의 곡식은 동학당의 물건이 아니오. 본래 절반은 지금 탁지부대신 어윤중(魚允中) 씨가 사두었던 것이며, 절반은 전 선혜당상(宣惠堂上) 민영준(閔永駿) 씨의 농장에서 추수해 들인 것이오. 지체하지 말고 그대로 돌려 드리시오."

아버지는 웃으며 대답하셨다.

"나는 어씨와 민씨 두 분의 쌀은 모르오. 동학당의 진중(陣中)에 있던 것을 빼앗아왔을 뿐이니, 그대들은 이처럼 이치에 닿지 않는 말은 하지 마시오."

두 사람은 아무 대답도 없이 떠났다.

어느 날 경성에서 급한 편지 한 통이 왔다. 그 편지는 다음과 같은 내용이었다.

"지금 탁지부대신 어윤중과 민영준 두 사람이 잃어버린 곡식을 찾을 욕심으로 황제 폐하께 거짓을 아뢰고 있습니다. '안모(安某)가 막중한 국고로 사둔 쌀 천여 포대를 제멋대로 훔쳐갔습니다. 사람을 시켜 조사해 보니, 그 쌀로 수천 명의 병사를 키우고 있습니다. 음모가 있을 듯하니, 군대를 보내어 진압하지 않으면 국가의 큰 근심거리가 될 것입니다' 라는 등으로 아뢰어, 바야흐로 군대를 보내려고 계획하고 있습니다. 그리 알고 빨리 올라와서 선후 방침을 도모하도록 하십시오." 〔전 판결사(判決事) 김종한(金宗漢)의 편지였다.〕

아버지는 그 편지를 읽자마자 길을 떠나셨다. 경성에 이르러 보니 과연 그 편지와 같았다. 법관에게 사실을 호소하고 여러 번 재판을 했지만, 끝내 판결이 내려지지 않았다. 김종한 씨가 정부에 이렇게 제의했다.

"안모는 본래 도적이 아닙니다. 의병을 일으켜 도적을 토벌했으니 국가의 큰 공신입니다. 마땅히 그 공훈을 표창해야 할 일이거늘, 도리어 이치에 맞지 않는 부당한 말로 모함하는 것이 옳겠습니까?"

그러나 어윤중은 끝내 듣지 않았다. 그런데 뜻밖에도 민란을 만나서 어윤중이 난민(亂民)의 돌에 맞아 죽으니, 그의 계교도 이에 끝나고 말았다.

독사가 물러나면 맹수가 다시 나오는 법이다. 이때 민영준이 다시 일을 벌여 해치려 들었다. 민씨는 세력가라 일은 위급했다. 꾀와 힘으로는 어쩔 수 없는 형세가 되었다. 아버지는 프랑스 사람의 천주교당에 들어가 몇 달 동안 자취를 숨겼다. 다행히 프랑스 사람들의 도움을 받았고,

민영준의 일도 완전히 끝나서 무사하게 되었다.

  그사이에 아버지는 교당 안에 오래 머물며 강론도 많이 듣고 성서도 널리 읽으셨다. 진리에 감동하여 입교하셨다. 그러고는 복음을 전파하고자 교회의 박학사(博學士) 이 바오로(李保祿)와 함께 많은 경서를 싣고 고향으로 돌아왔다.[77]

  안중근이 기록한 '토사구팽 사건'은 실제로 1년이 넘는 기간 동안 진행되었다. 안중근의 기록에는 사실과 어긋나는 듯한 부분도 보이므로, 이하에서는 역사학에서의 연구 성과를 바탕으로 사건 개요를 다시 살펴보기로 한다.

  오영섭에 의하면,[78] 안태훈의 의병이 동학군에게서 노획한 천 포대의 쌀 문제는 1895년 4월부터 공식적으로 제기되었다고 한다. 의병 군량미를 칭하고 빼앗아 사용한 공무미(公貿米) 500석을 돌려받으라는 공문이 탁지부로부터 신천군수에게 내려온 것이 4월 1일이었다. 다시 4월 11일에 황해도 관찰부에도 공문이 내려왔다. 5월 18일에는 탁지부대신 어윤중이 공무미 500석을 거둬들일 것과 의병을 해산하도록 하라는 내용의 공문을 황해도 관찰사에게 내려보냈다. 즉 정부 소유의 쌀을 임의로 사용한 일과 싸움이 끝났음에도 의병을 해산하지 않는 의도에 대해 정식으로 문제 삼은 것이다.

  안태훈의 정치적 후원자 역할을 하던 김종한은 사태가 심각해지고 있음을 파악하고 안태훈에게 서울로 와서 대책을 마련할 것을 권유했다.[79] 안중근이 언급한 '편지'에는 이러한 사정이 자세히 언급되어 있었을 것이다. 김종한은 사건의 해결을 위해 꾸준히 노력했으며, 그 결과 심상훈이 탁지부대신으로 있던 7월 7일에 일단 사건이 해결되었다. 안태훈이 의병을 일으켜 세운 공로가 분명하고 적에게서 노획한 곡식을 군수품으로 사용한 연유가 보고되었으므로, 정부에서 원래 누구의 곡식이었다 하더라도 안태훈에게 돌려달라고 요구할 수 없다는 결론을 내렸던 것이다.[80] 안태훈과 김종한의 주장이 받아들여진 셈이다. 게다가 1896년 아관파천 직후 피신하던 어윤중이 사망했기 때문에 이후 탁지부에서는 이 결정을 되돌리려는 태도를 보이지 않았다.

그런데 이것으로 문제가 완전히 해결된 것은 아니었다.[81] 김수민(金壽民)이라는 상인이 탁지부대신에게 이 문제에 관한 소장을 올리고자 했는데, 안태훈은 1896년 8월 16일 황해도 관찰부의 어떤 인사에게 부탁하는 편지를 내는 등으로 해결을 위해 노력해야 했다.[82] 오영섭의 추정처럼 상인 김수민의 뒤에는 권력자 민영준이 있었을 것이다. 상대가 민영준이라면 탁지부대신 어윤중과 같은 방식으로 해결하기는 어려웠을 것이다.

안태훈은 그 해결책으로 프랑스의 천주교 세력을 이용하는 방법을 택한 것으로 보인다. 안중근이 언급한 '천주교당'은 종현성당(鍾峴聖堂), 즉 오늘날의 명동성당일 것이다. 종현성당에 몸을 숨기고 도움을 받음으로써 이 문제는 해결될 수 있었다. 천주교 측에서 어떤 도움을 주었는지는 알 수 없지만, 당시 천주교 측의 힘이 민영준의 압박에 대항할 수 있을 만한 것이었음은 사실인 듯하다.[83] 학부대신 신기선이 자신의 책 『유학경위(儒學經緯)』에 다른 나라의 종교를 비방하는 내용을 담았다는 이유로 각국의 항의를 받아 사직한 사건이 일어난 시점이 1896년 10월이었다.

안태훈이 실제 천주교의 힘을 빌리고자 했는지, 만약 그랬다면 어떤 방식의 도움을 예상했는지는 분명하지 않다. 다만 1911년에 청계동을 방문한 베버 신부는 안태훈에게 천주교의 보호를 받고자 하는 의도가 있었다고 파악하였다.

자신을 보호해야겠다고 생각했던 안 진사는 외국과 관계를 맺거나 아니면 천주교에 발을 들여놓고자 마음먹었다. 이러한 의도를 품고 한양으로 올라온 안 진사는 우선 그곳에서 활동하던 개신교 선교사들과 그들의 능력, 조직 따위를 유심히 지켜보았다. 엄격한 교육을 받은 그로서는 썩 만족스럽지 않았다. 그는 또한 천주교 주교가 기거하는 곳에도 들렀는데, 그곳에서 곧장 가톨릭에 입교할 것을 결정하기에 이른다.[84]

베버 신부의 기록을 사실로 받아들인다면, 종교를 매개로 또는 직접적으로 외국과 관계를 맺음으로써 보호를 받고자 한 것이 안태훈의 의도였던 셈이다. 이런 상황에서라면 종교는 반드시 천주교가 아니어도 무방하다. 안태훈이 먼저 개신교 선교사들을 눈여겨보았다는 것은 개신교와 관계 맺음으로써 보호를 받을 수 있는지를 고려해 보았다는 뜻이 된다. 그리고 결국 "천주교 주교가 기거하는 곳"에서 가톨릭을 선택했다는 것은 천주교 측이 자신을 보호할 만한 능력을 더 잘 갖추고 있다고 판단했다는 뜻이다. 물론 천주교 신부인 베버가 천주교 신자가 많은 청계동에서 들은 이야기를 재정리한 것임을 고려한다면, 안태훈이 개신교 선교사를 살펴보았다는 설은 사실과 다를 가능성도 적지 않다. 이러한 설정은 천주교가 개신교에 비해 우위에 있다는 암시를 포함하고 있기 때문이다. 그렇지만 적어도 안태훈이 천주교를 찾은 최초의 목적 가운데 보호에 대한 희망이 있었다고 1911년 시점의 청계동 주민들이나 베버 신부가 생각했음은 분명하다.

안태훈이 종현성당에 찾아가기 전에 천주교를 수용할 의사를 갖고 있었다는 견해도 있다.[85] 『백범일지』에서는 김구가 청계동에 머물던 1895년 5월 무렵에 고산림이 안태훈에게 천주학을 해볼 마음이 있다고 짐작했으며, 단발령이 내려진 1896년 1월 무렵에는 안태훈이 고산림, 김구와의 회합에서 천주교를 믿다가 후일을 도모하겠다는 의사를 밝혔다고 기록하고 있다. 『백범일지』의 기록이 안태훈의 생각과 일치한다면, 안태훈이 민영준의 압박에 대한 해결책으로 '프랑스 사람의 천주교당'을 택한 것은 우연이 아닐 것이다.

안태훈의 천주교 수용이 우연한 일이 아니라면, 그가 1895년 이전에 이미 천주교에 대한 지식을 어느 정도 갖추고 있었으리라고 예상할 수 있다. 1880년대 후반 민영구(閔泳龜)와 함께 과거 응시를 위해 상경했을 때 천주교도인 어떤 대감으로부터 천주교를 접했다고 하는 천주교 측의 기록은,[86] 이러한 관점에서 보면 사실일 가능성이 적지 않다.

「안중근혈투기」에서 서울에 머물던 안태훈이 이 참봉의 소개로 『상재상서(上宰相書)』를 읽었다고 기술한 것도 주목할 만하다.[87] 『상재상서』는 '재상에게 올리는 글'로 풀이할 수 있는데, 정약종의 아들인 정하상(丁夏祥)이 1839년 체포되었을 때 당시 우의정 이지연(李止

淵)에게 천주교 교리의 정당성을 호소하기 위해 작성한 것이다. 성리학에 익숙한 독자를 상정한 글이므로, 『상재상서』에서는 성리학의 용어를 활용하면서 천주교가 전통에 위배되지 않는다는 점을 논변한다. 안태훈이 1880년대 후반에 『상재상서』 또는 이와 유사한 성격의 서적을 통해 천주교를 접하고, 이를 이 참봉 즉 이 바오로(이종래)와 함께 청계동으로 실어왔다고 상상할 수도 있지 않을까 한다.

안태훈이 청계동으로 돌아온 때는 1896년 10월경이었다. 「안중근혈투기」에서는 안태훈이 『천주실의(天主實義)』, 『칠극(七克)』, 『성교수난사적(聖敎受難事蹟)』 등을 구해왔다고 했으며,[88] 베버 신부는 120여 권의 교리문답집(敎理問答集)을 싣고 돌아왔다고 했다.[89] 청계동 주민들과 함께 천주교 입교를 위한 교리 공부를 할 준비를 갖추고 돌아온 셈이다.

베버 신부는 안태훈이 돌아온 이후의 청계동 분위기를 서술하면서 "그처럼 열심히 하는 마을을 아직 본 적이 없었다"라는 판단을 덧붙이고 있다. 많은 주민들이 세례를 받도록 하기 위해 2주일씩이나 밤낮으로 교리문답서를 베끼고 있었다는 진술은 당시 청계동의 분위기를 대변하는 풍경이 아니었을까 한다.[90] 안태훈의 열정과 추진력을 엿볼 수 있는 대목이다.

안태훈의 노력으로 많은 청계동 사람들이 세례를 받고 천주교 신자가 되었다. 1897년 1월 안태훈 일족을 포함한 청계동 주민 33명이 세례를 받았고, 같은 해 4월 부활절에 다시 66명이 세례를 받았다. 안태훈 가문에서는 제사 문제로 천주교를 받아들이지 않은 안태진(安泰鎭) 정도만을 제외하면 거의 모든 사람이 세례를 받은 셈이었다.[91] 개화사상을 품었던 선비 안태훈이 이렇게 자신 및 친족의 기반을 천주교로 전환한 것이었다.

| 7장
| 빌렘 신부를 따르다

 안중근이 세례를 받아 정식으로 천주교 신자가 된 시기는 1897년 1월이다. 그는 아버지 안태훈을 따라 천주교에 입교했다. 안태훈은 당시의 정치적 상황 등까지 고려하여 입교를 결정했지만, 안중근이 입교하게 된 동기 가운데 정치적이거나 사회적인 문제에 대한 고려는 없었을 것이다. 그 때문인지 안중근의 활동은 적극적이면서도 열정적이었다.

 그런데 초기의 전기물 가운데는 안중근이 주도적으로 천주교를 받아들였다고 기술한 사례도 있다. 하와이의 신한국보사(新韓國報社)에서 1911년 8월 간행한 「대동위인 안중근전(大東偉人安重根傳)」이 그러하다. 「대동위인 안중근전」의 말미에는 "애산자(哀汕子) 홍종표(洪宗杓)"의 저작이라고 기록되어 있는데, 당시 신한국보사의 주필이던 홍언(洪焉)이 홍종표라고 알려져 있다. 한글로 기록된 이 전기에서는 '장군'으로서의 영웅성을 강조하고 있는데, 그 과정에서 수반되는 과장이나 허구화의 사례도 나타난다.[92]

 「대동위인 안중근전」에서는 동학당이 평정된 뒤에 탐관오리들의 학정이 이어졌다고 하고서, 그 탓에 방황하던 안태훈을 안중근이 인도하여 천주교에 입교했다고 했다. "중근이 그 부친을 인도하여 천주교에 나아가 구세주의 십자가에 몸을 바치니, 이는 위태함에 편안함을 주신다는 말씀에 취하여 자기의 문호를 보존하고자 함이 아니요, 원래 박애주의가 풍부한 인걸이 골고다에 흘린 피가 진실로 나의 모범이라 하여 고상한 믿음에 뜻을 결단한 것이더라"[93]라고 한 부분이 이에 해당한다.

정황으로 보아 사실과 거리가 먼 진술로 보이지만, 안중근이 본래 갖고 있던 박애주의가 예수의 행적과 공명하여 그가 입교를 하게 되었다고 본 시각은 주목할 만하다. 즉 가문을 보호하고자 하는 의도에서가 아니라 교리에 감동했기 때문에 천주교에 입교했다는 관점을 여기에서 도출할 수 있는 것이다.

안중근에게 세례를 준 인물은 빌렘(Nicolas Joseph Mare Wilhelm, 1860~1938) 신부이다. 홍석구(洪錫九)라는 한국식 이름을 가진 그는 독일과 프랑스의 국경 지대인 알자스로렌의 슈파이헤른(Speichern)에서 태어났다.[94]

알자스로렌이라는 지역은 특별한 곳이다. 이곳은 원래 프랑스령이었는데 보불전쟁을 거친 1871년 독일제국에 병합되었고, 1919년에는 베르사유회담을 통해 프랑스에 병합되었다. 그러면서도 독자적인 언어와 문화를 가진 지역이었다.[95] 알퐁스 도데(Alphonse Daudet)의 소설 「마지막 수업」(1871)에는 '마지막 프랑스어 수업'의 슬픈 광경이 묘사되어 있지만, 사실은 프랑스와 독일이라는 강대국 사이에서 자신의 언어와 문화를 힘겹게 지켜야 했던 매우 슬픈 역사를 가진

땅이다. 1860년생인 빌렘 신부는 이러한 상황과 역사를 직접 체험한 인물이었다.[96]

그는 1881년 파리외방전교회에 입회하여, 1883년 사제 서품을 받고 페낭신학교의 교수가 되었다. 이후 1889년 한국에 입국하여 제물포(인천)와 평양에 머물렀고, 1896년에는 황해도 안악군에서 활동하고 있었다. 안태훈이 근방에서 활동하던 빌렘 신부에게 청계동에서의 공소 개설을 요청했고, 이에 빌렘 신부는 청계동으로 와서 세례를 주었다. 그리고 1898년 4월에 이르면 청계동본당이 설립되면서 빌렘 신부는 그곳에서 활동하게 된다.

1897년 11월 27일에는 천주교의 조선교구장이었던 뮈텔(Gustave Charles Marie Mutel, 1854~1933) 주교가 빌렘 신부의 인도로 청계동공소를 방문했다. 한국식 이름이 민덕효(閔德孝)인 뮈텔 주교는 이때 안태훈 일가에게 영세를 주었다. 또한 청계동을 떠나 해주로 가는 뮈텔 주교를 안내한 사람은 바로 안중근이었다.[97] 천주교인으로서 안중근의 활동은 그만큼 열성이 넘쳤다.

안중근은 빌렘 신부의 복사(服事)로 활동했다. 복사란 천주교 미사 때 사제를 도와 시중드는 사람을 말하니, 안중근은 빌렘 신부와 지극히 가까운 위치에서 생활했던 셈이다. 그렇다면 스무 살 이후의 안중근에게 가장 큰 영향을 끼친 인물로 빌렘 신부를 꼽는다 해도 지나친 말은 아닐 것이다. 아마도 그 영향은 오늘날 남아 있는 자료로 재구성할 수 있는 것보다 더 크고 깊었을 것이다.

「안응칠역사」에서는 안중근이 빌렘 신부에게 세례를 받고 다묵(多默)이라는 세례명을 지었다고 기록하고 있다. '다묵'은 도마, 즉 토

청계동 안중근의 본가에서 열린 결혼식에 초대되어 식사를 하고 있는 프랑스 신부들의 모습. 가장 오른쪽에 앉은 이가 빌렘 신부이다.

마스이다. 안중근이 토마스라는 이름을 갖게 된 이유는 무엇일까? 뒷날의 신문 기록에서 안중근 자신의 생각을 엿볼 수 있다.[98]

"그대의 이름 밑에 누른 도장(印)에는 영자(英字)로 '코리안 토마스'라고 되어 있는데 그대로인가?"

"그렇다."

"도장은 그대의 물건인가?"

"나의 것이다."

"'토마스'라는 것은 누군가의 이름이 아닌가?"

"그것은 나의 천주교 교명(敎名)이다."

"만국사(萬國史) 중의 지사(志士), 인인(仁人) 등의 이름이 아닌가?"

"그것은 로마에 '토마스'라는 성인이 있어서 아시아까지 나와 종교를 선포(宣布)한 사람이므로 그 이름을 사용한 것이다."[99]

토마스라는 세례명을 처음 제시한 사람이 빌렘 신부인지 안중근인지는 분명하지 않지만, 안중근이 자신의 세례명에 대해 특별한 의의를 부여하고 있음은 여기서 짐작할 수 있다. 고국을 떠나 이국땅에서 생활하면서도 세례명을 새긴 도장을 갖고 있었고, 그 의미를 정확히 밝히고 있기 때문이다. 안중근에게 "아시아까지 나와 종교를 선포한 사람"이 되고 싶다는 소망이 없었다면 이러한 장면 또한 없었을 것이다. 안중근의 생애에서 천주교라는 종교가 갖는 무게를 짐작해볼 만하다.

안중근은 자신의 세례명처럼 활발한 선교 활동을 벌였다. 뒤에 살펴보겠지만 그는 목숨을 잃을 위기의 순간에도 선교를 펼쳤다. 빌렘 신부의 복사로 활동하던 시기에는 여러 곳을 돌아다니면서 적극적인 활동을 폈다. 「안응칠역사」에서는 이때의 활동에 덧붙여 안중근의 선교 연설을 상세하게 기록하고 있다. 다른 부분과 비교해볼 때 이례적인 분량이다. 물론 연설 내용은 옥중에서 정리되고 재구성되었겠지만, 그렇다고 연설 내용이 크게 달라졌으리라고 볼 만한 근거는 없다.

안중근의 연설 부분을 '안중근편 교리서'로 명명하고 있는 황종렬의 연구에 의하면,[100] 안중근의 연설은 천주교 신자들 사이에서 널리 읽힌 번역본 서학서나 각종 저술과 상당 부분 유사성이 있음을 확인할 수 있다. 그럼에도 황종렬은 안중근의 연설이 "개인주의적이기보다는 사회적"이고 "민족 공동체와 아시아-세계 중심의 비전"을 갖춘 특성이 있다고 지적했는데,[101] 이런 특성은 서두와 결말 부분에서 찾아볼 수 있다. 또한 황종렬은 안중근의 연설에서는 현세와 내세가 상호 소통되는 구조가 자리 잡고 있어서, 신앙은 곧 구원이며 불신은 지옥이라는 식의 대립 구도가 앞세워지지 않는다고 지적한 바 있다.[102]

실제 연설의 한 부분을 살펴보자.

천주(天主)는 어떤 분이십니까? 집안(家)에는 집안의 주인(家主)이 있고 나라에는 임금이 있듯이, 천지에는 천주가 계십니다. 시작도 끝도 없는 삼위일체(三位一體)로서, 전능(全能)·전지(全知)·전선(全善)하고 지공(至公)·지의(至義)하십니다. 천지 만물과 일월성신(日月星辰)을 만들고 선악을 가려 상과 벌을 내리시니, 오직 하나뿐인 큰 주재자가 바로 그분입니다.

집안에서 집안의 주인인 아버지가 집을 짓고 산업(産業)을 마련하여 아들에게 주어 누리도록 했다고 합시다. 아들이 제가 잘난 것으로 생각하고 어버이를 섬길 줄 모른다면, 이보다 더한 불효가 없으니 그 죄가 무거울 것입니다. 나라에서도 임금이 정치를 공정히 하고 백성들의 생업을 보호하여 신민(臣民)들과 함께 태평한 세상을 누릴 수 있게 되었는데 신민이 명령에 복종하지 않고 충성스럽고 사랑하는 성품이 없다면, 그 죄는 가장 무거울 것입니다.

천지간의 큰 아버지요, 큰 임금이신 천주께서는 하늘을 만들어 우리를 덮어주시고 땅을 만들어 우리를 그 위에서 살게 해주셨습니다. 일월

성신을 만들어 우리를 비춰주시고 만물을 만들어 우리가 누릴 수 있게 하셨습니다. 은혜가 이처럼 큰데도 인류가 망령되이 자존자대(自尊自大)하여 충효를 다하지 않고 근본에 보답하는 의리를 잊어버린다면, 그 죄는 비할 데 없이 클 것입니다. 두려워하고 삼가지 않을 수 있겠습니까. 그런 까닭에 공자 또한 "하늘에 죄를 지으면 빌 데가 없다〔獲罪於天, 無所禱也〕"라고 말씀하셨습니다.[103]

천주교에서의 '천주'의 성격과 위상을 청중에게 해설해주는 대목인데, 마테오 리치의 『천주실의』에 나타나는 '삼부론(三父論)'에서 그 논리적 기반을 찾아볼 수 있다. 가군(家君), 국군(國君), 천주(天主)를 대비함으로써 천주의 위상을 제시하는 삼부론의 논리가 이어지고 있기 때문이다. 한편 충효(忠孝)의 관점에서 천주에 대한 태도를 제시한 것은 정하상의 『상재상서』에서도 나타나는 논리이다.[104]

이처럼 다른 문헌에서 편 바 있는 논리를 활용하였지만, 안중근은 이를 더욱 대중적으로 제시하려고 노력한 듯하다. 공자를 인용해서 자신의 주장에 대한 논거로 삼은 이유도 청중을 이해시키기 위한 한 방법이었을 것이다. 선교 활동을 위한 노력이 어느 정도였는지 상상해볼 만하다.

안중근은 각처를 돌아다니며 연설로 사람들을 설득하는 한편, 천주교에 대한 비방에도 적극적으로 대처하였다. 「안응칠역사」에서 그 예를 찾을 수 있다.[105]

당시 이른바 금광의 감리(監理)인 주가(朱哥)라는 사람이 있었는데, 천주교를 헐뜯고 비방하여 피해가 적지 않았다. 내가 총대(總代)로 선정되어 주가가 있는 곳에 파견되었는데, 이치를 따져 질문할 즈음에 몽둥이와 돌을 든 금광의 일꾼 사오백 명이 몰려와서는 옳고 그름은 따지지도 않고 두들겨 패려 했다. '법은 멀고 주먹은 가깝다'는 격이었다.

이처럼 위급했지만 어쩔 도리가 없었다. 나는 오른손으로 허리춤에 차고 있던 단도를 뽑아 들고, 왼손으로는 주가의 오른손을 꽉 쥐었다. 그리고 큰소리로 꾸짖었다.

"너에게 비록 백만 명의 무리가 있다 해도, 네 목숨은 내 손에 달렸다. 잘 생각해보라."

주가가 크게 겁을 내어 일꾼들을 물리쳤으므로, 그들은 내게 손을 대지 못하였다. 나는 주가의 오른손을 쥔 채로 그를 문 밖으로 끌고 나와, 10여 리를 동행한 뒤에야 놓아 보냈다. 그제야 나도 무사히 돌아올 수 있었다.[106]

천주교를 비방하는 주가의 행동이 어느 정도였는지는 알 수 없지만, 안중근의 대응은 다소 무모해 보일 정도로 과감했다. 금광의 감독 자리에 있는 사람이라면 많은 사람을 거느리고 있을 것임은 충분히 예상할 수 있는 일이다. 만약 그 가운데 자신과 적으로 맞섰던 동학군에 몸담았던 사람이라도 있다면, 더욱 위험한 일이 발생할 수도 있었을 것이다. 그런데도 안중근은 허리춤에 단도 하나를 차고 금광으로 갔다. 자신의 종교에 대한 굳은 신념이나 상대를 설득할 수 있다는 강한 자신감이 없다면 할 수 없는 일이다. 상황은 조금 다르지만, 일곱 명의 선봉대만으로 동학군 대부대를 기습했던 '어린 장군'

의 모습을 여기서 다시 한 번 엿보게 된다.

한편 안중근이 빌렘 신부를 묵묵히 따르기만 했던 것은 아니었던 모양이다. 「안응칠역사」에는 빌렘 신부와의 갈등을 보여주는 일화가 하나 등장한다. 청나라 의사의 폭행 사건(1904)에 이어지므로 시기적으로는 조금 뒤의 일이겠지만, 안중근과 빌렘 신부 두 사람의 관계와 성격을 엿볼 수 있으므로 여기서 살펴보기로 한다.

이 무렵 홍 신부와 크게 다툰 일이 있었다. 홍 신부가 항상 교인들을 압제(壓制)하곤 했기 때문에 나는 여러 교인들과 이 문제를 상의하였다.
"거룩한 교회 안에 어찌 이와 같은 도리가 있겠습니까? 우리는 마땅히 경성에 가서 민 주교께 청원해야 합니다. 만일 민 주교가 들어주지 않으면, 마땅히 로마의 교황께 가서 아뢰어야 합니다. 이렇게 해서라도 반드시 이런 옳지 못한 습속을 막는 것이 어떻습니까?"
모두 그렇게 하자고 하였다. 그때 홍 신부가 이 말을 들었다. 그는 크게 분노하여 나를 무수히 때렸다. 그래서 분한 마음을 품은 채 욕스러움을 견뎌야 했다.
뒤에 홍 신부가 나를 타이르며 이렇게 말했다.
"잠시 분노한 것은 육정(肉情)이 발한 것이다. 서로 용서하고 회개하는 것이 어떤가?"
나 또한 화답하고 잘 지내게 되었고, 예전의 정을 회복하였다.[107]

상대가 아무리 높은 자리에 있더라도 별다른 이유 없이 부당한 대우를 한다면 안중근은 이를 그대로 참지는 않았던 듯하다. 때리는 빌렘 신부에게 직접 대항하지 못한 채 분을 참고 있었지만, 그에 대한 평소의 불만을 숨기지는 않았다. 빌렘 신부의 행동이 옳지 않다고 판단했기 때문일 것이다.

  빌렘 신부 또한 안중근만큼이나 직선적이고 과감한 성격이 아니었을까 한다. 평소 교인들을 누르는 태도를 보인 것은 조선인을 대하는 외국인에게 드문 일은 아니었겠지만, 자신의 잘못을 지적한다고 해서 늘 함께 생활하던 안중근을 무수히 때린 것은 빌렘 신부 특유의 성격 탓이 아니었을까. 또한 먼저 잘못을 사과하고 화해를 시도한 모습을 보면 적극적이고 솔직한 면도 없지 않았을 것이다. 어떤 면에서 안중근과 빌렘 신부는 서로의 사이만큼이나 가까운 성격은 아니었을까 상상해봄 직하다.

2부

민족의 현실에 맞서다
_국내 활동

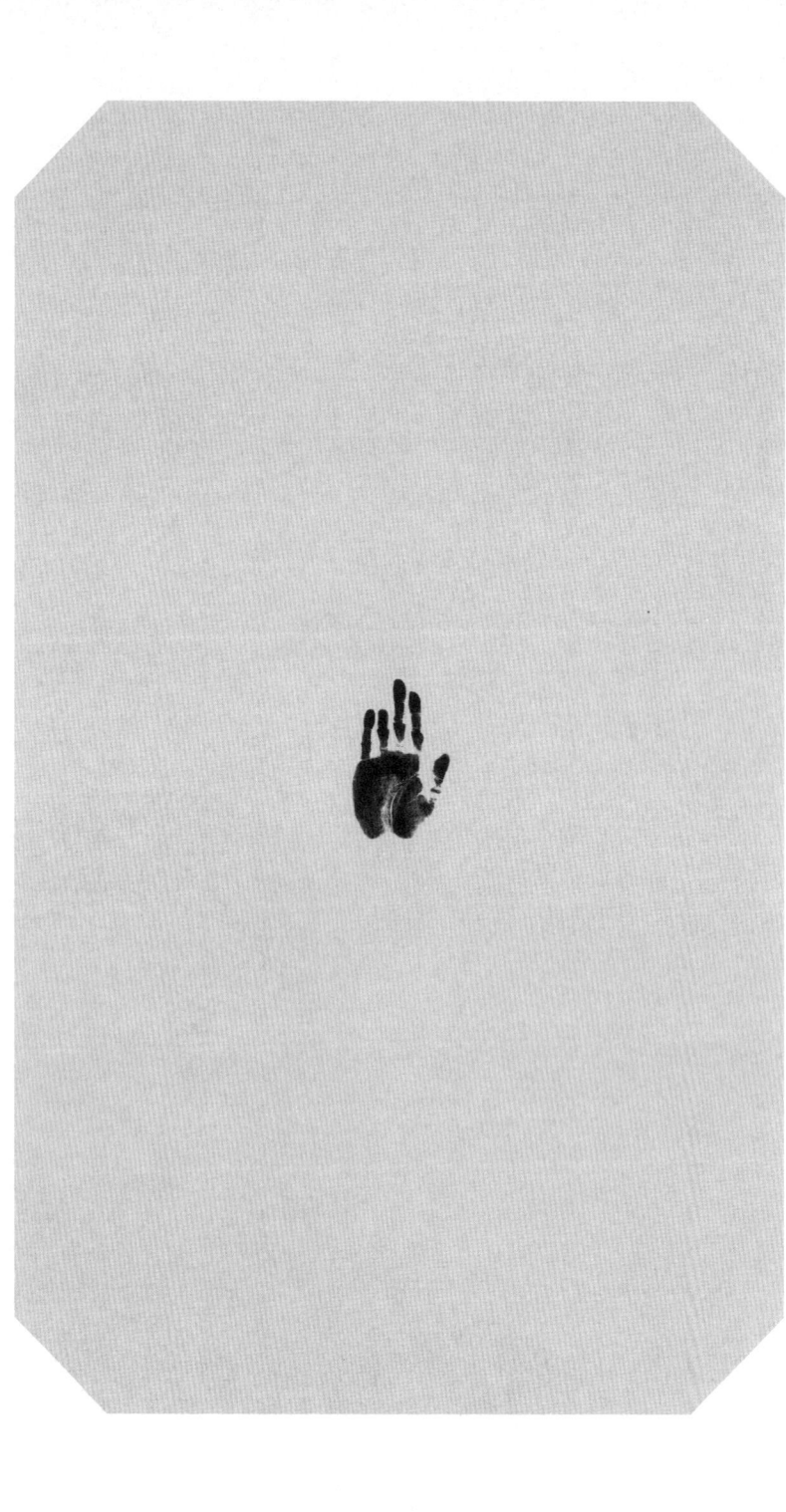

1장
젊은 천주교인, 민권을 꿈꾸다

안중근은 청계동본당에서 천주교 신도로 활발한 활동을 펼쳤다. 그의 활동은 선교 연설에만 그치지 않고 다른 신도들의 어려움을 해결하는 데까지 이르고 있었다. 1899년 10월 무렵에 벌어진 두 사건에서 그런 예를 찾아볼 수 있다. 「안응칠역사」를 통해 사건 내용을 살펴보자.

 그 무렵 두 가지 사건이 있었다. 한 가지는 옹진군의 백성이 경성의 전 참판 김중환(金仲煥)에게 돈 5천 냥을 뺏긴 일이며, 다른 한 가지는 이경주(李景周)의 일이다.
 이경주는 본적이 평안도 영유군(永柔郡)으로 의업(醫業)을 했다. 황해도 해주부에 와서 살다가 유수길(柳秀吉, 본래 천인이었지만 재정가(財政家))의 딸과 혼인하였는데, 딸 하나를 낳고 3년 정도 같이 살았다. 유수길은 사위 이씨에게 집과 전답, 노비 등을 나누어주었다. 그때 해주부 지방대병영(地方隊兵營)의 위관(尉官)에 한원교(韓元敎)라는 자가 있었는데, 이씨가 서울 간 틈을 타서 그 아내를 꾀어 간통하였다. 한원교는 유수길을 위협하여 집과 세간을 빼앗아서 버젓이 살고 있었다.

이씨가 그 소문을 듣고 서울로부터 본가로 돌아왔더니, 한가가 병사를 부려서 이씨를 마구 때리고 내쫓았다. 이씨는 머리가 깨지고 유혈이 낭자하여 차마 볼 수 없는 지경이었다. 그러나 이씨는 고향을 떠난 외로운 처지라 어쩔 도리가 없었다. 목숨만 건져 도피한 뒤에 서울로 가서 육군법원에 호소하였고, 한가와 일고여덟 차례나 재판을 하였다. 한가가 벼슬을 잃었지만, 이씨가 아내와 가산을 되찾지는 못했다(이는 한가가 세력이 있는 자이기 때문이었다). 한가는 여인과 함께 가산을 수습하여 서울로 올라가 살았다.

그때 옹진군의 백성과 이씨가 모두 교회 사람이었다. 나는 총대로 뽑혀 두 사람과 함께 서울로 올라가서 두 사건에 관여하게 되었다.[1]

안중근이 두 가지 사건에 관여하게 된 것은 '옹진군의 백성'과 이경주가 모두 천주교 신도였기 때문이었다. 여기서 그 범위가 신천이나 청계동을 넘어서고 있다는 점을 우선 주목해둘 만하다. 당시 안중근의 활동 영역을 짐작할 수 있기 때문이다.

옹진군 백성의 일은 안중근이 김중환을 찾아가서 뺏은 돈을 돌려주겠다는 약속을 받아냄으로써 해결된다. 안중근은 세상의 '규칙'과 '법률'은 잘 모르지만 대관이 시골 백성의 재산을 강탈하면 무슨 죄로 다스려야 하는지 물어서 김중환을 궁지에 몰아넣고, 곁에 있던 한성부 재판소 검찰관 정명섭(丁明涉)이 끼어들자 "좋은 임금과 재상은 백성을 하늘로 여긴다(賢君良相, 以民爲天)"[2]라고 논박하여 할 말이 없게 만들었다. 높은 관리 앞에서도 위축되지 않는 당당한 태도가 돋보인다.

반면에 이경주의 일은 쉽게 해결되지 않았다. 이 사건은 당시의 신문에도 실렸는데, 안중근이 이해한 사건 개요와는 조금 차이가 있다. 다음은 1899년 10월 3일자 『독립신문』의 기사 「필무시리」의 전문이다.

해주군에 사는 의원 이경룡 씨가 이 군에 사는 한중군의 과거(寡居)하는 딸과 함께 사는데, 자식 하나까지 낳았다. 이씨가 의원 일로 서울로 올라왔더니, 해주 지방대의 부위 한원교 씨가 이씨의 자식을 낳고 사는 여인 한 소사(韓召史)를 욕심내었다. 처음에 편지를 하니 한 소사가 그 친정 부친에게 말하고 한 부위의 편지를 소화(燒火)하였더니, 그 이튿날에 한 부위가 또 한 소사에게 편지를 하였다. 그래서 그 편지를 한 부위가 있는 지방대의 영문(營門)으로 보냈더니, 며칠이 못 되어서 지방대 영문에서 한중군을 부른다고 하였다. 그런 까닭에 한중군이 가서 대령하니, 한 부위가 한중군에게 이렇게 말하였다.

"내가 너의 사위 이경룡에게 돈 받을 어음을 갖고 있으니, 이 돈을 곧 바치라."

한중군이 못하겠노라고 설명하고 물러가니, 한 부위가 다시 한중군에게 말하였다.

"내가 너의 집에 한 번 가겠노라."

그 이튿날에 한 부위가 한중군의 집에 가서 술 두어 잔을 마신 뒤에 한중군에게 '내가 너의 사위 노릇을 하겠노라'고 스스로 청하니, 한중군이 사리(事理)를 들어서 한 부위를 책망하여 보냈다.

며칠 뒤에 해주 관찰부 경무서에서 한 소사를 잡아가두었고, 말이 오가는 즈음에 어떻게 서로 응낙이 되어서 한 소사와 한 부위가 함께 살게 되었다. 그래서 한 부위가 큰 잔치를 배설(排設)하고 한 소사와 합례한 뒤에, 한 소사와 한 소사가 낳은 이경룡 씨의 아들과 그 집까지 한 부위가 모두 빼앗아서 사는 것이었다.

이경룡 씨가 그 사건을 가지고 군부에 정장(呈狀)하여 군법국으로 사실(査實)이 될 터인데, 한 부위가 그 장인 되는 한중군과 더불어 부동하여 서울로 먼저 올려 보내어 그 사실(査實)하는 마당에 증거로 나서게 되었다는 말이 있다더라.

이 일이 음란한 데 가깝지만, 이경룡 씨가 군부에 정소(呈訴)하여 군법국에서 사실할 지경에 이르렀다 한즉 그것이 이미 공정에 드러난 일이기에 기재(記載)하거니와, 동성(同姓) 간에 한 부위가 한중군의 딸 한 소사를 데리고 살려 한다는 말은 어불근리(語不近理)한 듯하며, 관인(官人)으로서 백성의 계집을 뺏어서 산다는 말은 더욱더 필무시리(必無是理)라 할 듯하도다.[3]

『독립신문』에서는 비록 이 사건이 음란한 일이라고 할 수도 있지만 이미 소장을 내서 세상에 알려진 것이기에 기사화한다고 했다. 그러면서 사건 내용이 도무지 일반적인 이치나 상식으로는 이해할 수 없다고 했다. 동성 간에 혼인을 하려고 했다거나 관리가 백성의 부인을 빼앗는다거나 하는 행위가 그렇다는 것이다.

그런데 이 기사는 사실관계를 잘못 파악한 부분이 적지 않다. 문제의 여성이 유수길의 딸이 아니라 한중군의 딸이라고 제시한 것이 가

1899년 10월 3일자 『독립신문』에 보도된 이경주 관련 기사. 「안응칠역사」에서 안중근이 묘사했던 내용과 사실관계가 상당히 다르게 실려 있다.

장 큰 잘못이다. 그 결과 '동성 간의 혼인' 사건이 되어버렸다. 부인을 빼앗긴 남성의 이름도 이경룡으로 표기하고 있으니, 이 또한 잘못이다. 또한 이 여성이 원래 과부였는데 '이경룡'의 '아들'을 낳고 살았다고 했으니, 두 사람이 제대로 혼인을 치르지 않았다고 파악한 셈이다. 사실관계를 직접 확인하지 않고 떠도는 소문을 토대로 기사를 작성한 것은 아닌지 의심스럽다.

『독립신문』에서는 '관리가 백성의 부인을 빼앗은 행위'를 상세하게 전달하고 있는데, 이 또한 사실과 일치하는지 의문스럽다. 기사에서는 관리가 유부녀를 강탈하는 수단이 차례로 기록되어 있다. 여성을 유혹하는 편지를 보냈지만, 여성은 이 편지를 불태워버리거나 무시한다. 이에 관리로서의 권력을 이용한다. 여성의 아버지를 한편으로는 위협하고 한편으로는 달래서 자신의 뜻을 이루려고 한 것이다. 그래도 소원을 이루지 못하자 아예 여성을 경무소에 잡아 가두었다고 했다. 관리의 힘을 직접적으로 활용한 불법행위이다. 그런데 이러한 과정은 소설이나 설화에서 볼 수 있는 '관탈민녀(官奪民女)'의 이야기 유형과 유사하다. 사실 그대로의 기록이라기보다는 설화적 요소를 활용하여 사건을 윤색한 결과일 가능성이 높아 보인다.

『독립신문』의 기사에서 한원교가 욕심을 낸 대상이 여성 자체 또는 여성의 외모라는 점도 중요한 차이점이다. 물론 아들과 집까지 빼앗았다는 내용이 포함되어 있지만, 말미에서 짐작할 수 있듯이 기사에서 관심을 보이고 있는 대목은 동성 간의 혼인과 유부녀의 강탈이다. '남편이 집을 비운 사이에 부인이 다른 남자와 간통하였고, 아내와 재산을 빼앗긴 남편이 힘으로 되찾지 못해 고소한 사건'으로 요약할 수 있는 「안응칠역사」에서의 사건 개요와 다르다.

이제 안중근이 이 사건을 해결하기 위해 어떤 활동을 했는지 살펴보자. 「안응칠역사」에 의하면, 그는 재판이 쉽게 열릴 것 같지 않다고 판단한 듯하다. 세력이 있는 한원교가 손을 쓴다면 피고가 달아나서 불러올 수 없다는 핑계로 재판이 열리지 않을 가능성도 있으리라는 것이다. 이에 안중근과 이경주는 한원교를 직접 잡아와야 한다는 결론을 내리고, 사람들을 이끌고 한원교의 집을 찾아간다. 그렇지만 이 계획은 실패하였다. 기미를 눈치 챈 한원교가 몸을 피해버렸기 때문이다.

오히려 이 일로 안중근과 이경주는 곤경에 빠진다. 한원교가 이경주 등이 자신의 집에 난입하여 노모를 구타했다고 고소했기 때문이다. 이경주가 피고로, 안중근이 증인으로 재판에 나서게 되는데, 재판관은 바로 정명섭이었다. 옹진군 백성과 김중환의 사건 때문에 안중근과 다투었던 인물이 재판관이니, 재판이 불리하리라는 것은 쉽게 예상할 수 있다.

 사정이 이러한데도 안중근은 망설임 없이 재판에 나서서 자신의 생각을 모두 말하였다. 스스로 '죄 없는 나를 누가 해칠 수 있겠는가'라고 생각했기 때문이다. 자신이 찾아간 곳은 '이경주의 집'이며 남의 노모를 구타할 이유가 없다고 했다. 정명섭이 왜 '이경주의 집'이냐고 물으면, 그 집은 원래 이경주의 돈으로 산 것이라는 식이었다. 다시 정명섭의 말문이 막히는 순간이었다.

 그뿐만 아니라 안중근은 재판에 나온 한원교를 꾸짖기까지 했다. 군인의 임무에 대해 훈계하고 '하향잔민(下鄕殘民)', 즉 시골의 힘없는 백성을 침탈하는 '서울 놈들(京漢輩)'을 비판했다. '서울 놈들'의 속뜻을 캐고 드는 재판관 정명섭의 호통에도 그는 자신의 주장을 굽히지 않았다. 뒷날 뤼순에서 벌어진 재판에서 보여주는 당당한 태도와 정연한 논리를 여기서 이미 엿볼 수 있다.

 안중근의 노력에도 불구하고 이경주는 결국 불행한 결말을 맞게 된다. 그는 재판에서 3년형을 선고받았다가 1년 뒤에 석방되었다. 그렇지만 결국 1902년 한원교에 의해 살해당하고 만다. 송만진과 박응현 등을 시켜 유인하고서 직접 살해한 것이다. 이 살인 사건의 결과로 송만진과 박응현은 종신형을 선고받지만, 한원교는 일본으로 달아나버린다. 안중근은 이경주가 '영세(永世)의 원혼(怨魂)'이 되

고 말았다며 탄식했다.[4]

이경주가 죽은 후에도 안중근을 비롯한 천주교인들은 한원교의 처벌을 추진했던 듯하다. 「안응칠역사」에는 기록되어 있지 않지만, 당시의 공문서에서 1903년 한원교의 재산에 대한 속공(屬公) 청원이 있었음을 확인할 수 있다.[5] 속공이란 국고에 귀속시키는 것을 뜻하는 말이다. 그 결과 법부(法部)에서는 해주의 전답 52석(石) 13두락(斗落)을 영구히 속공하고 교중(敎中)에서 소비한 돈은 돌려주라는 조치를 취하였다. 결과적으로 이경주의 원혼을 달래고, 아울러 한원교의 죄를 물었던 것이다.

두 사건의 해결 과정에서 안중근이 취한 행동과 사용한 논리에는 중요한 특징이 보인다. 그것은 법률에 대한 신뢰와 존중이다. 옹진군 백성의 문제를 해결하기 위해 김중환을 찾아갔을 때는 어떤 규칙과 법률을 적용해야 하는지를 따져 물었고, 이경주 사건을 해결하기 위해서는 적극적으로 재판을 활용하고자 했다. 또 자신은 죄가 없으므로 해칠 수 없으리라는 생각으로 재판에 임했고, 이경주와 함께 구속하겠다는 정명섭의 위협에 죄 없는 사람을 가둬두는 법률 조항은 없다고 대항하였다.

법률과 재판을 존중하는 행위 자체가 목표는 아닐 것이다. 두 사건만을 비교해본다면, 목표는 백성의 보호에 있다고 봐도 좋을 것이다. 이는 요약하자면 안중근 자신을 포함한 시골 백성, 즉 하향잔민이 관료를 중심으로 한 서울 놈들로부터 보호받을 수 있어야 하며, 그것이 법률로 보장되어야 한다는 것이다.

물론 당시 현실에서 법률이나 재판이 합리적인 결과를 내지 못한다는 점은 안중근도 인식하고 있었다. 그래서 김중환을 직접 찾아가서 담판을 하고, 재판을 회피하지 못하도록 한원교를 붙잡아두려 했다. 그렇지만 현재 제대로 기능을 발휘하지 못한다고 해서 법률을 포기할 수는 없는 일이다. 안중근은 민권이 법률로 보호되는 미래의 세상을 꿈꾸었던 것이다.

그때 집에서 편지가 왔다. 아버님 병환이 위중하다고 했다. 급히 돌아가고 싶어 곧바로 행장을 차리고 육로로 길을 떠났다. 때는 차가운 한겨울이라, 천지에는 흰 눈이 가득하고 하늘에는 찬바람이 불었다. 독립문 밖을 지나면서 돌이켜 보니 간담이 찢어지는 것만 같았다.

'이처럼 죄도 없이 감옥에 갇힌 벗이 겨울날 차가운 감옥 속에서 어찌 그 고생을 견딜 수 있을까?'

'언제쯤에나 저같이 악한 정부를 한 주먹으로 두들겨 개혁하고 난신적자(亂臣賊子)들을 쓸어버리고서 당당한 문명 독립국을 이루어 통쾌하게 민권과 자유를 얻을 수 있을까?'

생각이 여기에 미치자 피눈물이 솟아올라 참으로 발걸음을 옮겨놓을 수가 없었다.[6]

재판 직후 이경주는 감옥에 갇히고, 안중근 홀로 귀향하게 되었다. 아버님의 병환이 위중하다는 급한 연락을 받고 서둘러 가는 길이건만, 안중근의 머릿속에는 이경주와 국가의 앞날에 대한 걱정이 가득했다. 그리고 정부를 개혁하고 나쁜 관리들을 몰아내어 민권과 자유를 누릴 수 있는 문명 독립국이 되어야만 이러한 고통을 끝낼 수 있으리라는 결론에 이른다. 안중근의 마음속에서는 '이상적인 법률'에 대한 신뢰와 '현실의 법률'에 대한 불신이 갈등하고 있었을 것이다.

안중근이 민권과 자유, 그리고 문명 독립국을 꿈꾸게 된 계기는 무엇이었을까? 학계에서는 그의 민권 의식이 천주교, 그리고 『독립신문』, 『황성신문』 등과의 관계를 통해 형성되었으리라는 점을 이미 지적한 바 있다.[7] 구체적인 영향 관계를 따지기 위해서는 '민권 의식'이 어떤 것인지부터 검토해야겠지만, 여기서는 문제적 상황에 대처하는 안중근의 태도 변화에만 우선 주목해도 좋을 듯하다.

2장

천주교 세력의 성장과 안태훈 가문의 고난

청계동본당이 설립되고 빌렘 신부가 부임한 이후, 황해도의 천주교인은 급격하게 늘어났다. 그 구체적인 상황은 다음의 글에서 확인할 수 있다.

청계동본당의 설립으로 긴밀히 결합된 안태훈 세력과 빌렘의 협력으로 황해도 지역의 천주교 전교는 전국 수위 기록을 계속하였다. 즉 빌렘 신부 부임 당시 555명이던 황해도의 신자 수는 1899년 1,800명(전국 38,230명), 1900년 4,185명(전국 42,441명), 1901년 5,433명(전국 46,860명), 그리고 1902년에는 약 7,000명(전국 52,539명)으로 급증하였다. 성인 영세자 수도 1897년 이래 계속 수위를 차지하여 1900년 1,942명(전국 5,353명), 1902년에는 2,360명(전국 5,807명)을 기록하였다.[8]

이처럼 천주교 세력이 급격히 성장한 이유는 무엇일까? 위의 통계를 제시한 역사학자 윤선자는 이에 대해 네 가지 요인을 지적한 바 있다. 첫째는 지방의 유력한 지주 세력인 안태훈과 결합한 점이며, 둘째는 교회의 비정치화를 선언한 개신교회의 소극적인 선교 자세이다. 셋째는 본당 및 선교사 수의 증가이며, 넷째는 빌렘 신부의 개인적 성향이다.[9] 네 가지 이유 가운데 안태훈과 빌렘 신부가 각기 거론되었다는 점은 주목할 만하다.

안태훈이 황해도 지방의 유력자로 등장한 데에는 선대로부터 물려받은 재산이 큰 몫을 했지만, 이와 함께 의병 활동에서 이미 확인할 수 있듯이 포군들을 포함하여 많은 이들을 동원할 수 있는 인맥을 갖고 있었던 점도 무시할 수 없다. 안태훈 가문이 적극적인 선교 활동에 나설 때 이러한 배경은 실질적인 자산이 될 수 있었다.

빌렘 신부는 이러한 '유력자' 안태훈과 함께 선교 활동을 펼치면서 천주교인들의 사회적·경제적 이권을 대변하였다. 문란한 행정을 배경으로 한 부패한 관료들 아래에서 고통받던 사람들에게 자신들의 권익을 대변하는 빌렘 신부의 존재가 어느 정도 환영받았을지는 충분히 짐작할 수 있다. 사람들에게는 종교 이전에 빌렘 신부의 힘이 필요했을 것이다. 베버 신부가 청계동에서 들은 다음의 일화는 사람들에게 빌렘 신부가 어떤 존재로 인식되었을지를 미루어 짐작하게 한다.[10]

어느 날 신천군수가 안 베드로를 잡아들이라고 명령했다. 이러한 일은 신자들의 거친 비난을 불러일으켰으며, 자극받은 청계동 주민들은 빌렘 신부에게 곧 전갈을 보냈다. 이 전갈이 오후 3시에 매화동에 도착했고, 저녁 8시에는 이미 빌렘 신부가 신천군수를 만나고 있었다.

그는 청계동의 새 신자들을 모욕했던 관리들을 처벌할 것과 안 베드

1911년 당시 주일 미사를 마친 후 청계동본당 앞에서 기념 촬영을 한 신도들의 모습. 이 성당의 초대 본당신부로 부임했던 빌렘 신부는 천주교인들의 사회적·경제적 이익을 대변하면서 황해도 지역의 천주교 세력을 급격히 성장시켰다.

로의 즉각적인 석방을 요구했다. 신천군수는 결국 빌렘 신부의 요구를 들어주었으나, 이 사건은 그 후 교회와 관리 사이에 끊임없는 분규를 일게 한 실마리가 되었다.[11]

안 베드로는 바로 안태훈이다. 신천군수는 그 지역의 유력자를 제압하기 위해 청계동의 안태훈을 잡아들이라는 명령을 내렸을 것이다. '신자들의 거센 비난'에도 명령을 집행하려는 의지를 보였으니, 신천군수는 안태훈의 세력이 수령의 권위를 넘어서지는 못하리라고 판단했던 모양이다. 그렇지만 상황은 빌렘 신부의 등장으로 역전된다. 빌렘 신부는 문제가 된 안태훈의 석방뿐 아니라 '신자들을 모욕했던 관리'들에 대한 처벌까지 요구하고 나섰다. 빌렘 신부의 힘이 어느 정도인지를 상징적으로 보여준 이 사건 이후, 그를 따르는 이들이 늘어난 것은 당연한 이치이다.

베버 신부의 지적처럼 빌렘 신부와 관리들의 갈등은 지속적으로 이어졌다. 그리고 그 중심에는 항상 안태훈 형제가 있었다. 갈등은 1897년부터 1903년까지 이어졌다. 이른바 '해서교안(海西敎案)'의 핵심에는 빌렘 신부와 안태훈 가문이 자리 잡고 있었던 것이다.[12]

1897년 5월 중순, 안태훈은 무단으로 결전(結錢)을 징수하고 포군을 사사로이 설치했다는 명목으로 추궁을 받았다. 1894년의 부당한 과세 조치가 근본 원인이기는 하지만, 안태훈은 포군과 천주교인을 동원하여 신천군 백성들을 위협하며 결전을 징수하는 방식으로 이를 해결하고자 하였다. 신천군수가 포군 등을 체포하여 불법행위에 대해 처벌하려 했고, 안태훈 또한 향장 유만현(柳萬鉉)을 감금하고서 장차 신천관아로 돌입하려 했다. 신천군수가 충돌을 피해 해주 관찰부로 달아남으로써 문제가 커지자, 안태훈은 빌렘 신부와 함께 서울로 가서 문제를 해결하기 위해 노력해야 했다.[13]

정부 측과 충돌이 발생할 때마다 빌렘 신부는 직접 나서서 문제를 해결하였다. 그 과정에서 관리나 일반 백성을 위협하는 등의 무리한 행동도 나타나곤 했다. 1899년에는 안악군에서 도적 혐의를 받은 천주교인 3명을 구금한 일이 있었는데, 빌렘 신부는 안태건 등 100여 명을 이끌고 관아로 들어가서 천주교인들의 무죄를 주장하며 그들을 데리고 나왔다. 1902년 5월 신환포(新換浦)에서는 천주교 강당 건축 기금을 강요하던 천주교인들이 개신교인들을 구타하는 사건이 발생했는데, 빌렘 신부는 이 일이 중상모략일 뿐이라며 교인들을 옹호하는 보고를 뮈텔 주교에게 올렸다.

개신교와의 갈등이 분쟁 사건으로 확대된 1903년 1월에는 "개신교도들의 착상에서 생겨난 것으로 신부들이 당해 주민과 관리들로부터 존경을 받는 데 대한 개신교 측의 위기감에서 비롯된 것"이라는 보고를 올리기도 했다. 관아에서 행패를 부린 천주교인을 체포하려는 순검들을 구타하면서 "다시 오면 목숨을 보존하기 어려울 것이다"라고 위협하기도 했다. 사태가 확대됨으로써 불안감을 느끼게 된 천주교인들에게는 "본국 정부에 군함을 요청하여 모든 교인들을 프랑스로 실어갈 것"이라고 장담하기도 했다.

이러한 빌렘 신부와 안태훈 가문의 활동은 흔히 '양대인 자세(洋大人藉勢)'의 사례로 지칭되기도 한다. 서양인 선교사의 위세에 의지한 행동이었기 때문이다. 적어도 정부 측에서는 이미 선교 활동의 범위를 넘어선 위험한 행동으로 판단할 수밖에 없었을 것이다. 이에 조선 정부에서는 황해도에 관리를 파견하여 실태를 조사하게 했다. 게다가 개신교 선교사들이 피해를 입었기 때문에 미국 측에서도 문제를 삼으려 하고 있었다.

해서사핵사(海西查覈使) 이응익(李應翼)이 조사에 나섰고 그 결과를 보고하였다. 다음은 사핵사의 보고가 이루어진 이후인 1903년 8월 회의 장면을 기록한 『고종실록』의 한 부분이다.

의정부 참정(參政) 김규홍(金奎弘)이 아뢰었다.
"해서사핵사 이응익이 서면으로 주하(奏下)한 것을 보니, 이번 교도들의 이 소요는 옛날에 없던 변고입니다. 도당을 불러 모아 각기 문호(門戶)를 세우기도 하고, 혹은 관부(官府)와 비슷하게 송사(訟事)를 처결하기도 하며, 혹은 형구(刑具)를 설치하여 평민들을 잔인하게 해치기도 하고, 혹은 사사로이 사람들을 체포하여 남의 재산을 빼앗기도 하는데, 지주를 위협하고 관차(官差)를 막고 때리는 데 이르러서 극도에 달하였습니다.

안태건은 교사(敎士)를 믿고 사람들을 억누르고 병장기를 든 사람들을 모아 제 몸을 보호하고 이용각(李龍恪)은 이웃 고을까지 호령하며 노약자들에게까지 형벌이 미쳤습니다. 무리를 모으는 것이 무슨 뜻인지 거의 강도들이나 흡사하고 명분 없는 재물을 모으는 것이 남의 집 재산을 도적질하는 것보다 심했습니다. 최영주(崔永周)는 영어(囹圄)를 제 물건처럼 만들고 소송을 사적으로 결단하지 않은 것이 없었으며 강제로 재물을 거둔 것이 천이나 백으로 헤아렸습니다.

이상의 세 괴수는 중한 법을 시행해야 마땅한데 도망쳐 붙잡지 못하였으니 법부로 하여금 각 경무서(警務署)에 신칙(申飭)하여 기필코 체포하여 죄를 다스리게 해야 할 것입니다.

장사호(張士浩)는 교사의 분부(分付)를 개인적인 편지에 올렸고 부군(府郡)의 치적을 몰래 염탐하였습니다. 안태훈은 청계동 와주(窩主)라는 이름을 가진 자로서 황해도의 두목이라는 지목을 받고 있는데 아직도 체포하지 못하고 있으니 끝내 관대히 용서하기는 어렵습니다. 장사호는 법부에서 법에 따라 엄히 다스리게 하고 안태훈도 법부에서 기필코 체포하여 일체 엄히 다스려야 할 것입니다. (……)

이른바 홍 교사(洪敎師)라는 자는 프랑스 사람인데 청계동에서 살고 있습니다. 8~9개 군읍(郡邑)이 모두 그의 소굴로 되고, 6~7명의 교사가 그의 우익(羽翼)이 되고 있습니다. 전도(傳道)를 칭탁하여 인연을 맺고 폐단이 자라나며 행정에 간여하지 않는 것이 없습니다. 소송을 스스로 재판하고 손을 묶고 발에 형틀을 채워 매달거나 무릎을 꿇리는 형벌을 평민에게 참람(僭監)스럽게 시행했습니다. 이는 천하의 법률을 남용하는 것일 뿐 아니라 양국 간의 조약에도 실려 있지 않는 일입니다. 또 곽교사(郭敎士)라는 자는 그 못된 짓을 모방하고 있습니다. 이런 것들을 만약 그대로 두면 우환이 생길까 두렵습니다. 외부(外部)로 하여금 프랑스 공사관에 공문을 보내 두 사람을 잡아다 조사하고 그 나라 법의 전례에 따라 심리하고 판결하게 하는 것이 진실로 사의(事宜)에 합당할 것입니다."

윤허하였다.[14]

안태건은 '세 괴수'의 한 사람으로, 안태훈은 '황해도의 두목'으로 지칭되고 있다. 또한 빌렘 신부는 행정에 간여하고 임의로 형벌을 시행하는 등의 악행을 저지른 자로 언급되고 있다. 정부에서는 안태훈을 비롯한 내국인은 체포하여 처벌하고 빌렘 신부 등의 외국인은 프랑스 공사관에서 잡아다가 조사하도록 요청할 것을 건의하고 있다. 선교 활동을 빙자한, 국가의 행정과 법률에 대한 위협으로 이해하고 있는 것이다.

사태가 여기에 이르자 뮈텔 주교나 프랑스 공사관 측에서도 빌렘 신부에 대해 문제 삼지 않을 수 없었다. 프랑스 공사관에서는 더 이상 사건에 개입하지 말라고 통보했고, 뮈텔 주교는 황해도에 두세 부주교(Camille-Eugene Doucet)를 파견하고 빌렘 신부를 소환하였다.

또한 1903년 11월에는 프랑스 공사관과 한국 정부가 교섭을 시작했고, 1904년 6월에는 프랑스 공사와 외부대신 사이에 선교 조약을 체결하였다. 수년에 걸친 일련의 사건이 이로써 막을 내렸다.

빌렘 신부는 1903년 11월 청계동으로 돌아왔다. 그렇지만 더 이상 이전과 같은 권위를 회복할 수는 없었다. 황해도의 천주교인 또한 급격히 감소하여, 이전의 3분의 1 정도만이 천주교인으로 남아 있었다.[15] 앞서 제시한 일화들로 판단하건대 빌렘 신부는 적극적이면서도 직선적인 성격의 인물이었던 듯하다. 그런 성격이 황해도 천주교 세력의 성장에 도움이 되었겠지만, 이제 그것은 도리어 세력을 잃는 원인이 되었던 셈이다.

안중근은 과연 이 일련의 사태를 어떻게 이해하고 있었을까? 「안응칠역사」에는 정부 측 시각과 상당한 거리가 있는 기록이 남아 있다.

당시 지방의 관리들은 함부로 학정(虐政)을 했다. 백성들의 고혈(膏血)을 빨아들이니, 관(官)과 민(民)이 서로를 원수처럼 보고 도둑처럼 대하였다. 천주교인만이 포악한 명령에 항거하고 토색질을 받지 않았기 때문에, 관리들은 교인을 미워하기를 외적(外賊)과 다름없이 하였다.

그런데 저들이 옳고 우리가 잘못하여 어쩔 도리가 없는 일이 있었다 〔좋은 일에는 마(魔)가 많고, 고기 한 마리가 온 바다를 흐린다〕. 그때 무뢰배들이 교인이라고 칭탁하고 협잡질을 하는 일이 더러 있었는데, 관리들이 이 틈을 타서 정부 대관과 더불어 비밀리에 의논하고서 교인들을 모함하려 했다. 황해도에서 교인들의 행패로 행정 사법을 할 수 없다고 하니, 정부에서는 사핵사 이응익을 특파하였다. 해주부에 당도한 이응익은 순검과 병정을 여러 고을로 보냈고, 천주교회의 우두머리 되는 이들을 곡직(曲直)도 묻지 않고 모조리 잡아갔다. 이에 교회 안이 크게 어지러워졌다.

또한 아버지를 잡으려고 순검과 병정이 두세 번이나 왔지만, 항거하여 끝내 잡아가지는 못했다. 다른 곳으로 피신하셨는데, 관리들의 악행을 매우 분개하고 탄식하기를 그치지 않으셨다. 밤낮으로 술을 마셔 심화(心火)가 병이 되니, 병이 깊어진 채 몇 달 뒤에야 집에 돌아오셨다. 치료해도 효험이 없었다.[16]

관리들이 손쉽게 백성들을 착취해왔는데, 천주교인만은 순순히 그들의 요구를 받아들이지 않은 까닭에 미움을 받았다는 것이다. "물고기 한 마리가 바닷물을 온통 흐리게 하는" 사건을 계기로 관리들이 천주교인을 모함하였고, 이에 사핵사가 파견되어 천주교인을 시비도 가리지 않은 채 체포했다는 것이다. 정부 측과는 상당한 차이가 있는 인식이다.

안중근과 정부 측의 인식이 이처럼 차이가 난 원인은 무엇일까? 내부에 있는 안중근이 사태를 객관적으로 파악하지 못했을 수도 있지만, 이와 함께 관리의 임무에 대한 시각 차이 또한 중요한 요인이 아닌가 생각된다. 해주군 백성의 돈을 되찾기 위해 김중환을 방문했을 때 안중근이 내세웠던 논리는 "좋은 임금과 재상은 백성을 하늘로 여긴다"라는 것이었다.

조금 거칠게 말한다면, 관리들이 해야 하는 일이란 임금을 보좌하여 민권을 지키는 데 한정될 수 있다. 관리가 이러한 일을 다하지 못한다면, 백성들은 그런 관리에게 항거하는 한편 다른 누군가가 나서서 그 일을 제대로 수행하도록 만들어야 한다. 만약 논리가 여기에 까지 이르면, 안태훈 형제와 빌렘 신부의 행위는 오히려 정당화될 수도 있다. 물론 정부 측에서 이런 논리를 받아들일 수는 없었을 것이다. 국가의 행정제도 전반을 무시하는 생각이기 때문이다.

한편 이 사건의 결과로 안태훈은 잠시 집을 떠나 피신해야만 했다. 소환되는 빌렘 신부에게 의지할 수도 없는 상황이었다. 「안중근혈투기」에서는 안태훈이 피신한 곳이 함종(咸從)의 천주교인 곽정학(郭廷學)의 집이었다고 기록하고 있다. 또한 그곳에서 안태훈은 인근의 문인묵객(文人墨客)들과 교유하면서 반년을 보냈다고 했다.[17]

그런데 이 기록은 허구라고 단정하기는 어렵지만, 그렇다고 정확하다고 보기도 어렵다. 안태훈이 신천 청계동을 떠나서 어느 천주교인의 집에 잠시 피신했다는 것은 사실이겠지만, 그곳에서 융숭한 대접을 받으며 음풍농월했다는 것은 사실로 받아들이기 어렵다. 빌렘 신부가 이미 소환되었고, 안태훈을 체포하라는 요구가 이어지던 것이 당시의 실정이었기 때문이다.

안태훈이 청계동으로 돌아온 때는 어느 정도 사태가 해결된 이후일 것이다. 그렇지만 "병이 깊어져서" 돌아왔다는 점은 천주교 세력과 안태훈 가문의 변화를 상징적으로 보여주는 것이라고 할 만하다. 사회적인 권위와 세력 면에서도, 그리고 개화사상에서 천주교로 이어진 현실 대응책에서도 안태훈은 큰 상처를 입은 것이었다.

3장

민족이 처한
현실에 눈뜨다

 청년 천주교인 안중근에게 가장 큰 영향을 미친 인물은 아마도 빌렘 신부일 것이다. 빌렘 신부와의 관계가 늘 원만하지는 않았지만, 두 사람이 서로에 대한 깊은 신뢰를 잃은 일은 없었던 듯하다. 뒤에 살펴보겠지만, 안중근은 구국 운동을 위해 고국을 떠날 때도 빌렘 신부를 찾아가서 의논하였고 세상을 떠날 마지막 순간에도 그와 만나기를 원했다.

 안중근과 빌렘 신부는 선교 활동만 함께한 것은 아니었다. 안중근은 그에게 외국어를 배웠고, 동시에 국제 정세나 외국 동향에 대해서도 들을 수 있었다. 안중근은 그런 배움을 좀 더 넓히기를 원했던 것 같다. 자신뿐만 아니라 다른 젊은이들까지 그러한 기회를 얻으면 좋겠다고 생각했고, 이를 빌렘 신부와 의논했다. 다음은 「안응칠역사」의 한 부분을 옮긴 것이다.

 이때 나는 홍 신부에게 몇 달 동안 프랑스어를 배우고 있었다. 나는 홍 신부에게 다음과 같이 의논하였다.

"오늘날 한국의 교인들은 학문에 어둡습니다. 그래서 교리를 전하는 데 어려움이 적지 않습니다. 장래의 국가 대세야 말하지 않아도 알 만합니다. 민 주교께 아뢰어서 서양의 수사회(修士會)에서 학식 있는 분을 몇 사람 모셔다가 대학교를 세운 뒤에 나라 안의 영특한 젊은이들을 교육한다면, 몇 십 년 이내에 반드시 큰 효과가 있을 것입니다."

계획이 정해지자마자 홍 신부와 함께 서울로 가서 민 주교를 만나 뵈었다. 이 의견을 제출하였더니, 주교는 다음과 같이 말씀하셨다.

"만약 한국인이 학문을 얻게 된다면, 천주교를 믿는 데 좋지 않소. 다시는 이런 의논을 꺼내지 마시오."

거듭 권고했으나 끝내 들어주지 않았다. 어쩔 수 없는 형세여서 고향으로 돌아올 수밖에 없었다. 이때로부터 분한 마음을 참지 못하여 나는 마음속으로 '천주교의 진리는 믿을 만하지만 외국인의 심정은 믿을 수 없다'고 맹세하였다. 그리고 프랑스 말 배우던 것도 그만두었다. 그러자 한 벗이 나에게 물었다.

"무슨 까닭으로 그만두는가?"

"일본어를 배우는 자는 일본의 종놈이 되고, 영어를 배우는 자는 영국의 종놈이 된다. 만약 내가 프랑스 말을 배운다면 프랑스 종놈 신세를 면치 못할 것이다. 그래서 그만둔 것이다. 만일 우리 한국이 세계에 위세를 떨치게 된다면, 세계인이 한국어를 통용하게 될 것이다. 조금도 걱정하지 말게나."

이렇게 대답했더니, 그 벗은 말없이 물러났다.[18]

흔히 '대학 설립 운동'으로 일컬어지는 사건이다. 그 시기가 언제였는지에 대해서는 아직 정설이 없지만, 1899년 무렵으로 보는 견해가 우세하다.[19] 이때 계획한 '천주교 대학'의 성격이 어떤 것인지 또한 분명하지 않다. 다만 뒷날 안중근이 "한국인을 문명(文明)하게 하기 위해"[20]라고 술회한 것을 보면, 단순히 천주교 교리를 학습하는 수준의 학교는 아니었으리라고 추정할 수 있을 뿐이다.

일화의 첫 부분을 다시 보면, 안중근과 빌렘 신부가 교육 문제에 대해 어느 정도 공통적인 인식을 갖고 있었음을 짐작할 수 있다. 학식 있는 서양인을 모셔 와서 한국의 젊은이를 가르치는 대학을 설립할 필요가 있다는 주장을 안중근이 폈다 하더라도, 두 사람이 함께 서울로 가서 건의했다는 것은 빌렘 신부 또한 어느 정도는 그 주장을 타당하다고 여겼기 때문일 것이다.

그런데 뮈텔 주교는 이해하기 어려운 반응을 보였다. 학문을 얻으면 "천주교를 믿는 데 좋지 않다(不善於信敎)"는 것이 그의 주장이었다. 사실 이러한 반응은 뮈텔 주교 개인의 생각이라기보다 당시 파리외방전교회의 방침과 관련된 것이었다. 개성이 강하고 어느 정도는 즉흥적인 빌렘 신부와 달리, 교구의 책임자인 뮈텔 주교는 천주교회의 공식적인 뜻을 전달하고 있는 것이다.

뜻을 이루지 못하고 돌아오는 안중근은 하나의 깨달음을 얻는다. 천주교에서 지향하는 진리는 보편적인 것인 데 반해, 천주교인의 국적은 그렇지 않다는 사실이다. 종교의 진리는 공유할 수 있지만, 국가나 민족의 이익은 공유할 수 없다는 깨달음이다. 민족의 현실을 개선하기 위해서는 천주교의 진리를 공유하면서도 천주교회에서 제시하는 것 이상의 방도를 스스로 개척해야 한다는 깨달음이다.

안중근이 프랑스어 공부를 그만둔 것은 바로 이러한 깨달음의 실천을 위한 것이 아니었을까? 아마도 그는 빌렘 신부에게 얻는 지식 이상의 것을 스스로 찾아 나서야 한다는 생각을 갖게 되었을 것이다.

대학 설립 건의가 실패로 돌아가고 프랑스어 학습을 그만둔 이후에도, 안중근이 빌렘 신부와의 관계를 끊은 것은 아니었다. 천주교 선교의 일을 계속했을 뿐만 아니라 사회문제에 대해서도 그의 의견을 경청했다.

세월이 지나 1905년(을사년)이 되었다. 인천 항만에 일본과 러시아의 대포 소리가 크게 울려 동양의 커다란 문제가 일어날 즈음, 이 소식이 이르자 홍 신부가 탄식하며 이렇게 말했다.

"한국이 위태롭게 될 것 같구나."

내가 물었다.

"어째서 그렇습니까?"

홍 신부가 말했다.

"러시아가 이기면 러시아가 한국을 주관하게 될 것이요, 일본이 이기면 일본이 한국을 관할하려 들 것이다. 어찌 위태롭지 않겠느냐?"

그때 나는 날마다 신문과 잡지, 그리고 여러 나라 역사를 연구하며 읽고 있었다. 그래서 과거와 현재, 그리고 미래의 일들을 미루어 추측했었다.[21]

러일전쟁이 일어나자 빌렘 신부는 안중근에게 이 사건이 한국의 장래에 어떤 결과를 가져올지를 이야기하고 있다. 러시아나 일본 어느 쪽이 이기더라도 한국은 위태로운 형편에 처하게 되리라는 추측이었다. 동아시아 선교를 맡은 빌렘 신부로서는 정세에 예민할 수밖에 없었다. 그런 의미에서 그의 견해는 나름 설득력 있다고 보아도 좋을 것이다.

안중근 자신이 이에 대해 어떤 반응을 보였는지는 기록하지 않았지만, 훗날의 발언으로 미루어본다면 일본이 이기는 편이 그래도 한국에 유리하리라고 판단하지 않았을까 추정해볼 수 있다. 「동양평화론」을 보면 그러한 판단은 동아시아 삼국이 연합해야 동아시아의 평화를 지킬 수 있다는 인식에 기반을 둔 것이기도 하다.

안중근이 '신문, 잡지, 역사'를 연구하며 읽고 있었다는 기록은 안중근 자신의 사상적 발전에서 중요한 의미를 지니는 대목이다. 그가 민족의 현실과 장래라는 문제에 대해 고민하고 연구한 직접적인 흔적을 여기서 발견할 수 있기 때문이다. 외국인이며 선교사인 빌렘 신부에게 들을 수 있는 정보의 한계를 넘어서고, 이를 통해 청계동이나 천주교인의 영역을 넘어서서 민족의 현실에 대해 스스로 연구하게 된 것이었다.

그런데 현실에 대한 인식은 대화나 독서만으로는 심화되기 어려운 법이다. 현실 자체와의 접촉과 갈등이 있을 때 인식은 더욱 구체화되고 선명해질 수 있다. 그런 점에서 안중근이 민족의 현실을 체험하는 계기가 되었을 만한 사건들은 주목해볼 만하다. 묘하게도 「안응칠역사」에는 그런 유형의 일화가 많이 나타나지 않지만,[22] 전기물 및 소설 등에서는 외국인, 특히 일본인과의 갈등에 대한 일화가 여럿 등장한다. 다음은 박은식이 소개한 일화이다.

무술년(1898년) 3월이었다. 중근은 한성에서 동지 몇 사람과 함께 거리를 산책하고 있었다. 그때 말을 타고 지나가던 한국 사람이 있었는데, 어떤 일본 사람이 갑자기 튀어나오더니 그 한국 사람을 잡아당겨 끌어내리고서 말을 빼앗아 가려 했다. 곁에 있던 한국 사람들은 모두 놀라기만 할 뿐 감히 따지지 못했다. 중근이 큰소리로 꾸짖으며, 왼손으로는 그자의 목을 잡고 오른손으로는 권총으로 그자의 복부를 겨누었다.

"오랑캐 녀석(蠻奴)이 감히 이런 불법한 행동을 하느냐. 말을 주인에게 돌려주면 너를 살려주겠지만, 그러지 않으면 죽일 테다."

일본인이 여럿 있었지만 쳐다보기만 할 뿐 두려워서 감히 편을 들지 못하였다. 그자가 말을 돌려주고 빌자 비로소 풀어주었다. 한국 사람들 가운데는 그 이름을 알아보려는 이가 많았다.[23]

박은식은 '중근의 의협(義俠)'이라는 제목 아래 이 일화를 제시하고 있다. 1898년 3월이라면 뮈텔 주교를 해주로 안내한 지 몇 달 지나지 않았을 때이다. 또 청계동본당이 세워질 무렵이기도 하다. 이런 시점에 스무 살의 청년 안중근이 서울에 갈 만한 특별한 이유가 있었는지는 알 수 없지만, 이듬해 10월에 옹진군 백성과 이경주의 사건을 해결하기 위해 서울로 갔던 사실을 보면 이 사건은 실제로 있었음 직하다.

서울 한가운데서 남의 말을 강탈하는 대담한 행위에도 누구 하나 나서지 못했다면, 이미 모든 사람이 일본인의 위세에 눌려 있는 상황이었을 것이다. 이때 안중근은 당당하게 나서서 힘으로 상대를 제압하고 '불법한 행동'을 나무랐다고 했다. 일화의 핵심은 결국 이처럼 남다른 안중근의 의협심일 것이다.

사실 안중근이 '오랑캐 녀석'이라고 지칭했을지는 의문이다. 남만(南蠻), 즉 남쪽 오랑캐란 결국 상대를 비하하는 단어인 셈인데, 거기에 종놈을 뜻하는 말을 덧붙였다. 동학군과의 싸움 때 안태훈이 스즈키 소위의 방문을 거절했던 태도를 보면, 안중근 또한 일본인에 대해 호의적인 편은 아니었으리라고 짐작할 수 있다. 그렇지만 당시에 이런 말을 할 만큼 일본인에 대해 적대적이었으리라고 볼 만한 근거도 없다. 어쩌면 원래 이런 행동을 한 데에는 불법적인 행동에 대한 징계의 의미가 강했을지도 모른다. 그렇지만 사건의 결과로 일본인에 대한 적대감이 커졌을 수는 있다. 요컨대 의협심으로 시작한 사건이 안중근에게는 민족의 현실을 자각하게 되는 하나의 계기가 되었으리라 짐작해볼 수 있다.

혈기 왕성한 청년 안중근이 외국인과 다툰 일화로는 청나라 의사 서원훈(舒元勛)과의 사건이 「안응칠역사」에 남아 있다.[24] 1904년 4월 무렵의 일이다.

안중근이 외출했다가 돌아오는 길에 아버지가 청나라 의사에게 폭행당했다는 소식을 들은 것이 발단이었다. 진료를 마치고 술을 마시다가 시비가 붙어 청나라 의사가 안태훈을 걷어찼고, 사람들이 청나라 의사를 붙잡아 때리려 했으나 안태훈이 만류했다는 것이다. 안중근은 아들로서 가만있을 수 없는 일이라고 여겨 서가(舒哥, 청나라 의사)를 찾아갔는데, 그는 몇 마디 하지도 않고 칼을 뽑아들었다. 안중근은 급히 칼을 막고 서가의 배에다 총을 겨눔으로써 그를 제압하고 칼을 부러뜨렸다. 이후 안중근은 법관을 찾아가서 고발했지만,

법관은 외국인의 일을 판결할 수 없다고 할 뿐이었다. 다시 서가에게 따지려 했지만, 사람들이 만류하므로 결국 그만두기로 했다고 한다.

그런데 오히려 서가가 가만있지 않았다. 진남포(鎭南浦)의 청국 영사에게 고소하였고, 그 결과 청나라와 한국 순검들이 안중근을 체포하려 나선 것이었다. 이들은 함께 서가를 찾아갔던 안중근의 친구 집에서 총격전을 벌였고, 그 전말이 안중근에게 전해졌다. 안중근은 청국 영사가 서울의 공사(公使)에게 보고하고, 다시 한국의 외부에 조회했음을 확인했다. 이에 그는 서울로 가서 전후 사정을 말했고 결국 재판을 벌이게 된다. 그 결과 서가의 만행이 드러나서 안중근이 이겼다고 한다. 그리고 뒤에 청나라 사람의 소개로 서가와 만나 사과를 받고 화해했다고 한다.

사건의 결과로만 보면, 완력과 재판으로 모두 안중근이 이겼고 결국 사과를 받고 화해했다고 요약할 수 있다. 또 상대를 찾아간 대담성이나 상대의 칼을 막은 민첩함, 그리고 재판에 대처하는 명민함 등을 지적하며 그의 능력을 칭송할 수 있을 것이다.

그렇지만 사건이 진행되는 과정을 보면 안중근은 상당한 불만을 느꼈을 법하다. 안중근이 소장(訴狀)에 "청나라 의사의 행위와 같이 한다면 우리 백성이 어찌 보호받을 수 있겠는가"[25]라고 기록했듯이, 백성이 제대로 보호받을 수 없는 현실을 개탄하지 않을 수 없었다. 남의 나라에 온 청나라 의사가 자국의 영사나 공사를 통해 자신의 입장을 대변할 수 있었던 데 반해, 안중근은 자국의 법관에게서 외국인과의 일에 관여할 수 없다는 답변을 들었다. 아마도 이 사건은 안중근으로 하여금 자신을 포함한 한국 백성들이 처한 현실을 분명하게 인식하게 하는 계기가 되었을 것이다.

서원훈과의 충돌을 해결하는 과정에서 안중근이 활용한 방법은 재판이었다. 비록 초기에는 물리적 충돌이 있었지만, 마지막에는 재판을 통해 문제를 해결하고 상대와 화해하는 데까지 이르렀다. 그런데 『대한매일신보』에서는 '안중근 내력'이라는 제목을 단 기사를 실으면서 이 사건의 해결 과정을 다른 형태로 전하고 있다. 현대어로 풀이하되, 내용별로 단락을 나누어 아래에 제시한다.

〔가〕 이토 공 암살자 안중근의 내력을 자세히 들으니, 본성이 용맹하고 어릴 때부터 사냥 다니기를 특히 좋아했는데 산비탈을 오르내리기를 나는 새와 같이 하였다고 한다. 노숙을 하더라도 걱정하는 법이 없었으며 총 쏘는 법이 정교하여서 백발백중이었다고 한다.

〔나〕 하루는 청나라 상인 한 사람이 안중근의 부친을 방문하고 술을 마신 뒤에 시비가 있었는데 주먹으로 때리고 발로 걷어차고 가버렸다. 그랬더니 안중근이 사냥을 마치고 돌아와서 이 일을 듣고서는 분기를 이기지 못하고 청나라 상인을 추격하였다. 안악 부근에서 만나서는 메고 있던 총으로 쏘아서 1발에 바로 죽였다.

〔다〕 바로 몸을 피하여 서울에 오니 이때는 한국과 일본 사이에 중대한 문제가 거듭 일어날 무렵이었다. 보안회(保安會)가 창설되었거늘, 안중근이 이 보안회에 가입하고자 하여 그 회장을 찾아가 만나고 시국의 일을 이야기하였다. 그 회장이 목적을 물으니 안중근이 답하였다.

"내가 하야시 곤스케(林權助, 당시 일본 공사)를 죽이기 위해 장정 20명을 준비하였는데, 이 모임에서 30명만 뽑아서 모두 50인의 결사대만 조직하면 하야시 곤스케를 도살(屠殺)하는 것이 손바닥 뒤집기처럼 쉬우리라."

회장 이하가 결사(決死) 한 글자에는 아무런 말이 없었다. 안중근이 박장대소하며 말했다.

"벌레같이 나약한 자가 어찌 수천 명의 우두머리를 맡으리오."

바로 일어나서 나갔다.

〔라〕블라디보스토크(海參威)로 들어가서 비밀스럽게 행동하다가 이번 사건을 빚어내었다고 한다.[26]

이 기사가 1909년 12월 3일자 「잡고」란에 실렸으니, 안중근이 이토를 쏘고 체포된 지 한 달이 넘은 시점이다. 이토를 '암살'한 안중근이 어떤 인물인가를 다루고 있는 이 기사는, "자세히 들은〔詳聞〕것이라고 했음에도 사실과 다른 내용을 제시하고 있다.

〔가〕에서 용맹성을 강조했기 때문인지〔나〕에서는 청나라 의사 서원훈과의 충돌 사건을 '용맹한 안중근'에 초점을 맞추어 재구성하고 있다. 의사가 상인으로, 재판을 해서 이긴 것이 총을 쏘아 1발에 죽인 것으로 바뀌었다. 당시의 소장이 남아 있는 이상, 이 부분의 사실관계는 의심의 여지가 없다. 안중근의 용맹성을 강조하는 형태로 변형되어 떠돌던 소문을 신문에 옮긴 것으로 보이지만, 이는 안중근이 지향한 갈등 해결 방식과 상당한 거리가 있다고 판단된다.

기사 내용의 정확성에 문제가 있다면,〔다〕에서 언급한 사건에 대해서도 의심해볼 필요가 있다. 이미 "청나라 상인을 죽이고 도피하여 서울로 간 것"이라는 정보가 잘못된 것이므로, 서울로 도피했을 때 일어난 사건을 다룬 '보안회'와 관련된 기사의 사실성을 의심할 만한 근거는 충분하다. 보안회는 1904년 7월 일본의 황무지 개간권 요구에 대항하기 위해 창설된 단체인데, 도피 중인 안중근이 여기에 찾아가서 결사대를 조직하여 일본 공사를 죽이자고 제안했다는 것이 기사의 개요이다. 이미 자신이 20명의 장정을 준비했다는 식의 호언장담이나 보안회 인물들의 나약함을 호탕하게 비웃는 태도 등은 이토를 죽인 신비로운 영웅호걸로서의 면모를 드러내는 데 효과적이라고 판단되지만, 당시에 안중근이 보안회를 찾아가서 그런 제안을 할 이유가 있었는지는 의문스럽다. 동학군과 싸운 '의병 활동'을 제외한다면, 국내에서 안중근이 선택한 갈등 해결의 주된 방법은 재판이었다. 위력을 보임으로써 상대를 제압하려 한 사례도 있지만, 그것은 위협 정도에 그칠 뿐이었다.

그런데 이 보안회와 관련된 일화는 학계에서 매우 중시되고 있다. 이 사건이 이토 처단의 '전사적(前史的)' 의미를 갖고 있다거나 '의열 투쟁'의 효시라고 파악하기 때문이다.[27] 요컨대 이미 1904년 시점에 안중근이 이토 히로부미를 저격하는 방식의 활동을 구상한 것을 이 사건에서 확인할 수 있다는 것이다. 그런데 앞서 살펴보았듯이 『대한매일신보』의 기사를 사실로 받아들이기는 어려울 듯하다. 다른 자료를 좀 더 살펴볼 필요가 있다.

'보안회 사건'이 기록된 자료로는 두 가지 정도가 더 있는 듯하다. 하나는 일본 측의 수사 기록이며,[28] 다른 하나는 계봉우가 쓴 전기물 「만고의사 안중근전」이다.

일본 측의 수사 기록인 「헌기 제2634호」는 1910년 12월 30일에 작성되었다. 문제가 되는 부분은 '별지 1호'에 있다. '별지 1호'는 '안응칠의 신원 계통에 대해 각종 방면에 걸쳐 조사'한 결과를 모은 것으로, 작성 일시는 11월 3일로 되어 있다. 주로 탐문 또는 수집한 자료를 바탕으로 작성했을 가능성이 높으며, 이 가운데는 다양한 층위의 정보가 뒤섞일 수 있다.

'별지 1호'에는 『대한매일신보』에 기록된 두 일화가 함께 나타난다. 안태훈과 마찰을 일으킨 청나라 상인을 안중근이 사살했다는 일화에는, 안중근이 서울에서 구명 운동을 펴서 풀려났다는 내용이 더 포함되어 있다. '보안회 사건'에 관한 정보에는, 결사대의 인원수와 공격 대상에 차이가 보인다. 또한 『대한매일신보』와 달리 1905년 을사조약이 체결될 무렵 이 협약에 반대하는 유생들의 모임인 '보안회'에서 이런 일이 있었다고 하여, 사건의 시점을 달리 보고하고 있다.

한편 계봉우는 안중근이 1907년 7월 30일에 보안회 회장 원세성(元世性)을 만나서 수하의 장사들을 모아 매국적(賣國賊)들을 죽이자는 제안을 했다고 기록하고 있다.[29] 세부적인 차이도 있지만, 무엇보다 안중근이 조국을 떠나려던 시점의 일로 기록하고 있다는 점이 가장 큰 차이라 할 수 있다. 만약 이 사건이 1907년에 일어난 일이라면, 그 의미나 맥락 또한 달리 해석할 필요가 있다.

세 자료의 관련 양상이 분명하지 않고 세 자료 모두 일부 잘못된 정보를 포함하고 있지만, 공통적으로 안중근이 보안회를 찾아갔다는 사실은 지적하고 있다. 따라서 안중근이 보안회, 또는 서울의 어떤 단체를 방문한 일은 사실일 가능성이 높다. 그러나 그 이유와 시점을 단정하기란 현재로서는 쉽지 않다. 만약 사실관계를 더욱 명확히 밝혀줄 만한 자료가 발굴된다면, 이는 안중근의 사상적 변화 과정을 해명하는 데 큰 도움이 될 것이다.

　민권이 보장되는 사회를 꿈꾸던 안중근이 민족의 현실을 마주하고 고민하게 되었을 때, 그는 어떤 해결 방안을 생각할 수 있었을까? 이어서 다룰 안중근의 상하이 여행은 이러한 고민의 산물이었을 것이다.

4장
상하이 여행, 그리고 아버지의 죽음

1905년 6월 중순경, 안중근은 중국 땅 상하이에 도착했다.[30] 안중근이 중국으로 건너간 이유는 무엇일까? 우선 「안응칠역사」에 기술된 내용을 검토해보자.

일로전쟁(日露戰爭)이 강화를 맺어 끝난 뒤에 이토 히로부미가 한국으로 건너와서 정부를 위협하여 5조약을 강제로 맺었다. 삼천리의 강산과 2천만의 인심이 마치 바늘방석에 앉은 것같이 어수선하고 어지러웠다. 그때 아버지께서는 마음이 답답하고 분하여 병이 더욱 심해졌다. 나는 비밀리에 아버지와 상의하며 다음과 같이 말했다.
"일본과 러시아가 전쟁을 시작할 때 일본은 선전서(宣戰書)에서 '동양의 평화를 유지하고 한국의 독립을 굳건히 한다'라고 했는데, 이제 일본이 이러한 대의(大義)는 지키지 않고 야심적인 침략을 자행하고 있습니다. 이는 모두 일본의 대정치가인 이토의 정략입니다. 먼저 강제로 조약을 맺고, 다음으로는 뜻있는 사람들을 없애고, 그 뒤에야 강토를 삼키는 것이 오늘날 다른 나라를 멸망시키는 새로운 방법입니다. 빨리 무언가 도모하지 않는다면 큰 화를 입게 될 것입니다. 어찌 속수무책으로 가만히 앉아서 죽기만 기다릴 수야 있겠습니까. 지금 거의(擧義)하여 이토의 정책에 반대하고 싶지만, 힘의 차이가 크니 아무런 이익도 없이 헛되이 죽게 될 것입니다.

요즘 들으니 청나라 산둥과 상하이 등지에는 많은 한국인이 살고 있다고 합니다. 우리 집안도 그곳으로 옮겨가 살다가 선후방책(善後方策)을 도모하는 것이 어떻습니까? 그리하려면 제가 먼저 그곳에 가서 살펴보고 돌아오는 것이 좋을 듯합니다. 아버님께서는 그동안에 은밀히 짐을 꾸려서 식구들을 진남포로 이끌고 가십시오. 제가 돌아오는 날 다시 의논해서 결행하도록 하십시다."

부자간에 계획을 정하고 나자, 나는 즉시 길을 떠났다. 산둥 지방을 돌아보고 나서 상하이에 도착했다.[31]

상하이에 도착한 때는 6월 중순으로 추정되므로, 안중근이 길을 떠난 것은 이보다 조금 앞선 시점일 것이다. 을사조약 또는 5조약으로 지칭되는, 정식 명칭도 없는 기이한 조약이 체결된 11월 17일보다 앞선 시점이다. 또한 러일전쟁이 일본의 승리로 기울어가고 있던 상황이었다. 따라서 5조약에 대한 서두의 언급은 상하이로 떠난 이후의 사건을 기술한 것인 셈이다.

「안응칠역사」를 보면, 안중근은 일본이 '다른 나라를 멸망시키는 과거와 다른 새로운 방법(滅國新法)'을 실행하고 있는 것이 당시 상황이라고 파악하고 있는 듯하다. 이는 러시아에 대한 선전서의 내용과 어긋나는 것인바, 안중근은 이 모든 것이 사실상 일본 천황의 뜻을 거스른 이토의 독단적인 행동이라고 판단하고 있다. 그는 이토의 계획이 성공하는 것을 그대로 두고 볼 수는 없다고 생각했다. 국내에서 의병을 일으키는 방법도 고려해볼 수 있겠지만, 현실적으로는 그것만으로 이토의 계획을 막을 수 없었다. 가만히 있지 않았다는 명분은 충족시킬 수 있을지 몰라도, "아무런 이익도 없이 헛되이 죽기만 할 뿐"인 결과가 예상되는 상황이었다.

그래서 안중근이 눈을 돌린 곳은 한국인이 많이 사는 청나라 땅이었다. 그곳에 가면 이토의 계획을 막을 방법을 찾을 수 있지 않을까. 구체적인 계획을 세우지는 못했으므로, 먼저 그곳에 건너가서 가능성을 찾아보겠다는 것이 안중근의 결론이었던 셈이다.

안중근이 해외 이주 계획을 주도하고 있다는 점도 주목할 만하다. 도피 생활에서 돌아온 1903년 11월 이후 안태훈의 건강이 좋지 못한 때문이기도 했겠지만, 어쨌든 이 시점에는 안중근이 가문을 실질적으로 이끈 것으로 파악된다. 일본 측에서 1909년 12월 말에 얻었던 "(안태훈이) 장남 안응칠을 상하이로 보내서 상하이에 있는 민영익(閔泳翊, 1860~1914)을 일으켜 창의하여 협약의 파기를 꾀하였다"[32]라는 정보와 달리, 상하이로 갈 것을 계획한 사람은 안중근이었던 셈이다.

계획의 주체가 안중근이었다면 판단의 주체 또한 안중근이었을 것이다. 그가 국내에서 활동하는 것이 이익이 없다고 판단한 이유는 무엇일까? "힘의 차이가 크다[强弱不同]"는 점을 지적하고 있지만, 그렇게 판단하게 된 구체적인 이유는 혹시 없었을까? 역사학자 신운용이 제시한 세 가지 이유는 그런 면에서 주목할 만하다. 신운용은

"'해서교안'으로 가문의 영향력 약화, 하야시 곤스케와 부일 세력 처단 계획의 실패에 따른 국내 국권회복운동 세력에 대한 실망, 러일전쟁이라는 국제 정세에 따른 위기의식"을 거론했는데, 이 요인들이 복합적으로 작용하여 안중근 일가가 해외 이주 계획을 세우게 되었다고 지적했다.[33]

이 가운데 두 번째 이유는 '보안회 사건'과 관련된 것이어서 현재로서는 받아들이기 어려운 면이 있지만, 다른 두 가지 이유는 적절하고도 의미 있는 지적일 듯하다. 즉 청계동의 상황이 예전과 달라졌으므로 거의하는 등의 힘을 발휘할 수 없게 되었고, 러일전쟁에 대해 빌렘 신부와의 대화나 신문 등을 통해서 나름의 인식을 키울 수 있었으며, 그 결과 해외 이주를 결정했다고 풀이할 수 있는 것이다.

안중근은 자신이 먼저 산둥과 상하이로 가서 무엇을 하려고 했을까? 앞으로 살펴보겠지만 「안응칠역사」에서는 그곳에서 생활하던 유력한 한국인들을 만나보려고 했던 흔적을 발견할 수 있다. 그런데 안중근의 생애를 기록한 글 가운데는 이와 조금 달리 파악한 사례가 보인다. 기록자의 인식이나 시각을 엿볼 수 있으므로 한 가지 사례만 살펴보자.

김택영은 「안중근전」에서 안중근이 안태훈에게 "우리가 순치(脣齒)의 관계로 삼을 만한 것은 중국뿐입니다. 그래서 중국으로 건너가 재주 있는 인물들을 사귀고, 이들과 더불어 국가의 유지를 도모하는 것이 제 바람입니다"[34]라고 말하는 것으로 서술하였다.

중국으로 건너가는 이유가 재주가 있고 한국을 도울 만한 뜻도 있는 중국인을 얻고자 하는 데 있었다는 것이다. 안중근이 중국에 대해 어떤 인식을 갖고 있었는지는 분명하지 않지만, 이 정도로 중국인을 신뢰할 만한 계기가 있었는지는 의심스럽다. 김택영 자신이 중국으로 건너간 목적이 이와 가까운 것이었으므로, 이는 자신의 인식에 맞춰 안중근의 활동 방식을 이해한 것인 듯하다.[35]

「안응칠역사」에서는 산둥에서의 활동은 언급하지 않고, 바로 상하이에서의 일화를 기술하고 있다. 상하이에 도착한 안중근은 우선 두 사람의 한국인을 방문했다고 밝혔다.

첫 번째는 민영익이었다. 민영익은 정치적인 문제로 상하이로 옮겨서 살고 있었지만, 여전히 영향력이 큰 인물이었다. 또한 적지 않은 재산을 가지고 있기도 했다. 그래서 앞서 언급했듯이 일본 측에서는 안중근의 방문 목적이 그와의 협력을 통해 협약의 파기를 꾀하는 데 있었으리라고 의심하기도 했다.

그렇지만 기대와 달리 안중근은 민영익을 만나보지도 못했다. 문지기를 통해 한인(韓人)은 만나지 않겠다는 말만 들었을 뿐이었다. 한국인을 만나지 않으면 어느 나라 사람을 만날 것이냐며 나무라고, 나라가 위급하게 된 죄가 대관(大官)들에게 있어서 부끄러워 그런 것이냐고 비꼬아보았지만 아무런 효과가 없었다.

뒷날 안중근이 재판을 받을 때 재판 비용을 댄 인물 가운데 민영익의 이름이 등장한다는 점은 상당히 흥미롭다. 상황이 달라졌기 때문이었을까? 아니면 전날 만나주지 않았던 데 대한 반성의 의미일까? 어쩌면 민영익은 과거에 안중근이 자신을 찾아왔던 일조차 기억하지 못했을지도 모른다. 민영익을 위해 변명한다면, 안중근이라는 인

민영익(閔泳翊, 1860~1914). 명성황후의 친정 조카로 입각 초기에 개화 업무를 이끌었다. 안중근이 상하이로 건너갔을 때 그는 중국에서 망명 생활을 하고 있었다.

물을 믿을 수 있다고 판단할 만한 근거가 1905년 시점에는 없었다고 볼 수도 있다. 상하이라는 공간이 도피 생활 중인 민영익에게 그리 안전한 곳은 아니었을지도 모른다. 그 밖에 숨겨진 또 다른 이유가 있을지도 모를 일이다.

안중근이 상하이에서 찾아간 다른 한 사람은 서상근(徐相根)이다. 그는 상인으로 인천 출신의 부자이며, 이용익과 함께 쌀장사를 한 경력이 있다는 정도가 알려진 인물이다. 안중근은 서상근과 어떻게 만나게 되었을까? 「안응칠역사」의 기록을 살펴보자.

> 그 후에 나는 서상근을 방문했는데, 대면해서 말하였다.
> "오늘날 한국의 형세는 아침 아니면 저녁에 망할 정도로 위태합니다. 어찌하면 좋겠습니까? 어떤 계책이 있겠습니까?"
> 서상근이 답하였다.
> "그대는 한국의 일을 내게 말하지 마십시오. 나는 일개 상민(商民)일

뿐입니다. 나는 몇 천만 원을 정부의 대관들에게 빼앗기고 피신하여 여기에 온 사람입니다. 게다가 국가니 정치니 하는 것이 민인(民人)들과 무슨 관계가 있겠습니까?"

나는 웃으며 답하였다.

"그렇지 않습니다. 그대는 하나만 알고 둘은 모르시는군요. 만약 인민이 없다면 국가가 어찌 존재할 수 있겠습니까? 또한 국가란 몇 사람 대관들의 것이 아닙니다. 당당한 2천만 민족의 국가입니다. 만약 국민이 국민의 의무를 행하지 않는다면, 어찌 민권과 자유를 얻을 수 있겠습니까? 오늘날은 '민족의 세계'입니다. 무슨 까닭에 한국 민족만이 남들의 밥이 되는 것을 달게 여기고 있습니까? 앉아서 멸망을 기다리는 것이 과연 옳겠습니까?"

서상근이 답하였다.

"그대의 말은 비록 옳지만, 나는 다만 상업으로 입에 풀칠이나 할 따름입니다. 정치 이야기는 다시 꺼내지 마십시오."

나는 거듭 말했지만, 도무지 들어주려 하지 않았다. 이른바 "쇠귀에 경 읽기"와 한가지였다.[36]

서상근은 자신은 장사꾼일 뿐이므로 정치에는 관심이 없다고 했다. 관리들에게 큰돈을 빼앗긴 경험도 있기 때문에 그런 말을 듣고 싶지도 않다고 했다. 안중근은 끝내 서상근을 설득하지 못하고 돌아왔다. 민지(民志)가 이런 정도이니 국가의 앞날이 어찌 될지는 뻔하다는 탄식도 해보았다. 그러나 어쩔 도리가 없었다.

여기서 서상근이 국민으로서의 의무를 저버렸다고 비판하는 것은 손쉬운 일이다. 그렇지만 그에게는 '개인의 삶'이라는 문제가 더 큰 것이었을지도 모른다. 안중근이 당시의 현실을 '민족의 세계'라고 규정하고 있지만, 서상근은 이런 민족 단위의 생존 경쟁 이전에 자기 개인의 생존이 더 급박한 문제라고 말하고 있다. 두 사람은 지향점이 달랐던 셈이다.

울적한 심정으로 안중근이 찾은 곳은 천주교당이었다. 그런데 그곳에서 안중근은 뜻밖의 인물과 만나게 된다. 바로 황해도에서 활동하여 친분이 있는 르 각(Charles Joseph Ange Le Gac, 1876~1914) 신부였다. 그의 한국식 이름은 곽원량(郭元良)이다. 1903년 해서사핵사 이응익이 문제 삼았던 '곽 교사'가 바로 이 사람이다.

안중근은 르 각 신부에게 자신의 상황과 계획을 설명했다. 참담한 현재 상황에서 할 수 있는 일이 없다는 것, 그래서 부득이 외국으로 이주하게 되었다는 것, 한편으로는 재외동포들과 연계하고 한편으로는 외국에 억울한 사정을 설명하여 동감을 받고자 한다는 것, 그러다가 때가 이르렀다고 판단되면 한 번 거사해보고자 한다는 것. 안중근은 이를 통해 자신의 뜻을 이룰 수 있으리라고 이야기했다.

천주교인 안중근은 신부의 말을 경청했다. 그런데 르 각 신부는 안중근의 계획에 반대했다. 신부는 우선 해외로 이주하는 것이 잘못된 계책이라고 지적했다. 모두가 그렇게 한다면 나라 안이 비어버릴 것이라고 했다. 프랑스가 독일에게 잃은 땅을 되찾지 못한 이유도 그 땅에 살던 뜻있는 사람들이 다른 곳으로 이주해버렸기 때문이라는 점을 예로 들었다. 재외동포들은 따로 꾀하지 않더라도 함께 일할 수 있으며, 열강들은 비록 참상을 불쌍히 여긴다 하더라도 다른 나

1900년대 초반 상하이에는 여러 나라에서 온 상당수의 서양인들이 체류하고 있었다. 위 그림엽서는 상하이의 프랑스인 거주지 모습을 묘사한 것이다.

라를 위해 나설 리 없다고 했다.

르 각 신부는 이어서 네 가지의 일에 힘쓸 것을 제안했다. 그것은 교육 발달(敎育發達), 사회 확장(社會擴張), 민지 단합(民志團合), 실력 양성(實力養成)이었다. 이 네 가지를 이룰 수 있으면, 강토나 조약 같은 문제는 오히려 쉽게 해결할 수 있다고 했다. 안중근은 르 각 신부의 권고를 실행하리라 마음먹고 진남포로 향하는 배에 올랐다.

안중근이 진남포에 도착한 때는 1905년 12월이었다. 그렇지만 이미 부친 안태훈은 세상을 떠난 후였다.

1905년 12월 상하이로부터 진남포에 돌아왔다. 집안 소식을 들으니, 그사이에 가족들이 청계동을 떠나서 진남포에 도착했다고 했다. 그런데 아버님이 도중에 병세가 깊어져서 세상을 떠나셨고, 가족들이 다시 청계동으로 가서 아버님의 장례를 치렀다고 했다. 소식을 듣고는 통곡하여 여러 차례 혼절했다. 다음 날 청계동에 이르러 상(喪)을 차리고 재계(齋戒)를 지켰다. 며칠 동안의 예를 마친 뒤에는 가족과 함께 그 겨울을 보냈다. 이때 나는 술을 끊기로 마음속으로 다짐했다. 대한독립의 날을 기한으로 삼았다.[37]

부친의 장례를 치른 안중근은 그리도 즐기던 술을 끊었다. 대한독립이라는 목표에만 집중하기로 한 것이다. 가문을 이끌던 안태훈이 어떤 병으로 세상을 떠났는지는 알 수 없다. 다만 안중근이 상하이로 떠나던 시점에도 건강한 상태는 아니었던 듯하다. 「안응칠역사」를 통해서는 1903년의 도피 생활 이후에 병이 점차 악화된 것이 아닐까 짐작할 수 있을 뿐이다.

그런데 안태훈의 사망 원인에 대해서는 이와 다른 여러 유형의 이야기도 퍼져 있었던 모양이다. 이 가운데 일부는 안중근의 성품이나 1905년 이후의 활동에 대한 근거를 파악하는 데 활용되기도 하므로 주의해 살펴볼 필요가 있다.

우선 일본 측의 기록 가운데 가장 흔한 유형은 술 때문에 사망했다는 것이다. 1909년 11월 2일 보고에 "음주(飮酒)의 결과로 병을 얻어 4년 전에 사망하였다"[38]라고 기록한 것이 그 사례이다. 일찍이 김구가 "안 진사는 면모도 맑고 수려하였지만, 다만 주량이 과하여 코끝이 빨간 것이 흠이었다"[39]라고 술회한 것을 보면, 안태훈이 술을 많이 마셨던 것은 사실일 것이다. 그러나 이를 병을 얻은 이유로 본 것은 지나치다. 안태훈의 인격이나 활동을 폄하함으로써 그 아들 안중근을 낮추어보고자 하는 생각에서 나온 이야기가 아닌가 싶다. 물론 이것이 정보의 의도적인 조작이라고 볼 만한 근거는 없다. 다만 이토 저격 사건이 일어난 직후에 일본인이 느꼈던 감정이 여기에 어느 정도 반영되었을 듯하다.

다른 사례를 살펴보자.

〔가〕 범인은 블라디보스토크 부근에 살던 동의회원(同義會員)으로 과격한 청년 무리의 일원이다. (……) 안응칠은 평양의 가톨릭 교인으로, 재작년 봄에 김세하(金世河)와 함께 원산에서 블라디보스토크에 배로 건너갔다. 그 아버지는 동교(同教, 천주교) 때문에 대원군에게 살해당한 자이다.[40]

〔나〕 신교와 구교의 의쟁장단(議爭長短)이 일어날 때에 이르러, 경성의 공판이 결단된 결과로 전날 원혐(怨嫌)을 맺었던 관리의 기회가 열려서 안태훈은 경성의 감옥에서 죽고(……).[41]

〔가〕는 대한협회 고문으로도 활동했던 일본인 오가키 다케오(大垣丈夫)가 일본 관리에게 보낸 편지의 한 부분이다. 1909년 10월 29일에 쓴 편지이니, 사건 직후 주변의 인맥을 활용하여 얻은 정보를 담았을 것이다. 이 편지에는 통감부 측에서 얻은 정보보다 사실에 가까운 내용도 적지 않은데, 안태훈의 죽음에 대해서는 사실과 다른 언급을 하고 있다. 가톨릭 교인이었으며 정부와 갈등이 있었던 것은 사실이지만, '대원군에게 살해당했다'는 것은 사실과 다르다.

〔나〕는 앞서도 잠깐 살펴보았던, 하와이 신한국보사에서 1911년에 간행한 「대동위인 안중근전」의 한 부분이다. 관리와 맺은 갈등 때문에 감옥에서 죽었다는 것이 안태훈의 죽음에 대한 설명이다. 종교 문제로 관리와 갈등을 겪은 것은 사실이지만, 안태훈이 감옥에서 죽었다는 서술은 사실과 다르다.

술 때문에 병을 얻어서 죽음에 이르렀다는 진술과 비교할 때, 정부 또는 관리와 빚은 갈등 때문에 살해당하거나 옥사했다는 것이 더 사실에 가깝거나 멀다고 말할 수 있는 근거는 없다. 다만 만약 특정한 의도 또는 선입관 때문에 이 같은 유형의 이야기가 유포되었다고 한다면, 두 유형의 의도 또는 선입관 사이에는 상당한 차이가 있을 듯하다. 소설이나 설화의 경우에서 볼 수 있듯이 '아버지의 억울한 죽음'이란 특정 인물의 비장하고 영웅적인 면모를 강화하는 요소로 활용될 수 있기 때문이다. 실제로 안중근을 소재로 한 중국의 문학작품에서 '아버지의 억울한 죽음'을 어린 시절의 고난으로 설정하고, 이를 통해 안중근이 뒷날 아버지를 위해 복수하는 인물로 그린 사례를 찾아볼 수 있다.[42]

상하이 여행에서 돌아온 안중근은 새로운 상황에 놓이게 된 셈이었다. 르 각 신부의 권고를 통해 앞으로의 활동 지침을 얻었지만, 한편으로는 그동안 가문을 이끌어오던 아버지를 잃은 것이었다.

5장
교육자의 길

1906년 3월 안중근은 진남포에 양옥 한 채를 지어서 가족과 함께 이사하였다. 평안도 남서쪽 끝자락에 자리 잡은 진남포는 중국행 선박이 드나드는 교통의 요지이다. 안중근이 중국으로 건너갈 생각으로 가족을 이끌고 와달라고 안태훈에게 부탁했던 바로 그곳이었다. 비록 외국으로 이주할 계획은 포기했지만, 안중근은 원래 계획대로 이곳에 자리 잡았다. 르 각 신부의 권고에 따라 활동을 펼치기 위해서는 청계동보다 넓은 활동 무대가 필요했을 것이다.

안중근이 진남포로 이주한 시점은 바로 을사조약에 의해 설치된 통감부가 활동을 시작할 무렵이다. 정치적인 문제가 더욱 중요해지는 상황이었지만, 안중근은 우선 르 각 신부의 권고를 충실히 이행하고자 했던 듯하다. 진남포에서 안중근이 착수한 첫 번째 일은 학교 설립이었다. 과거 뮈텔 주교에게 대학 설립을 청원했던 점을 생각해보면 학교 설립은 감회가 깊은 사건이었을 수도 있겠지만, 뜻밖에도 학교 운영에 대한 「안응칠역사」의 기록은 지극히 간단하다.

일이 안정된 후(安業) 집안의 재산을 기울여 학교 두 곳을 설립하였다. 하나는 삼흥학교(三興學校)이며, 다른 하나는 돈의학교(敦義學校)였다. 학교 일을 맡아서 재주가 뛰어난 청년들을 교육하였다.[43]

두 곳의 학교를 설립했고, 그 운영을 위해 노력했다는 것이다. 이들 학교의 규모나 설립 경위, 교육 내용 등이 어떠했는지는 따로 언급하지 않았다. 그렇지만 다른 몇 가지 기록을 통해 대략의 내용은 짐작할 수 있다.

삼흥학교의 삼흥은 '사흥(士興), 민흥(民興), 국흥(國興)'을 뜻하는 말이다. 선비(학생)와 백성, 그리고 나라의 셋이 모두 흥성하기를 기대하는 이름인 셈이다. 삼흥학교의 교과 내용 등은 확인되지 않지만, 그 가운데 영어가 중요한 과목으로 포함되어 있었음은 확인할 수 있다.[44]

삼흥학교에 대해서는 당시 신문에 3편의 기사가 남아 있다. 우선 1907년 1월 4일자 『경향신문』에는 오일환(吳日煥)이 진남포 천주교회에 야학부를 설치하여 영어를 가르쳤고 안중근이 그 경비를 부담했다는 기사가 실려 있다. 1907년 5월 29일자 『대한매일신보』에는 '삼화항 사립 영어 삼흥학교(三和港 私立 英語 三興學校)'의 국채보상 연금 납입 기사가 실려 있는데, 여기에는 삼흥학교의 교직원 및 학생 명단도 있다.[45] 학교 명칭에 '영어'가 함께 표시되어 있는 점이 우선 주목된다. 학생 27명 외에 삼흥학교의 교직원으로는 교장 한재호, 교감 안중근, 경무 김경지, 찬성 고우연, 교사 김문규 등이 포함되어 있다.[46]

일제강점기에 진남포 전경을 촬영해서 만든 사진엽서. 진남포에는 해관(海關)이 설치되어 있어 일본과 청의 상인이 많이 거주했으며, 1904년 러일전쟁 발발 후에는 일본의 주요 군수품 수송 기지로 활용되었다.

1907년 5월 31일자 『대한매일신보』에는 '매토기교(賣土寄校)'라는 제목으로 안중근의 처남 김능권(金能權)이 땅을 팔아서 학교에 기부했다는 기사가 실려 있다. 학교의 규모와 상황에 대한 정보가 포함되어 있으므로 이를 살펴보자.

> 삼화항(三和港)에 사는 안중근 삼형제가 삼흥학교를 설립하고 전후의 경비를 스스로 부담한 지 여러 해인데, 작은 집(斗屋)에 50~60명의 생도가 들어가 앉아 있기도 힘든 지경이었다. 안씨가 생도들에게 "하늘이 감동하면 장차 큰 보답이 있을 것이니 반드시 우리들이 성취하는 날이 올 것이다"라고 하면서도 늘 가슴을 누르고 슬피 울 때가 많았다. 다행스럽게도 안씨의 처남인 재령군의 김능권 씨가 학교의 사정을 듣고서는 감개하는 마음을 이기지 못하여 전답을 팔아서 1만 5천 냥으로 30여 칸의 집 한 채를 사서 삼흥학교에 기부하였다고 한다.[47]

학교의 설립 경위에 대한 설명은 앞에서 본 『경향신문』의 기사와 다소 어긋난다. 그렇지만 안중근이 학교 경비를 부담하고 있었다는 점은 다르지 않으며, 이는 「안응칠역사」의 기록과도 일치한다. 결국 안중근이 경비를 부담하고 오일환은 영어 교육을 맡았다는 정도로 이해할 수 있을 것이다.

그런데 학교 설립 후 1년여가 지난 시점에서는 재정 문제가 있었던 듯하다. 50~60명 정도의 학생을 수용하기에는 건물이 좁았고, 경비 또한 부족해졌다. 어쩌면 오일환이 진남포 천주교회에서 학생들을 가르쳤다는 것은 다른 장소를 빌려서 수업을 할 수밖에 없는 상황이었음을 말해주는 것인지도 모른다. 학교 건물 문제 때문에 늘 걱정하던 안중근을 도운 이는 처남인 김능권이었다. 그가 농토를 팔아서 30여 칸의 건물을 마련해준 것이다. 김능권은 안중근이 해외 활동을 펼칠 때에도 재정적인 뒷받침을 해주던 인물인데, 이때는 학교 건물을 기부함으로써 안중근이 교육 활동에 힘쓸 수 있도록 도왔다.

한편 일본 측에서 삼흥학교에 대해 조사한 기록도 남아 있다. 1909년 11월 18일 문건에는 "자택에 삼고영학교(三高英學校)를 설립하여 원래 이곳 세관의 방판(幇判)이었고 지금은 경성에 사는 오일환을 교사로 고빙(雇聘)하여 현재 오성학교(五星學校)의 건물을 교사(校舍)로 하였으나 5~6개월 만에 폐교하였다"[48]라는 기록이 있다. 이는 평안남도 경찰부장의 보고 내용이다. 학교 이름을 '삼고영학교'라고 한 이유는 아마도 '삼흥영학교(三興英學校)'를 잘못 옮긴 때문일 것이다.

주목할 점은 오일환이 교사로 초빙되었고, 그가 당시에 세관의 방판이었다고 한 부분이다. 이 학교에서 중점적으로 교육했을 영어 과목을 그곳의 세관 관리에게 부탁한 것이다. 오일환은 서울의 영어학교에서 4년간 교육을 받았으며, 진남포 해관(海關)으로 온 이후 안공근에게 영어를 가르치는 등 안중근 일가와 가깝게 지냈다고 한다.[49] 뒤에 안중근의 가족을 하얼빈으로 이끌고 오는 정대호(鄭大鎬)와는 영어학교를 같이 다녔고 진남포 해관에서도 같이 근무했던 인물이다. 삼흥학교의 교사 명단에 포함된 김문규(金文奎) 또한 진남포 해관에 근무했다. 그는 오일환의 후배였으며, 동시에 천주교도였다.

김문규는 뒤에 안중근의 가족을 하얼빈으로 데리고 가는 데 필요한 서신 왕래를 맡기도 했다. 요컨대 안중근이 진남포에서 삼흥학교라는 '영어학교'를 설립할 수 있었던 요인 가운데는 영어를 가르칠 능력이 있는 진남포 해관 쪽 인맥이 적지 않은 비중을 차지했던 셈이다.

진남포 해관에서 일했던 세 사람 가운데 김문규는 "안중근의 의거에 대해 부정적인 인식을 드러내기도 하였다"[50]라는 지적을 받기도 한다. 관련 자료를 살펴보자.

> 천주교의 교의(敎義)로서 가령 타인에게 살해되어도 스스로 타인을 살해하는 것은 금하는 바이다. 동시에 이번 사건은 본인의 성격에 반(反)하므로, 이번의 흉행(兇行)을 듣고 동인(同人, 안중근)이 뱃속에 이와 같이 무서운 해심(害心)을 품고 있었다는 것은 상상할 수 없다. 또 이러한 행위를 미리 알았다면 처자를 불러간 것은 불가사의로, 이해할 수 없는 일이다.[51]

1909년 11월 17일 사카이 요시아키(境喜明) 경시가 평양 및 진남포에 들러 취조한 사항을 보고한 기록이다. '김문규의 구공(口供)'가운데 8번째 항목이다. 9번째 항목에서는 매사에 싫증을 잘 내어 성취가 없다고 안중근의 성격을 폄하했고, 10번째 항목에서는 이토를 죽인 것이 국가에 이익될 것이 없으니 국가의 백년대계를 생각하지 못한 편벽된 생각이라고 안중근의 행위를 비판하고 있다. 이런 진술이 김문규의 본심을 그대로 드러낸 것인지는 의문스럽다. 정대호,

안중근과의 관계를 집중적으로 조사받는 상황이라면 피조사자는 공범으로 몰릴 것을 걱정했을 것이다. 이런 상황에서 김문규가 자신의 속마음을 그대로 이야기했으리라고 보기는 어려울 것이다.

그런데 위에 인용한 8번째 항목의 경우에는 조금 성격이 달라 보인다. 안중근과 자신의 관련성을 묻는 것이 아니기 때문이다. 자신과 안중근이 공유한 천주교의 교의에 비추어보았을 때 어떤 이유에서건 사람을 죽이는 것은 정당화할 수 없으며, 따라서 자신은 이해할 수 없다고 지적하고 있다. 이 또한 속마음과 다른 표현일 수는 있지만, 마음 한구석에는 살인을 금지하는 천주교의 교의 문제가 자리잡고 있었던 것은 아닐까 한다. 같은 시대의 천주교인 안중근의 마음 한편에도 이런 고민이 있지 않았을까 짐작할 만하다.

한편 돈의학교는 원래 안중근이 설립한 학교는 아니었다. 설립자는 프랑스인 포리(Jean Bpt. Faurie, 1875~1910) 신부였다.[52] 1대 교장은 천주교 신자 이평택이었으며, 1907년 1월 무렵에는 학생 수가 50명 정도였다. 그런데 1906년 르레드(Jules Lereide, 1883~?) 신부가 부임한 이후에는 교육 사업에 대한 태도가 달라지면서 학교 운영이 어려움을 겪었다고 한다. 이에 안중근이 재정적인 뒷받침을 하면서 운영에 참여하게 된 것이다.[53] 이런 과정을 거쳐 안중근은 돈의학교의 제2대 교장으로 취임한다.

돈의학교는 진남포에 파견된 외사경찰 '순검 정씨'가 비번일 때 체조를 가르쳤다는 기록에서 볼 수 있듯이 체육에 상당한 비중을 두고 있었다. 그러나 운동회 등에서 우수한 성적을 거뒀다는 『경향신문』의 기록이 남아 있음에도, 실제 교과 내용이 어떠했는지는 정확히 알 수 없다. 돈의학교 출신인 이전이 「안중근혈투기」에 서술한 내용은 학교의 모습을 짐작할 수 있는 단서가 된다는 점에서 주목할 만하다.

> 그(안중근)는 교장에 취임하자마자 경영과 훈육 방침을 일신하여, 교사(校舍)를 증축하며 교원을 배로 늘리고 생도를 더 모집하였다. 학교는 면목을 새롭게 하였다.
> 교련(教鍊)에는 목총(木銃)과 나팔, 북을 사용하여 순 군대식 훈련을 실시하였다.
> 다음 해 가을 남포에서는 평안남·북도와 황해도의 삼도(三道) 연합공사립학교 대운동회가 열리게 되어 60여 학교의 생도 약 5천 명이 한곳에 모여서 학과(學科), 술과(術科) 등의 연합 경기를 펼쳤는데, 이 돈의학교가 단연 제1위의 압도적 성적을 획득한 것은 안 교장의 열렬한 노력이 열매 맺은 것이라 하겠다.[54]

안중근의 취임과 함께 경영과 훈육 방침이 바뀌었다고 했다. 경영의 변화가 건물을 더 짓고 교원과 학생 수를 늘린 일을 말한다면, 훈육 방침의 변화는 교육의 내용을 뜻할 것이다. 목총, 나팔, 북을 사용하는 군대식 훈련이 포함되었다는 점이 이에 해당하는 것은 아닐까 한다. 고국을 떠난 이후의 활동을 생각해보면, 안중근은 이 시점에서 당대 사회가 요구하는 인재 양성에 '군대식 훈련'이 필요하다고 인식하게 되었으리라고 짐작할 수 있다.

6장
국채보상운동, 재정 문제를 고민하다

국채보상운동은 1907년 1월 29일 대구에서 서상돈(徐相敦)이 먼저 800원을 내놓으면서 2천만 동포가 국채 1,300만 원을 갚자고 호소하면서 시작되었다. 이후 서울로도 운동이 확산되어 4월에는 대한매일신보사에 '국채보상지원금총합소'를 설치하는 데 이르렀다. 안중근 또한 이 운동에 참여한 바 있는데, 이는 여러 기록에서 확인할 수 있다. 앞서 삼흥학교에 대해 검토하면서도 학교 차원에서 운동에 참여한 것을 살펴본 바 있다. 안중근의 활동이 어떠했는지를 검토하기 위해 계봉우의 글과 『대한매일신보』 기사를 살펴보자.

〔가〕 공(안중근)이 이에 그 부인과 제수들에게 권고하여 시집올 때에 가지고 온 반지까지 의연(義捐)으로 드리고, 이듬해 2월에 평양 명륜당(明倫堂)에서 뜻있는 선비 천여 명을 모아 의연금을 크게 거두었으니, 이것은 나라를 사랑하는 충렬이니라.[55]

〔나〕 몇 해 전 국채보상금 모집할 때에도 그 부인과 제수들이 시집올 때 가지고 온 패물 등을 다 연조(捐助)하게 하였다. "나라가 망하게 되었

으니, 패물을 아껴서 무엇에 쓰리오"라고 하니, 그 부인과 제수들도 응낙하고 따라서 그 뜻을 조금도 어기지 못하였다.[56]

〔가〕와 〔나〕에서 공통적으로 언급한 사건은 부인과 제수들의 패물까지 국채보상금 모집에 내놓도록 했다는 것이다. 〔나〕는 안중근의 어머니 조마리아가 평양에서 일본 헌병 및 순사들에게 당당하게 아들의 평소 생활을 이야기한 내용을 옮긴 것이라고 했다. 부인과 제수들에 대한 일을 말한 것이니, 어머니의 발언은 사실일 가능성이 높을 것이다.

〔가〕에서 말한 평양 명륜당의 집회는 '이듬해 2월'이라는 시점에 다소 의문이 들지만, 1910년에 천주교 인사가 작성한 것으로 보이는 전기물 「근세역사」에도 유사한 내용이 나타난다.[57] 「안중근혈투기」에는 평양에서 이러한 일이 있었음과 함께 "서상돈 회장에게 자청하여 관서 지부를 개설하고 지부장이 되었다"[58]라고까지 기록되어 있다. 「근세역사」와 「안중근혈투기」에서는 집회에서 일본인과 다툼이 있었다는 일화도 함께 언급하고 있다. '관서 지부장'과 같은 직함을 가지고 모임에 참여했다는 기술이 사실일지는 모르겠지만, 집회에서 안중근이 적극적인 활동을 펼쳤다는 것은 분명한 사실인 듯하다. 「안응칠역사」에서도 일본인과의 다툼을 구체적으로 묘사하고 있다. 다만 그곳이 평양인지 아니면 다른 곳인지는 밝혀놓지 않았다.

그때 한국인들이 국채보상회를 발기하였는데, 구름처럼 사람이 모여

회의를 하였다. 그런데 일본의 별순사(別巡査) 하나가 여기에 와서 조사를 하고 있었다. 그자가 물었다.

"회원은 몇 명이며, 재정(財政)은 얼마나 거두는가?"

"회원은 2천만 명이요, 재정은 1,300만 원을 거둔 다음에 보상할 것이다."

일본인은 욕을 하며 말하였다.

"한국인은 하등(下等)한 사람들인데, 어떻게 이런 일을 하는가?"

"빚을 진 사람은 빚을 갚아야 하고, 빚을 준 사람은 빚을 받는 것이다. 무슨 불미(不美)한 일이 있다고 이처럼 질투하고 욕하는가?"

그 일본인은 성을 내면서 나를 치려고 달려들었다. 이에 내가 말했다.

"이처럼 이유 없는 모욕을 받아들인다면, 장차 대한의 2천만 민족이 큰 압제를 면하기 어려울 것이다. 어찌 나라의 수치를 달게 받겠느냐?"

화를 내며 무수히 치고받았다. 이때 곁에서 보던 사람들이 힘써 만류하여 끝을 내고 헤어졌다.[59]

이상의 자료들을 종합한다면, 안중근의 국채보상운동 활동 관련 일화는 모두 세 가지 유형이 전하는 셈이다. 그 가운데 가족의 패물을 모아서 내놓은 일과 삼흥학교의 일원으로서 국채보상금을 내놓은 것에 대해서는 큰 논란거리가 없다. 이에 반해 집회에 참여하여 일본인과 다툰 일에 대해서는 집회가 이루어진 지역과 안중근의 참가 자격에 다소 분명치 않은 부분이 있다.[60] 약간의 실증적 문제가 있음에도 안중근이 자신이 할 수 있는 거의 모든 영역에서 국채보상운동에 참여하고자 노력했음은 분명하다. 이는 안중근 스스로 당대 상황에서 국채보상운동의 의의를 특별히 높이 평가했기 때문일 것이다.

국채보상운동이란 독립의 출발점을 일본에 대한 채무의 청산, 즉 국가 재정의 독립에서부터 찾는 운동이라고 할 수 있다. 독립운동의 일환이기도 하지만, 이 자체가 재정 문제라는 점에 주목해보자. 안중근은 왜 재정 문제에 특별한 관심을 가졌을까?

우선 안중근이 르 각 신부에게 권고 받은 네 가지 항목 가운데 '실력 양성'이 포함되어 있었다는 점이 주목할 만하다. 교육 문제를 별도로 둔다면 실력 양성에서 가장 큰 몫을 차지하는 것 가운데 하나가 산업을 일으키는 식산(殖産)의 문제일 것이다. 국가 재정 문제의 해결은 식산을 위한 첫걸음일 수 있다.

또 하나 주목할 만한 부분은 뒷날 안중근이 구상한 '동양평화론'에서 일본의 급선무로 '재정의 정리'를 지목했다는 점이다. 그는 우선 재정을 길러서 나라를 튼튼하게 해야만 다른 문제를 해결할 수 있다고 했다. 한국, 청국, 일본이 연합할 '동양평화회의'의 구상에서도 회원 1인당 1원씩의 회비 모금을 가장 먼저 내세웠다.[61] 덧붙이자면 안중근이 학교를 운영하면서 겪었을 자금난 또한 결국 재정 문제이다.

르 각 신부의 권고와 안중근의 경험은 안중근이 재정 문제에 대해 특별히 관심을 기울이는 결과로 이어진 것이 아닐까? 지나친 추정인지는 모르겠지만, 안중근이 이 시기에 사업을 벌인 일이 있으므로 함께 생각해봄 직한 문제가 아닌가 한다.

이때 나는 재정을 마련해볼 계획으로 평양으로 가서 석탄광을 개발하였다. 그런데 일본인의 방해로 수천 원가량의 손해를 보았다.[62]

실제로 석탄광산 개발은 안중근 한 사람의 힘으로 추진한 일이 아니었다. 안정근의 진술에 의하면 한재호(韓在鎬),[63] 송병운(宋秉雲)과 함께 '3인의 공동체'를 뜻하는 '삼합의(三合義)'라는 회사를 설립하여 추진했다고 한다.[64] 그런데 안정근은 삼합의의 실패 원인으로 일본인의 방해라든가 그로 인해 발생한 손해를 거론하지는 않았다. 오히려 출자금을 모으는 데 문제가 있었고 경험이 없어서 실패했다고 지적했다. 또 이 사업의 실패 때문에 면목이 없어서 블라디보스토크로 갈 것을 계획했다는 이야기를 들었다고 덧붙였다. 일본 측에서도 초기에 블라디보스토크로 떠난 동기를 삼합의의 실패에서 찾았는데, 물론 안정근의 진술에 의한 것이었다. 안중근이 언급한 '일본인의 방해'라는 문제를 안정근이 언급하지 않고 있다는 점을 고려하면, 무엇인가 안정근이 숨기는 부분이 있었을지도 모른다.

같은 진술서에서 안정근은, 안중근이 미곡상을 운영하려 했다가 그만둔 일도 있었다고 진술하고 있다. 처음에는 처남인 김능권과 함께 운영했고, 다음에는 한재호의 동생이자 유력한 미곡상인 한상호(韓相鎬)와 미곡상 개업을 했었다고 말했다.[65] 이 또한 어느 부분까지 사실인지 파악하기는 쉽지 않다.

다만 안중근이 상업 또는 산업 활동을 시도했던 흔적이 있음은 여기서 지적할 수 있다. 그러한 활동 목적은 단기적인 것일 수도, 장기적인 것일 수도 있지 않았을까. 단기적으로는 학교 운영 자금이나 망명 자금의 마련을 위한 것일 수 있다.⁶⁶ 장기적으로는 산업 또는 상업을 매개로 한 실력 양성과 재정 문제에 깊은 관심을 가졌기 때문은 아닌가 한다.

한편 홍종표는 「대동위인 안중근전」에서 과거로부터 군사 문제에서 가장 중요한 부분이 재정 문제였음을 지적하고 있는데, 이 또한 일종의 장기적 계획의 수립이라는 측면에서 흥미롭다. 그는 군사는 '배(腹)로 싸우는 법'이라 하고 안중근이 '고금 군략에서 가장 중요한 일'을 위해 실업계로 가서 국민의 모범을 보이다가 실패했다고 기술하고 있다. 초기의 안중근 전기물에서 석탄 회사 운영의 일화가 잘 나타나지 않는다는 점을 고려하면, 이 대목은 눈여겨볼 만한 부분이 아닌가 한다.

7장
고국을 떠나는 길

안중근은 1907년 서북학회(西北學會)의 전신인 서우학회(西友學會)에 가입하였다. 실제로 1907년 7월 『서우(西友)』 8호에는 그가 제8회 신입회원으로서 입회금 1원을 낸 사실이 기재되어 있다. 안중근은 뤼순 감옥에서 자신이 서우학회에 가입한 시점을 봄으로 진술하고 있다.

> 재작년 봄쯤에 평양에서 서북학회에 입회하였다. 그때 안창호(安昌浩)와 2~3회 회견(會見)한 일이 있으나, 의견을 교환한 일은 없었다. 재작년 여름경 안창호가 진남포에 와서 연설하였을 때 답사를 한 일이 있다. 안창호와 동행하여 또는 혼자서 연설하며 돌아다닌 일은 없다.[67]

서북학회 가입 사실과 안창호와의 관계를 함께 진술한 것은 일본 측에서 서북학회 및 신민회와 안중근의 거사가 상당한 관련이 있지 않을까 의심해서 함께 질문했기 때문일 것이다. 서북학회 입회와 안창호와의 만남은 일차적으로는 안중근의 대외 활동과 교유의 폭이 더욱 넓어졌음을 의미한다.

르 각 신부의 권고에 따라 귀국한 이후 2년 가까운 기간 동안, 안중근은 학교를 설립하여 교육에 힘쓰고 삼합의 등을 통해 사업을 벌여 실력 양성을 꾀했다. 서북학회 입회로 대표되는 사회단체 가입은 '사회 확장'과 '민지 단합'을 위한 방안이라고 보아도 좋을 것이다. 그렇지만 그는 이러한 사업의 결실을 보지 못한 채 황급히 조국을 떠나고 만다. 르 각 신부의 권고가 옳지 않다는 결론을 내리게 되었거나, 아니면 그런 방법이 효과를 얻기 어려울 만한 상황에 이르렀다고 판단한 것은 아닐까. 안중근은 조국을 떠나는 자신의 모습을 당시의 급박한 현실과 대비시키며 그려냈다.

> 이때(1907년) 이토 히로부미가 한국에 와서 7조약을 강제로 맺고서, 광무 황제를 폐위시키고 병정들을 해산시켰다. 이때 2천만 민인(民人)이 일제히 분노하였고, 의병이 곳곳에서 봉기하였다. 삼천리 강산에 대포 소리가 크게 울렸다. 그때 나는 서둘러 행장을 꾸려서 가족들과 이별하고 북간도로 향했다.[68]

1907년에는 헤이그 밀사 사건으로부터 정미조약, 광무 황제(고종)의 폐위, 군대 해산, 그리고 의병 봉기에 이르기까지 국가의 존재 자체를 위협할 만한 사건과 이에 대한 격렬한 저항이 이어졌다. 일련의 사건에서 안중근이 어떤 활동을 했는지는 확인되지 않지만, 박은식은 이러한 사건의 현장을 안중근이 직접 목격했다고 기술하고 있다. 군대 해산 이후 서울에서 총격전이 벌어진 소식을 듣고 평양에서 서울로 올라와서는 제중원(濟衆院)에 머물렀고, 안창호, 김필순, 그리고 미국 의사 몇 사람과 함께 적십자 표시를 두른 채 부상자 50여 명을 치료했다는 것이다.[69]

이러한 급격한 상황 변화는 안중근이 계몽운동의 범주에 드는 사업만 수행하고 있기는 어렵게 만들었던 듯하다. 장차 어떤 일을 하기로 결심했는지 밝히지는 않았지만, 그것이 국내에서 할 만한 일은 아니었을 것이다. 그리고 그 '어떤 일'을 하기 위해 고국을 떠났다고 했다. 이 기록만 보면 혼자서 급히 떠난 것이 아닌가 추측할 수도 있다.

그런데 일본 측에서는 조국을 떠나겠다는 안중근의 결심이 개인적인 차원이 아니었으리라고 추정했다. 그래서 이토의 사망 이후 일본 측에서는 여러 방면으로 안중근과 연계된 세력이 있는지를 조사했다. 보안회 사건을 언급했던 「헌기 제2634호」의 '별지 1', 즉 11월 3일에 작성한 정보 문서에서는 천주교 및 서북학회, 신민회 세력과의 연계 가능성을 의심한 듯한 보고를 하고 있다.

메이지 40년(1907년) 3월 북간도에 있는 천주교 신부 백 모에게 의지하려고 신부 홍석구에게서 서신을 얻고 간도로 가는 도중, 경성에 체류하여 중부 다동(茶洞) 김달하(金達河)의 집에 수개월간 머물렀다. 그 사이에 김종한, 민형식(閔衡植), 김세기(金世基)의 아들인 아무개, 이종건(李鍾乾), 유종모(柳宗模, 충청북도 황간 사람), 안창호(평양 사람), 이동휘(李東輝), 강영기(姜泳璣, 함경남도 이원 사람으로 서북학회 지회장) 등과 친교를 맺고 지사(志士)로 자임하였다. 그가 간도에 가는 제반 경비 등은 앞에 기록한 강영기, 김동억

(金東億, 김달하의 아들), 민형식, 이종건 등이 지출하여 이해 6월에 경성을 출발하여 김동억과 함께 북간도로 갔다고 한다.[70]

천주교 측 인물로는 빌렘 신부와 함께 북간도의 백 모 신부가 거론되고 있다. 빌렘 신부가 안중근에게 소개장을 써주었다는 백 모 신부는 실제로 원산본당에 있던 브레(Aloysius Bret, 백유사(白類斯), 1858~1908) 신부일 가능성이 높다. 만약 그렇다면 빌렘 신부를 찾아 의논하고 다른 곳에 있는 신부에게 보내는 소개장을 받았다는 정보는 사실이겠지만, 그 신부가 있는 곳이 북간도라고 한 것은 잘못된 정보였던 셈이다.

경성에 체류하는 동안 만난 것으로 거론된 사람은 주로 서북학회와 관련된 인물들이다. 1907년 3월 이후 몇 달간이라면 안중근이 진남포 · 평양 · 서울 등을 왕래하며 활동했을 시점인데, 김달하의 집에 계속 머물지는 않았을 것이다. 다만 서울에 갔을 때 주로 그곳에 묵었을 가능성이 있고, 일본 측에서도 그러한 정보를 얻었을 것이다.

위의 문서에서는 간도로 떠나기 위한 준비 과정을 구체적으로 기술하고 있다. 경비를 마련한 사람들의 명단이 자세한 것은 조직적인 연계 세력의 존재를 상상하게 하지만, 지나치게 자세하고 체계적으로 파악하고 있어서 도리어 의심스러운 부분도 있다. 다만 일본 측에서 이 정도의 정보를 얻을 수 있었다면, 김동억 혹은 다른 누구와 동행한 것은 사실일 듯하다.

2년 전 해외 이주 계획을 세웠을 때 안중근은 중국의 산둥 지방을 거쳐서 상하이로 간 바 있다. 그런데 2년 만에 행선지가 다른 곳으로 바뀌었다. 상하이에서 실망했다거나 2년 동안 사회 활동의 폭이 넓어졌다는 것도 이유일 수 있겠지만, 「안응칠역사」에는 이와 관련된 것으로 보이는 일화가 실려 있다.

이듬해(1907년) 봄에 어떤 사람이 찾아왔다. 그 기상을 살펴보니 태도와 차림새가 당당하여 자못 도인(道人)의 풍모가 있었다. 인사를 나누고 보니 김 진사(金進士)라고 했다.

"나는 예전부터 그대 부친과 친교가 두터웠소. 그래서 특별히 찾아온 것이오."

"선생께서 멀리서 오셨는데, 어떤 고견(高見)이 있으신지요?"

"이처럼 나라의 형세가 위태로운 때에 기개 높은 그대가 어찌 앉아서 죽기를 기다리겠소?"

"어떤 계교가 있겠습니까?"

"지금 백두산의 뒤쪽 서북간도와 러시아령 블라디보스토크 등의 땅은 한국 사람 100여만 명이 살고 있고 물산도 풍부하니, 가히 '용무지지(用武之地)'라 할 것이오. 그대와 같이 재주 있는 사람이 이 땅에 간다면, 뒷날 반드시 큰 사업을 이룰 수 있을 게요."

"마땅히 가르침을 지키겠습니다."

말을 마치자, 나그네(김 진사)는 작별하고 떠나갔다.[71]

김 진사가 어떤 인물인지 확인할 수 있는 자료는 없다. 만약 안중근이 서북학회의 주도로 블라디보스토크행을 결정했다면 김달하일 수도 있겠지만,[72] 그렇게 단정할 만한 근거는 부족하다. 문맥상으로는 김 진사의 '권유'가 안중근에게 해외 현황에 대한 지식을 제공한 것이라고 할 수 있을 듯한데, 이는 안중근이 다시 해외로 나갈 것을 결심할 때 상하이의 대안으로 블라디보스토크를 선택한 계기는 될 수 있었을 것이다.

안중근은 해외로 떠날 결심이 섰을 때 빌렘 신부를 찾았다. 빌렘 신부와의 관계가 특별했을 뿐만 아니라, 해외에서도 천주교인으로서의 의무를 다하려면 그의 도움이 필요했다. 안중근은 훗날 의병 활동을 할 때에도 봇짐 속에 묵주와 첨례표(瞻禮表, 축일표) 등을 넣어 가지고 다닐 정도로 천주교인으로서 생활하고자 했던 인물이다.[73] 빌렘 신부와 안미생의 회고를 통해 이 만남의 분위기를 살펴보자.

〔가〕 돌이켜보면 3년 전 너는 한때의 격분한 마음에 몰려서 '나라를 위해 큰일을 하지 않으면 안 된다'고 하여 블라디보스토크를 향해 출국하려 하였다. 그때 나는 너의 사람됨을 잘 알고 오늘과 같은 일이 있을까 두려워하였기에, 그 이룰 수 없을 소망을 간곡하게 깨우치려 하였다. 네가 만약 참으로 나랏일에 힘을 다하고자 한다면, 반드시 교육에 종사하고 동시에 선량한 교도(敎徒)이자 착실한 국민이 되라고 했다. 그때 네가 한때의 격분으로 경솔하게 행동하여 나랏일에 분주하는 따위는 다만 너의 한 몸을 망칠 뿐 아니라 나아가서는 나라를 위태롭게 할 것이라는 이유를 간곡히 말했음에도 불구하고, 그때까지 나에 대해서는 절대로 유순하던 네가 '국가 앞에서는 종교도 없다'고 하여 나의 교지(敎旨)를 배반했던 당시의 광경이 지금도 눈앞에 있는 듯함을 너는 기억하느냐 않

느냐.[74]

〔나〕 큰아버지는 홍 신부님을 퍽 신임하셨던 모양입니다. 이토를 저격할 계획을 홍 신부님에게는 조용히 말씀드렸다 합니다. 그런 일은 동지라 할지라도 아무에게나 말할 수 없지 않아요? 그리하였더니 홍 신부님은 그런 일은 불가(不可)하다고 금하셨대요. 그도 그럴 일이지요. 그때는 나라와 나라가 서로 전쟁하는 것도 아닌데, 비록 일본인이라 할지라도 그를 죽이는 것을 신부로서 어떻게 찬성할 수 있겠습니까?

그런데 큰아버지는 그 말씀을 듣고서 성을 벌컥 내며 앞에 있는 벼룻돌을 들어 신부를 향하여 내쳤답니다. 그 벼룻돌이 깨졌대요.

우리 오촌 당숙 안봉근(安鳳根)이라는 이가 그 후 '불란서'에 가서 홍 신부 본댁을 방문하였는데, 글쎄 홍 신부님은 그 깨진 벼룻돌을 우리 큰아버지 기념으로 가지고 가서서 보관하여 두셨더래요.[75]

〔가〕는 뤼순 감옥에서의 면회에서 빌렘 신부가 안중근이 떠나던 시점을 회상하며 이야기하는 대목이다. 안중근으로 하여금 '자신의 죄를 뉘우치도록' 하는 것이 신부로서의 직분이므로, 주로 당시 안중근의 행동이 경솔하고 잘못된 것이었음을 지적하고 있다. 안중근과 빌렘 신부 사이에 의견의 충돌과 갈등이 있었음을 확인할 수 있지만, 여기에서 그런 '신부로서의 발언'을 하는 빌렘 신부 개인의 당시 심정을 짐작하기는 어렵다.

〔나〕는 안중근의 조카이자 김구의 며느리인 안미생이 귀국 이후의 면담에서 회고한 것이다. '이토를 저격할 계획'을 빌렘 신부에게 밝힌 뒤에 상당한 갈등 또는 충돌이 있었다고 했지만, 한편으로는 당

시에 빌렘 신부 또한 안중근의 고뇌를 어느 정도 인정하고 이해했을 것임도 여기서 읽어낼 수 있다. 다만 이 만남의 시점이 언제인지는 정확히 밝히지 않았다.

「안중근혈투기」에도 안미생이 회고한 것과 유사한 일화가 실려 있는데, 이것이 '상하이로 가기 약 반년 전'의 일이라고 기록하고 있다.[76] 1904년 말에서 1905년 초에 벌어진 일이라는 것이다. 그렇지만 정황상 상하이로 떠나기 이전에 이미 이토를 죽일 결심을 했을 가능성은 낮은 것으로 보인다.

안중근이 블라디보스토크로 떠났다가 이토를 저격하기로 결심한 채 잠시 고국으로 돌아왔을 때의 일이라고 생각해볼 수도 있다. 실제 안중근은 1908년 10월 무렵 수원 부근으로 들어온 일이 있기 때문이다. 그렇지만 당시에는 고향에도 들르지 못하고 되돌아갔으며, 빌렘 신부에게는 10월 1일에 엽서 1통만을 보냈다.[77] 빌렘 신부에게 계획을 알렸다가 충돌할 만한 상황은 아닌 것이다.

결국 두 자료는 모두 같은 사건, 즉 1907년 해외로 나가기 직전의 일을 기록한 것일 가능성이 높다. 신부의 처지에서 강하게 반대하는 빌렘을 대면한 안중근의 심정과 태도는 어떠했을까. 벼룻돌을 내치거나 '국가 앞에서는 종교도 없다'는 식으로 생각하거나 발언하지 않았겠는가. 빌렘 신부의 심정은 더욱 복잡했을 듯하다. 깨진 벼룻돌을 기념으로 보관하는 행위는 어느 정도는 복합적인 심정을 대변하는 것이 아니었을까 한다.

안중근은 부산과 원산을 거쳐서 북간도로 가는 경로를 택했던 듯하다. 부산까지는 기차로, 원산까지는 배로 이동했을 것이다. 1909년

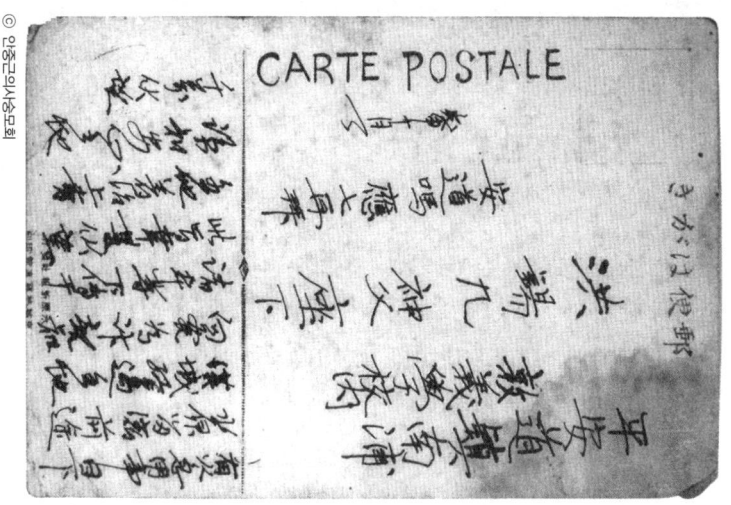

안중근이 1908년 10월 1일 수원에서 빌렘 신부에게 직접 써 보낸 엽서로, 가운데에 빌렘 신부의 한국명 '홍석구(洪錫九)'라는 글씨가 또렷이 보인다.

11월 26일 뤼순 감옥에서 이루어진 신문에서 안중근은 블라디보스토크로 향한 과정을 그렇게 언급하고 있다.[78] 안중근은 서울에서 김기문(金岐文)의 집에 머물다가, 이강하(李康夏)의 집에서 아우 정근을 만나 자신이 고국을 떠나기로 결심했음을 전했다고 한다. 안정근은 집안일을 언급하면서 반대했던 모양이다. 그렇지만 결국 '남대문에서 한국과 일본 병사들이 충돌하던 날' 서울을 떠났다고 한다. 1907년 8월 1일 즈음일 것이다.

박은식은 두 동생이 역에 전송 나온 것으로 이 장면을 기록했다. 그가 상상한 안중근의 심정이 직접 드러나 있어 흥미롭다.

남문 밖 정거장을 나서니, 두 동생 정근과 공근이 전송하였다. 안중근은 동생들에게 부탁하였다.

"지금은 우리가 자기 몸이나 집을 돌볼 때가 아니다. 나는 나라를 멀리 떠나 사방에 뛰어다니면서 나랏일을 위해 평생을 다하기로 맹세했다. 일을 도모하는 것이야 사람에게 달렸지만, 일이 이뤄지는 것은 하늘에 달렸다. 성사 여부야 어찌 미리 기약하겠는가? 예로부터 영웅호걸 가운데 반드시 성공할 것임을 알고서야 일을 한 사람은 없다. 오직 그 뜨거운 마음과 굳센 힘으로 수없이 실패해도 굴하지 않고 목적을 이루기 전에는 멈추지 않았을 뿐이다. 나 역시 이러할 뿐이다. 우리나라는 사회의 화합이 가장 부족하다. 사람들이 겸손의 덕이 부족하고 허세와 교만으로 일을 하니, 남의 위에 오르는 것은 좋아하고 남의 아래에 있지는 않으려고 하는 까닭이다. 너희들은 마음을 비우고 선한 것을 받아들여 자신은 낮추고 남은 존중할 것이며, 사회에 해를 끼치지 말라. 삼흥학교는 유지하여 실효가 있도록 도모하라. 천심(天心)이 회화(悔禍)하여 나라가 회복되는 날에는 형제가 모여 즐기게 될 것이다. 그렇지 않으면 나의 뼈를 어디에서야 찾을 수 있을지 모르겠다."

말을 마치자 차를 타고 떠났다.[79]

안중근은 신호환(神戶丸)이라는 배를 타고 원산으로 갔다고 진술했다. 원산은 간도로 들어가는 길목이기도 했지만, 그에게는 특별한 용무가 있는 곳이기도 했다. 천주교 측에는 다음과 같은 기록이 남아 있다.

국경을 넘기 전 원산에 들렀던 안중근은, 8월 15일의 교회 기념일을 맞아 원산본당 신부에게 성사를 청했다. 그러나 원산본당의 브레 신부는 안중근의 성사 요청을 거절했다. 빌렘 신부를 통해 안중근이 반침략 민족운동에 적극 투신할 것이라는 사실을 알게 된 브레 신부는 안중근이 "어떤 정치적 선동에도 가담하지 않겠다고 사람들 앞에서 확실하게 약속하려 하지 않았다"라는 이유로 그의 성사 요청을 거절했다.[80]

안중근이 원산본당의 브레 신부를 방문한 것은 성사를 요청하기 위해서였다. 그렇지만 브레 신부는 간도로 갈 것이라는 안중근의 계획을 듣곤 성사 요청을 거부했다. 그가 정치적인 선동에 가담하지 않겠다는 약속을 하지 않았기 때문이다. 안중근은 사카이 요시아키 경시에게 그 시점에는 민지(民智) 개발을 꾀할 뿐 의병을 일으킬 생각은 전혀 없었다고 진술했지만,[81] 브레 신부와 약속을 하지 않은 것을 보면 의병 활동까지를 포함한 여러 가지 방법을 구상하고 있었을 듯하다. 적어도 앞으로의 활동에 미리 제한을 두고 싶지는 않았을 것이다.

3부

독립을 향한 지난한 여정
_해외 활동

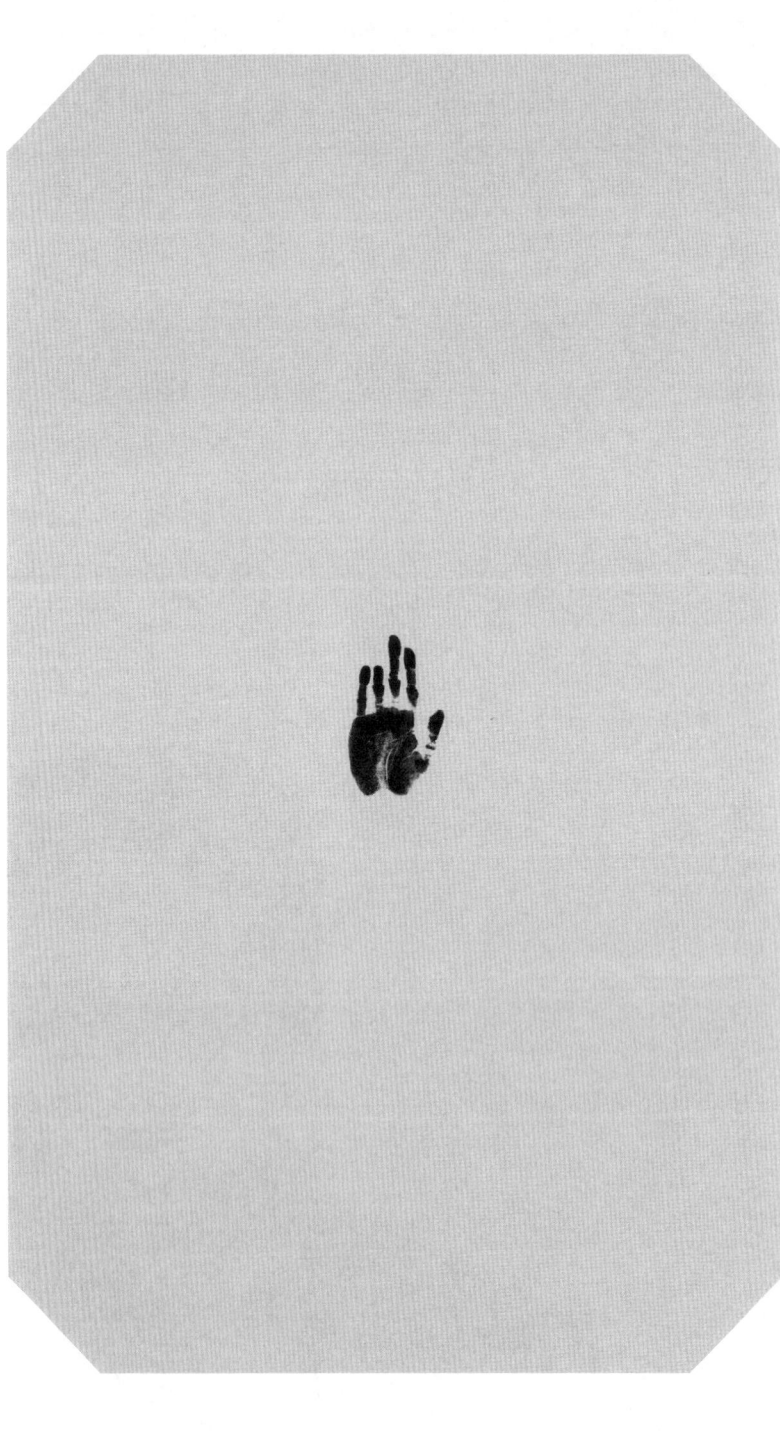

1장

간도를 거쳐
블라디보스토크로

안중근이 간도 땅에 도착한 때는 1907년 9~10월 무렵이었다. 안중근은 불동(佛洞)의 천주교인 남 회장 집에서 기숙하였고 서전의숙(書甸義塾)에 간 일도 있다고 진술했다.[1] 불동은 천주교의 영향력이 큰 지역으로, 원산에서 파견된 프랑스 선교사들이 활동했던 곳이기도 하다. 서전의숙은 이동녕과 이상설 등이 설립한 학교이다. 요컨대 안중근은 간도에서 천주교 세력과 해외 독립운동가, 또는 종교와 교육을 대표하는 곳을 찾아갔던 셈이다.

안중근이 간도에서 어떤 일을 했는지는 정확히 알 수 없다. 간도 땅에서 한국의 형세를 생각해보니 의병을 일으킬 수밖에 없다는 결론에 이르렀다고 진술한 바 있지만,[2] 그래서 곧바로 의병을 일으키기 위한 활동을 전개한 것은 아니었다. 「안응칠역사」에 "일본 병사들이 주둔하고 있어 발붙일 곳이 없었다"[3]라고 쓴 것을 보면, 간도 땅에서는 활동 자체가 어려운 상황이었다.

김하구(金河球)가 쓴 것으로 짐작되는 「만고의사 안중근전」에는 간략하나마 간도에서의 활동이 기록되어 있다. 「만고의사 안중근전」

3부 · 독립을 향한 지난한 여정 · 169

은 박은식의 「안중근전」을 축약하여 한글로 옮긴 것으로 알려져 있지만, 간도 활동에 대한 부분은 박은식의 글에는 실려 있지 않다.

> 의사(義士)는 서울에서 떠나 먼저 북간도에 당도하였다. 사회와 교육을 많이 권면하고 배일사상(排日思想)을 크게 고동(鼓動)하였다. 심지어 천주교 목사가 의사를 멀리하라고 자신의 교인들에게 당부한 일도 있었다고 한다.[4]

사회와 교육을 권면했다는 것은 일종의 계몽운동을 했다는 뜻으로 해석할 수 있다. 배일사상을 고취하고 선동했다는 것은 일종의 정치활동을 했다는 의미일 텐데, 그것이 계몽운동의 범위를 넘어서는 것인지는 분명하지 않다.

한편 '천주교 목사'가 안중근을 멀리하라고 교인들을 단속했다는 일화는 다른 문헌에서는 나타나지 않는다. 브레 신부가 안중근의 간도행을 막으려 한 것과 유사한 맥락에서 교인들과의 접촉을 제한한 것은 아닌가 한다. '천주교 목사'가 개신교의 목사를 가리키는 말이라면 종교 분쟁의 가능성도 생각할 수 있겠으나, 정황상 그 가능성은 그리 높지 않은 듯하다.

간도에 머무른 기간은 길지 않았다. 안중근은 불동을 출발하여 종성(鍾城), 경원(慶源)을 거쳐서 노보키예프스키(煙秋)로 들어갔으며, 며칠 뒤에 다시 포시에트(穆口)에서 러시아 기선을 타고 블라디보스토크로 갔다고 진술했다. 1907년 10월 말경의 일이었다.[5]

블라디보스토크에는 많은 한인들이 거주하고 있었다. 1860년대부터 살 곳을 찾아 국경을 넘기 시작했던 사람들이 이제는 나름의 조직까지 갖추고 있었다. 1869년 아홉 살의 나이로 가족과 함께 국경을 넘었던 최재형(崔才亨, 1860~1920) 같은 사람은 이미 그 지역의 유력자가 되어 있었다.[6] 「안응칠역사」에서는 블라디보스토크에 이미 자리 잡고 있던 사람들과의 갈등을 비롯하여 그곳에서의 생활을 서술하고 있다.

이 항구(블라디보스토크)에는 한국 사람 사오천 명이 살고 있었다. 학교가 여러 곳이 있었고, 또한 청년회도 있었다. 이때 나는 청년회에 참석하였다가 임시사찰(臨時査察)에 뽑혔다. 허락도 없이 사담(私談)을 하는 사람이 있어서, 내가 규정에 의거하여 그것을 금지시켰다. 그랬더니 그 사람이 화를 내며 내 귓가(耳邊)를 여러 차례 때렸다. 여러 회원들이 말리며 화해하기를 권하였다. 나는 웃으면서 그 사람에게 말하였다.

"오늘날 이른바 단체(社會)라는 것은 사람들의 힘을 합하는 것을 위주로 하는데, 이처럼 다툰다면 어찌 부끄러운 일이 아니겠소? 시비(是非)를 따지지 말고 화합하는 것이 어떻소?"

모두가 좋다고 칭찬하며 폐회하였다. 나는 그 후에 귓병을 얻었는데, 몇 달 동안 몹시 앓은 뒤에야 차도가 있었다.[7]

사람들의 힘을 모으는 일, 즉 화합이 가장 중요한 덕목이라는 것이 안중근의 생각이었다. 이는 얼마 뒤인 1908년 3월에 안중근이 『해조신문』에 보낸 글에서 펼친 주장의 요지와도 일치한다. 그는 화합을 위해 스스로를 낮추는 겸양의 덕을 갖추어야 한다고 지적했는데,

이 일화에서는 그런 자세를 실제로 보여주고 있는 셈이다.

그런데 이 일화에서 안중근이 청년회의 임시사찰을 맡았다고 한 데는 무언가 특별한 맥락이 있는 것은 아닌지 의문스럽다. 당시 블라디보스토크의 한인 사회가 처음 나타난 인물에게 어떤 직책을 맡길 정도로 자유스러운 상황이 아니었던 것으로 보이기 때문이다. 일본 측에서는 "청년회라 칭하는 한국인의 비밀결사가 있는데, 그 회원이 될 수 있는 자는 20세 이상의 한국인으로 하고, 한국에서 일본의 억압을 전복하는 것을 목적으로 한다"[8]라는 정도의 정보를 수집하고 있었지만, 실제로 '낯선 사람'이 왔을 때 그가 과연 '한국에서 일본의 억압을 전복하는' 목적을 갖고 왔는지를 판단하는 것은 그리 쉬운 일이 아니었을 것이다.

당시 블라디보스토크의 한인 사회에서 낯선 인물이 등장했을 때 어떤 일이 벌어졌는지를 짐작할 만한 일화가 하나 전한다. 한용운(韓龍雲, 1879~1944)이 1907년 봄 무렵에 겪은 사건이 그것이다. 당시에 한용운은 세계 여행을 하겠다며 길을 떠났는데, 원산에서 배를 타고 블라디보스토크로 갔다고 한다. 배에서 내리면서부터 이상한 느낌이 들었는데, 여관에 도착한 뒤에는 수상한 대화를 듣게 된다.

석반(夕飯)을 먹은 뒤에 조금 있노라니 때는 황혼이었다. 문 밖의 길에서 여러 사람의 몰려가는 소리가 요란스럽게 난다. 여관에 있는 다른 사람들이 구경 삼아서 나가더니 그들이 지나간 뒤에 들어오면서 서로 말들을 한다.

"또 죽이러 나가네그려."

1900년대 초반 러시아의 블라디보스토크 거리 풍경. 태평양의 주요 항구 도시인 블라디보스토크는 1903년 만주를 가로지르는 동청철도가 건설되면서 급속히 발전하였다. 1917년 러시아혁명이 일어난 후에는 여러 혁명 집단들의 활동 근거지가 되기도 한다.

"몇인가?"

"둘일세."

"이번 배에서 내린 것이지."

"그렇겠지."

"사람 무척 죽는다."

이러한 말을 들은 나는 내용은 알 수 없으나 사람을 죽이러 간다는 의미만은 알 수 있으므로 놀랍고 의심스러워서 그들 중에 가장 이상하게 보이는 사람을 청하여 그 내용을 물었다. 그는 대답하기를 조금 주저하다가 나직나직한 목소리로 묻는 것을 따라서 대답하였다.

"지금 사람을 죽이러 나간다니 무슨 사람을 죽이러 간다는 말이오?"

"예, 여기는 조선에서 머리 깎은 사람만 들어오면 죽이는데, 오늘도 배에서 내린 두 사람을 죽이러 갔답니다."

"머리 깎은 사람은 왜 죽이오?"

"일진회원(一進會員)이라고 죽인답니다."

"누가 죽이나요?"

"조선 사람들이 죽이지요."

"무엇하는 사람들이오?"

"하기야 무얼 하겠소. 먼저 여기를 와서 러시아에 입적(入籍)한 사람들이 많지요."

"재판을 해서 죽이나요, 어떻게 죽이나요?"

"재판이 다 무엇이오. 덮어놓고 죽이지요."

"죽이기는 어떻게 죽이나요?"

"바다에 갖다 넣지요."

"여기는 사람을 함부로 죽여도 관계치 않소?"

"아무 일 없지요."

"아무 일 없다니. 여기는 경찰도 없고 아무 법도 없단 말이오. 사람을 함부로 죽인대서야 사람이 살 수가 있나요."

"여기 경찰이 있기는 있으나 우습소. 그런 일은 말고라도 여기 저녁이면 길가에서 도적에게 사람 안 죽는 날이 별로 없소. 더구나 조선놈끼리 서로 죽이는 것을 그 사람네가 아는 체할 까닭이 있소?"

"그래, 머리 깎은 사람을 얼마나 죽였나요?"

"퍽 죽였지요. 들어오기만 하면 죽이니까요."

"일진회원인지 아닌지 분간도 없이 머리 깎은 사람이면 다 죽여서야 될 수가 있소."

"지금 조선 사람 중에 일진회원 아니고서야 머리 깎은 사람이 있나요. 그러니까 다 죽이는 것이지요."

"그러면 우리들은 어찌 아니 죽이나요."

"글쎄, 알 수 없지요. 아직 더 두고 보아야지요."⁹

한용운이 걱정한 것처럼 그 역시 위기를 맞이하지만, 결국은 무사히 귀국하였다. 그것은 한용운이 '머리 깎은 사람들을 죽이는 무리'의 우두머리를 찾아가서 설득하는 데 성공했기 때문이다. '내일 처치(處置)'라고 통보하고 간 우두머리는 한용운의 사정을 자세히 듣곤 이 사람을 보호하라는 글을 적은 자신의 명함까지 주었다고 한다.

흥미로운 것은 안중근과 같은 나이인 한용운이 만났던 '우두머리'의 이름이 엄인섭(嚴仁燮)이라는 사실이다. 엄인섭은 뒤에 안중근과 의형제를 맺게 되는 인물로, 블라디보스토크의 실력자 최재형의 조카이기도 하다. 최재형 세력의 핵심에 있는 인물인 것이다. 1907년 봄이라면 이 사건은 안중근과 엄인섭이 만나기 불과 몇 달 전에 벌어진 셈이다.

한용운이 머리를 깎은 승려이기 때문에 일진회원으로 의심받아서 위기에 처했다고 볼 수도 있지만, 승려가 아닌 안중근의 경우에도 안전하다고 장담하기는 어려웠을 것이다. 실제로 있었던 사건인지 의심되기는 하지만,¹⁰ 1908년 블라디보스토크에는 한국 출신 러시아인 가운데 안중근을 노리는 무리가 있다는 소문도 돌았던 모양이다. 당시 한민학교의 교사로 있었던 조창용(趙昌容)의 기록에는 다음과 같은 내용이 포함되어 있다.

 이범윤(李範允), 유산림(柳山林), 안응칠 등이 옛날 한국 어사의 마패로 한국의 칙사(勅使)라고 칭하면서 백성들의 재산을 강제로 빼앗았다. 노야(老爺)인 김학만(金學萬), 민장(民長)인 양성춘(楊成春) 씨가 거류하는 순사(巡使)에게 명하여 이 세 사람을 즉시 포박하게 하였는데, 이범윤과 안응칠은 도주하였다. 유산림은 바로 학교 안에 붙잡아두었다가 뼈가 부서질 만큼 마구 때려 거의 죽을 지경에 이르렀다.[11]

 '이범윤, 유산림, 안응칠 등'은 한국에서 블라디보스토크로 건너가 활동하던 인물들을 가리키는 말일 것이다. 이들과 갈등을 빚고 있는 사람들은 이미 러시아에서 자리를 잡고 있던 무리이다. 두 세력 간의 갈등이 빚어졌고 때로는 상대방을 죽을 지경까지 구타하는 상황에 이를 수도 있었음을 여기서 짐작할 수 있다. 일본군이나 일본의 밀정 외에도 뜻밖의 적이 존재할 수 있는 곳이 블라디보스토크였던 것이다.

 사실 앞서 제시했던 의문, 즉 안중근이 청년회의 임시사찰을 맡았다고 한 점을 어떻게 해석해야 할지에 답할 만한 자료는 아직 찾지 못했다. 「안중근혈투기」에서는 "인격의 편린이 일반에게 인식된 까닭이었든지"라는 추정을 하고 있다.[12] 이에 반해 조정래의 『안중근』에서는 붓글씨 솜씨로 사람들에게 인정을 받았다고 설정하고 있다.[13] 소설가다운 흥미로운 발상이다. 그렇지만 이런 설명들이 당시 정황에 어느 정도 어울리는 설정인지는 다소 의문스럽다.

혹 블라디보스토크에 이르기 전에 엄인섭 정도의 유력자에게서 안전을 보장할 만한 문서를 얻은 것은 아닌지, 천주교 혹은 서북학회 등의 소개장을 갖고 있었거나 그들과의 연계를 통해 해외 활동을 시작한 것은 아닌지 추정해볼 뿐이다. 만약 그도 아니라면 청년회의 임시사찰이 된 것은 블라디보스토크에 머물고서 어느 정도 시간이 흐른 뒤의 일일 수도 있을 듯하다.

2장
블라디보스토크의 거물, 이범윤과 최재형

블라디보스토크에서의 활동을 시작한 안중근은 11월에 그곳의 유력 인사 한 사람을 방문한다. 그는 바로 이범윤(李範允, 1856~1940)이었다.[14] 이범윤은 1903년에 간도 관리사로 부임했으며, 러일전쟁 때는 1천 명 규모의 충의병(忠義兵)을 조직하여 함경도 국경 일대에서 전투를 벌였던 안시모프(Ansimov) 장군 휘하의 러시아군을 도왔다. 전쟁 이후 훈춘(琿春) 지역으로 후퇴했는데, 안시모프 장군은 무장해제를 명령하며 만주 지역에서 철수할 것을 요구했다. 이를 받아들인 이범윤은 노보키예프스키로 이동했는데, 700여 명이 그와 동행하였다. 이범윤은 노보키예프스키 등지의 한인들에게 지원을 받았을 뿐만 아니라, 러시아 정부로부터 러일전쟁에서의 공로를 인정받아 훈장을 받기도 했다.[15]

　이범윤은 일본군과의 전투 경험을 가진 병력을 보유하고 있을 뿐 아니라 명문가 출신이기도 했다. 그는 흥선대원군의 신임을 받던 무관 이경하(李景夏, 1811~1891)의 아들이자, 러시아공사를 지낸 이범진(李範晉, 1852~1910)의 동생이었다. 또한 헤이그에 파견되었던 밀사의 한 사람이자 이범진의 아들인 이위종(李瑋鍾, 1887~?)의 숙부이기도 했다. 이는 이범윤이 한국과 러시아에 상당한 인맥을 보유하고 있었다는 의미로 해석할 수 있다. 그는 일본 측에서도 주목할 수밖에 없는 블라디보스토크의 거물이었던 것이다.

이 땅에는 이범윤이라는 인물이 있었다.[16] 이 사람은 러일전쟁(日露戰爭) 이전에 북간도 관리사로 선발되어, 청나라 군사들과 여러 차례 교전한 바 있다. 러일전쟁 때에는 러시아 군대와 힘을 합쳐 싸웠고, 러시아 군대가 패하여 돌아갈 때 함께 러시아 땅으로 건너와서 지금까지 이곳에 머물고 있었다. 나는 그를 찾아가서 다음과 같이 말하였다.

"각하께서는 러일전쟁 때에 러시아를 도와 일본을 쳤습니다. 이는 '역천(逆天)'이라 할 수 있습니다. 왜 그럴까요? 그때 일본은 동양의 대의를 내걸고서 '동양평화의 유지'와 '대한독립의 공고'라는 뜻을 세계에 선언한 뒤에 러시아를 성토하였습니다. 이것은 이른바 '순천(順天)'이어서 큰 승리를 얻을 수 있었던 것입니다.

그런데 만약 지금 각하께서 다시 의병을 일으켜 일본을 성토한다면, 이것은 '순천'이라 할 수 있습니다. 왜 그럴까요? 오늘날 이토 히로부미는 자신의 공을 믿고 망령되이 자존자대(自存自大)하고 방약무인(傍若無人)하여 교만과 악행이 극에 달했습니다. 임금을 속이고 뭇 백성을 함부로 죽였으며, 이웃 나라와의 우의를 끊고 세계의 신의를 저버렸습니다. 이는 이른바 '역천'입니다. 어찌 오래 갈 수 있겠습니까?

'해가 뜨면 이슬이 사라지는 것이 이치이며, 해가 차면 반드시 기우는 것이 이치에 맞다'는 말이 있습니다. 이제 각하께서 황상(皇上)의 성은을 받고서 국가가 이처럼 위급한 때를 당하여서 수수방관한다면 옳은 일이 겠습니까? 만약 하늘이 내려주는데도 받지 않는다면 도리어 그 재앙을 받을 것이니, 각성하지 않을 수 있겠습니까? 원컨대 각하께서는 속히 대사를 일으켜 시기를 놓치지 마십시오."

이범윤이 말하였다.

"말은 이치에 맞지만, 재정(財政)과 군략(軍略)을 도저히 갖출 수 없으니 어찌하겠는가?"

내가 말하였다.

"조국의 흥망이 조석(朝夕)에 있는데, 가만히 앉아서 기다린다고 재정과 군략이 하늘에서 떨어지겠습니까? 하늘과 사람에 순응하기만 하면, 무슨 어려움이 있겠습니까? 이제 각하께서 거사를 결심하신다면, 비록 재주는 없지만 저도 조그마한 힘이나마 보태고자 합니다."

이범윤은 머뭇거리며 결정을 내리지 못하였다.[17]

이범윤을 만난 안중근은 의병을 일으키도록 설득하고 있다. 당시는 이미 헤이그 밀사가 실패한 소식과 고종 황제가 강제로 황위에서 물러났다는 소식이 전해진 상황이었다. 헤이그 밀사들이 연해주를 거쳐 갔고, 고종 황제가 내려준 마패가 그들의 권위를 보장해주고 있었다. 황제의 성은을 굳이 이야기하지 않더라도, 이범윤 또한 의병을 일으킬 마음이 없지는 않았을 것이다. 그렇지만 문제는 돈과 무기였다. 안중근의 말을 듣고서 이범윤이 재정과 군략을 언급한 것은 이런 문제를 지적한 것일 터이다.

안중근 또한 재정 문제에 대해 의식하고 있었을 것이다. 그렇지만 그에게도 내놓을 수 있는 돈은 없었다. 그래서 이를 위해 준비가 필요하니 우선 노력해보자고 할 뿐이었다. 어느 날 갑자기 하늘에서 돈이 내려오는 기적을 바랄 수는 없는 일이니, 우선 결심하고 준비를 해보자는 말이다. 이범윤이 머뭇거렸다고 했지만, 그의 마음 또한 움직였을 것이다. 얼마 뒤 이범윤이 안중근을 포함한 의병대의 '대장'이 된 것을 보면, 그렇게 생각할 수 있다.

그런데 문학 작품에서는 안중근과 대면한 이범윤을 부정적으로 묘사한 예가 적지 않다. 예컨대 북한에서 일찍부터 연극으로 공연되었다고 알려진 「안중근, 이등박문을 쏘다」에서는 안중근을 만난 이범윤이 "본인은 망국인으로서 고국에 돌아갈 명분이 없는 몸이 되었은즉 지금 여기서처럼 학교도 세우고 청년회도 운영하면서 이곳 아라사 사람들의 양해를 얻어 조선 자치주 같은 것을 건설해보자는 것이 구국 안(案)이라고 생각하고 있지"[18]라고 발언하는 설정을 하고 있다.

주인공인 안중근과 양반 명문가 출신 권력자의 시각을 대비시키는 효과가 있는 것은 사실이지만, 이는 「안응칠역사」에서의 서술과 상당한 거리가 있다.

안중근의 발언 내용에 대해서도 간단하게나마 한 번 검토해볼 필요가 있다. 이후 그의 활동과 사상에서 핵심적인 계기에 해당할 만한 요소가 여기에 포함되어 있기 때문이다. 간략하게 그 대강만 제시하면 다음의 세 가지를 거론할 수 있다.

첫 번째로 일본에 대한 태도를 주목할 만하다. '일로전쟁'이라는 용어에서도 드러나듯이,[19] 안중근은 러일전쟁 당시 일본이 올바른 입장에 서 있었다고 판단하고 있다. 둘째로는 비판의 초점을 이토 히로부미 개인에게 맞추고 있다는 점을 들 수 있다. 이토가 자신의 공을 믿고서 일본 천황의 선언을 뒤집었다는 것이다. 셋째는 '순천(順天)'과 '역천(逆天)'의 논리로 행동의 잘잘못과 미래의 결과를 해명하고 있다는 점이다. 이는 안중근의 종교적 배경과 연관된 것이면서 동시에 성리학에 밝은 상대방과 소통하고 공유할 수 있는 논리라는 점에서 의미가 있다.

「안응칠역사」에는 이범윤과의 면담에 이어 엄인섭과 김기룡(金起龍)을 만나 의형제를 맺었다는 대목이 기술되어 있다. 이들을 만난 때도 1907년 겨울 무렵일 것이다. 엄인섭은 앞서 언급했던, 한용운이 만났다고 한 '우두머리'이다. 안중근은 이들 두 사람에 대해 "출중한 담략(膽略)과 의협(義俠)이 있다"[20]라고 평가했다. 엄인섭이 유언이라도 남기겠다며 당당하게 찾아온 한용운에게 보호하라는 글까지 써주면서 그를 풀어주었던 일화를 상기해보면, 안중근이 왜 이런 평가를 했을지 쉽게 짐작할 수 있다. 세 사람은 나이에 따라 의형제를 맺었다. 엄인섭, 안중근, 김기룡의 순서였다.

안중근이 엄인섭, 김기룡과 의형제를 맺었다는 것은 최재형과 깊은 관계를 갖게 되었다는 뜻으로도 해석할 수 있다. 엄인섭과 최재형이 친척임을 앞서 언급했지만, 1909년까지도 이들 두 사람은 최재형의 최측근으로 분류되었기 때문이다.[21] 그렇지만 안중근은 일본 측의 신문을 받으면서 최재형과는 특별한 관계가 아니라고 진술했다.

최재형과는 작년(1908년) 여름에 알게 되었다. 굳이 동기라고 말할 것은 없고 그곳에서는 유명한 부자이므로 알게 되었다. 군량, 자금 같은 것도 그곳의 한민(韓民)이 부담하였고, 결코 이 한 사람(최재형)의 부담이 아니다.²²

이때 안중근은 이범윤·이강·유진율(兪鎭律, 러시아식 이름은 니콜라이 유가이)·안창호 등과의 관계에 대한 답변을 했는데, 특히 최재형에 대해서는 '부자'로 한정하면서 언급하고 있다. 이어진 공술에서는 "러시아에 입적한 사람이며 한국을 생각하는 지성(至誠)은 우리와 같지 않다"라고 했는데, 이는 오늘날 밝혀진 최재형의 사상이나 활동과는 상당한 거리가 있다. 듣는 위치에서는 무엇인가 숨기려고 하는 것은 아닐지 의심할 법도 한 진술이다.

최재형은 어떤 인물인가?²³ 그는 함경북도 경원군에서 노비의 아들로 태어났다. 아홉 살에 부모를 따라 두만강을 건넜고, 러시아 학교의 첫 번째 한인 입학생이 되었다. 가출한 채 선원이 되어 상트페테르부르크까지 다녀왔고, 이후에는 상업에 종사하기도 했다. 어려운 환경에서 성장했으나, 그런 계기로 익힌 러시아어와 러시아 문화를 자산으로 하여 통역으로 일해 성공했다. 그 결과 오늘날의 면장 정도에 해당하는 '도헌(都憲)'의 지위를 얻고, 러시아 황제의 대관식에 참석하는 기회를 얻기도 했다. 그리고 이러한 지위와 경험을 바탕으로 군대에 육류를 납품하는 상인으로 활동함으로써 상당한 자산을 모았다.

최재형은 부자로서의 경제력이나 관리로서의 지위에 만족한 인물

러시아어로 쓴 『최재형약사』에 수록된 사진. 왼쪽부터 최재형, 조카 레브 최, 형 알렉세이 최의 모습. 최재형은 연해주 의병의 조직책이자 재정적 후원자였으며, 1919년 상하이의 대한민국 임시정부가 재정총장으로 추대했던 블라디보스토크 정착 한인을 대표하는 인물이었다.

이 아니었다. 러일전쟁에 참여하기도 했던 그는 전쟁 이후 노보키예프스키로 들어온 이범윤에게 재정적인 지원을 아끼지 않았다. 다른 한편으로는 러시아에서 나름의 지위를 굳힌 이범진과 연계하는 활동을 모색하고 있었다.[24] 이범윤이 망명한 한인을 대표하는 인물이라면, 최재형은 블라디보스토크 정착 한인을 대표하는 인물이었다.

「안중근혈투기」에서는 러시아의 한인 교포를 대일무력파(對日武力派)와 자중파(自重派)로 분류한 바 있다.²⁵ 대일무력파, 즉 급진파의 주요 인물로 이범진·이위종·이범윤·김두성 등을 들었고, 자중파의 주요 인물로는 최재형과 최봉준(崔鳳俊, 1859~1917)²⁶을 들었다. 이 분류에서 지칭한 대일무력파는 대부분 망명 인사들이며, 자중파는 정착 한인들이다. 안중근은 양쪽 모두에게 조국을 위한 활동을 호소했던 셈이다.²⁷

3장
동포의 단합을 호소하다

1908년에 접어든 시점, 안중근은 연해주 일대에서 본격적인 활동을 벌여 나갔다. 우선 블라디보스토크의 한인들이 '국가'를 위한 활동에 나서도록 설득하는 데 힘썼다. 여기서는 현재 접할 수 있는 두 가지 자료를 통해 설득의 내용과 방법에 대해 살펴보고자 한다.

먼저 살펴볼 자료는 『해조신문』에 보낸 글이다. 흔히 '인심단합론(人心團合論)' 또는 '인심결합론(人心結合論)'으로 일컬어지는 이 글은 신문의 기서(寄書)란에 특별한 제목 없이 게재되었다. 기서란 부친 글이란 뜻이니, 일종의 독자 투고에 해당한다.

『해조신문』은 러시아 지역 한인들의 오랜 노력 끝에 창간되었다. 이범진이 독자적인 신문 발행의 필요성에 관심을 가졌고, 전우(田遇)의 문인인 정순만(鄭淳萬)이 이를 추진하였다. 1907년 9월에 러시아 군인 듀코프 중위의 명의로 간행을 청원하고, 블라디보스토크 한인 사회의 핵심 인물 가운데 한 사람인 최봉준의 기부금으로 운영 자금을 마련했으며, 한국에서 장지연(張志淵)을 주필로 초청하였다. 이렇게 해서 이범진이 4만 5천 명으로 추산한 블라디보스토크 한인의 독

자적 신문이 창간된 것은 1908년 2월 26일이었다.[28]

안중근의 글은 1908년 3월 21일자에 게재되었다. 신문이 창간된 지 한 달 정도 지난 때였다. 400~500부 정도가 발행되는 형편이었지만,[29] 신문에 대한 관심과 반응은 상당했다. 신문 기사에 대해 독자 투고가 이어진 것은 그 단적인 근거라 할 만하다. 안중근의 글 또한 일종의 독자 투고이므로, 이 또한 이전에 실렸던 신문 기사에 대한 감상 또는 평론의 성격을 갖는 것이었다. 표기법만 고쳐서 전문을 인용하되, 내용의 이해를 돕기 위해 일부 한자를 병기한다. 『해조신문』은 순국문으로 간행되었기 때문에, 원문에는 한자가 없다. 〔라〕부터 〔사〕까지는 원문에 단락 구분이 되어 있지 않지만, 내용에 따라 나누었다.

〔가〕 귀보(貴報) 논설에 "인심이 단합하여야 국권을 흥복하겠다"라는 구절을 읽으며, 격절한 사연과 고상한 의미를 깊이 감복하여 천견박식(淺見薄識)으로 한 줄 글을 부치나이다.

〔나〕 대저 사람이 천지만물 중에 가장 귀한 것은, 다름 아니라 삼강오륜을 아는 까닭이라. 그런고로 사람이 세상에 처하매 제일 먼저 행할 것은 자기가 자기를 단합하는 것이요, 둘째는 자기 집을 단합하는 것이요, 셋째는 자기 국가를 단합하는 것이니, 그러한즉 사람마다 마음과 육신이 연합하여야 능히 생활할 것이요, 집으로 말하면 부모처자가 화합하여야 능히 유지할 것이요, 국가는 국민 상하가 상합하여야 마땅히 보전할지라.

〔다〕 슬프다. 우리나라가 오늘날 이 참혹한 지경에 이른 것은 다름 아

니라 불합병(不合病)이 깊이 든 연고로다.

〔라〕 불합병의 근원은 교오병(驕傲病)이니, 교만은 만악(萬惡)의 뿌리라. 설혹 도적놈도 몇이 합심하여야 타인의 재산을 탈취하고, 잡기꾼도 동류가 있어야 남의 돈을 빼앗나니, 소위 교만한 사람은 그렇지 못하여 자기보다 나은 자를 시기하고 약한 자를 능모(陵侮)하고 같으면 다투나니 어찌 합할 수 있으리오. 그러나 교오병의 약은 겸손이니, 만일 개개인이 다 겸손을 주장하여 항상 자기를 낮추고 타인을 존경하며 책망함을 참아 받고 잘못한 이를 용서하고 자기의 공을 타인에게 돌리면, 금수가 아니거든 어찌 서로 감화치 않으리오.

〔마〕 옛날에 어떤 국왕이 죽을 때에 그 자손을 불러 모으고 회초리 나무 한 뭇을 헤쳐주며 각각 한 개씩 꺾게 하매 개개이 잘 부러지는지라. 다시 분부하여 합하여 묶어놓고 꺾으라 하매 아무도 능히 꺾지 못하는지라. 왕이 가라사대 "저것을 보아라. 너희가 만일 나 죽은 후에 형제간 산심(散心)되면 남에게 용이(容易)히 꺾일 것이요, 합심하면 어찌 꺾일 바 되리오" 하였다 하니, 어찌 우리 동포는 이 말을 깊이 생각지 않으리오.

〔바〕 오늘날 우리 동포가 불합(不合)한 탓으로 삼천리강산을 왜놈에게 빼앗기고 이 지경 되었도다. 오히려 무엇이 부족하여 어떠한 동포는 무슨 심정으로 내정을 정탐하여 왜적에게 주며, 충의한 동포의 머리를 베어 왜적에 바치는고. 통재, 통재라. 분함이 철천(徹天)하여 공중에 솟아 고국산천 바라보니 애매한 동포의 죽는 것과 무죄한 조선의 백골 파는 소리 차마 듣고 볼 수 없네.

〔사〕 여보, 강동(江東. 연해주) 계신 우리 동포, 잠을 깨고 정신 차려 본국 소식 들어보오. 당신의 일가친척 대한 땅에 다 계시고 당신의 조상 백골

『해조신문』 1908년 3월 21일자에 수록된 안중근의 투고문. 『해조신문』은 순한글로 만든 블라디보스토크 지역 신문으로, 1908년 2월 25일부터 5월 26일까지 총 75호가 간행되었다.

본국 강산 아니 있소. 나무뿌리 끊어지면 가지가 성실하며, 조상 친척 욕을 보니 이내 몸이 영화될까. 비나이다. 여보시오, 우리 동포 자금(自今) 이후 시작하여 '불합'이자(二字) 파괴하고 '단합'이자(二字) 급성하여, 유치자질(幼稚子姪) 교육하고 노인들은 뒷배 보며 청년 형제 결사하여 우리 국권 어서 바삐 회복하고 태극 국기 높이 단 후 처자권속(妻子眷屬) 거느리고 독립관에 제회하여 대한제국 만만세를 육대부주 혼동하게 일심 단체 불러보세.[30]

〔가〕에서는 투고를 하게 된 이유를 밝혔다. "인심을 단합하여야 국

권을 홍복하겠다"라는 기사 내용을 읽고 감탄했다는 것이다. 투고 내용을 보면, 원래의 기사에서 편 주장을 더욱 설득력 있게 이야기하면서 동시에 그 현실적인 실천 방법을 제시하고자 한 것임을 확인할 수 있다.

〔나〕에서는 일반론을 전개하였다. 삼강오륜과 '자기-집-국가'의 범주를 대비시킨 것은 다소 어색하지만, 인간이 어떤 경우에나 단합을 이루어야 생존할 수 있다는 요지는 충분히 이해할 수 있다. '자기'의 경우에 마음과 육신이 연합, 즉 단합하여야 사람이 살아갈 수 있다고 했는데, 이는 안중근의 글이나 연설에서는 드문 범주의 설정이 아닌가 생각된다. 사실 마음과 육신이 단합한다는 것은 부모와 처자나 국민 상하가 단합하는 것과 같은 층위가 아닐 듯하다. 정확한 이유는 알 수 없으나, 천주교 선교 연설에서 활용했던 '집안-나라-천지'의 세 범주를 변용한 것은 아닌가 생각된다. 만약 그런 가정이 성립된다면, 천주교인 안중근에게 익숙한 세 층위의 범주가 독자 일반에 적용될 때 나타난 현상일 수 있을 것이다.

〔다〕에서는 단합의 문제를 우리의 현실에 대한 근본 원인으로 진단하고, 〔라〕에서는 그에 대한 해결책을 제시했다. 불합하는 이유는 교오병이 있기 때문이라 했고, 그 해결책으로는 겸손을 지목했다. 〔마〕에서는 널리 알려진 우화를 들어서 이미 자신이 편 논리를 부연하였다. 이범윤에게 권고할 때 상대가 익숙할 만한 용어와 격언을 사용했던 것과 같은 맥락에서, 독자를 고려한 것으로 볼 만하다.

〔바〕에서는 고국이 처한 현실에 대해 서술했다. 강산을 잃을 지경이 된 원인이 단합하지 못한 데 있다고 먼저 지적하고, 같은 동포를

정탐하거나 해치는 무리가 있다는 사실을 들어 이를 입증했다.

〔사〕에서는 블라디보스토크에서 무엇을 해야 할지를 논했다. 그것은 사실상 두 가지 차원의 단합일 것이다. 하나는 조국의 동포와의 단합이며, 다른 하나는 블라디보스토크 내에서의 단합이다. 단합해야 한다는 당위론에 그치는 것이 아니라 아이와 노인, 그리고 청년이 각기 이러이러한 방식으로 제 몫을 해야 한다는 점을 지적했다. 이에 따른다면, 교육과 의병 활동 양쪽을 모두 중시해야 한다는 결론에 이르게 될 것이다.

안중근이 단합을 특별히 강조한 이유는 무엇일까? 블라디보스토크에 온 직후 겪은 청년회에서의 충돌을 생각해본다면, 개인적인 경험이 그 원인이었다고 말할 수 있을 듯하다. 또 단합이나 화합을 강조하게 한 사상적 근거가 있으리라고 짐작해볼 수도 있는데, 단합을 위한 방법으로 '겸손'을 내세운 것을 보면 천주교를 그러한 근거로 지목할 수 있을 것이다.

그런데 다른 한편으로는 당시 블라디보스토크의 현실에 대한 이해와 분석이 중요한 배경이었을 법도 하다. 앞에서는 블라디보스토크 한인들을 크게 두 부류로 나눌 수 있다고 했지만, 실제 이주 한인들 개개인의 이력이나 성격, 이해관계 등은 이보다 훨씬 다양했다. 이처럼 다양한 사람들에게 '국가를 위한 일'에 나서 달라고만 요구한다면, 그 성공 확률은 그리 높지 않았을 것이다. 안중근은 이미 상하이에서 상인 서상근을 설득하려다가 실패한 경험도 있었다. 한인 사회의 분열은 블라디보스토크의 현실적인 문제였다. 최재형·이범윤·최봉준 등의 세력이 단합하지 않는다면, 큰 규모의 활동은 불가능한 일이었다.³¹ '단합'은 현실적인 요구였던 셈이다.

앞에서 안중근이 엄인섭, 김기룡과 의형제를 맺었다고 했는데, 이들은 한인들이 살고 있는 여러 지역을 돌아다니면서 의병을 모집하기 위한 연설을 했다. 「안응칠역사」에는 이때 연설한 내용을 정리하여 수록하였다. '기서'에 투고한 글이 블라디보스토크에 사는 한인 일반을 독자로 한 것이라면, 이 연설은 의병 활동을 할 만한 젊은이를 대상으로 한 셈이다. 조금 길지만 전체를 살펴보자.

〔가〕 한 집안에서 어떤 사람이 부모와 동생을 이별하고 타향에 와서 산 지 10여 년이 흘렀다고 합시다. 그동안 그의 가산이 넉넉해지고 집에는 아내와 자식들이 있고 여러 벗들과 사귀면서 안락하게 걱정 없이 살게 되었다면, 고향집의 부모 형제를 잊어버리고 마는 것이 자연스런 일입니다. 그런데 어느 날 고향집 형제 중에서 한 사람이 급히 와서 말하기를 "집에 큰 재앙이 생겼소. 요즘 다른 곳에 사는 강도가 와서 부모를 내쫓고 집을 뺏고 형제들을 살해하고 재산을 약탈했소. 어찌 통탄스럽지 않겠소. 형제들을 돌아보아 빨리 돌아와서 위급한 것을 구해주기 간절히 바라오"라고 할 때, 그 사람이 "이제 나는 여기에서 걱정 없이 편안히 살고 있는데, 고향집 부모 형제가 무슨 관계냐?"라고 한다면, 그것을 사람이라 해야 하겠습니까, 짐승이라 해야 하겠습니까. 게다가 곁에서 보는 이들이 "이자는 고향집 부모 형제도 모르는데 친구를 어찌 알겠는가" 하고 반드시 배척하여 친구의 정의(情誼)도 끊고 말 것입니다. 친척에게 배척받고 친구도 끊어진 사람이 무슨 면목으로 세상에 나설 수 있겠습니까.

〔나〕 동포여! 동포여! 내 말을 자세히 들어보시오. 오늘날 우리 한국의 참상을 그대들은 과연 알고 계십니까. 일본은 러시아와 전쟁을 시작할 때 그 선전서(宣戰書)에다가 "동양평화를 유지하고, 한국 독립을 굳건히 한다"라고 썼습니다. 그런데 오늘날에는 이같이 중한 의리를 지키지 않고, 도리어 한국을 침략하였습니다. 5조약과 7조약을 강제로 맺은 뒤에, 정권을 장악하고 황제는 폐위하며 군대는 해산하고 철도·광산·산림·천택(川澤)은 빼앗지 않은 것이 없습니다. 관아(官衙)와 큰 민가(民家)는 '병참(兵站)'이라고 칭하면서 모조리 빼앗아 자기들이 살고 있습니다. 기름진 전답과 오래된 분묘는 '군용지'라고 칭탁하고서 푯말을 꽂거나 파헤치니, 재앙이 백골에까지 미쳤습니다. 국민 된 사람으로 또 자손 된 사람으로서 누가 분노를 참고 모욕을 견딜 수 있겠습니까. 그래서 2천만 민족이 일제히 분노하였고 삼천리강산에는 의병들이 곳곳에서 일어났습니다.

〔다〕 아아! 저 강도들은 의병을 도리어 '폭도'라고 일컫고는 군사를 내어 토벌하고 참혹하게 살육하고 있습니다. 두 해 사이에 해를 입은 한국인이 수십만 명에 이르렀습니다. 강토를 빼앗고 사람을 죽이는 자가 폭도입니까, 자기 나라를 지키고 외적을 막는 이가 폭도입니까. 이야말로 적반하장의 격입니다. 한국에 대한 정략이 이같이 잔폭(殘暴)해진 근본을 논한다면, 그것은 순전히 이른바 '일본의 대정치가'인 늙은 도적 이토 히로부미의 포악한 행동입니다. 한국 민족 2천만이 일본의 보호받기를 원하고 지금은 태평무사하며 평화가 날마다 진전되고 있다고 칭탁(稱托)하면서, 위로는 천황을 속이고 밖으로는 열강들을 속여서 눈과 귀를 가리고 있습니다. 마음대로 농간을 부리며 하지 않는 일이 없습니다. 어

찌 통분스럽지 않겠습니까. 우리 한민족이 만일 이 도적을 죽이지 못한다면, 한국은 반드시 없어질 것이며 동양 또한 망하고야 말 것입니다.

〔라〕 여러분, 여러분! 깊이 생각해보십시오. 여러분은 과연 조국을 잊었습니까? 선조의 백골을 잊었습니까? 친족을 잊었습니까? 만일 잊어버리지 않았다면, 이처럼 존망(存亡)을 다투는 위급한 때에 더욱 분발하고 각성해야 할 것입니다. 뿌리 없는 나무가 어디서 자랄 것이며, 나라 없는 백성이 어디서 편히 살 수 있겠습니까. 만일 여러분이 외국에서 산다고 하여 조국에는 관심을 두지 않고 전혀 돌아보거나 돕지 않는다면, 러시아 사람들이 알고서 이렇게 말할 것입니다. "한인들은 조국도 모르고 동족도 사랑하지 않는다. 다른 나라를 돕거나 다른 종족을 사랑할 리 있겠는가. 이같이 무익한 인종은 쓸 데가 없다"라고 말입니다. 이런 평론이 들끓어 얼마 지나지 않아 반드시 러시아 국경 밖으로 쫓겨날 것은 명약관화한 일입니다. 이런 일을 당했을 때 조국의 강토는 이미 외적에게 뺏기고 외국인들은 하나같이 배척하여 받아주지 않는다면, 늙은이를 업고 어린애를 이끌고 장차 어디로 가겠습니까.

〔마〕 여러분! 폴란드 사람들이 학살당하고 흑룡강가에서 청나라 사람들이 겪었던 참상을 듣지 못했습니까. 만일 나라 잃어버린 인종이 강국인과 동등하다면, 나라 망할 것을 왜 걱정하며 나라 강해지는 것을 왜 좋아하겠습니까. 어느 나라든지 망국(亡國)의 인종은 이 같은 참혹한 살해와 학대를 피하지 못합니다. 그렇다면 오늘날 우리 대한 인종은 이런 위급한 때를 당하여 무엇을 하여야 하겠습니까. 이리저리 생각해보아도 한번 거의(擧義)함만 같은 것이 없습니다. 적을 토벌하는 것 외에는 다른 방법이 없습니다. 왜 그런고 하니, 지금 한국 땅에서는 13도 강산에 의

병이 일어나지 않은 곳이 없습니다. 만일 의병이 패하는 날에는 아아, 저들 간사한 도적의 무리가 선악을 가리지도 않고 모조리 '폭도'라고 칭탁하고서 사람마다 죽이고 집집마다 불지를 것입니다. 그런 뒤에는 한국 민족이라는 사람이 무슨 면목으로 세상에 나설 수 있겠습니까.

(바) 그렇다면 오늘 국내외를 막론하고 한국인들은 남녀노소 할 것 없이 총칼을 메고 일제히 의거를 일으켜야 할 것입니다. 승패나 능력을 돌아보지 말고 한바탕 통쾌하게 싸움으로써 천하 후세의 비웃음을 면해야 할 것입니다. 만일 이같이 악전고투한다면, 세계열강의 공론도 없지 않을 것이요, 독립의 희망도 생길 것입니다. 게다가 일본은 5년 안에 반드시 러시아, 청나라, 미국 세 나라와 전쟁을 벌이게 될 것입니다. 이는 한국에게 큰 기회가 될 것입니다. 그때 가서 한국인이 아무런 준비가 없다면, 설사 일본이 진다고 하더라도 한국은 다시 다른 도적의 손아귀에 들어가게 될 것입니다.

(사) 일단 오늘로부터 끊임없이 의병이 일어나서 큰 기회를 잃지 말고 스스로 힘을 키워 국권을 회복한다면, 가히 온전한 독립을 했다 할 수 있을 것입니다. 이것이 "'할 수 없다'는 말이 만사가 망하는 근본이요, '할 수 있다'는 말이 만사가 흥하는 근본이다. 그러므로 하늘은 스스로 돕는 자를 돕는다"라고 하는 것입니다. 여러분! 앉아서 죽기를 기다리는 것이 옳습니까. 아니면 분발하여 힘을 떨치는 것이 옳습니까. 이렇든 저렇든 결심하고 각성하고 깊이 생각하고 용맹스럽게 나아갑시다. 엎드려 바라옵니다.[32]

안중근은 외국에 나와서 사는 사람이라도 조국의 사정은 돌아보고 도와야 한다는 점을 여러 각도에서 이야기했다. (가)에서 고향을 떠나 온 사람이 자기 고향집을 뺏은 도둑을 몰아내는 데 힘을 보태지 않으면 결국 세상에 나설 면목이 없어질 것이라고 비유했다. 그리고 (라)에서 집안이 아닌 나라도 마찬가지라고 했다. (마)에서는 구체적인 사례도 제시하였다. '집'과 '국가'의 사정이 다르지 않다는 것이다.

(나), (다), (라)에서는 한국의 참혹한 현실을 이야기하면서 그 근본 원인으로 이토 히로부미의 '포악한 행동'을 거론하였다. 이토 히로부미 한 사람을 근본 원인으로 지목하는 견해는 이미 이범윤을 설득할 때도 제시한 바 있었다. 「안응칠역사」가 뤼순 감옥에서 쓰였다는 점을 감안하더라도, 이러한 이해 방식이 지속적으로 나타나는 것은 그것이 안중근이 가진 논리의 핵심에 해당한다고 해석할 수 있을 것이다.

(바)에서는 의병이 필요한 이유와 전망을 거론하였다. 군사력으로 본다면 당시의 상황상 일본과의 싸움은 승산이 없었다. 안중근 또한 이 점을 인정하고 있다. 그렇지만 의병을 일으켜서 지속적으로 싸울 때에만 열강의 공론도 얻을 수 있다고 생각했다. 비록 오늘 패할지라도 싸우지 않으면 희망이 없다는 것이다.

안중근의 이러한 발상은 역사와 정세에 대한 분석이 없이는 나오기 어려운 것이다. 러시아, 청나라, 미국이 일본과 전쟁을 하게 될 것이라는 분석은 비록 5년 이내는 아니지만 결국은 현실로 나타난 셈이다. 열강의 공론이라는 전망은 삼국간섭을 비롯한 가까운 시기의 사건과 조약으로부터 도출할 수 있다.

안중근의 글과 연설은 기본적으로 의병의 당위성을 주장하기 위한 것이다. 그럼에도 그의 글과 연설은 일방적인 희생 논리에 그치지 않았다. 구체적인 실천 방안과 정세 분석을 통한 전망을 함께 제시하고 있다. 설득력이라는 측면에서 주목할 만한 부분일 것이다.

각지를 돌아다니며 진행한 연설은 실제로 상당한 효과가 있었다고 안중근은 평가하고 있다. 그는 전쟁에 나가기를 자원하거나 돈과 장비를 내놓는 이들이 적지 않았다고 기록하고 있다. 이범윤에게 장담했듯이 의병 전쟁에 나서기 위한 기초를 마련하고 있었던 것이다.

4장
의병을 이끌고
두만강을 건너다

안중근이 엄인섭, 김기룡 등과 함께 연해주 각지를 돌아다니며 연설을 한 것은 의병에 참여할 사람과 군자금을 모으기 위해서였다. 이렇게 결성되었을 의병이 전쟁에 나서는 장면을 서술하는 첫머리에서, 안중근은 의병대의 구성을 언급하고 있다.

> 그때 김두성과 이범윤 등이 모두 함께 의병을 일으켰다. 이들은 전일에 이미 총독(總督)과 대장(大將)으로 선임된 사람들이다. 나는 참모중장(參謀中將)의 직책에 선출되었다.[33]

이 대목에서 낯선 이름을 하나 만나게 된다. 총독 김두성(金斗星). 이범윤이 대장으로 선임된 것은 그의 이력이나 블라디보스토크 한인 사회에서의 위치로 볼 때 자연스러운 일이다. 그런데 김두성이라는 이름은 러시아나 일본 측의 정보 보고에서도 찾아보기 어렵다.[34] 이범윤보다 높은 직위에 선임되었다면, 적어도 이범윤만큼은 알려진 인물이어야 자연스럽다. 안중근은 실존 인물로 서술하고 있지만,

김두성은 본명이 아닐 가능성도 있을 듯하다.

만약 김두성이 실존 인물의 가명이라면, 총독 김두성은 과연 누구일까? 우선 떠올릴 수 있는 인물은 유인석(柳麟錫, 1842~1915)이다. 1909년에는 13도의군도총재(十三道義軍都總裁)에까지 추대되는 유인석은 이항로(李恒老)의 학통을 계승하여 제자들을 이끌고 지속적인 의병 활동을 벌이고 있었다. 김택영이 '관동(關東) 김두성'이라고 기록한 것을 보면 강원도 쪽 인물이라는 소문이 퍼졌던 듯도 한데,[35] 그렇다면 이에 해당하는 인물은 춘천 출신인 유인석을 제외하고는 생각하기 어렵다. 하지만 1908년 시점에서의 블라디보스토크 상황을 살펴본다면, 유인석이 총독 직위에 오를 수 있었을지 의문이다. 또 굳이 안중근이 그의 이름을 숨겨야 할 이유를 찾기도 어렵다.

유인석이 아니라면, 김두성으로 예상할 수 있는 인물은 최재형일 것이다.[36] 블라디보스토크 한인 사회에서의 위상에 대해서는 이미 언급했거니와, 무엇보다 안중근·엄인섭·김기룡 등을 러시아 측에서 최재형파로 분류하고 있는 사실을 고려하면 최재형이 이 의병대에서 무엇인가 중요한 일을 했으리라고 짐작할 수 있기 때문이다.

최재형이 곧 김두성이라면, 안중근이 그의 이름을 숨긴 이유도 추정해볼 수 있다. 무엇보다 최재형이 러시아 국적을 가진 사람이었음을 주의해 볼 필요가 있다. 이로 인해 러시아 당국은 그를 주목하고 있었다. 러시아 당국에서는 경찰서장에게 "최를 소환하여 그가 러시아 공민으로서 한인 애국자들의 활동에 개입하지 말도록 설명하게끔 지시"[37]한 일이 있었는데, 이는 최재형이 처한 상황을 잘 보여준다. 그는 유인석이나 이범윤과는 다른 처지였던 것이다. 최재형이 한인들의 의병 활동에 개입했다는 확실한 증거를 제시하는 것은 최재형을 비롯한 블라디보스토크 한인 세력에게 큰 위협이 될 수 있는 상황이었다. 「안응칠역사」에 최재형에 대한 언급이 없는 이유 또한 여기에 있지 않을까 한다.

우덕순(禹德淳, 1880~1950)이 회고담에서 의병대의 대장으로 이범윤만을 거론한 것을 보면,[38] 김두성이 완전히 허구의 인물일 가능성도 생각해볼 수 있다. 우덕순은 당시 안중근과 함께 의병 활동을 했다고 회고하고 있다.

그렇지만 안중근이 이범윤을 보호하기 위해 허구의 '총독'을 만들어냈을 가능성은 낮은 듯하다. 별다른 효과를 기대하기 어렵기 때문이다. 다만 총독이 실제 전투에 관여하지 않고 뒤에서 지원해주는 책임을 맡았다면, 우덕순이 총독의 존재를 몰랐다고 해도 이상할 것은 없다.

역사학계에서도 '김두성은 누구인가'는 미해결의 과제로 남아 있다.[39] 여러 가지 정황으로 짐작해볼 수만 있을 뿐이다. 사실 의병 활동에 관한 한 「안응칠역사」나 안중근의 진술도 모두 그대로 믿을 수는 없다. 「안응칠역사」를 쓴 곳이 뤼순 감옥이라는 사실을 고려해서 사실 여부를 판단해야 한다.

안중근은 일본 측의 신문에 대한 답변에서 자신이 의병을 일으키기 위해 열심히 활동했음에도 이범윤, 엄인섭, 최재형 등이 호응하지 않았다고 진술했다. 이범윤은 '러시아 일진회'와 같은 의도를 품고 있었고, 엄인섭은 의병 이야기를 꺼내지도 못하게 하는 인물이었으며, 최재형은 의연금 따위는 지출하지 않는 인색가라고 비판

했다.[40]

그렇지만 이러한 진술과 달리 당시 블라디보스토크에서는 이범윤, 엄인섭, 최재형 등이 중심이 되어 의병 활동을 위한 구체적인 준비를 진행하고 있었다.[41] 블라디보스토크 한인들이 1908년 4월 '교육으로 조국 정신을 배양하고 단체를 맺고 동맹한다'는 취지를 내걸고 결성한 동의회(同義會)가 그 산물이었다. 동의회는 같은 해 5월 10일자 『해조신문』에 조국 정신의 배양을 목적으로 한 취지서를 게재했는데,[42] 실제로 이는 의병 조직에 근접한 단체였다.

동의회의 결성에는 이범진, 이범윤, 최재형의 세력이 모두 참여했다. 안중근 또한 최재형파의 일원으로 이 모임에 참여했다. '블라지미르 세르게에비치 리'라는 러시아 이름을 가진, 이범진의 아들이자 전 헤이그 특사였던 이위종은 상트페테르부르크에 머물고 있었는데, 모임에 참여하기 위해 러시아의 귀족이자 관리인 그의 장인 노리겐과 함께 연해주로 왔다. 그는 아버지가 보낸 1만 루블의 자금을 휴대하고 있었다. 주요 발기인들이 참여한 가운데 최재형의 집에서 이루어진 총회에서는 투표를 통해 총장에 최재형, 부총장에 이위종을 선출했다고 한다. 그런데 이 투표 결과에 대해 이범윤이 강하게 반발했다. 1표 차이로 조카 이위종에게 밀려났기 때문이다. 이에 이위종이 부총장 자리를 양보했고, 이범윤이 결국 이 자리를 차지했다고 한다. 신문에 실은 취지서에는 "총장 최재형, 부총장 이범윤, 회장 이위종, 부회장 엄인섭"으로 임원 명단을 기록하게 되었다.

동의회는 자금과 무기를 갖추었다. 이위종이 가져온 1만 루블 외에 최재형이 1만 3천 루블을 기부했고, 각지에서 6천 루블을 모금했다. 또한 총기 100정을 수집하였다.⁴³ 여러 세력이 연합하여 의병 활동을 위한 준비를 마친 것이다. 세력 간의 갈등이 없지는 않았지만,⁴⁴ 결국 갈등을 수습하고 국내 진공 작전을 펼치게 된다. 안중근이 참모중장을 맡았다고 한 의병대는 곧 이를 가리킨 것이다.

한편 안중근이 참여한 의병대에는 우덕순이 있었다. 우덕순이 이범윤이 대장이었다고 회고했음은 앞서 말한 바 있다. 그는 또한 작전의 목적이 홍범도(洪範圖, 1868~1943)의 의병대에게 무기를 제공하기 위한 것이었다고 회고했다. 주로 화승총으로 무장한 홍범도 부대에 사람은 3천 명 정도인 데 비해 총은 천 자루 정도밖에 없다는 소식을 접하고서 이를 돕기 위해 자신을 포함한 의병 부대가 출전하게 되었다는 것이다.⁴⁵ 안중근의 기록이나 진술과 러시아 측의 기록 등을 참고해도, 우덕순이 진술한 바와 같은 목적의 작전이 실제로 있었는지는 확인하기 어렵다. 그렇지만 한편으로는 이러한 계획이 있다는 정도의 소문이 의병들 사이에서 돌았을 법도 하다.

의병장 홍범도에 대해서는 일본 측에서도 관심을 보였던 듯하다. 안중근에 대한 신문 기록에는 홍범도와의 만남에 대한 언급이 보인다. 안중근은 1909년 11월 26일의 공술에서 1908년 봄에 홍범도 등을 찾아보았으나 만나지 못했다고 답변했지만, 11월 29일에는 1908년 6월에 회령 지방으로 찾아가서 그를 만난 일이 있다고 답했다. "나이는 마흔가량인데 용맹하고 기력이 있으나 무학(無學)으로 시세에 통하지 않았다"라고 언급했지만, "인군(人君)에 대한 충성은 가장 깊고 청렴하여 양민의 재물을 침범하지 않았다"라고 평가했다.⁴⁶ 일본 병사들이 습격할 조짐이 있어 급히 빠져나오는 바람에 헤어졌고 결국 함께 의병 활동을 하지는 못했다고 했는데, 이 진술이 사실과 부합하는지는 단정하기 어렵다. 다만 연해주의 의병들이 국내 의병과 합동 작전을 도모하고 있었음은 러시아 측의 자료를 통해서도 확인할 수 있다. 적어도 홍범도 부대와의 연합을 추진했던 것만은 분명한 사실로 보인다.

일본 측에서 파악한 바에 의하면 안중근은 우영장(右營將)으로 참전했다고 한다. 도영장(都營將)은 전제익(全濟益), 참모장은 오내범(吳乃凡)이었고, 엄인섭이 좌영장(左營將)이었다.[47] 이는 안중근이 우영장, 엄인섭이 좌영장이었다고 한 우덕순의 회고담 내용과도 일치한다.

안중근의 의병 부대는 모든 준비를 마치고 두만강가에 모였다. 그곳에서 안중근은 또 한 번의 연설을 했다.

> 지금 우리는 200~300명밖에 안 된다. 적은 강하고 우리는 약하다. 적을 가볍게 여겨서는 안 된다. 더구나 병법에 이르기를 "아무리 급하다고 해도 반드시 만전(萬全)의 계책을 세운 다음에야 큰일을 도모할 수 있다"라고 했다.
>
> 이제 우리가 한 번 의거로 성공할 수 없을 것은 분명하다. 그렇지만 처음에 이루지 못하면 2차, 3차, 10차에 이르기까지 100번 꺾여도 굴함이 없어야 한다. 금년에 못 이루면 다시 내년, 내년에 도모하고, 다음 해, 다음 해, 10년, 또 100년까지 가도 좋다. 만일 우리 대에 목적을 못 이루면 아들 대, 손자 대에 가서라도 반드시 대한국의 독립권을 회복한 다음에야 그칠 것이다.

그러므로 선진(先進)과 후진(後進), 급진(急進)과 완진(緩進), 예비(豫備)와 후비(後備)가 모두 갖춰진 뒤에야 목적을 달성할 수 있을 것이다. 그래서 오늘 선진으로 싸움터에 나온 이들은 병약하거나 늙은 사람이어도 무방하다. 다음의 청년들은 단체(社會)를 조직하고 민심을 단합할 것이며, 어린 사람들은 교육하여 예비와 후비로 삼아야 할 것이다. 한편으로는 여러 가지 실업에 힘쓰고 실력을 양성해야 할 것이다. 그런 다음에야 큰일은 쉽게 이룰 수 있을 것이다.[48]

이 연설을 들은 사람들의 반응은 좋지 않았다고 한다. 안중근은 자신이 어떤 종류의 권력이나 권위도 없는 사람이었기 때문에 그러했으리라고 짐작했다. 그런 면도 있었을 것이다. 그렇지만 한편으로는 이 연설이 싸움에 나서는 의병들을 불안하게 한 것은 아닌지 의심스럽기도 하다. 당장 이겨서 목적을 이룰 수는 없을 것이라는 지적은 사실을 기반으로 한 냉정한 분석이다. 또한 후손들이 결국 충분히 실력을 키우고 준비하여 성공할 수 있게 한다는 계획과 전망도 적절한 계책이다. 그렇지만 당장 강을 건너 싸움에 나설 의병들에게 이런 전망과 계획을 말하는 것은 가혹한 것이 아닐까. 의병 활동을 장기적인 관점과 계획에 따라 바라보는 안중근의 시각이 논리적이고 이상적인 것이기는 하지만, 한편으로 함께 의병으로 참전하는 사람들에게는 불만스러운 것이었을지도 모른다.

안중근은 돌아가고 싶은 마음도 있었지만 이미 나선 걸음이라 그만둘 수 없었다고 했다. 그렇게 안중근은 의병들을 이끌고 두만강을 건넜다.

5장

미래를 향한 전망, 만국공법

두만강을 건넌 안중근 부대는 낮에는 숨고 밤에는 행군했다. 러시아 측에서는 1908년 4월 무렵에 연해주의 한국인 의병들이 무산, 회령을 공격하여 두만강 상류 일대를 장악하고 한국 내의 의병들과 합류할 계획을 세웠다고 파악하고 있었다.[49] 실제로 안중근 부대의 목적지도 이와 크게 다르지 않았던 듯하다. 600여 명의 의병이 해로로 청진과 성진 사이의 해안에 상륙하는 동안, 안중근 등 300여 명의 의병은 육로를 통해 무산으로 향하고 있었다.[50]

안중근 부대는 행군 도중 일본군과 몇 차례 충돌이 있었으며 피차간에 죽거나 다친 이들도 있었다고 기술했다. 뤼순 감옥에서는 더욱 구체적인 전황을 진술하고 있다.[51] 이에 의하면 원래 전제익을 대장으로 하여 좌영장 엄인섭, 우영장 안중근 등이 의병들을 이끌고 함께 출발했는데, 교통(交通) 즉 연락병으로 온 4명의 일본군을 엄인섭의 부대가 저격했다고 한다. 이 일에 대해 엄인섭과 안중근의 의견이 달랐고, 그 결과 엄인섭이 자신의 부대를 이끌고 돌아가버렸다고 했다. 교통을 맡은 4명의 일본군을 죽인 결과 의병대가 전진할 수 없게 되었고 결국 목적을 달성하기 어렵게 되었다는 것이 안중근의 생각이었다. 아마도 엄인섭은 4명의 일본군을 죽인 것이 전과(戰果)라고 판단했을 것이다.

안중근과 엄인섭의 갈등에 대해서는 우덕순도 언급한 바 있다.[52] 우덕순은 의병들이 대거 나타날 것이라는 소문을 입수한 일본 군대가 국경 지역 곳곳을 지키고 있어서 13일 동안 총 30여 차례의 교전을 벌였다고 했는데, 초기에 두 사람의 의견 대립이 있었다고 술회했다. 엄인섭은 일본군 때문에 발붙일 곳이 없으니 돌아가자고 주장한 데 반해, 안중근은 결사전(決死戰)을 주장했다는 것이다. 결국 엄인섭 부대는 되돌아가고 안중근 부대는 우덕순 자신의 부대와 합류했다고 했다.

엄인섭의 부대가 따로 돌아갔다는 사실은 일본 측의 기록에서도 확인할 수 있다. 만약 안중근과 우덕순의 진술이 모두 사실이라면, 이번 싸움의 목적에 대한 엄인섭과 안중근의 견해가 달랐을 듯하다. 엄인섭은 적군을 죽이는 것이 목표이므로 어느 정도 목적을 달성했다고 본 반면, 안중근은 적군을 죽이는 것 이상의 목표가 있으므로 이를 달성하기 위해 어려움을 극복해야 한다고 생각한 것은 아닐까?

「안응칠역사」에는 안중근이 의병들과 의견 대립을 빚는 사건이 하나 제시되어 있는데, 이를 통해 엄인섭 또는 여타의 의병들과 구별되는 안중근의 견해를 엿볼 수 있다. 우선 발단이 되는 사건을 살펴보자.

그때 일본의 군인과 상인을 사로잡았다. 나는 포로들을 불러다가 물었다.

"그대들은 모두 일본국의 신민(臣民)이다. 무슨 까닭으로 천황의 성지(聖旨)를 받들지 않는가? 러일전쟁을 벌일 때의 선전서에 '동양평화를 유지하고 대한독립을 굳건히 한다'고 했는데, 오늘 이처럼 앞다투어 침략하니 '평화'나 '독립'이라고 할 수 있겠느냐? 이것은 역적이나 강도가 아니냐?"

그들은 눈물을 흘리면서 듣고는 대답하였다.

"이는 우리의 본심이 아닙니다. 분명 어쩔 수 없어서 그렇게 한 것입니다. 세상에 태어난 사람은 누구나 살기를 좋아하고 죽기를 싫어하는 마음을 갖고 있습니다. 게다가 우리는 만리타향 전쟁터에서 참혹하게도 무주고혼(無主孤魂)이 되게 생겼으니 얼마나 원통하겠습니까. 오늘의 일은 다름이 아니라 순전히 이토 히로부미의 잘못으로 말미암은 것입니다. 천황의 성지는 받들지 않고 멋대로 권세를 부려서 일본과 한국의 수많은 귀중한 생명을 죽이고서, 저 무리는 편안히 누워 복을 누리고 있습니다. 우리도 분개하는 마음이 있지만, 어쩔 도리가 없어서 이 지경에까지 이르게 되었습니다. 그렇지만 시비(是非)를 분별하는 생각이야 어찌 없겠습니까? 게다가 농민이나 상인으로 한국에 건너온 이들은 더욱 곤란을 겪고 있습니다. 이처럼 나라와 백성이 피폐한데도 돌아보지 않으니, 동양의 평화는 물론이거니와 일본의 국세가 편안하기를 어찌 바랄 수 있겠습니까? 그런 까닭에 우리는 죽더라도 이 지극한 한이 사라지지 않을 것 같습니다."

말을 마치자 그들은 끊임없이 통곡했다. 나는 그들에게 말했다.

"그대들의 말을 들어보니, 그대들은 '충의지사(忠義之士)'라고 일컬을 만하오. 이제 마땅히 그대들을 석방하여 돌아가도록 할 것이오. 돌아가거든 그대들이 말한 난신적자(亂臣賊子)들을 쓸어버리도록 하시오. 만일 또 이런 간사한 무리들이 나타나 까닭 없이 전쟁을 일으키고 동족과 이웃 나라 사이를 침해하는 언론을 내놓는다면, 찾아내서 쓸어버리시오. 열 명을 넘기기 전에 동양의 평화를 도모할 수 있을 것이오. 그대들은 그렇게 할 수 있겠소?"

그들은 뛸 듯이 기뻐하며 응낙하였다. 즉시 풀어주었더니 그들이 이렇게 말했다.

"군기(軍器)와 총포를 안 가지고 돌아가면, 우리는 군율(軍律)을 면하기 어려울 것입니다. 어쩌면 좋겠습니까?"

내가 말했다.

"그렇다면 곧 총포 등의 물건들을 돌려주겠소."

다시 그들에게 말하였다.

"그대들은 속히 돌아가시오. 포로가 되었던 이야기는 절대 입 밖에 내지 말고, 신중하게 큰일을 도모하시오."

그들은 거듭거듭 감사를 표하고 돌아갔다.[53]

안중근은 포로들과 면담한 뒤 이들을 모두 석방했다. 게다가 무기까지 되돌려주었으니, 보기에 따라서는 아무런 소득이 없었다고 생각할 만하다. 의병들의 위치와 형편을 알려줌으로써 그들을 위험하게 할 수도 있는 일이었다. 포로들의 말을 그대로 받아들인 안중근의 태도가 너무 순진하다고 비판할 사람도 있을 것이다.

안중근 자신은 어땠을까? 어려서부터 병법을 공부하고 전쟁을 경험했던 안중근은 자신의 행동이 아군에게 위험을 불러올 수도 있으리라는 정도는 짐작했을 것이다.[54] 그렇지만 그러한 위험을 무릅쓰고라도 포로를 풀어주어야 한다고 판단했다. 왜 그랬을까? 사건의 결말을 살펴보자.

그 뒤에 장교들이 불온한 기색으로 내게 말했다.

"무슨 이유로 사로잡은 적들을 놓아주는 것이오?"

나는 대답하였다.

"오늘날의 만국공법(萬國公法)에 포로를 죽이는 법은 절대 없소. 어딘가 가둬두었다가 뒷날 배상을 받고서 돌려보내는 법이오. 게다가 그들의 말은 진정에서 나온 의로운 것이었으니, 어찌 놓아주지 않을 수 있겠소?"

여러 사람들이 말하였다.

"저 도적들은 우리 의병을 사로잡으면 모조리 참혹하게 죽이고 있소. 게다가 우리는 도적들을 죽일 목적으로 이곳에 와서 풍찬노숙(風餐露宿)을 하고 있소. 이처럼 힘을 다하여 사로잡은 포로들을 모조리 풀어준다면, 우리의 목적은 무엇이었단 말이오?"

나는 대답하였다.

"그렇지 않소. 그렇지 않소. 적들의 그런 포악한 행동은 신과 사람이 함께 분노할 일이오. 이제 우리도 또한 야만의 행동을 하기를 바라는 것이오? 또 일본의 4천만 인구를 모두 죽여서 국권을 회복하려고 계획하는 것이오? 지피지기(知彼知己)면 백전백승(百戰百勝)이라고 했소. 지금 우리는 약하고 저들은 강한데, 악전(惡戰)할 수는 없소. 그뿐만 아니라 충성스런 행동과 의로운 거사로 이토의 포악한 계략을 성토하고 세계에 널리 알려 열강의 동정을 얻은 다음에라야 한을 풀고 국권을 회복할 수 있소. 그것이 이른바 '약한 자가 능히 강한 자를 제압할 수 있으니, 어진 덕으로 상대의 악을 대적하는 것이다(弱能制强, 以仁敵惡)'라는 것이오. 그대들은 부디 많은 말을 하지 마시오."

내가 이처럼 간곡하게 타일렀다. 그렇지만 여러 가지 논의가 물 끓듯 일어나고 승복하지 않았다. 장교 중에 부대를 나누어서 떠나버리는 이도 있었다.[55]

안중근이 불만을 이야기하는 장교들을 설득하지 못했고, 그 일로 의병들 사이에 분열이 일어났다. 그런데 이런 결과보다 안중근이 어떤 논리로 설득하고 있는지에 더 관심을 둘 필요가 있다. 그가 생각하는 의병 활동의 목적이 여기에 담겨 있기 때문이다.

우선 안중근은 만국공법을 내세웠다. 만국공법이란 세계 어느 나라에나 통용되는 법이란 뜻이니, 곧 국제법을 뜻한다. 만국공법은 당시의 지식층에 널리 알려진 개념이었다. 중국에서 윌리엄 마틴 (William A. P. Martin, 정위량(丁韙良), 1827~1916)이 '만국공법'이라는 제목으로 미국의 법학자 휘튼(Henry Wheaton, 1785~1848)의 『*Elements of international law*』를 번역해서 출간한 이래, 만국공법은 동아시아에서 국가 간의 평화와 질서를 유지해줄 도구로 기대되었다. 물론 제국주의가 득세한 현실에서 이러한 기대는 실현될 수 없는 것이었지만, 여전히 하나의 이상적인 질서를 상징하는 의미를 갖고 있었다.

그렇다면 안중근은 왜 만국공법을 내세웠을까? 포로를 가둬둘 포로수용소도 없는 현실을 모르지 않았을 텐데도 굳이 만국공법을 고집한 이유는 무엇일까? 두 가지 측면에서 추정해볼 수 있다. 첫째는 의병이 국제적으로 정규군으로 공인받기를 원했기 때문일 것이다. 의병이 정규군이라면 한국 또한 독립국으로서의 지위를 인정받아야 마땅할 것이다. 둘째는 그것이 올바른 덕목, 즉 인(仁)의 정신을 구현하는 것이라고 믿었기 때문일 것이다. 만국공법을 준수하고 '인'의 덕을 지키면, 지금 당장은 손해를 볼 수 있다. 그렇지만 그것은 멀리 보면 가장 바람직한 상태, 즉 국가 간의 평화를 보장하는 질서로 나아가는 길일 수 있다. 적어도 현실이 아닌 이상의 차원에서는 그렇다.

그런데 안중근이 만국공법을 내세운 것은 현실과 거리가 있는 이상을 실현하고자 하는 욕구에서 나온 것만은 아니었던 듯하다. 오히려 현실에 대한 분석과 미래에 대한 전망으로부터 도출된 장기적인 계획의 일부였다고 보아야 하지 않을까 한다.

안중근이 내세운 두 가지 병법 구절에 주목해보자. 각기 손자(孫子)와 황석공(黃石公)으로부터 유래한 것으로 알려진 이 두 구절은 여기서 안중근이 현실을 분석하는 데 사용한 지침이었다. 이에 의하면 일본이라는 적과 나, 즉 한국의 상황을 비교해보아야 한다. 어느 쪽이 강하고 어느 쪽이 약한지는 분명히 알 수 있다. 다음으로는 약한 자가 강한 상대를 이기기 위해서는 어떻게 해야 하는가를 문제 삼아야 한다. 인(仁)으로 상대하는 것이 그 방법이라면, 당대의 국제 관계에서 널리 인정될 수 있는 인의 덕목을 찾아야 한다. 만국공법 외에는 그러한 덕목을 찾기 어렵다.

이러한 결론은 현실과 어긋나는 것도 아니다. 일본인 4천만을 다 죽일 수 있는가? 지금 당장 일본군 몇 명, 포로 몇 명을 죽이는 것이 한국의 독립이라는 큰 목적을 달성하는 데 어느 정도 의미가 있는가? 혹 일본군을 살려두거나 일본군 포로를 풀어주는 것이 독립을 달성하는 데 더 도움이 되지 않을까? 이런 질문들은 눈앞의 현실보다는 먼 미래를 내다보는 계획 아래에서야 답할 수 있다. 의병들을 설득하는 태도를 보건대, 안중근은 아마도 그와 같은 질문들을 스스로에게 던져보았을 듯하다.

안중근의 계획은 이처럼 눈앞에 벌어지는 싸움의 승리보다 한국의 독립과 그 독립의 유지라는 먼 목표에 초점을 맞춘 것이었을 듯하다. 두만강가에서 의병들을 앞에 두고 지금 당장은 패배하더라도 점차 준비를 갖춘 후손들이 결국 승리할 수 있도록 계획해야 한다고 역설했다. 같은 논리로 이 싸움은 패배하더라도 장래 만국공법이 실현될 수 있도록 준비를 해야 한다고 생각하지는 않았을까. 비현실적이고 이상주의적으로 보이기도 하는 만국공법을 준수해야 한다는 주장을 펼친 배경에는 이러한 심모원려(深謀遠慮)가 있었을 것이다.

안중근은 원래 의병 활동을 통해서 한국의 독립이라는 목표에 이르고자 했었다. 그렇지만 함께 의병 활동을 펼치는 이들은 안중근의 이러한 목표나 계획을 이해하지 못하거나 공감하지 않았다. 그들은 싸움에 이기고 일본군을 죽이는 데 더 큰 의의를 두었던 것 같다. '한국의 독립'이라는 목표는 같지만, 이를 실현하기 위해 구상하는 계획은 같지 않았다.

결국 안중근은 의병 활동이 아닌 다른 길을 찾아야 했을 것이다. 사실 '이토 히로부미의 저격'은 안중근이 의병들에게 했던 연설이나 설득에 가장 적합한 길이 아니었을까. 이토 히로부미야말로 일본 포로들에게 당부했던 '쓸어버려야 할 난신적자'의 대표 격인 인물이다. 그의 죽음은 '난신적자'들에 대한 준엄한 경고의 의미일 수 있다. 이는 일본 포로들에게 당부했던 것을 자신이 직접 실행하는 일인 셈이다. 또한 실제 재판 과정에서 안중근이 그러했듯이, 이토 히로부미로 대표되는 난신적자들의 잘못을 전 세계에 공개적으로 알릴 수 있는 계기를 마련할 수도 있다. 사실 안중근이 당시에 그런 부분까지 고려했었으리라고 주장한다면, 이는 지나친 말일지 모른다. 그렇지만 점차 이토 히로부미라는 목표에 접근하면서 이 같은 생각을 하게 되었을 법하다.

다시 전장(戰場)으로 시선을 옮겨보자. 포로들을 석방했기 때문인지는 알 수 없지만, 그 후에 일본군이 습격하여 날이 샐 때까지 의병들은 격렬한 싸움을 벌여야 했다. 날은 이미 저물었고 비까지 쏟아지니, 의병들은 서로의 생사도 확인하지 못한 채 여기저기로 흩어져버렸다. 다음 날 겨우 60~70명이 모였지만, 다른 사람들의 소식을 물어보면 각기 부대를 나누어 떠나버렸다고 말할 뿐이었다. 이미 싸움의 승패는 기울었던 것이다.

6장
후퇴하며 돌아오는 길, 절망을 넘어서다

> 사내가 뜻을 품고 나라 밖에 나왔으되
> 일과 계교 어긋나니 몸 둘 곳이 없구나.
> 바라노니 동포여 죽음을 맹세하고
> 세상에서 의리 없는 귀신은 되지 마소.
> 男兒有志出洋外 事不入謀難處身
> 望須同胞誓流血 莫作世間無義神[56]

뿔뿔이 흩어졌던 의병 가운데 겨우 몇 사람이 모였을 때, 안중근은 그들 앞에서 이런 시를 읊었다. 죽음을 각오한 비장감이 엿보인다. 의병 활동으로 조국의 독립을 이루겠다는 계획은 이미 실패했고, 그래서 세상을 볼 면목이 없다. 처자가 있는 집을 떠나 해외로 나온 것은 큰 뜻을 품었기 때문인데, 이제 와서 되돌아갈 수도 없다. 그런 처지에서 할 수 있는 일이란 결국 최후의 결전을 벌이고 당당하게 삶을 마감하는 것뿐이었다.

안중근이 이처럼 유언에 가까운 시를 읊게 된 것은, 간신히 모였던 의병들이 흩어지고 절망적인 상황에 놓였기 때문이었다. 이미 추위와 굶주림에 지친 의병들은 촌락에서 구한 보리밥으로 배고픔을 달랬음에도 기율을 따르지 않는 오합지졸이 되어 있었다. 안중근은 그들을 이끌고 낙오된 군사들을 찾다가 복병을 만났다. 겨우 모였던 60~70명의 의병들은 다시 흩어져 버렸다. 안중근은 홀로 산 위에 올라 이처럼 약한 의병들을 이끌고 큰일을 도모하려 했던 자신의 어리석음을 탄식했다고 한다.

안중근이 주변에서 다시 만난 몇몇 의병들은 제각기 다른 의견을 내놓았다. 살 길을 도모하자는 사람, 자결하자는 사람, 일본군의 포로가 되자는 사람이 있었다고 했다. 안중근이 내놓은 계획은 "산을 내려가 일본군과 한바탕 싸워서 대한국 2천만 가운데 한 사람으로서의 의무를 다하고 죽는 것"이었다. 안중근은 청계동 시절 항우 같은 영웅호걸이 되겠다는 기개를 내보이곤 했다. 그는 이처럼 막다른 곳에 몰렸을 때 오강(烏江)에서 자결한 항우처럼 장엄한 영웅의 최후를 생각해보았던 모양이다.

그러나 그의 결정은 항우와 달랐다. 뒷날을 도모하라는 권고를 듣고선 안중근은 항우가 성급했다고 지적한다. 진정한 영웅이란 때로는 자신의 몸을 굽힐 수도 있어야 하고 때로는 펼 수도 있어야 한다. 때로는 몸을 낮추고 후퇴하더라도 목적을 달성할 수 있도록 해야 한다. 안중근은 그렇게 판단했다. 장쾌한 한바탕의 싸움과 이익 없는 죽음보다는 뒷날을 도모하기로 한 것이다.

한편 우덕순도 안중근과 함께 후퇴하던 일을 언급한 바 있다.[57] 우덕순 또한 동지들과 흩어진 채로 근처를 돌아다니다가 어떤 집에서 안중근, 갈화춘(葛化春), 김영선(金榮旋) 등을 만났다고 한다. 그렇다면 「안응칠역사」에서 몇 사람이라고만 기록한 것은 아마도 우덕순 등을 보호하기 위해서였을 것이다.

그런데 우덕순은 안중근과 계속 동행하지는 못했다. 먹을 것을 구하려고 마을로 내려갔다가 일본군에게 체포되었기 때문이다. 제법 시일이 지난 뒤의 일이지만, 우덕순은 결국 일본군 통역으로 있던 조선 청년과 먼저 잡혀 있던 의병의 도움으로 탈옥했다. 함흥재판소로 넘어가서 사형까지 구형받았지만 구사일생으로 탈출할 수 있었던 것이다. 이후 그는 치료를 위해 원산 등지에 잠시 머물렀는데, 거기서 자신의 추도회(追悼會) 소식을 들었다고 한다. 무사히 블라디보스토크로 돌아간 안중근이 우덕순의 체포 소식을 사람들에게 전했던 것이다. 안중근은 그가 죽었으리라고 판단했던 모양이다.

다시 안중근의 후퇴 장면으로 돌아가 보자. 블라디보스토크로 돌아가는 과정에 고난이 이어졌다. 동지들을 만났다가는 다시 헤어지곤 했고, 그러면서도 밤에만 이동해야 했다. 결국 안중근을 포함해 세 사람만 남았지만, 이들은 4~5일 동안이나 아무것도 먹지 못했다. 게다가 신발도 없었다. 길도 모르는 깊은 산속이라 방향도 알 수 없었다. 그래서 안중근은 일본군의 파출소를 민가로 착각하여 위기를 겪기도 했다. 하늘을 향해 "죽이려면 빨리 죽이시고 살리려면 빨리 살려주소서"라고 기도만 할 뿐인 어려운 상황이었다.

안중근은 이때 조지 워싱턴의 고난을 떠올린다. 6~7년 동안의 고초를 이겨낸 워싱턴을 생각하며 자신도 그와 같은 영웅호걸이 되겠다고 다짐한다. 또 "사람의 운명은 하늘에 달려 있다(人命在天)"는 격언과 "남다른 고난을 겪고서야 남다른 사업을 이룰 수 있다"거나 "죽을 곳에 처한 다음에야 살아날 수 있다(陷之死地然後生)"는 말로 일행들을 격려했다. 이런 격언들은 과거 안중근이 동서양의 고전과 역사에서 읽고 생각하던 구절일 것이다.

 운명을 떠올리면서 모험도 할 수 있게 되었는지, 안중근 일행은 낮에 인가(人家)를 찾아가기도 했다. 의병에게 밥을 주었다는 죄목으로 죽음을 당한 이웃 일을 거론하며 먹을 것을 건네주면서도 빨리 떠나기를 원하는 사람도 만났고, 일본군에게 신고하겠다며 포박하려는 사람도 만났다. 파수(把守)하는 일본군의 탄환을 간신히 피하기도 했다.

 안중근은 독실한 천주교인이었다. 그는 의병에 나서던 날에 진남포 집에 성모마리아가 나타나 자신을 위로하는 꿈을 꾸었으며,[58] 의병 활동 중에도 묵주를 지니고 다녔다. 고난 속에서 그가 종교의 힘에 의지한 것은 당연한 일일 것이다. 안중근은 여기에 머물지 않고, 자신과 함께 귀환하던 일행에게도 천주교인이 되기를 권한다. 천주교인 안중근의 면모를 살필 수 있는 일화이므로, 「안응칠역사」의 기록을 한번 살펴보기로 한다.

 급히 두 사람과 함께 산속으로 피신했다. 그리고 다시는 감히 큰길로 나가지 못하고 산길로만 다녔다. 4~5일 동안 다시 먹을 것을 구하지 못하니, 기한(飢寒)은 전보다 더 심했다. 이때 나는 두 사람에게 이렇게 권고했다.

 "두 분은 내 말을 믿고 들어주시오. 세상에 사는 사람이 만약 천지의 큰 임금이며 큰 아비인 천주를 받들어 모시지 않는다면, 금수만도 못할 것이오. 게다가 오늘 우리들은 죽음을 면하기 어렵게 되었소. 빨리 천주 예수의 도리를 믿어서 영혼의 영생(永生)을 얻는 것이 어떻겠소? 옛글에 '아침에 도를 들으면 저녁에 죽어도 좋다'라고 하였소. 두 분께서 속히 전날의 허물을 뉘우치고 천주를 받들어 모시고 영생을 구하시기를 청합니다. 어떻습니까?"

이에 천주가 만물을 만들어낸 도리와 지극히 공평하고 의롭게 선악에 상과 벌을 내리는 도리와 예수그리스도가 세상에 내려와 사람의 죄를 대속(代贖)하여 구원한 도리를 하나하나 권면하였다. 두 사람이 듣고 나서 천주교를 신봉하기를 원했다. 그래서 즉시 교회의 규칙에 따라 대세(代洗)를 주고 예를 마쳤다.[59]

이와 같은 안중근의 발언은 과거에 빌렘 신부의 복사로 활동하면서 각처를 다니며 했던 선교 연설과 유사하다. 집의 아버지, 나라의 임금과 마찬가지로 천지의 천주가 존귀한 존재라는 점을 언급한 점, 그리고 공자의 말을 인용하여 설득력을 높이려 한 점에서 특히 그렇다. 비록 빌렘 신부의 권위와 권고를 거부하고 나선 형편이었지만, 천주교 자체에 대한 믿음과 그것을 지탱하는 논리 자체는 부정하지 않았던 것이다. 안중근에게 천주교는 신부나 주교를 따르는 것 이상의 내용을 포함하고 있었던 셈이다.

길을 잃고 굶주림에 시달리던 안중근 일행은 깊은 산속에서 한 노인을 만나 도움을 얻는다. 12일 동안 두 번밖에 먹지 못한 일행은 음식과 함께 일본군의 수색을 피하면서 두만강으로 갈 수 있는 길을 얻었다. 이름을 밝히지 않은 이 노인은 안중근 일행의 고난을 "국민의 의무"라고 말했고, 동시에 "흥진비래(興盡悲來)"나 "고진감래(苦盡甘來)"와 같은 말로 위로했다고 한다. 깊은 산속에도 나라를 생각하는 국민들이 살고 있다는 사실을 발견했으니, 아마도 안중근은 새로운 활력과 의무감을 느꼈을 것이다.

의병 활동에 나선 이후 한 달 반 정도의 기간 동안, 안중근은 "붓으로 이루 다 기록할 수 없을 만한 고초"를 겪었다고 했다. 그 때문에 러시아 땅에 돌아온 안중근의 모습은 많이 변해 있었다. 벗들도 알아보지 못할 만큼 야위어 있었던 것이다. 안중근은 자신이 무사히 돌아온 것이 '천명(天命)'이라고 여기면서 10여 일 동안 치료를 받았다. 천주교인으로서의 천명을 생각한 것이었겠지만, 여기에는 '장차 큰일을 하도록 하기 위해 하늘이 고난을 겪도록 한다'는 식의 영웅으로서의 운명에 대한 예감 또한 포함되어 있었을 것이다.

블라디보스토크에 귀환한 안중근을 위해 그곳 사람들은 환영회를 열었다. 안중근은 '패군지장(敗軍之將)'을 자처하며 이를 사양했다. 사람들은 "일승일패(一勝一敗)는 병가상사(兵家常事)"라는 말로 위로하고, 위험한 땅에서 살아 돌아온 것만도 환영할 만한 일이라며 참석을 권고했다. 안중근이 환영회에 참석했는지는 분명치 않지만, 의병 활동의 경험과 귀환 당시의 고난을 되새기며 새로운 계획을 생각해보았으리라 짐작할 수 있다.

이후 안중근은 블라디보스토크를 떠나 하바로프스크(河發浦)행 기선에 올랐다. 여러 지역을 돌아다니면서 한인 동포들을 만났으며 다시 수청촌(水淸村)으로 돌아왔다. 안중근이 이때 의병 모집을 한 것은 아니었던 듯하다. 「안응칠역사」에서는 교육에 힘쓰도록 권장하고 단체(社會)를 조직하도록 했다고 기록하고 있다. 당장 의병 부대를 구성하여 전쟁을 치르는 것보다는 청년과 어린이를 대상으로 한 장기적 계획을 준비하고자 한 것은 아닌가 한다.

블라디보스토크로 귀환한 이후 안중근은 잠시 수원 부근으로 간 일도 있다. 1908년 10월 1일 수원에서 그가 빌렘 신부에게 부친 엽서 1통이 현재 남아 있다.[60] 국내로 들어온 정확한 시기와 이유는 아직 밝혀져 있지 않지만, 의병 부대를 이끌고 일본군과 직접 싸우는 것과는 다른 계획을 세운 것은 아닌지 생각해볼 만하다. 다만 이는 추정에 불과하므로 더는 논하지 않는다. 안중근의 생애를 온전하게 재구하기 위해서는 이 부분에 대한 연구가 더 이루어져야 할 것이다.

안중근은 1908년 12월 12일에는 공립협회의 블라디보스토크 지회에 가입한 것으로 명부에 기록되어 있다.[61] 이 명부에는 블라디보스토크의 주요 인물 상당수의 이름이 올라 있는데, 어떤 활동을 벌였는지는 구체적으로 알 수 없다. 따라서 안중근의 가입에 특별한 목적이 있었는지, 또는 이후의 활동과 어떤 관계가 있는지는 분명하지 않다.[62] 이 또한 앞으로 연구가 필요한 부분이다.

이 무렵 안중근은 당시의 의병 활동으로 위협을 당하는 사건도 겪어야 했다. 몇 사람과 동행하다가 6~7명의 괴한들에게 홀로 납치되었는데, 괴한들은 의병대장을 잡았다고 말하면서 정부에서 금지하는 의병을 왜 하느냐고 안중근을 나무라며 구타했다고 한다. 안중근은 이들 괴한이 일진회의 여당(餘黨)일 것이라고 짐작했다. 동행하던 사람들이 동지들을 불러올 것이라고 말하고 누차 설득함으로써 죽음의 위기에서 벗어났지만, 그 일로 겨울 동안 별다른 활동을 하지 못한 채 치료를 받아야 했다. 이 기간 동안 안중근은 의병 전쟁의 경험을 바탕으로 이전의 활동을 재평가하고 앞으로 전개할 독립운동의 방향을 모색했을 것이다.

7장
단지 동맹, 그리고 새로운 결심

러시아 땅으로 무사히 돌아온 안중근은 이전과 같은 활동을 펼칠 수 없었다. 이는 안중근 자신이 조국의 독립을 위해 새로운 계획을 마련할 필요가 있음을 깨달았기 때문이기도 하겠지만, 블라디보스토크 일대의 상황이 의병 전쟁을 준비하던 때와는 달라졌기 때문이기도 했다.

변화는 크게 두 가지로 나누어볼 수 있다. 첫째는 러시아 당국이 '비지원(非支援) 비금지(非禁止)'의 방관적 정책을 버리고 적극적으로 의병 활동을 금지하기 시작한 것이며, 둘째는 의병 지도부에서 내부 알력과 대립이 발생했다는 점이다.[63] 블라디보스토크의 의병 활동이 내·외부적으로 모두 어려움을 겪게 되었던 셈이다.

블라디보스토크 의병 지도부의 갈등은 주로 이범윤 파와 최재형 파의 대립으로 나타났다. 이미 동의회 결성 당시에도 두 세력 간에는 갈등이 있었지만, 의병 전쟁이라는 공동의 목표를 위해 임시로 갈등을 봉합할 수 있었다. 그러나 의병 전쟁은 상당한 전과를 올렸음에도 그 목표를 달성하지는 못했고,[64] 여기에다 일본의 항의로 러시아 당국 또한 의병 활동을 적극적으로 막고 나섰다.

러시아 측에서는 엄인섭이나 최재형 등 '평판이 나쁜 사람들'에 의해 저질러진 약탈 행위에 대한 이범윤의 비판이 두 세력 간의 갈등 원인이 되었다고 파악했다.[65] 실제로 일본인들에 대한 약탈이 있었는지는 불명확하지만, 러시아 측에서는 이러한 구실로 이범윤이나 최재형, 엄인섭 등을 감시하거나 추방할 것을 고려하고 있었다. 러시아 관리들은 1908년 5월 12일자 전문(電文)을 통해 전달된 '국경 지역에서 반일 운동을 용납하지 않도록 조치를 취하라'는 국무대신 표트르 스톨리핀(Pytro Stolypin)의 지시를 따르고자 했던 것이다.[66]

최재형 세력은 이범윤의 권위주의적 태도와 사치스러운 생활 태도를 문제 삼았다.[67] 이 또한 어느 정도 과장되었으리라고 보이지만, 그 결과로 서로간의 갈등이 깊어졌음은 분명하다. 이위종은 이런 상황에 실망하여 1908년 여름에 이미 상트페테르부르크로 돌아가버렸고,[68] 최재형과 이범윤의 추종자들이 각기 상대편을 습격하는 사건이 벌어지기도 했다.

사태가 이에 이르자 러시아 국적을 가진 블라디보스토크 한인들의 태도에는 심상치 않은 변화가 일어났다. 『해조신문』의 창간자인 최봉준과 민회(民會)의 회장인 김학만이 나서서 의병 운동에 대한 비판 여론을 이끌었다. 1909년 1월에는 이범윤 세력에 의해 최재형이 저격당하는 사건이 벌어졌고, 최재형 또한 『대동공보(大東共報)』에 의병을 반대하는 광고를 실었다. 최재형은 광고를 통해 "의병이라고 가칭(假稱)하는 무리"가 인민들의 재산을 착복하고 있다고 알렸다. 또한 이러한 무리들이 어떠한 문서나 말로 달래더라도 결코 "무용

(無用)의 보조금을 주지 말라"고 당부했다.[69]

물론 이러한 갈등의 이면에는 좀 더 복잡한 사정이 있었을 것이다. 최봉준 같은 경우에는 의병 활동으로 자신의 육류 판매나 해운 사업에 큰 어려움을 겪었을 것이다. 이범윤과 최재형 사이에는 신분 문제로 갈등도 있었을 것이다. 앞서 언급했듯이 최재형은 노비 출신이었고, 이범윤은 양반 명문가 출신이었다. 설사 특별한 의도가 없는 행동이라 하더라도 그것이 둘 사이에 충돌을 빚는 원인이 될 가능성은 늘 존재하고 있었다.

사실 최재형의 의병 반대 광고가 진심에서 나온 것인지 혹은 임기응변의 방책에서 나온 것인지는 알 수 없다. 그렇지만 분명한 사실은 이러한 갈등이 외부로 표출되었다는 점이다. 그 결과로 블라디보스토크의 한인 사회에 서로에 대해 불신하는 분위기가 형성되었을 가능성은 충분하다. 이러한 상황이 안중근이 지속적으로 주장한 '단합'과는 정반대의 것이었음은 물론이다.

그렇다면 이 시점에서 안중근은 어떤 대응을 하고 있었을까?「안응칠역사」를 보자.

이듬해(1909년) 정월 나는 노보키예프스키 방면으로 돌아왔다. 동지 12인과 상의하면서 이렇게 말했다.

"우리가 전후로 아무런 일도 이룬 것이 없으니, 다른 사람의 비웃음을 면하기 어려울 것이오. 또한 만일 특별한 단체가 없으면 어떤 일이라도 목적을 달성하기가 어려울 것이오. 오늘 우리가 손가락을 끊어 함께 맹세함으로써 그 자취를 보인 이후에 한마음으로 단체를 이루어서 나라를 위해 몸을 바치고 기필코 목적을 달성하도록 하는 것이 어떻소?"

모두가 응낙하여 따랐다. 이에 열두 사람이 각각 왼손 약지(藥指)를 끊어, 그 피로써 태극기 앞면에 '대한독립(大韓獨立)'의 네 글자를 크게 썼다. 쓰기를 마치고서는 함께 '대한독립만세'를 삼창(三唱)하였고, 그 뒤에 천지에 맹세하고는 흩어졌다.[70]

오늘날 단지 동맹 혹은 동의단지회(同義斷指會)로 일컬어지는 안중근 등 12인의 결사가 결성되는 순간이다. 안중근을 상징하게 된 손바닥 도장이 이 동맹의 결과물임은 널리 알려진 사실이다.

안중근은 결사의 이유를 단체를 이루어 목적을 달성하기 위해서라고 했는데, 그 목적이 얼마나 구체적인 것인지, 또 목적을 이루기 위해 어떤 구체적인 계획이 있었는지에 대해서는 언급하지 않았다. 그 때문에 자신의 손가락을 끊고 국기에 혈서를 쓴다는 행위를 제외한다면, 내·외부적으로 어려운 상황을 맞이하여 단합을 이루어야 한다는 평소의 주장을 강조한 것처럼 보이기도 한다.

이 동맹의 목적에 대한 가장 구체적인 기록은 계봉우의 「만고의사 안중근전」에 나타나 있다. 계봉우가 옮긴 '취지'에는,[71] 한마음으로 단체를 이루어야 한다는 주장 외에도 손가락을 끊은 이유가 서술되어 있다. 즉 "첫째는 국가를 위하여 몸을 바치는 빙거(憑據)요, 둘째는 일심단체(一心團體)하는 표"라고 했다. 국가를 위해 자신의 몸을 바치고 한마음으로 단체를 이루겠다는 다짐을 널리 보여주는 상징적인 행위라는 것이다. 물론 여기에서도 구체적인 목적이나 계획이 있었는지는 판단하기 어렵다.

일본은 1909년 3월 무렵에 이미 이 동맹을 주목하고 있었다.[72] 일본 측에서는 안중근, 김기룡, 백규삼(白圭三)의 세 사람이 노보키예프스키에 모여서 동맹을 하였으며, '사역동혈(死亦同穴), 생역동일(生亦同日)', 즉 죽음과 삶을 같이한다는 내용을 포함한 맹약문을 작성했다고 기록하고 있다. 인원 수 등의 차이는 있지만 비교적 정확한 내용을 파악하고 있었던 셈이다. 그렇지만 그 영향력은 크지 않을 것이라고 판단했던 듯하다.

그런데 일본 측은 이토 저격 사건 이후의 조사에서는 이 동맹의 목적이나 구성원 등에 대해 깊은 관심을 보였다. 연루자를 찾기 위해서일 뿐만 아니라 앞으로 유사한 사건이 발생할 가능성에 대해 우려했기 때문일 것이다. 안중근은 신문 때마다 동맹의 내용, 시기, 구성원 등에 대해서 조금씩 다른 진술을 했는데, 이 또한 함께 동맹을 한 동지들을 보호하기 위한 것이었을 듯하다.

일본 측의 신문에 대한 안중근과 우덕순의 진술 일부를 살펴보자.

〔가〕 국가를 위해 힘을 다하는 열심(熱心)을 타인에게 보여서 민심을 수습하기 위해 단지한 것이다. 그러므로 이토를 죽이는 것만의 목적이 아니다.[73]

〔나〕 단지 동맹은 말하자면 해당결심식(解薰結心式)이라고나 말할 동맹으로서, 당시에 할 일을 정해서 '누가 누구를 죽인다'는 따위는 결코 미리 기약한 일이 아니다. 또 '이토 공 살해' 운운하는 등의 일은 미리 기약하려고 해도 할 수 없는 일이라 하겠다.[74]

〔다〕 안중근의 손가락이 손상되어 있는 것을 알아차린 때는 금년 5월

경이다. 어찌된 것이냐고 물었더니 병으로 잘랐다고 대답한 것같이 기억한다.[75]

안중근은 자신의 진심을 보여줌으로써 사람들의 마음을 모으고 단합시키고자 했다는 취지를 진술했다. 또한 일본 측에서 의심한 것처럼 '누가 누구를 죽인다'는 것과 같은 계획은 없었다고 답했다. 일본 측에서는 구체적인 '살해' 계획이 존재했을 것으로 예상했던 셈이다.[76]

우덕순의 진술인 〔다〕를 보면, 안중근의 '단지'에 대해 일본 측이 특별한 관심을 갖고 있었음을 짐작할 수 있다. 그것은 하얼빈에서의 사건과 어떤 관련이 있는가에 대한 관심이었을 것이다. 아울러 같이 행동한 우덕순은 왜 손가락이 그대로인지에 대해서도 의문을 가졌을 법하다. 사실 사건 직후의 전기물 가운데 우덕순 또한 이 동맹의 일원이었다고 기록한 사례도 있음을 보면, 이러한 의문을 갖는 것이 무리는 아닐 것이다.

최근 연구에 의하면 안중근은 동맹에 앞서 일심회(一心會)라는 조직을 먼저 결성했다고 한다.[77] 일본 측에서는 이 단체가 동의회의 변형이 아닌가 의심했으나, '아편을 금지하고 병들거나 사망했을 때 부조한다'는 정도의 회칙으로 보아 의병 활동과 관계가 없는 것으로 파악한 바 있다. 그렇지만 동의회가 의병 활동과는 거리가 있는 취지를 내걸었듯이, 이 단체 또한 단순히 상호부조의 뜻만을 가진 모임은 아니었을 것이다.

안중근이 손가락을 끊어 동맹을 결성한 정확한 시점은 알려져 있지 않다. 여러 설이 있으나, 일심회 결성 이후의 일이라면 1909년 3월 무렵일 가능성이 높다. 일본 측의 기록을 바탕으로 3월 2일로 추정한 견해가 유력하지만,[78] 이로 확정하기는 어렵다. 또 그 구성원에 대해서도 여러 가지 견해가 있다. 안중근의 의형제였던 김기룡과, '손가락'과 '혈서한 태극기'를 가지고 있던 백규삼이 포함되는 것은 분명하지만, 이들 이외의 인물들에 대해서는 약간의 이견이 있다. 신운용이 파악한 바에 의하면, 이 세 사람 외에 강기순(姜基順), 정원계(鄭元桂), 박봉석(朴鳳錫), 유치홍(劉致弘), 조응순(趙應順), 황병길(黃炳吉), 김백춘(金伯春), 김천화(金天化), 강창두(姜昌斗)가 이 동맹에 가담했다고 한다.

사실 1909년 초에 안중근이 벌였던 활동에 대해서는 불확실한 부분이 적지 않다. 안중근 스스로 밝힌 부분이 제한적인 만큼, 주로 일본 측이 얻어낸 정보로부터 재구할 수 있지만 여기에는 오류의 가능성이 적지 않다. 정보의 신뢰도나 정확성이 출처에 따라 달라질 수 있기 때문이다.

단지 동맹에 대한 부분도 그러하다. 그 가운데서도 손가락 마디를 끊은 이유가 무엇이었는지가 의문스럽다. 진심을 보이기 위해서라는 정도의 목적이라면, 12명이 혈서를 쓰고 맹세해도 좋은 것이 아닌가 한다. 자신을 희생하겠다는 뜻을 상징적으로 보이려던 것으로 볼 수도 있겠지만, 이 또한 추정일 뿐이다.

결과로부터 이유를 도출해본다면, 하나의 상징을 마련하고자 한 것은 아닌지 생각해볼 만하다. 의병 활동에 나서서 행한 여러 번의 연설을 통해 안중근은 한국의 독립과 평화가 한 번의 싸움이나 짧은

위의 사진은 안중근과 단지 동맹을 맺었던 백규삼(왼쪽에서 두 번째)과 황병길(오른쪽에서 두 번째)의 모습. 맨 오른쪽에는 안중근과 의형제를 맺었던 엄인섭도 보인다. 아래 사진은 단지 동맹의 상징으로 '대한독립(大韓獨立)' 네 글자를 피로 쓴 태극기 사진과 관련 내용이 수록된 1914년 8월 23일 『권업신문』 기사.

시간 동안의 노력으로 이루어질 수 있는 것이 아니라고 생각했음을 확인할 수 있다. 그가 그런 긴 시간 동안 이어질 다양한 층위의 독립운동을 위한 상징을 마련하고자 했다면 지나친 생각일까? 혈서를 한 태극기가 1914년 8월 23일자 『권업신문』에 게재된 일, 손가락과 태극기를 백규삼에게서 찾아서 보관하라는 말을 동생들에게 남긴 일, 1945년 이후까지 끊어진 손가락을 안정근이 보관하고 있었다는 안미생의 발언 등은 모두 상징물로서의 기능을 갖는 결과에 이르렀음을 보여주고 있다.

독립운동에 대한 안중근의 장기적 관점이라는 측면에서 본다면, 이 동맹은 새로운 계획 또는 방향을 구체화하는 계기였을 것이다. 안중근은 1909년에도 이른바 수청파(水靑派)의 우두머리 가운데 한 사람으로 일본에 의해 지목된다. 일진회 가입을 권유하는 편지를 휴대하고 있던 상인 박 아무개를 체포한 일과 300여 명을 이끌고 이동한 일 등이 일본에 의해 파악되고 있었음도 확인할 수 있다.[79] 그렇지만 1908년처럼 무장한 채 국내로 들어가 일본군과 싸움을 벌이지는 않았다. 이러한 현상이 러시아에서의 상황 변화와 깊은 관련이 있는 것은 사실이지만, 또 한편으로는 안중근이 구상하게 된 새로운 계획과 관련된 것은 아닌지도 생각해봄 직하다.

4부

때가 영웅을 만듦이여,
영웅이 때를 만드는도다
_하얼빈 거사

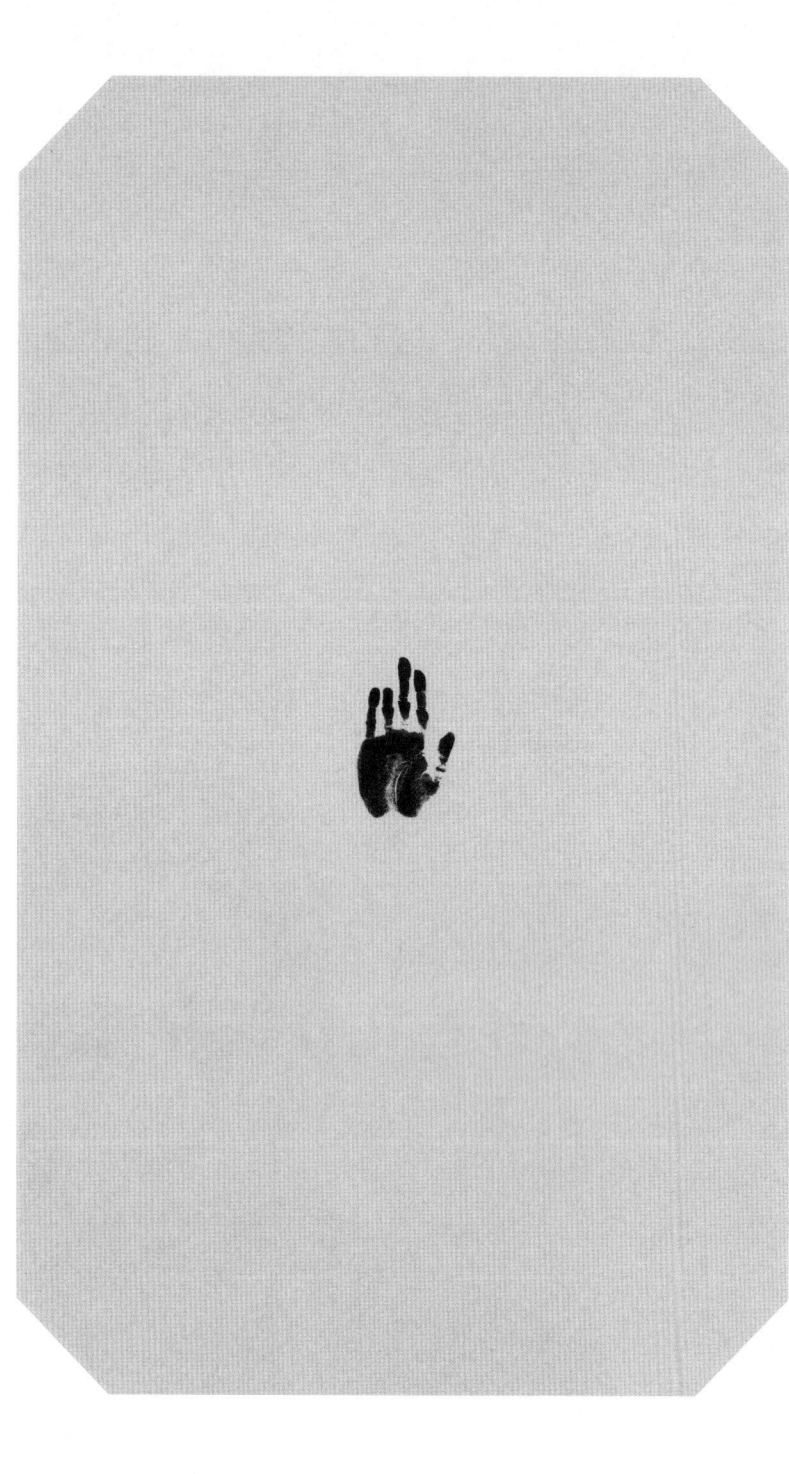

1장
블라디보스토크에서의 모의

무명지를 끊어 맹세를 한 지 이미 몇 달이 흘렀지만, 안중근은 새로운 계획을 실현할 계기를 마련하지 못하고 있었다. 교포들이 사는 곳을 찾아다니면서 교육과 단합을 역설하거나 신문을 읽는 것이 주된 일이었다. 연해주에는 여전히 한국의 애국 인사들이 활동하기에 어려운 상황이 이어지고 있었기 때문일 것이다.

「안응칠역사」에서는 그러던 어느 날 정대호에게서 편지를 받았다고 기록하고 있다. 진남포에서 삼흥학교를 운영하던 무렵 어울려 지냈던 정대호 또한 조국을 떠나 생활하고 있었다. 안중근은 정대호를 만나 진남포 소식을 들었고, 그에게 자신의 가족들을 데려다 달라고 부탁했다고 한다.

또 봄이나 여름 즈음엔 한국으로 건너가 동정을 살필 계획을 세운 일도 있었다고 기록했다. 그렇지만 비용을 마련할 길이 없어서 그 계획은 실현하지 못했다고 한다. 국내에 들어가서 어떤 동정을 살피겠다는 것인지는 밝혀져 있지 않은데, 따라서 계획의 목표가 무엇이었는지도 분명하지 않다.

이처럼 "헛되이 세월만 보내고 있던" 안중근은 9월 무렵에 블라디보스토크로 간다. 「안응칠역사」에는 이때의 상황이 다소 모호하게 서술되어 있다.

> 어느새 초가을이 되었다. 때는 1909년 9월이었다. 그때 나는 노보키예프스키 방면에 머무르고 있었다. 하루는 갑자기 아무 까닭도 없이 마음이 분하고 답답해지는데, 조민(燥悶)함을 이길 수 없었고 스스로 진정하기 어려웠다. 이에 몇 사람의 벗과 이야기하였다.
> "나는 지금 블라디보스토크로 가려고 하오."
> "왜 이처럼 아무 기약도 없이 갑자기 가려는 것이오?"
> "나 또한 까닭을 모르겠소. 저절로 마음에 번뇌가 일어나니 여기에 머물고 싶은 마음이 전혀 없어졌소. 그래서 가고자 하는 것이오."
> "이제 가면 언제 돌아올 것이오?"
> "돌아오고 싶지 않소."
> 나는 무심결에 갑자기 이런 말을 내뱉었다. 벗들은 매우 괴이하게 여겼는데, 나 또한 대답한 말의 뜻을 그때는 미처 깨닫지 못했었다. 이에 작별하고 길을 떠났다.¹

모든 사건이 우연에서 비롯된 것처럼 서술하고 있다. "헛되이 세월만 보내고 있던" 시간이 안타깝게 느껴졌을 수도 있고, 계획한 무엇인가를 실행할 기회를 얻지 못하는 것이 마음을 괴롭혔을 수도 있다. 안중근은 그런 상황이 마음의 병이 되었다고 말하고 있는 것이다. 또 당시 자신은 무심결에 그렇게 말했지만, 다시 돌아가기 어렵게 된 처지에서 생각해보면 신통하게도 그 말이 들어맞았다고 이야기하는 것이다. 요컨대 어떤 종류의 계획이나 정보도 없이 사건이 시작되었다는 말이다.

이러한 진술을 사실로 받아들이기는 쉽지 않다. 특히 일본 측으로서는 이러한 진술을 함께 거사를 도모했거나 도와준 사람들을 숨기고 보호하기 위한 발언으로 해석할 수밖에 없었을 것이다. 특별한 정보도 갖지 못한 채 이처럼 큰일을 우연히 벌이게 되었다는 것은 납득하기 어려웠을 것이다. 일본 측에서는 안중근의 활동과 성향에 대해 어느 정도 파악하고 있었기 때문에 거사 직후부터 러시아의 한인 세력에 대해 관심을 기울였다. 그들은 1909년 11월 16일에는 헌병 대위 무라이와 보병 정위(正尉) 김태원(金泰元)을 변장시켜 블라디보스토크에 파견한 후 정보를 얻어내고자 했다.[2]

일본 측에서는 자신들이 얻은 정보와 자료 등을 바탕으로 사건의 경과를 문서로 정리한 바 있다. 상당히 구체적인 장면을 묘사하고 있으므로 일본 측에서 사건을 대하는 시각을 파악하는 데 도움이 된다. 또한 학계에서도 블라디보스토크 한인들이 이토 저격과 관련되었다는 사실을 뒷받침하는 주요 근거로 활용한 바 있으므로, 관심을 둘 만하다. 다음이 그 문서의 첫 부분이다.

1909년 10월 10일 러시아령 블라디보스토크 소재 한국인이 경영하는 대동공보사 사무실에 사장 러시아인 미하일로프, 발행인 유진율, 주필(主筆) 정재관(鄭在寬), 기자 윤일병(尹一炳), 이강(李剛), 정순만(鄭順萬) 등이 집무 중이었는데, 안응칠이라는 이름을 쓰는 안중근, 우덕순, 조도선(曺

道先)의 3명이 찾아왔다.

　9명이 한 무리가 되어 잡담하였는데, 늘 그렇듯이 나랏일에 대한 이야기에서 일본을 배척하는 분개담(憤慨談)으로 옮겨갔다. 그때 그 자리에 있던 한 사람이 이토 공이 하얼빈으로 올 것이라는 보도가 있었음을 고하였다. 한 사람이 욕을 하며 꾸짖었다.

　"저 한국을 삼켜버리고 또 하얼빈에 온다니, 정말 그렇다면 반드시 헤아릴 수 없는 간계(奸計)를 품고 오는 것일 게다."

　또 한 사람은 이렇게 말했다.

　"그를 암살하는 데는 대단히 좋은 기회이다. 그런데 불행하게도 힘이 부족하여 어떻게도 하기 어렵다."

　(이 두 사람의 이름은 알 수 없다.) 사장 미하일로프는 그 두 사람의 분개한 이야기에 대해 이렇게 말했다.

　"그 말이 대단히 옳다. 이토 공은 우리나라 장상(藏相)과 회견할 필요가 있어서 하얼빈으로 오는 것이다. 여러 해 동안 계획한 암살의 기회는 바로 지금이다. 참으로 천재일우(千載一遇)의 좋은 기회이다. 머뭇거리며 미루면 영원히 그 목적을 이룰 날을 기약하지 못한다."

　그러며 급히 실행할 임무를 맡을 사람이 없느냐고 물었다. 그런데 대부분 일이 급박하다거나 금전이 준비되어 있지 않음은 물론이고 가장 필요한 흥기가 없다 하여 자진하여 그 임무를 맡으려는 자가 없었다. 이에 미하일로프는 다시 말하였다.

　"너희 동포에게 격문을 돌려 자금을 모아서 뒷날 반환하라. 이번에는 내가 활동하는 데 드는 비용을 빌려주고 무기를 공급하겠다. 그뿐만 아니라 사건을 벌인 이후(兇行後)의 처리에 관해서는, 내가 반드시 그 임무를 맡아서 결코 죽음에 처해지는 불행에 빠지지 않게 하겠다."

안중근이 그 말에 응하여 대답하였다.

"내가 실행의 임무를 맡아서 반드시 목적을 달성하겠다. 원컨대 사건을 벌인 이후의 보호에 전력을 다해주기 바란다."

미하일로프는 장하다고 하였다. 그리고 '사건(兇行)을 수행하면 반드시 관헌에 체포되겠지만 하얼빈은 러시아의 조차지(租借地)이므로 재판권은 러시아에 있다. 맹세코 무죄가 되게 할 것'이라고 확언하였다고 한다. 곁에서 이 문답을 듣고 있던 우덕순과 조도선도 자진하여 안중근과 함께 실행할 것을 신청하였다. 3명이 서로 약속하고 대동공보사 사원 5명을 돌아보고 실행 후에 사건을 벌인 자(兇行者) 보호에 힘을 다하겠는지를 물으니, 5명은 반드시 보호하겠다고 맹세하고 뒷일에 대해서 근심하지 말라고 타일렀다. 같은 달 15일에 사장 미하일로프는 약간의 금전(금액은 분명하지 않다)과 단총 3정을 안중근에게 넘겨주었다.[3]

우선 대동공보사를 무대로 설정한 점을 주의할 필요가 있다. 『해조신문』이 1908년 5월 26일 폐간된 이후에, 블라디보스토크 한인들이 다시 뜻을 모아 1908년 11월 18일에 간행한 신문이 『대동공보』이다. 유진율이 신문 간행을 청원했고, 차석보(車錫甫)가 최봉준에게서 해조신문사의 인쇄 시설 등을 구입했다. 창간 당시에는 차석보가 사장을, 유진율이 발행인 겸 편집인을 맡았다. 러시아인 콘스탄틴 미하일로프(Konstantin Mikhailov)가 발행명의인을 맡았고, 이강(李剛, 1878~1964)이 기자로 활동했다. 1909년 1월 31일 이후에는 최재형이 사장을 맡아 재정 문제를 담당했다.[4]

『대동공보』의 기자 가운데에는 공립협회와 관련된 인물이 다수 포함되어 있었다. 이강과 정재관은 샌프란시스코에서 조직된 항일 독립운동단체인 공립협회에서 발간한 『공립신문』에 관여했으며, 정순만은 블라디보스토크 지방회의 부의장을 지냈다. 샌프란시스코 및 하와이의 한인 사회와 밀접한 관련을 맺고 있었던 셈이다. 여기에 블라디보스토크 한인 사회의 핵심 인물이었던 최재형이 신문사의 운영을 담당하고 있었으니, 일본 측의 밀정들이 이곳을 예의 주시했을 것임은 쉽게 짐작할 수 있다.

사실 안중근이 하얼빈에 갔을 때 그와 동행했거나 그가 접촉했던 인물들 가운데 상당수가 이 대동공보사 또는 공립협회와 직·간접적으로 연관되어 있다. 스스로 '회계주임(會計主任)'이었다고 밝힌 우덕순의 예가 대표적이다. 또 조도선과 친분이 있던 하얼빈의 김성옥은 동흥학교(東興學校) 교장의 자격으로 『대동공보』의 사업을 칭송하는 글을 투고하기도 했다.[5] 『대동공보』가 블라디보스토크뿐만 아니라 미국이나 멕시코, 중국 등 상당히 넓은 지역으로까지 발매되고 있었으므로[6] 이러한 일이 가능했을 것이다.

일본 측에서 대동공보사의 인물들 가운데 특히 미하일로프를 지목하여 사건의 중심인물로 파악한 점도 흥미롭다. 그는 러시아군 중령 출신으로 당시 소송 대리인이기도 했다. 뒷날 안중근의 재판이 열렸을 때 그가 변호인을 맡기 위해 뤼순으로 간 것은, 이러한 이력과 관련이 깊다. 러시아 당국과의 마찰을 피하기 위해 발행명의인을 맡고 있었지만,[7] 미하일로프는 그곳 한인들에 대해 우호적인 러시아인이었음이 분명하다.

이토 히로부미(伊藤博文, 1841~1909). 일본에서는 근대화를 이끈 인물로 평가되고 있지만, 그는 을사조약 체결을 강요하고 고종을 강제로 퇴위시키는 등 조선 식민지화를 주도한 원흉으로 당대 조선인들의 지탄을 받았다.

  일본 측에서 미하일로프를 지목한 것은 일본 측이 안중근의 배후에 러시아가 있었을 가능성에 대해 고려한 흔적으로 해석할 수 있다. 이미 전쟁이 끝나고 조약을 맺었지만, 러시아에서는 일본에 대해 적대적인 분위기가 남아 있었고 일본 역시 그러한 점을 인식하고 있었다. 특히 블라디보스토크에는 러일전쟁에 참여해서 일본군과 전투를 벌였던 인물이 적지 않았다. 러시아가 개입했다고 가정한다면, 하얼빈역에서 경비를 하던 러시아 군인들을 제외하고는 가장 의심할 만한 인물이 미하일로프였던 것이다. 러시아인에다가 총기를 구할 수 있는 군인 출신, 그러면서도 한국인들과 가까운 관계를 유지하고 있던 인물이었기 때문이다.

  사실 일본 측이 러시아, 그리고 미하일로프를 의심한 배경에는 한국인의 능력에 대한 멸시의 감정도 포함되어 있었을 것이다. 한국인이 이토 히로부미를 쏘아 죽일 만한 능력이 있는가? 수많은 사람이 지켜보는 가운데 혼자서 그렇게 할 수 있었을까? 아마도 일본 측에서는 초기에 이런 의문을 가졌을 것이다.

일본 측이 정리한 바와 달리, 안중근은 '우연히' 블라디보스토크로 가서 이토가 그곳으로 온다는 소문을 들었다고 기록했다. 또한 여러 신문을 읽고 이토가 하얼빈으로 가는 것이 분명하다고 판단하여 기뻐하며 준비를 서둘렀다고 한다. 대동공보사에 대한 직접적인 언급은 없는 셈이다. 과연 그럴까? 대동공보사의 기자로, 일본 측에서 모의 현장에 있었다고 추정한 이강이 남긴 기록은 이와 조금 다르다.

4242년(1909년) 10월에 블라디보스토크에서 지방에 출장 중인 선생을 내가 전보를 쳐서 긴급 귀환하게 한 후, 우리 민족의 불구대천(不俱戴天)의 침략의 원흉 이토 히로부미가 동양 제패의 야망을 품고 중국 대륙을 잠식하기 위하여 북만(北滿)을 시찰하는 한편 '할빈'에서 러시아 대장대신(大藏大臣)과 회담한다는 정보를 제공하고, 이토를 말살하기 위한 모의가 극비밀리에 진척되어 블라디보스토크의 대동공보사 사장 유진율 씨와 한인거류민단장 양성춘(楊成春) (씨가) 독일제 권총을 일 정(挺)씩 제공하고, 우덕순을 동행하게 하여 10월 21일 블라디보스토크역에서 내가 두 분 동지와 최후로 작별할 때에 안중근 선생은 나의 손을 굳게 잡으시고 "이번 길에 꼭 총소리를 내리다. 뒷일은 동지가 맡아주오" 하고 떠나던 그 모습이 아직도 눈에 암암(暗暗)할 뿐이다.[8]

이강이 안중근에게 정보를 제공하며 그를 불러들였고, 유진율과 양성춘이 그에게 무기를 제공했다는 것이 요지이다. 미하일로프의 적극적인 권유나 대동공보사 전체의 조직적인 후원 약속 같은 것은 없었지만, 대동공보사가 상당 부분 이 사건에 관여되어 있다고 한 점에서는 일본 측의 추정이 완전히 잘못된 것은 아닌 셈이다.

이강이 정보를 제공할 수 있었던 이유는 그가 외국의 소식을 가장 빠르고 정확하게 접할 수 있던 블라디보스토크의 인물이었기 때문일 것이다. 그는 외국어와 외국 문화에 익숙했을 뿐 아니라, 『대동공보』에서 외국 신문을 자세히 살피는 일을 하고 있었다. 일본 측은 '러시아의 힘과 재산'에 주목했지만, 대동공보사라는 공간에서 정보를 다루던 이강의 능력이나 업무에 대해서는 관심을 기울이지 못했던 모양이다.

우덕순도 이와 유사한 기록을 남겼다. 현대어 표기에 맞추어 인용한다.

어느 날 밤이 좀 깊어진 다음에 『대동공보』 편집국장 유진율 씨와 주필 이강 씨가 나를 찾아왔습디다. 그때 유지(有志)들의 제일 집회소는 우리 집이고, 제이 집회소는 안중근의 처소였지요. 밤이 깊어서 마을꾼이 다 간 다음에 유진율과 이강이 찾아와서 이번 좋은 기회에 어찌하면 좋으냐고 의논을 내어놓습디다.

"나는 동지를 기다리네."

"누구? 안?"

"그렇지. 그 사람하고 의논해보겠네."

"그럼 얼른 안을 부르게."

"걱정 말고 가만히 있기만 하게. 우리들이 하여 보려고 하니……."

이렇게 대강 말하고 흩어졌습니다.

거기서 한 6~7리 떨어져 있는 노보키예프스키라는 곳에는 아마 조선인 중에 제일 유력한 최재형이라는 사람이 있어서 우리의 일을 많이 돌보아주었는데, 안중근은 그때 거기 가서 있다가 전보를 받고 8일 저녁에 돌아왔습니다. 그 신문을 내주니 이토의 기사를 읽고서는 참말 일어서서 춤을 덩실덩실 추었습니다.

"어떻게 하겠는가?"

"가야지."

"어디로?"

"하얼빈으로 가야지."

이렇게 아주 간단하게 즉결(卽決)되고 말았습니다.

유진율 씨를 불러 무기를 부탁하였더니, 그는 곧 여비 100원과 권총 두 자루를 주선하여 주었습니다. 모든 준비는 다 끝났습니다.[9]

계획이나 준비의 주체가 우덕순 자신인 것처럼 설정된 점을 제외하면, 관련된 인물이나 설정된 상황은 이강의 진술과 유사하다. 안중근이 머물던 곳이나 머문 이유가 조금 달리 설정되었지만, '전보를 쳐서 블라디보스토크로 불러왔다'고 한 점도 같다. 안중근이 답답한 마음으로 블라디보스토크를 떠났다고 기술한 이유는 사실 '전보', 즉 정보를 받았다는 사실을 숨기기 위한 행동이 아니었을까? 이강과 우덕순의 기록을 보면 이런 의심이 든다.

다만 대동공보사나 이강, 우덕순, 그리고 미하일로프가 한 일과 관련해서는 조금 신중하게 접근할 필요가 있지 않을까 한다. '전보를 쳐서 불러왔다'는 것이 계획을 주도했다는 의미인지는 불명확하기 때문이다. 안중근이 손가락을 끊고 동맹을 맺어서 새로운 계획을 구상하고 있었음을 고려하면, 구체적인 계획이나 작전은 안중근이 세운 것일 가능성이 높아 보인다. 대동공보사는 계획을 실천하기 위한 기회라는 중요한 정보를 제공하고 이를 적극적으로 지원해주었다고 보는 편이 자연스러울 것이다.

2장
무엇을 할 것인가

그해 음력 9월 초에 하얼빈에서 발행된 『원동보(遠東報)』를 보니, 9월 중순쯤 이토 히로부미가 만주로 건너가서 하얼빈에서 러시아 대장대신과 회견하고 돌아가는 길에는 블라디보스토크를 경유하여 일본으로 돌아갈 것이라는 소식이 게재되어 있더군요. 이것을 본 그곳 조선인 청년들은 한편으로 권총을 준비하면서 속으로 동요되기 시작하므로, 우리가 그것을 엄금(嚴禁)하였지요. 공연히 한 번만 수상하게 보이면 정작 일할 때는 발도 붙일 수가 없게 되겠더군요.[10]

1909년 음력 9월 1일은 양력으로는 10월 14일이다. 우덕순은 이 무렵 블라디보스토크에 이토 히로부미의 하얼빈행 소식이 이미 퍼져 있었다고 회고하고 있다. 이토는 6월에 조선통감을 그만두고 일본의 추밀원 의장이 되어 있었다. 이해 4월 10일에 이미 가쓰라 다로(桂太郞) 수상과 고무라 주타로(小村壽太郞) 외상을 만나 한국 병합의 계획에 대해 동의한 상황이었다.[11] 7월 6일에는 일본 내각회의에서 '한국 병합에 관한 건'이 결정되기도 했다. 이미 대한제국의 멸망이 현실화되고 있는 시점이었던 것이다.

 물론 일본 측이 이미 한국 병합에 대해 결의했다는 등의 사실이 대외적으로는 알려져 있지 않았지만, 5조약과 7조약 체결 그리고 통감으로의 활동 등은 이토 히로부미에 대한 '조선인 청년들'의 분노를 일으키기에 충분했다. 사건 이후이며 게다가 많은 시간이 지난 시점의 기록이지만, 우덕순이 전하는 그때 분위기는 당시 상황과 상당히 가까울 것이다. 누군가 사건을 일으킬 듯한 분위기, 그래서 우덕순을 포함한 '우리'가 섣부른 행동을 자제하도록 요청하는 그런 분위기. 전보를 받았건 우연에 의한 것이건, 안중근이 블라디보스토크에 도착한 시점에도 이런 분위기는 변함없었을 것이다.

 안중근 또한 당시 이토가 온다는 소식이 파다했다고 기록했다. 그래서 소문이 사실인지를 확인하기 위해 노력했다고 한다. 이런 상황이라면 '수청파를 이끄는 우두머리'로 알려진 안중근에게 일본 밀정이나 러시아 경찰들이 관심을 둘 수밖에 없었을 것이다. 또 한편으로 '조선인 청년들' 편에서는 은근한 기대를 갖게 되었다고 해도 이상할 것이 없다.

 안중근의 진술에서도 당시 블라디보스토크에서 이토의 방문에 대해 얼마나 많은 관심을 기울였는지에 대한 대목을 찾아볼 수 있다. 다음은 대동공보사와의 관련성을 추궁하는 신문에 대한 답변 가운데 일부이다.

 굳이 신문사와의 연락이라 말하면, 노보키예프스키에서 블라디보스토크에 도착한 다음 날, 즉 26일 정오경에 신문사를 방문하여 사원 중에서 가장 가까운 김만식(金晩植)을 만난 일이 있다. 그 자리에는 다른 사원도 여럿 있었는데, 김만식은 나를 보자마자 "이번에 이토가 온다는데 왔는가?" 하고 물으므로, 나는 이렇게 대답했다.

"신문에서 이토가 온다는 것은 보았지만, 이토 한 사람을 죽였다고 해서 어떻게 하겠는가? 또 내게는 이토가 문제가 아니다. 이번에는 장가를 들고 싶어서 온 것이다."

'어제 말한 3개 조건'을 갖춘 미인을 얻겠다고 말하고 한글 광고문을 썼다. '나는 인물이 출중하여 장래 세계에서 큰 영웅의 사업을 이루려고 하는 사람이다. 그래서 이상의 세 가지 조건을 구비한 부인이 있으면 본사로 통고하기 바란다' 정도로 편지에 써서, 이 광고를 게재하여 미인에게 장가들 수 있으면 광고료를 많이 내겠으니 그대 등의 사원은 이처럼 광고료가 비싼 광고를 게재해서 돈벌이라도 하라고 희롱해두었다.[12]

'어제 말한 3개 조건'이란 12월 4일 신문에서 안중근이 사카이 요시아키 경시에게 진술한 내용인데, 자신이 얻고자 하는 여성이 갖춰야 할 조건으로 미모·재력·'잔 다르크'와 같은 애국 사상을 든 것을 가리킨다. 같은 날 신문에서 안중근은 이치권(李致權)의 집에서 주고받은 '농담'을 언급했다. 그는 블라디보스토크에서는 늘 이치권의 집에 머물렀다고 하는데, 이치권이 이토가 온다는 소식을 거론하며 '의견'을 물었다고 했다. 이에 안중근이 말을 돌려서 합당한 부인이 있으면 장가들고 싶어서 블라디보스토크에 왔다고 답했다는 것이다.

위에서 인용한 12월 5일 신문에 대한 답변에서도 전날과 유사한 답변을 하고 있는 셈이다. 대화 상대가 이치권에서 김만식으로 바뀌었을 뿐, 이토의 방문 소식을 들었을 터이니 어떻게 할 작정인지 물었고 그에 대해 '(부인의) 3개 조건' 따위의 농담으로 답변을 얼버무렸던 것이다. 이를 통해 이토가 온다는 소식이 당시 널리 퍼져 있었음을 다시 확인할 수 있다. 또한 안중근에게 이토의 하얼빈 방문에 대해 '의견'을 묻는 사람들이 많았고, 그 때문에 안중근이 '냉담을 꾸미기 위해'[13] 노력해야 했던 것이 당시의 상황임을 짐작할 수 있다.

안중근의 이 같은 상황을 배경으로 한 희곡이 한 편 남아 있는데, 그것은 일본 작가 다니 지요지(谷讓次, 1900~1935)의 「안중근」이다. 이 작품은 1931년 『중앙공론(中央公論)』에 발표되었는데, 같은 해 삼중당 출판사에서는 이태호(李泰浩)가 쓴 '합이빈(哈爾賓) 역두(驛頭)의 총성'으로 작가와 제목을 바꿔서 간행했다.

삼중당에서는 다니의 희곡 가운데 1장과 13장을 생략하고 나머지 부분을 번역해서 간행했다. 식민지 상태인 한국에서 간행된 삼중당판은 결국 1937년 9월에 '활자 방해'로 판매가 금지되었다.[14] 다니의 「안중근」은 비록 상연되지 않았으나, 일본인 작가가 그린 안중근상을 보여주는 희귀한 사례여서 일본에서는 복각판이 출간되기도 했다.[15] 1994년에는 일본에서 실제로 이 작품이 상연되기도 했다고 한다.[16]

다니의 희곡은 재판 기록을 비롯한 정보들을 면밀하게 살피고 쓴 것으로 판단되지만, 인물들의 관계를 새롭게 설정하거나 가공인물을 배치함으로써 작가 나름의 시각으로 안중근의 모습을 그려내고 있다.[17] 이 작품에서 당시 블라디보스토크의 분위기는 안중근을 둘러싼 '동지들'의 행동을 통해 전달된다. 이들 '동지들'은 특별한 인물인 '안중근'에게 한껏 기대를 품고 모여든다. 그렇지만 안중근은 '동지들'이 거사를 포기했다거나 변절했다고 의심하게끔 행동한다. 일본 첩자와 접촉하기도 하고 동지들과의 약속을 어기기도 한다.

희곡 「안중근」에서 안중근이 동지들을 회피하도록 설정한 것은 작품의 주제 의식과도 연관된다. 즉 작가가 파악하고 있던 블라디보스토크의 분위기를 바탕으로 하되, 인간의 심리적 고뇌를 탐구하고자 하는 주제 의식을 구현하기 위해 허구적 설정을 가미한 결과인 것이다. 사실 「안중근」은 위인으로서의 안중근을 형상화하고자 한 작품은 아니다. 일본인 작가로서는 특이하게 안중근이라는 인물을 높이 평가한 것은 사실로 보이지만, 다니가 일본 또는 이토 히로부미를 비판하거나 안중근을 칭송하기 위해 이 작품을 쓴 것은 아니라는 말이다. 그의 관심은 인간의 심리적 고뇌에 집중되어 있다.

그런데 이러한 측면을 고려하더라도, 다니가 안중근의 행동을 서술하기 위해 설정한 요소 가운데는 흥미로운 부분이 적지 않다. 어떤 행동을 기대하는 '동지들'을 속이는 안중근의 태도와 방법, 유여옥(柳麗玉)이라는 안중근의 애인을 설정한 점 등이 일본을 대표하는 고전 가운데 하나인 「주신구라(忠臣藏)」와 상당히 닮아 있다는 점은 특별히 주목할 만하다. 「주신구라」는 억울하게 죽은 주군을 위해 복수하는 47인 낭인(浪人)의 이야기인데, 일본 내에서 큰 인기를 끌었을 뿐 아니라 미국 등지에서도 일본의 정신을 대변하는 작품으로 인정받았다.[18] 미국의 제26대 대통령 루스벨트가 이 작품을 통해 '일

가부키 「주신구라」는 1748년 초연된 일본 고전으로, 사무라이들의 주군에 대한 충성심을 생생하게 그려냈다. 다니 지요지가 쓴 희곡 「안중근」이 「주신구라」와 닮아 있는 점은 매우 이채롭다. 그림은 「주신구라」에 등장하는 47인의 낭인이 주군의 복수를 위해 쳐들어가는 장면을 묘사한 것이다.

본의 충의(忠義)'를 이해하고 일본 편이 되었다고 말했다는 일화까지 전해질 정도이다.[19]

사실 다니가 「주신구라」를 염두에 두면서 희곡 「안중근」을 썼다고 단정할 수는 없다. 그럼에도 두 작품의 인물에 유사한 측면이 있다는 점은, 그것이 일본인에게 익숙한 서사 구조의 차용임과 동시에 실존 인물 안중근과 「주신구라」의 낭인들 사이에 일종의 유사성이 발견되고 있음을 의미한다. 실제로 '정의로움', '떳떳한 자세', '포기하지 않는 태도' 같은 덕목이나 '(많은 사람이 기대하는) 복수'라는 상황의 유사성을 지적할 수 있다. 그런데 이런 요소들은 실상 사무라이의 덕목에 가깝게 보일 뿐, 안중근의 구상이나 계획과는 상당한 거리가 있는 것으로 판단된다.

 다시 원래의 주제로 돌아가 보자. 우덕순의 회고처럼 당시 블라디보스토크가 "청년들이 권총을 준비하면서 속으로 동요되는" 분위기였다면, 안중근의 처지에서는 더욱 신중하게 준비를 해야만 했을 것이다. 정확한 정보를 얻고 무기와 자금을 확보하고 함께 행동할 동지를 모으는 따위의 일이 필요했을 텐데, 그것은 적어도 앞서 거론했던 우덕순의 회고보다는 차분하면서도 조용히 진행되지 않았을까 한다.

3장
하얼빈으로 가는 길

최재형은 과연 안중근의 하얼빈행을 몰랐을까? 최재형은 동의회와 의병 활동을 통해 안중근과 깊은 관계를 맺은 바 있으며, 새로운 동맹을 맺은 안중근이 머물던 지역 또한 최재형과 관련된 곳이다. 일본 역시 이런 관점에서 안중근이 최재형의 지시를 받은 것은 아닌가까지 의심하고 있었다.[20] 최재형의 딸 올가가 쓴 회상기에는 이 시기 최재형과 안중근의 관계에 대한 구체적인 서술이 나타난다.

부친은 한인들의 민족해방운동을 지휘하셨으며, 빨치산과 민족혁명가들과도 인연을 맺고 계셨다. 그중 한 분은 노보키예프스키 촌의 우리 집에서 잠시 사셨다. 그분의 이름은 안응칠 또는 안 의사였을 것이다. 그분은 테러 행위를 준비하셨다. 벽에 사람을 세 명 그려놓고 사격 연습을 하셨다. 얼마 안 있어 그이는 하얼빈으로 떠나가셨는데, 한 일본인 사령관을 살해하고 총살을 당하셨다. 부인과 자식들을 남겨놓으셨다. 그들이 우리 집에 올 때마다 어머니는 음식을 대접하셨고, 헌 물건을 주셨다.[21]

올가는 안중근의 가족이 러시아로 망명한 이후에 이르기까지의 긴 시간을 압축적으로 제시하고 있다. 최재형을 비롯한 블라디보스토크의 한인들이 안중근 가족을 도운 일은 잘 알려져 있는 사실이지만, 문제는 '안응칠 또는 안 의사'라는 사람이 사격 연습을 했다는 부분이다. 사격 연습이 구체적인 목표를 염두에 둔 것이었는지, 그리고 그 시점이 정확히 언제였는지에 따라 해석이 달라지겠지만, 안중근과 최재형의 관계가 이 시점에도 상당히 밀접했다는 의미일 수 있기 때문이다. 만약 그렇다면 뒷날 최재형이 안중근의 거사를 듣고 나서 "무뢰배로 늘 남의 재물을 약탈하는 데만 급급하던 안중근이 이 장거(壯擧)를 했다니, 앞서의 협잡배(挾雜輩)가 지금 국가 제일 공신이 되었다"²²라고 감탄했다는 등의 이야기는 일종의 위장이었을 것이다.

이 회상기의 내용을 토대로 최재형이 한 일이 이러저러했다고 단정하기는 어려울 듯하다. 다만 블라디보스토크로 떠나기 전 안중근이 머물렀던 지역이 최재형과 관련된 곳이라는 점을 고려하면, 이들이 전혀 무관했다고 보기는 어려울 것이다. 의병의 진공 작전이 끝난 이후 안중근과 최재형의 관계가 멀어졌다고 하더라도 그렇다. 설사 구체적인 계획은 알지 못했더라도 최재형이 어떤 방식으로라도 안중근에게 도움을 준 것으로 여겨진다.²³

한편 「안응칠역사」에는 대동공보사나 최재형의 도움에 대한 기록이 보이지 않는다. 그 대신 안중근이 직접 자금을 마련하는 장면이 다음과 같이 서술되어 있다.

그런데 활동의 경비를 마련할 방법이 없었다. 이리저리 생각하다가 때마침 이곳에 머물고 있는 한국 황해도 의병장 이석산(李錫山)을 찾아갔다. 그때 이씨는 마침 어디론가 가려고 행장을 꾸려서 문을 나서는 참이었다. 급히 불러서 돌아오게 한 뒤에 밀실로 들어가서 돈 100원만 빌려달라고 청했다. 그렇지만 이씨는 끝내 들어주지 않으려고 했다. 형편이 이에 이르니 어찌할 길이 없었다. 즉시 위협해서 강제로 100원을 뺏어서 돌아왔다. 일이 반은 성공한 것 같았다.[24]

이석산은 누구인가? 이진룡(李鎭龍, 1879~1918)이 곧 이석산일 것으로 추정하는 견해가 유력하지만, 단정하기는 어렵다. 내용을 조금 살펴보자.

이진룡은 황해도 평산 출신으로 유인석 부대에서 의병 활동을 한 인물인데, '이석대(李錫大)' 혹은 '이석대(李碩大)' 등의 이름을 사용하기도 했다고 한다. 『정미창의록(丁未倡義錄)』이나 『의암집(毅菴集)』에는 그가 안중근에게 무기를 제공했다거나 이토를 죽이는 데 관여한 것으로 이해할 만한 기록이 남아 있다.[25] 만약 이 기록들이 정확하다면, 안중근이 강제로 돈을 빼앗았다기보다는 이진룡이 적극적으로 무기와 자금 등을 지원해주었다고 해석할 수도 있을 것이다.

그렇지만 당시 정황을 비추어보면 몇 가지 문제가 남아 있다. 우선 무기를 제공했다는 『정미창의록』의 기록은 안중근의 진술이나 앞서 살펴본 이강, 우덕순의 기록과 어긋난다. 이는 사실이 아닐 가능성이 높다.[26] 다음으로 자금 마련 등의 준비를 최대한 은밀하게 진행해야 할 상황이었음을 고려한다면 이진룡과 안중근이 어느 정도의 친분을 갖고 있었는지가 더욱 구체적으로 해명되어야 한다. 돈을 빼앗긴 것으로 위장하여 이심전심 자금을 제공할 수 있을 만한 사이가 아니라면, 안중근이 큰일을 준비하면서 주의를 게을리했던 셈이 된다. 마지막으로는 이와 다소 거리가 있는 "유진율이 여비 100원과 권총 두 자루를 주선해주었다"라는 우덕순의 기록을 어떻게 이해할 것인가 하는 점이다. 만약 우덕순의 기록이 정확하다면 안중근이 별도의 거사 자금을 마련하기 위해 노력해야 했는지 의문스럽기 때문이다.

무기와 자금의 준비에 대해서는 이처럼 다소 엇갈리는 자료들이 남아 있다. 아직 이들 가운데 어느 쪽이 가장 믿을 만한지는 분명하지 않다. 한편 「안응칠역사」에는 무기를 원래부터 가지고 있었던 것처럼 기록되어 있다. 다음은 이석산의 돈을 빼앗은 이후로부터 하얼빈에 도착하기 전까지의 과정을 서술한 부분이다.

이에 뜻을 같이하는 사람(同志人)인 우덕순을 청하여 거사의 계책을 은밀하게 약속하였다. 그러고는 각자 권총을 휴대하고 즉시 길을 떠나 기차에 올랐다. 가면서 생각해보니 두 사람이 모두 러시아말을 전혀 하지 못했다. 그 때문에 근심이 적지 않았다. 그래서 도중에 쑤이펀허(綏芬河) 지방에 이르러, 유동하를 찾아갔다.

"지금 나는 가족을 맞이하기 위해 하얼빈으로 간다. 그런데 러시아말을 모르니 매우 근심스럽다. 그대가 거기에 같이 가서 통역도 하고 여러 가지 일을 주선해줄 수 없겠는가?"

이렇게 말했더니 유동하가 대답하였다.

"저 또한 약을 사러 하얼빈으로 가려고 계획하고 있었으니, 같이 가면 좋을 듯합니다."

바로 그와 함께 길을 떠나서, 이튿날 하얼빈에 도착했다.[27]

"각자 권총을 휴대했다[各携帶拳銃]"라고 했는데, 그 권총을 어디서 얻었는지는 말하지 않았다. 문맥상으로는 원래 소유하고 있던 각자의 권총이라는 의미로 읽는 것이 자연스럽지만, 그렇게 단정하기도 어렵다. 만약 권총을 제공한 사람이 있었다면,[28] 그 사실을 감추기 위한 서술일 수도 있다. 또 그 사람이 이석산과 유진율 가운데 한 사람이라면 정황상 유진율 쪽일 가능성이 더 높아 보인다. 이석산에게 돈과 함께 무기도 강탈했다고 기술하면 자연스러운데 그렇게 하지 않았을 뿐 아니라, 유진율 쪽이 더욱 정밀한 총기를 구할 수 있는 경로를 갖고 있었을 것이기 때문이다.

안중근은 하얼빈으로 가는 과정을 상당히 소략하게 제시하고 있다. 그뿐만 아니라 우연히 유동하(劉東夏, 1892~1918)와 동행한 것처럼 서술하고 있다. 실제로 그랬을 수도 있겠지만, 처음 계획을 세우고 준비하는 단계에서 언어 문제는 중요한 고려 대상이었을 것이므로 이에 대한 대비책 없이 하얼빈으로 향했다는 것은 이해하기 어렵다. 블라디보스토크로 온 일 자체가 우연이었다는 서술과 마찬가지로, 다른 배경이 있는 것이 아닌지 의심할 만하다.

일본 측에 의해 이루어진 신문 및 재판 과정에서 안중근은 하얼빈으로 간 과정을 매우 상세하게 진술하고 있다.[29] 숨기는 사실이 있었을 수도 있지만, 내용은 상당히 구체적이다. 이를 살피기에 앞서 출발 당시의 광경을 묘사한 우덕순의 기록을 먼저 살펴보자.

> 유진율 씨를 불러 무기를 부탁하였더니, 그는 곧 여비 100원과 권총 두 자루를 주선하여 주었습니다. 모든 준비는 다 끝났습니다.
> 이제 안중근과 우덕순 두 사람이 블라디보스토크에서 국경까지 이등 차표를 사가지고 차에 올라 다음 정거장에 오니, 거기는 유진율과 이강 둘이 와서 기다리다가 이미 준비했던 '두루스케(짧은 외투 비슷한 옷)' 두 벌을 내주며, "지금 삼천리강산을 너희가 등에 지고 간다!" 하고는 돌아서서 눈물을 흘리더군요.[30]

이강은 "10월 21일 블라디보스토크역에서 내가 두 분 동지와 최후로 작별"했다고 했는데, 우덕순은 "다음 정거장"에서 작별한 것으로 서술하고 있다. 우덕순의 착오였는지 또는 '차에 오를 준비를 마치고 정거장에 오니' 정도의 뜻을 서술하고자 한 것인지는 모르겠으나,[31] 적어도 정거장에서 이강이 유진율과 함께 배웅을 한 것은 사실일 것이다. 우덕순이 묘사하는 이별의 장면은 실제보다 좀 더 극적인 듯도 하다. 준비했던 옷을 내주면서 건네는 이강 등의 말은 진나라로 떠나는 형가(荊軻)의 노래를 연상시키기도 한다.

우덕순은 "국경까지 이등차표를 사가지고" 왔다고 했지만, 실제로 안중근이 준비한 것은 삼등차표였다. 안중근은 10월 21일 아침 8시 50분 삼등 우편열차를 타고 출발했다. 블라디보스토크에서 하얼빈까지의 780킬로미터 구간에는 매주 수, 금, 일요일 세 번의 급행열차가 운행되고 있었다.[32] 안중근이 우덕순과 함께 처음 역으로 나온 것은 수요일인 20일이었지만 이미 밤이어서 기차가 없었다.[33] 이에 다음 날인 21일 아침에 우편열차를 탄 것이었다. 이날은 급행열차가 없는 날이기도 했지만, 만약 처음부터 유동하와 동행할 계획이었다면 설사 급행열차가 있는 날이라 해도 그 차표를 준비하지는 않았을지도 모른다.

안중근과 우덕순은 오후 3시 6분 우수리스크(小王嶺)에서 하차했다. 이등차표로 승차하기 위해서였다. 정차하는 30분 동안 안중근은 이등차표를 구입했다. 이는 안중근이 미리 계획한 일이었다. 국경 지역인 쑤이펀허에서 세관 검색을 받아야 하는데, 이등차표를 소지하고 있으면 까다로운 검사를 피할 수 있었기 때문이다. 블라디보스토크에서 하얼빈까지의 이등차표를 구할 돈은 없었지만, 그렇다고 위험을 무릅쓰고 삼등차표로 계속 여행할 수도 없었던 것이다.

안중근이 탄 열차는 오후 9시 25분에 쑤이펀허에 도착했다. 1시간 정도 열차가 정차하는 동안 안중근은 열차에서 빠져나왔다. 통역 문제를 해결하기 위해서였다. 안중근은 친분이 있던 함경북도 출신 한의사 유경집(劉敬緝)의 집에 들렀다고 진술했다. 거기서 유경집에게 「안응칠역사」에서 서술한 바처럼 가족을 맞이하러 간다는 자신의 사정을 이야기했고, 유경집의 아들인 유동하와 동행하도록 허락을 받았다는 것이다. 또한 하얼빈에 가서 머물 숙소로 유경집과 친척 관계인 김성백(金成伯)의 집을 추천받았다고 했다. 원래부터 계획한 일인지는 확인할 수 없지만, 안중근과 우덕순은 통역과 숙소를 확보하게 된 것이었다.

안중근은 우덕순, 유동하와 함께 다시 열차에 올랐다. 그는 이번에도 삼등차표를 구입했는데, 각기 다른 자리에 앉아 있었다고 진술했다. 세 사람이 앞으로의 일에 대한 계획을 꾸미거나 의견을 나누지는 않았다는 뜻이다. 밤 10시 34분경 쑤이펀허를 출발한 열차는 다음 날인 22일 밤 9시 15분에 하얼빈에 도착했다. 드디어 목적지의 땅을 밟는 순간이었다.

4장

하얼빈과 차이자거우 사이에서

1909년 10월 22일 밤에 하얼빈에 도착한 안중근 일행은 유경집이 소개해준 김성백의 집을 찾아 나섰다. 집의 위치를 정확히 몰랐기 때문에 마차로 여기저기 찾아 헤매야 했다. 겨우 집을 찾았건만 김성백은 집에 없었고, 부인이 문을 열어주었다. 안중근은 나중에 김성백이 돌아와서 잠자리를 마련해주었다고 진술했다.[34]

10월 23일 아침, 안중근 일행은 하얼빈 시내로 나가 이발을 했다. 김성백의 집에서 매부(妹夫)와 놀고 있던 유동하를 이끌고 나선 길이었다. 시내 분위기를 살피면서 안중근과 우덕순은 옷을 구입했다. 그리고 세 사람은 함께 사진을 찍었다. 유동하는 누구의 의견으로 사진을 촬영했는지는 기억하지 못한다고 진술했다.[35] 유동하는 당시 머리를 깎고 옷을 사고 사진을 찍는 행위가 어떤 의미였는지 이해하지 못했겠지만, 안중근과 우덕순에게는 마지막 준비이자 각오를 다지는 순간이었을 것이다.

중국인 사진관에서 촬영했다고 알려진 이 사진에는[36] 안중근, 우덕순, 유동하의 순서로 세 사람의 당시 모습이 보인다. 사진 속의 안중

안중근, 우덕순, 유동하(왼쪽부터)의 의거 직전 기념사진. 이들은 하얼빈에 도착한 후 의거를 준비하면서 의거 3일 전인 1909년 10월 23일 중국인 사진관에서 이 사진을 촬영했다.

근과 우덕순은 비장하다기보다 온화한 표정을 짓고 있다. 이발하고 옷을 산 것이야 의심을 사지 않을 만큼 깔끔하게 보이기 위해서였기도 하겠지만, 사진을 찍은 데는 어떤 특별한 의도가 있지 않을까? 혈서를 한 국기와 끊은 손가락을 보관하도록 했던 것처럼 하나의 상징물을 남기려 한 것은 아닌지 생각되기도 한다. 그런 생각으로 사진을 보면, 안중근과 우덕순의 표정이나 자세는 마치 무엇인가 중요한 주장을 펼치려는 것처럼 보이기도 한다. 이토를 쏘는 것 이상으로 중요한 일이 거사의 의의를 밝히고 동양평화의 길을 제시하는 데 있었음을 고려하고 보면, 자신의 주장을 조목조목 펴나가기 위한 자세처럼 보이기도 한다.

점심 무렵 김성백의 집으로 돌아온 안중근은 이토 히로부미의 하얼빈행에 대한 기사를 보았다. 9월 12일, 그러니까 양력으로는 10월 25일 밤에 창춘(長春)을 출발한다는 것이었다. 더욱 정확하게는 창춘 교외의 쿠안청쯔(寬城子)에서 열차가 출발한다는 것이다. 다음 날인 10월 26일 하얼빈에 도착하리라는 것은 이때 짐작할 수 있었겠지만, 기사 내용이 정확한지는 아직 알 수 없는 상황이었다.[37] 더욱 믿을 만한 정보를 확인하는 동시에 이제 구체적인 작전을 준비해야 했다.

안중근과 우덕순은 유동하 외에도 통역이 필요하다는 데 의견을 같이했다. 이에 선택한 인물이 바로 조도선이었다. 일본 측에서 미하일로프가 주도한 대동공보사의 회합에 참석했다고 추정했던 그 사람이었다. 조도선은 과거 블라디보스토크에서 살았던 적이 있지만, 9월 중순에는 이미 세탁업을 하기 위해 하얼빈에 머물고 있었다.

안중근과 우덕순은 김형재(金衡在)를 통해 김성옥의 집에 있던 조도선을 찾아갔다. 김형재와 김성옥은 모두 하얼빈 동흥학교를 설립하고 운영하는 데 참여했던 이들이다. 김성옥은 앞에서 『대동공보』에 동흥학교 교장 자격으로 투고했다고 한 그 사람이다. 김형재는 조도선에게 안중근과 우덕순을 『대동공보』의 수금 일을 한다고 소개했고, 안중근은 조도선에게 가족을 마중하는 일을 도와달라고 부탁했다고 한다.[38] 처음에 망설이던 조도선은 결국 통역 일을 맡기로 했다.

한편 안중근과 우덕순은 경비를 더 마련할 필요가 있었다. 이날 시내를 둘러볼 때 하얼빈역의 경비가 삼엄한 것을 보았고, 그래서 하얼빈역이 아닌 다른 장소도 찾을 필요가 있다고 판단했기 때문이다.[39] 두 사람은 의논 끝에 유동하를 통해 김성백에게 돈을 빌리기로 계획을 세웠다. 유동하가 돈을 어떻게 갚을지를 계속 물었기 때문에 안중근은 대동공보사의 이강에게 돈 갚을 것을 부탁하는 편지를 쓰기로 했다.

유동하가 김성백을 찾아간 동안에 안중근은 이강에게 편지를 썼다. 그런데 그 편지에는 50원을 차용하니 갚아달라는 부탁만을 쓴 것이 아니었다. 이토의 도착 예정 시간에 대한 정보와 쿠안청쯔에서 조금 떨어진 역에서 결행할 것이라는 계획까지 기록했고, 편지 끝에는 두 사람의 도장을 찍었다.[40] 실상 이 편지는 '거사의 목적을 신문을 통해 공포하고자 하는 의도'에서 작성한 것이었다.[41] 뒤에서 다시 살펴보겠지만, 안중근과 우덕순은 편지를 쓰는 자리에서 자신들의 심회와 결의를 담은 노래도 지었다.

그렇지만 유동하는 김성백에게 돈을 빌리지 못한 채 돌아왔다. 난감한 상황이었겠지만, 안중근과 우덕순은 그대로 계획을 진행시키기로 했다. 조도선과 함께 열차를 타고 남쪽으로 내려가서 출발지인 쿠안청쯔와 도착지인 하얼빈 사이에서 적당한 장소를 찾기로 한 것이다.

10월 24일 아침, 안중근 일행은 하얼빈역으로 나갔다. 유동하에게 표를 사도록 한 뒤, 일본의 고관이나 안중근 가족의 도착 예정 등과 같은 소식을 알려달라고 부탁했다. 원래는 이토를 태운 특별열차의 출발지인 창춘, 즉 쿠안청쯔까지 갈 계획을 세웠지만,[42] 여비가 부족한데다 차이자거우(蔡家溝)에서 열차가 교차한다는 정보를 얻었으므로 계획을 수정했다.[43] 안중근, 우덕순, 조도선은 12시 13분에 차이자거우역에 도착했다.

차이자거우역에 함께 도착한 안중근 일행은 이제 구체적인 활동 방법을 결정해야 했다. 그 과정이 어떠했는지 안중근과 우덕순의 기록을 통해 살펴보자.

〔가〕 나는 기차를 타고 남쪽으로 떠나서 차이자거우 쪽에 도착했다. 기차에서 내려 묵을 곳을 정한 다음 정거장의 직원에게 물었다.

"이곳에는 매일 몇 번씩 기차가 왕래합니까?"

"매일 세 번씩 왕래합니다. 그런데 오늘밤에는 특별열차가 하얼빈에서 창춘으로 갑니다. 이 기차는 일본의 대신 이토를 맞이하여 모레 아침 6시쯤 여기에 올 것입니다."

이처럼 분명한 소식은 근래 처음으로 확실한 정보였다. 그래서 다시 깊이 헤아려 보았다.

'모레 아침 6시쯤이면 아직 날이 밝지 않았을 시점이다. 그러니 이토는 분명히 정거장에 내리지 않을 것이다. 만약 내려서 시찰한다고 하더라도 어둠 속에서 진짜인지를 가려낼 수 없을 것이다. 게다가 나는 이토의 얼굴을 알지 못하다. 어찌 거사를 할 수 있겠는가? 다시 (특별열차가 출발할) 창춘 쪽으로 가보고 싶지만, 여비가 부족하니 어쩌면 좋단 말인가?'

이리저리 생각해보아도 마음만 몹시 괴롭고 답답했다. 그때 유동하에게 '우리는 여기에서 하차했다. 만약 그곳에 긴급한 일이 있거든 전보를 쳐주기 바란다'고 전보를 보냈는데, 황혼 무렵 답전(答電)이 왔다. 그런데 말의 뜻이 도무지 분명치 않아서 의아스러운 바가 적지 않았다. 그날 밤 충분히 깊이 헤아리고 다시 좋은 방책을 생각해보았다. 이튿날 우덕순과 상의하면서 이렇게 말했다.

"우리가 이곳에 함께 머무는 것은 좋은 방법이 아니오. 첫째는 돈이 부족하고, 둘째는 유동하의 답전이 매우 의문스럽고, 셋째는 이토가 내일 날 밝기 전에 이곳을 지나간다면 분명히 일을 치르기 어려울 게요. 만약 내일의 기회를 놓친다면, 다시 일을 도모하기는 어려울 것이오. 그러니 그대는 오늘 여기 머물러 내일의 기회를 기다렸다가 상황을 봐서 행동하시오. 나는 오늘 하얼빈으로 돌아가겠소. 내일 두 곳에서 거사하면 가장 편리할 것 같소. 만일 그대가 성공하지 못하면 내가 반드시 성공해야 할 것이요, 만일 내가 성공하지 못하면 그대가 반드시 성공해야 할 것이오. 만약 두 곳에서 모두 뜻대로 되지 않는다면, 다시 활동 자금을 마련한 다음에 거사를 상의합시다. 이것이 만전책(萬全策)이라 할 수 있을 것이오."

이에 서로 작별하여, 나는 기차를 타고 하얼빈으로 돌아왔다.[44]

[나] (차이자거우) 역장은 러시아 헌병 중좌인데, 그에게 우리 사정 이야기를 하였더니 친절히 대하였다. (……) "한국서 가족이 오므로 마중 나왔는데 기차가 어떻게 다니는지 모르겠다"고 하였더니, 그는 "모레는 일본 이토 공이 아침 6시에 이리로 지나서 하얼빈에는 9시쯤 도착할 예정이므로 특별열차를 창춘까지 보냈다"며 묻지 않은 말을, 또 우리가 알고자 하는 말을 해줍디다. (……) 둘(안중근과 우덕순)이 변소에 들어가 의논하였습니다. 6시면 아직 어둡고 그런 귀인(貴人)이 밖에 나오지는 않을 것이므로 둘이 이 한 목만 지키고 있다가는 실패하기 쉬우니, 하나는 여기 있고 하나는 하얼빈으로 다시 들어가 지키기로 결의하였습니다. 안중근은 차이자거우를 지키고 나는 하얼빈에 다시 들어가 그 목을 지키기로 하였습니다. 그 밤을 자고 나서 안중근이 변소에 또 같이 가자고

하기에 따라갔더니, 안중근은 자기가 하얼빈을 지키겠다고 주장하더군요.[45]

차이자거우역에서 직원에게 정확한 정보를 얻었으며 하얼빈과 차이자거우 두 곳에서 이토를 기다리기로 결정했다는 사실은 두 사람의 기록에 공통적으로 나타난다. 물론 정보를 알려준 직원의 신분이나 두 사람이 한 일에 대한 설명에는 차이가 있지만, 24일에 구체적인 계획을 결정한 과정에 대한 서술은 큰 차이가 없다. 즉 정확한 정보를 얻은 결과 차이자거우에서만 결행하기는 어렵다고 판단했고, 현실적인 조건을 고려할 때 하얼빈과 차이자거우의 두 곳에서 기회를 엿보기로 결정한 것이다.

안중근이 언급한 유동하의 답전은 저녁 7시 무렵에 도착한 것으로 알려져 있다. 그 내용은 "내일 아침에 온다"라는 짤막한 것이었다. 내일이라면 25일이므로, 차이자거우역에서 얻은 정보가 혹시 잘못된 것은 아닌지 의심할 만했다. "유동하의 답전이 매우 의문스럽다"라고 안중근이 말한 것은 이 때문일 것이다.

한편 안중근은 기차 안에서 또는 차이자거우역에서 우덕순에게 탄환을 나누어주었다고 진술했다. 우덕순은 자신도 탄환을 갖고 있었지만, 만일의 상황을 대비하여 안중근이 건네주는 탄환을 받았다고 진술했다. 두 곳에서 결행하기로 한 이상 탄환을 나눠준 행동이 이상할 것은 없어 보이지만, 신문과 공판 과정에서 '안중근이 나눠준 탄환'은 문젯거리가 된다. 그것은 이 탄환이 '덤덤탄'이라고 불리는 특수한 것이었기 때문이다. 덤덤탄은 "탄환의 끝 부분에 십자형

(十字形)을 새겼으니, 이는 한 번 사람의 몸에 적중하면 비상한 상해 (傷害)를 주는 것"이어서[46] 당시에 공식적으로는 사용이 금지된 것이었다.

안중근은 왜 덤덤탄과 같은 금지된 탄환을 사용했을까? 그 정확한 이유는 아직 밝혀져 있지 않다. 안중근은 이에 대해 윤치종(尹致宗)에게 총과 함께 얻었다거나 블라디보스토크에서는 관습적으로 탄환의 끝에 십자형을 새긴다고 진술했다.[47] 안중근 자신이 살상력을 높일 목적을 갖고 의도적으로 십자형을 새겼다는 진술은 한 적이 없다. 안중근의 딸인 안현생(安賢生, 1902~1960)의 수기에 "은방을 한 경험이 있는 우덕순"이 탄환을 변형했다고 언급한 바는 있지만,[48] 이 또한 소문이나 추정에 불과하다. 요컨대 덤덤탄 문제에 대한 진실은 아직 밝혀지지 않은 것이다.

그런데 안중근을 다룬 전기물이나 영화 가운데는 이 덤덤탄에 특별한 의미를 부여한 사례가 적지 않다. 그 이유는 다음의 진술에서 찾아볼 수 있다.

> 어떤 속설에는 십자를 새기면 탄환이 더 강하게 된다고 하는데, 필자의 생각으로는 그렇다면 원래 생산할 때 십자를 새겨 넣으면 되지 않는가 반문하고 싶다. 독실한 신자였기에 정의의 탄환에 십자를 새기지 않았나 싶다.[49]

천주교인으로서의 안중근에 특별히 주목한 이 전기에서는 안중근이 의도적으로 십자형을 탄환에 새겼을 것이라고 추정하고 있다. 즉 종교적인 상징을 담음으로써 탄환이 이토를 징벌하는 정의의 도구가 될 수 있도록 했다는 것이다. 과연 그랬을지는 의문스럽다. 탄환을 생산할 때 십자형을 새겨 넣는 것이 금지된 일이었음은 물론이며, 천주교인 안중근이 사람을 상하게 하는 물건에 종교의 상징을 부여했을 것 같지는 않다. 그 사람이 이토라 하더라도 그렇다. 결론을 내리기는 어렵다. 그렇지만 안중근이 종교적 상징의 의미로 탄환에 십자를 새겼다는 진술은 지나친 것 같다.

10월 25일, 차이자거우역에서 결정한 계획에 따라 안중근은 하얼빈으로 돌아왔다. 그는 유동하를 만나서 전보의 내용에 대해 따져 물었는데, 이에 유동하는 변명만 하고는 나가버렸다고 한다. 이후 안중근은 차이자거우역으로 돌아가지 않고 하얼빈에 머물렀다. 「안응칠역사」와 우덕순의 회고담에 기록된 내용이 사실이라면, 이는 우덕순과 의논해서 결정한 계획에 따른 것이었던 셈이다.

모든 준비를 마친 안중근은 하얼빈 김성백의 집에서 밤을 보냈다. 차이자거우역에서는 우덕순이 조도선과 함께 각오를 다지고 있었다. 이들은 두 곳에서 각기 이토가 탄 특별열차가 도착하기를 기다리고 있었다.

5장
안중근과 우덕순의 노래

23일 밤, 안중근과 우덕순이 대동공보사 이강 앞으로 보내는 편지를 쓰는 자리에서 각기 노래를 지었음은 앞에서 언급한 바 있다. 안중근은 한문으로, 우덕순은 한글로 각기 한 편씩의 노래를 남겼다. 거사를 앞둔 당시 두 사람의 각오와 심정이 어떠했을지 이들 두 편의 노래를 통해 살펴보고자 한다.

흔히 「장부가(丈夫歌)」로 알려진 안중근의 노래는 다음과 같다.

장부가 세상에 처함이여, 그 품은 뜻 크도다.
때가 영웅을 만듦이여, 영웅이 때를 만드는도다.
천하를 내려다봄이여, 어느 날 대업 이룰꼬.
동풍이 점점 차가워짐이여, 장사의 의기 뜨겁도다.
분개하여 한 번 감이여, 반드시 목적을 이루리로다.
쥐도적 이토여, 어찌 기꺼이 목숨을 비기겠는가.
어찌 이에 이를 줄 헤아렸으리오, 사세가 진실로 그러하도다.
동포 동포여, 빨리 대업을 이룰지어다.

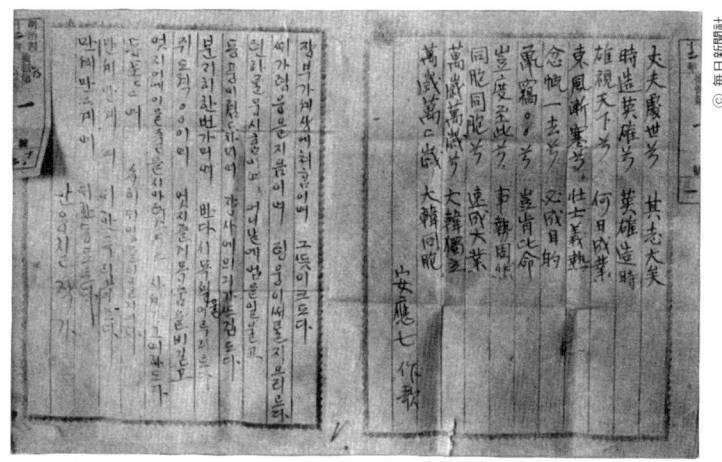

1909년 10월 23일 밤에 안중근이 쓴 「장부가」. 거사를 앞둔 상황에서 그의 심정이 녹아 있는 노래로, 사진 속 「장부가」는 증거물로 제출된 것이다.

만세 만세여, 대한 독립.

만세 만만세, 대한 동포.

丈夫處世兮 其志大矣

時造英雄兮 英雄造時

雄視天下兮 何日成業

東風漸寒兮 壯士義熱

憤慨一去兮 必成目的

鼠竊伊藤兮 豈肯比命

豈度至此兮 事勢固然

同胞同胞兮 速成大業

萬歲萬歲兮 大韓獨立

萬歲萬萬歲 大韓同胞[50]

이 노래는 「안응칠역사」뿐만 아니라 일본 측의 문서나 당대의 전기물에도 실려 있다. 그런데 이들 사이에는 약간의 차이가 있다.[51] 여러 이본들을 비교해보면, 공판 당시에 제시된 전사본(轉寫本)이 가장 원본에 가깝다고 판단된다. 이는 오늘날 흔히 인용되고 있는 이본이기도 하다. 다만 「안응칠역사」에서 둘째와 셋째 행이 바뀌어 있는 점은 지적할 필요가 있을 듯하다. 즉 「안응칠역사」에서는 "雄視天下兮, 何日成業. 時造英雄兮, 英雄造時"로 되어 있는 것이다. 「안응칠역사」 또한 안중근의 친필본이 아니므로, 그것이 원본에 가깝다고 볼 만한 근거는 없다. 또한 시상 전개에서도 어느 쪽이 더 자연스럽다고 판단하기는 어렵다.

노래의 내용을 살펴보자. 이 노래는 언뜻 보면 형가가 읊었다는 「역수가(易水歌)」의 첫 부분, 즉 "바람이 쓸쓸함이여, 역수는 차갑도다. 장사가 한 번 감이여, 다시 돌아오지 않으리로다(風蕭蕭兮易水寒 壯士一去兮不復還)"와 시상이 유사하다. 처지나 상황에 유사한 점이 있기 때문일 것이다.

그렇지만 노래에서 지향하는 바는 상당히 거리가 있다. 형가는 다시 돌아오지 않을 것을 각오하고 자신의 처지와 결심을 노래했지만, 안중근은 장부·영웅·장사로서의 목표를 달성할 것을 다짐하면서 동포들의 분발을 촉구했다. 이토를 죽이는 일 자체로 '대업'이나 '목적'을 달성할 수는 없기 때문일 것이다. 진짜 목표는 대한의 독립을 완전하게 하는 일이며, 자신의 거사는 그 첫걸음일 뿐 완성은 아니라는 것이다. 안중근이 '협객'으로 불리기를 원치 않았던 이유를 여기서도 엿볼 수 있다.

우덕순이 부른 노래는 최근까지도 정확한 원문을 알 수 없었다. 게다가 남아 있는 이본들의 길이나 내용이 상당히 다르다.[52] 우덕순 자신은 회고록에서 "나도 편지도 쓰고 마음에서 우러나는 대로 노래도 지었지요. 그것이 그다음 신문에도 났었습니다. 그때 나는 '우수산인(憂愁散人)'이라는 호를 썼습니다"라고 언급했지만, 노래의 원문은 회고록에 기록하지 않았다. 원문을 정확히 알 수 없다는 점은 분명 아쉬운 일이다. 그렇지만 이처럼 다양한 이본이 존재한다는 점은 우덕순의 노래가 널리 불렸다는 증거로 볼 수도 있다.

최근 신운용이 일본 측 문서에 기록된 전사본을 발굴한 바 있어, 원문에 가까운 이본을 얻게 되었다. 이를 아래에 인용하되, 현대어 표기로 바꾸고 한자를 병기하여 뜻을 밝힌다.

만났구나 만났구나, 원수 너를 만났구나.
평생 한 번 만나기가 어찌 그리 더디더냐.
너를 한번 보려 하고 수륙(水陸)으로 몇 만 리에
천신만고 다하면서 윤선(輪船) 화차(火車) 갈아타며
아(俄)·청(淸) 양지(兩地) 지날 때에 행장 검사할 적마다
하나님께 기도하고 예수 씨께 경배하되
살펴소사 살펴소사 동반도에 대한제국
살펴소사 아무쪼록 저희를 도우소서.
저 간악한 노적(老賊) 놈이 우리 민족 2천만구(二千萬口) 멸종 후에
삼천리금수강산 소리 없이 먹으려고
궁흉 극악 독한 수단 열강국을 속여가며

내장을 다 빼먹고 무엇이 부족하여

남은 욕심 채우고자 쥐새끼 모양으로

요리조리 다니면서 누구를 또 속이고

뉘 땅을 먹으려고 저같이 다니는고.

간활(奸猾)한 노적(老賊)을 만나려고 이같이 급히 가니

지인지애(至仁至愛) 우리 상주(上主) 대한민족 2천만구

일체로 불쌍히 여기셔서 노적 놈을 만나보게 하옵소서.

이같이 빌기를 정거장마다 천만 번을 기도하며

이곳에 당도하며 주야불망(晝夜不忘) 보려 하던 저 무리를 만났구나.

네 수단이 간활키로 세계에 유명하여

우리 동포 어육(魚肉) 후에 길이 행락(行樂) 못 누리고

오늘날에 네 목숨이 내 손에 죽게 되니 네 일도 딱하도다.

갑오년 가독립(假獨立)과 을사년 신늑약(新勒約) 후

양양자득할 때에 오늘 일을 몰랐더냐.

죄진 놈은 죄 당하고 덕 닦은 때 덕이 온다.

너만 이리될 줄 아니 너의 무리 4천만구

위서부터 하나둘씩 우리 손에 다 죽을라.

어화 우리 동포들아 일심으로 단합하여

왜구를 다 멸하고 우리 국권 회복한 후

국부민강(國富民强) 하고 보면 세계에 어느 누가

우리를 압제하며 하등(下等)이라 대우하랴.

어서 바삐 합심하여 저 무리를 이토 노한(老漢) 죽이듯이

어서만 어서 바삐 거사하세.

우리 일을 아니 하고 평안히 앉았으면

국권회복 절로 될 리 만무하니

용감력(勇敢力)을 진발(盡發)하여 국민 의무 하여보세.[53]

그렇게 기다리던 순간을 눈앞에 둔 우덕순의 흥분한 마음이 독자에게 전달될 만큼, 유사한 시상이 다양한 표현으로 이어진다. 이토를 죽이는 데 그치지 않고 4천만 인구, 즉 일본 땅에 사는 "왜구"를 하나하나 다 죽이겠다는 의지까지 보이고 있어 복수를 원하는 마음이 간절하다. 마지막에 언급한 "국민 의무"도 '왜구를 멸하는 일'을 염두에 두고 언급한 것처럼 보이기도 한다.

우덕순의 의지와 간절한 소망을 읽어낼 수는 있지만, 한편으로 이러한 인식이나 감정은 안중근과 조금 다른 것이 아닌가 싶다. 적어도 안중근이 만국공법을 내세우며 일본 포로를 풀어줄 때 사람들에게 제시했던 논리와는 거리가 있을 듯하다. 안중근은 일본인들을 모두 죽일 수도 없을뿐더러 그렇게 하는 것이 바람직하지 않다고 했는데, 우덕순은 이토뿐 아니라 다른 일본인들도 다 죽일 수 있다고 했다. 물론 우덕순이 노래를 통해 제시한 표현을 하나의 수사법으로 이해할 수도 있겠지만, 그 바탕에 이토 개인이나 일본에 대한 인식 차이가 있을 것임을 부정하기는 어렵다.

노래의 성격에도 차이가 있다. 안중근이 심회를 압축적으로 제시하고 거사의 의의를 밝히는 노래를 쓴 반면, 우덕순은 감정과 감격을 반복적으로 제시하여 각오를 다지는 노래를 썼다. 안중근이 기록문학적 전통의 맥을 잇고 있다면, 우덕순은 구비 문학적 전통에서 노래의 형식과 내용을 찾아내고 있기 때문일 것이다. 그 때문에 작품의 가치에 있어 어느 쪽이 더 낫다고 단정할 수는 없다.

　안중근과 우덕순의 인식에는 차이가 있었을지도 모르지만, 적어도 당시에 두 사람의 심정에는 분명한 공통점이 있었다. 그것은 눈앞에 다가온 목표를 달성하겠다는 각오였다. 노래를 지은 지 이틀이 지난 10월 25일 밤, 각기 다른 곳에서 두 사람은 이토 히로부미를 기다리며 각오를 다지고 있었을 것이다.

6장
1909년 10월 26일

1909년 10월 26일. 이 하루 동안 일어난 일을 안중근은 「안응칠역사」에서 비교적 자세하게 서술하였다. 당시의 감정이나 생각까지 제시하고 있으므로, 이를 먼저 제시한다.

이튿날은 아침 일찍 일어났다. 깔끔한 새 옷은 모두 벗고 양복으로 갈아입은 뒤에 권총을 지니고 바로 정거장으로 갔다. 그때가 오전 7시쯤이었다. 그곳에 이르러 보니 러시아의 장관과 많은 군인들이 이토를 영접할 준비를 하고 있었다.

나는 찻집에 앉아서 차를 두세 잔 마시면서 기다렸다. 9시쯤 되니 이토가 탑승한 특별열차가 도착했다. 그때 그곳은 사람들로 인산인해를 이루었다. 나는 찻집 안에 앉아서 동정을 엿보았다. 그리고 생각했다.

'어느 시점에 저격하면 좋을까?'

거듭 헤아려보아도 미처 결정을 내리지 못했는데, 얼마 지나지 않아 이토가 기차에서 내렸다. 군대의 경례와 군악 소리가 하늘을 가르고 내 귀에 흘러들었다. 그 순간 분기(忿氣)가 갑자기 일어나고 3천 길 업화(業

이토 히로부미를 맞이하기 위해 채비 중인 하얼빈역 풍경(위)과 러시아 대장상의 영접을 받으며 특급열차에서 내리는 이토의 모습(아래). 그의 피격 직전 모습이다.

火)가 뇌리에서 치솟았다.

'무슨 까닭에 세태는 이처럼 불공평한가! 아아, 이웃 나라를 강제로 뺏고 사람의 목숨을 잔혹하게 해치는 자는 이처럼 기뻐 날뛰면서도 거리낌이 없는데, 죄 없고 어질고 약한 인종은 도리어 이처럼 곤경에 빠지는 것인가?'

더 이상 생각하지 않고 바로 큰 걸음으로 용감하게 나아갔다. 군대가 줄지어 있는 뒤편에 이르러서 바라보니, 러시아의 관리들이 호위하고 오는데 그 앞쪽에 얼굴은 누렇고 수염은 흰 조그마한 늙은이 하나가 있었다. 어찌 이처럼 몰염치하게 감히 하늘과 땅 사이를 마음대로 다니는가. 생각건대 이는 이토 늙은 도적이 분명했다.

곧 권총을 뽑아들고, 그 오른쪽을 향하여 통쾌하게 4발을 쏘았다. 그런 다음 생각해보니 매우 의심스러운 마음이 들었다. 나는 본래 이토의 얼굴을 알지 못하기 때문이었다. 만약 한 번 잘못 쏜다면 큰일(大事)에 낭패를 볼 것이었다. 결국 다시 뒤쪽에 무리 지어 있는 일본인 가운데 가장 위엄 있게 앞장서서 가는 자를 목표로 삼았다. 3발을 연달아 쏜 뒤에 다시 생각하니, 만일 잘못하여 죄 없는 사람을 다치게 한다면 분명히 일이 불미(不美)할 듯했다. 그래서 잠시 멈추고 생각할 즈음에 러시아 헌병이 와서 나를 붙잡았다. 그때가 곧 1909년 음력 9월 13일 오전 9시 반쯤이었다.

그때 나는 바로 하늘을 향하여 큰소리로 '대한만세'를 세 번 외쳤고, 그 뒤에 정거장의 헌병 분파소(分派所)로 잡혀 들어갔다. 온몸을 검사한 뒤에, 얼마 지나지 않아 러시아 검찰관이 한국인 통역과 함께 왔다. 성명이며 어느 나라 어느 곳에 살고 어디에서 왔으며 무슨 까닭으로 이토를 해쳤는가를 물었으므로, 대강 설명해주었다. 통역하는 한국인의 한국말을 잘 알아들을 수 없었기 때문이다. 그때 사진을 촬영한 일이 두서너 번 있었다.

   오후 8~9시쯤에 러시아 헌병 장교(將官)가 나와 함께 마차를 타고 어느 방향인지 모를 곳으로 가더니, 일본 영사관에 이르러 나를 넘겨주고 가버렸다.[54]

이상이 10월 26일의 하루에 일어난 일이다. 다른 기록까지 참고하여 몇몇 부분을 보충하면서 좀 더 세밀하게 살펴보자.

   첫째로 「안응칠역사」에서는 안중근이 쏜 총탄의 수를 잘못 기록하고 있다. 4발을 이토에게 발사했다고 기록했지만, 실제로는 이토에게 3발을 쏘았다. 그 3발은 이토의 가슴과 배에 정확하게 명중했다. 나머지 3발은 이토를 뒤따르던 일본인들을 향해 쏘았다. 이토를 뒤따르던 일본인으로는 나카무라 제코(中村是公) 만철 총재, 가와카미 도시히코(川上俊彦) 총영사, 다나카 세이지로(田中淸二郎) 만철 이사, 모리 야스지로(森泰二郎) 비서관, 무로타 요시부미(室田義文) 귀족원 의원 등이 있었는데, 이들의 피해는 옷에 탄환이 스치거나 팔다리 부근에 총상을 입은 정도였다.

   안중근이 가진 총은 7연발이었다. 따라서 안중근에게는 1발의 총탄이 남아 있었다. 1발의 총탄을 남긴 이유가 무엇이었는지는 정확히 알 수 없다. 그렇지만 안중근이 "(이토를 향해) 서너 발을 쏘았다"라고 진술하고 있는 것을 보면,[55] 미리 몇 발을 쏘고 몇 발을 남겨두겠다는 식의 계획을 하지는 않았던 것 같다. 물론 자결을 위해 총탄을

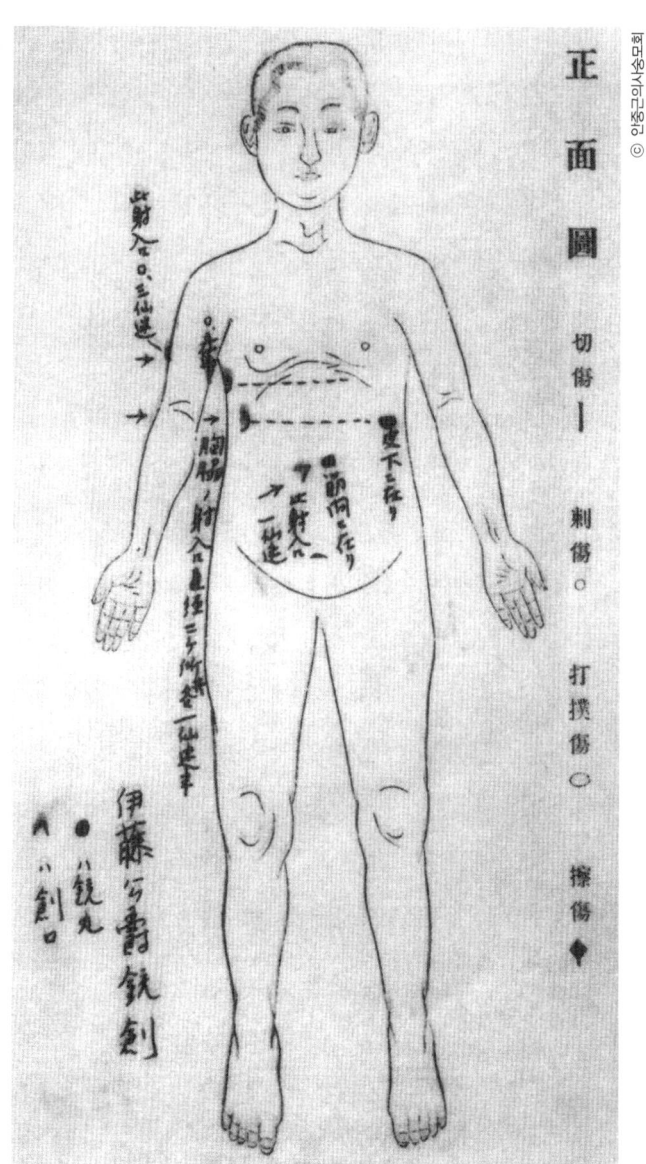

안중근이 발사한 탄환이 이토 히로부미의 몸에 박힌 상태를 의학적으로 표현한 도면. 3발의 탄환 자국이 선명하게 그려져 있다.

4부 • 때가 영웅을 만듦이여, 영웅이 때를 만드는도다 남겨두었다는 식의 추정도 가능하지 않을 듯하다. 다만 이토를 쓰러뜨리겠다는 생각에만 집중했을 것이다. 뒤에 있던 일본인들을 쏜 것도 그들이 일본인 또는 일본의 고관이기 때문이 아니었다. 혹시 이토가 아닐까 하는 생각이 들었기 때문에 쏜 것일 뿐이다. 결국 안중근의 목표는 이토 한 사람이었다. 일본인이거나 일본의 고관이어서가 아니라, 총을 맞아야 할 만한 죄가 있는 이토이기에 쏜 것이다.

둘째는 하얼빈에 남아 있던 유동하에 대한 문제이다. 그는 신문 및 공판 과정에서 여러 차례 진술을 바꾸었는데, 그 이유는 "(검찰관이) '이러이러했지?' 하고 물으므로 나는 다만 '네, 네' 하고 대답"했을 뿐이었기 때문이다.[56] 따라서 유동하가 안중근의 계획을 미리 알고 있었는지, 만약 그렇다면 언제 알게 되었는지 등 여러 부분이 명확하지 않다. 공판에서 했던 발언을 정리하자면, 안중근이 별다른 말도 없이 아침에 나갔고 남겨둔 윗도리의 주머니에 지갑이 있어서 자신이 그것을 갖고 있었을 뿐이며, 안중근의 가방도 방에 남아 있었으나 열어보지 않았기 때문에 무엇이 들어 있는지는 몰랐다는 것이다. 안중근의 소식은 9시경에 다른 한국인에게서 들었다고 했다.

그런데 우덕순의 회고를 보면 상황이 조금 달랐던 것 같다. 우덕순은 2월 2일에 사카이 경시가 안중근을 만날 수 있게 해주었는데, 그때 안중근에게 거사 당시의 이야기를 들을 수 있었다고 기록했다. 우덕순이 제시하는 안중근의 발언 가운데 26일 아침의 유동하에 대한 언급이 포함되어 있다.

그날 아침 유동하가 같이 나와서 자꾸 쫓아다니지 않겠나. 내가 대합실 안에 있는 다실(茶室)에 들어가 있다가 유동하 보고 말하였지. "너는 오늘로 곧 집에 돌아가거라. 우리 가방이나 가지고 가서 신문사에 전해 다오. 자, 어서 가거라."

이렇게 재촉해도 어디 떨어져야지. 그 아이가 따라다니면 일에 지장이 생기겠고, 9시는 점점 임박해오고, 그래서 하다못해 그를 보고 바로 말했지.

"너, 우리가 여기 무엇하러 온지 알겠니?" 하니까, "아, 신문사 일로 오시고 또 가족 맞이하러 오시지 않으셨어요" 하고 대답하기에 "이애, 틀렸다. 우리는 오늘 오는 이토를 쏘아 죽이려고 여기 왔다. 이제 알겠니? 어서 돌아가거라" 하고 엄숙한 얼굴로 말하였더니, 그 소년이 그만 눈이 둥그레지면서 곧 일어나 돌아갔네.[57]

우덕순은 하얼빈에 도착해서 안중근과 함께 "어린 유동하를 빼고 조도선을 이용하기로 결정"[58]했다고 회고하고 있거니와, 아직은 어린 유동하가 계획에 도움이 되지 못하리라고 판단했던 것으로 기억하고 있다. 안중근이 실제로 우덕순에게 이러한 말을 할 기회가 있었는지는 다소 의문스럽지만, 우덕순은 26일 아침에 유동하가 목적도 알지 못한 채 하얼빈역까지 안중근을 따라왔다고 회고하고 있다. 채 10년이 지나지 않아 러시아 지역의 독립운동에서 중요한 일을 맡았다가 결국 일본군에게 살해되는 유동하이지만, 1909년 10월 시점에서는 아직 안중근과 우덕순에게 믿음을 주지 못하는 소년이었을지도 모른다.

또 한 가지 보충할 부분은 하얼빈역의 당시 상황과 시각에 대한 것이다. 이토를 태운 특별열차가 하얼빈에 도착한 시각은 9시였다. 일본이 러시아 측의 동양인에 대한 검문 요청을 받아들이지 않았기 때문에, 당시 하얼빈역은 "인산인해를 이루었다"고 했다. 열차가 도착하자 러시아의 코코프체프(V. N. Kokovsev) 대장상이 열차에 올라갔으며, 이후 이토와 15분 정도 환담을 나누었다. 이어서 이토 일행이 기차에서 내려서 코코프체프의 안내로 러시아 의장대와 주요 인물들이 있는 곳을 둘러보았다. 안중근이 이토를 쏜 시점은 다시 15분 정도가 경과한 9시 30분이었다.[59]

주장이 엇갈리는 부분은 3발의 총을 맞은 이토가 숨을 거둔 시점이다. 여기에 대해서는 9시 40분, 9시 45분, 10시의 세 가지 설이 있다. 이는 이토의 최후와 관련된 문제이므로 바로 뒤에서 다시 살펴보겠지만, 안중근은 이토의 최후 순간을 지켜보지는 못했으므로 여기서는 우선 이토와 동행했던 코코프체프의 진술을 제시하여 당시 상황에 대한 서술을 보충해둔다. 코코프체프는 "이토 공작이 하얼빈에 도착한 시각부터 그가 영면(永眠)한 때까지의 시간은, 혹 다소의 어긋남은 면할 수 없으나 생각하건대 모두 합하여 40분간을 넘지 않을 것"[60]이라고 진술했다.

또 안중근은 오후 8~9시쯤에 러시아 장교와 마차를 타고 가서 일본 영사관에 넘겨졌다고 기억하고 있는데, 일본 측 자료에 의하면 일본 영사관에 넘겨진 시점은 오후 10시 10분경이었다.[61] 하얼빈역에서 사건이 일어났으므로 러시아 측에서 재판을 관할하는 것이 정상이겠지만, 러시아는 간단한 조사를 마친 뒤에 바로 일본 측에 재판권을 넘겼다. 일본의 정치적인 압박도 있었겠지만, 한편으로는 이미 '동청철도 내의 한인은 치외법권을 향유한다'는 훈령과 그에 따른 선례들이 있었기 때문에 러시아 측에서 재판권을 넘겼던 것이었다.[62]

한편 안중근이 자진해서 러시아 헌병에게 체포된 것은 원래 계획에 의한 것이었다. 우덕순은 안중근과 함께 일이 뜻대로 될 경우에는 "먼저 이토를 쏘고 또 여유가 있으면 그 옆의 다른 놈들도 쏠 것, 다 쏜 다음에는 비겁하게 달아나지 말고 총을 내던지고 그 자리에서 '대한만세'를 크게 부를 것, 우리는 서로 아무 관계도 없는 것처럼 꾸밀 것, 또 될 수 있는 대로 생금(生擒)되어서 우리의 정정당당한 이유를 발표하면서 우리나라의 억울한 사정을 여러 외국에 선전할 것"[63] 등을 계획했다고 회고하고 있다.

안중근이 10월 26일 및 이후에 보인 행동은 이러한 계획과 일치한다. 다만 '그 옆의 다른 놈들도 쏠 것'이라는 부분은 두 사람 사이에 의견이 달랐을 법도 하다. 「안응칠역사」에서도 읽어낼 수 있듯, 안중근은 이토만을 목표로 했지만 우덕순은 자신의 노래에서처럼 조금 과장하자면 일본인 전체를 목표로 삼고 있었기 때문이다. 이토 외의 일본인들이 중상을 입지 않은 결과를 놓고 보면, 이런 차이가 실제로 있었을 듯하다.

한편 차이자거우역에 남아 있던 우덕순과 조도선도 그날 11시 55분에 러시아 헌병에게 체포되었다. 이미 전날 밤부터 엄중한 감시를 받고 있던 두 사람은, 특별열차가 2분 정도 정차한 시점에도 머물던 방에서 나오지 못했다고 한다. 다음은 우덕순이 회고한 체포 당시의 상황이다.

창밖을 무심코 내다보니 군인 수백 명이 우리 있는 집을 포위하는 모양이었는데, 조금 있더니 장교들이 군인 몇 명을 데리고 모두 칼을 빼어들고 우리 방에 들어서며 몸에 무엇을 가지고 있느냐고 묻더군요. 그래 나는 8연발 권총과 내 종친 우연준(禹連俊)의 신원증명서 얻어 가지고 온 것을 상 위에 내놓았지요. 그리고 무슨 이유로 이렇게들 하느냐고 물었더니, "'응칠 안'이 이토를 죽였소. 수상한 조선 사람 잡으라는 지령이 내렸소" 하며 전보 온 것을 내놓습디다. 그래 나는 벌떡 일어나서 "코레이시케 우라!" 하고 몇 번이든지 외쳤습니다. '한인 만세'란 말이지요.[64]

이토가 총을 맞은 이후에 하얼빈 일대의 러시아군이 비상사태에 처했을 것임은 충분히 짐작할 수 있다. 우덕순과 조도선이 '수상한 조선 사람'으로 지목된 것은 이토를 태운 특별열차가 정차한 역에 숨어 있었던 정황상 그럴 만했다. 한편 하얼빈 시내에서는 더욱 광범위한 수색이 이루어졌고, 그 결과 김성백을 비롯하여 하얼빈에 거주하던 한인 다수가 체포, 구속되었다.

7장
이토의 최후에 관한 이견들

1909년 10월 26일 하얼빈역에서 안중근으로부터 3발의 총탄을 맞은 이토 히로부미는 어떻게 되었을까? 안중근은 이토가 쓰러지는 것을 보았을 뿐이므로, 「안응칠역사」에는 이후 벌어진 이토의 최후 장면에 대한 언급이 나타나지 않는다. 총을 맞은 이토는 열차 안으로 옮겨졌는데, 그곳에서 얼마 뒤 숨을 거둔다. 그 정확한 시점에 대해 여러 주장이 있음은 앞서 언급한 바 있다.

이토의 최후는 자료에 따라 조금씩 달리 묘사되고 있다. 심지어는 당시 열차 안에 있던 인물들의 증언도 조금씩 다르다. 사소한 듯하지만 이 차이는 상당한 의미가 있다. 왜냐하면 이토의 최후 장면에 대한 묘사가 어떠한가에 따라 크게는 이토의 죽음이 가진 역사적 의미에 대한 해석이 달라지고 작게는 이토의 인물 됨됨이에 대한 평가가 달라질 수 있기 때문이다.

이토의 최후 장면에 대한 묘사를 통해 일본 측에서 펴는 주장 가운데 가장 자극적인 것은 이토의 죽음이 대한제국의 멸망, 즉 식민지화를 앞당겼다는 것이다. 즉 한국인이 자신을 쏘았다는 말을 전해

들은 이토가 '바보 같은 놈'이라는 발언을 했다고 서술하고, 온건파인 이토 자신이 죽게 되면 결국 강경파의 주장대로 대한제국을 병합하게 될 것이라는 예상을 하고 안타깝게 여겼다는 것이다. 이러한 해석은 사실 성립할 수 없다. 앞서 언급했지만, 1909년 10월 26일 시점은 이미 이토가 한국의 병합을 찬성하는 뜻을 밝힌 이후이며 또한 일본 내각에서 '한국 병합에 관한 건'을 의결한 이후였기 때문이다.

그럼에도 일본에서는 이토가 무언가를 말하거나 특별한 행동을 했다는 주장이나 소문이 거듭 나타났다. 우선 당시 현장에 있었던 일본 관리의 진술을 살펴보자.

〔가〕공작의 부상을 듣자 큰소리로 고야마(小山) 의사를 불렀고, 의사가 달려올 때를 전후하여 나카무라 만철 총재도 왔다. 총재는 본인(무로타 요시부미)과 반대로 오른쪽 앞에서 공작을 안고 같이 보행하여 맨 처음 하차한 객차로 향해 나아갔다. 이때 러시아 관헌, 장교, 수행원 및 본방인(本邦人, 일본인) 등이 잇달아 달려왔다. 본인은 공작의 모자를 벗기고 손에 든 지팡이를 빼서 이를 종자(從者)에게 주고, 공작을 안으로 안아 들여 객차 안 탁상에 옆으로 눕혔다. 고야마 의사가 홀로 치료를 하고 러시아군 배속 의사와 본방인으로 하얼빈에 사는 의사 아무개 등이 이를 도왔다. 그러나 이들 조력자의 이름, 연령, 주소는 모른다.[65]

〔나〕이토 공작이 난을 당했을 때 최초의 말은 위에서 말한 대로 '당했다'는 한 말뿐이었습니다. 나는 달려가 그의 몸을 떠받치고 '권총이니 염려 없습니다, 정신을 차리십시오'라고 말하고 격려하였던바, 공작은

'상당히 들어갔다, 틀렸다'고 말하였으므로 곧 기차로 되돌아가자고 나카무라와도 이야기하고 부축하여 기차로 데리고 가는 도중이었다고 생각됩니다만, 공작은 어떤 놈이냐고 물었으나 그 순간 나는 흉한(兇漢)이 어떤 사람인지 분명치 않으므로 잠자코 대답하지 않았습니다.

열차 안으로 들어가자 공작은 종자에게 명해서 오른쪽 발의 구두를 벗기게 하고 그때까지는 발을 들어 올렸으나 왼발을 벗길 때는 벌써 그런 기력도 없었습니다. 그리고 의사가 상의 등의 단추를 벗기고 상처를 임검(臨檢)할 때 이미 치명상이라는 것이 일견하여 명료하게 되었고, 깨어나게 하는 약이라고 하여 먼저 브랜디를 권하기로 되어 제1회에 한 잔을 권했던바 괴로운 빛도 없이 마셔버렸습니다. 마침 그때였다고 생각됩니다만 통역이 와서 '범인은 한국인이며 곧 포박하였다'고 고하였더니, 공작은 이것을 이해하고 '바보 같은 놈이다'라고 말했습니다. 이때 한편으로는 주사를 시작하고 5분 뒤 또 브랜디 한 잔을 권하였을 즈음, 공작은 벌써 머리를 들지도 못하게 되었으므로 그대로 입에 부어 넣은 지 1~2분 사이에 아주 절명(絶命)하였던 실정이었습니다.[66]

두 자료 모두 이토와 동행했던 귀족원 의원 무로타 요시부미의 진술이다. 〔가〕는 11월 20일, 〔나〕는 12월 16일의 것이므로, 모두 사건 당시의 진술은 아니며 둘 사이에도 시간 차이가 있다. 〔가〕로 보건대 무로타는 당시 상당히 당황했던 듯하다. 또한 객차 내에서 이토와 대화를 나눌 수 있는 상황은 아니었을 것으로 보인다. 그런데 12월의 진술인 〔나〕에서는 이토의 말을 자세히 기록하고 있다. "도중이었다고 생각됩니다만"이나 "그때였다고 생각됩니다만"과 같은 말로 기억을 더듬어서, 죽어가던 이토가 특별한 발언을 한 것으로 서술하고 있다. 〔가〕로 볼 때 〔나〕와 같은 자세한 상황의 기억은 가능하지 않을 것 같다. 억지로 기억을 되살려내는 과정에서 무로타 자신의 생각이 개입된 것은 아니었을까?

사실 무로타는 일종의 음모론을 주장했던 인물이다. 그는 "한 사람의 한국인 손에 이토가 살해되고, 수행원 몇 사람이 부상한 것을 인정할 수 없다는 편견"[67]을 가지고 있었다고 판단되는데, 그 때문인지 '복수 범인설'이나 '러시아 개입설'과 같은 주장의 근거가 될 만한 증언들을 내놓고 있다. 이러한 편견이 당시 상황을 구체적인 형태로 '재구성'하게 만든 것은 아닐까 의심해볼 만하다. 만약 그렇다면 무로타가 그려낸 이토의 최후는 실제 상황보다 무로타의 생각이나 희망에 가까운 것은 아닐까 한다.

『오사카마이니치신문(大阪每日新聞)』의 호외에서도 이토의 발언을 소개하고 있는데, 여기에 특별한 해석을 더하지는 않았다. "당했다. 3발가량 탄알이 몸에 들어온 모양이다"나 "어떤 놈인가? 모리도 당했는가?"라는 발언을 소개했지만 동시에 "얼마 지나지 않아 말을 못하고 30분쯤 지난 오전 10시 낙명(落命)했다"라고 서술했을 뿐이다.[68]

바로 숨이 끊어지지는 않고 상황을 파악해보려고 했다는 정도의 해석은 가능하겠지만, 특정한 정치적 의미를 담은 발언을 했을 것이라는 추정을 하기는 어렵다. 다만 이토의 사망 시각을 10시로 제시하고 있는 것을 보면, 기사를 작성한 기자 또한 이토가 최후에 무언가 말을 했으리라는 기대를 품었던 것 같다.

'이토가 죽기 직전 무엇인가 말을 했다'는 이야기는, 일본을 거쳐 당시의 대한제국의 궁궐에도 전해졌다. 그런데 그 해석은 조금 달랐던 듯하다.

이어 (민병석이 황제께) 말했습니다.
"후루야(古谷) 비서관으로부터 하얼빈에서의 실황을 들었는데, 태사(太師, 이토)가 기차에서 내려 각국 사람들과 일본인에게 인사를 끝내고 돌아갈 때 일본인 환영단의 후방 태사까지 5보 언저리에서 갑자기 발포하여 3발이 명중하였는데 태사의 부상은 8개 처가 있었다 합니다. 이때 태사는 보행하여 다시 열차에 타고 '흉행자'는 어떤 놈이냐고 물어 조선인이라고 대답했더니, 태사는 '바가(馬鹿)'라고 말하고 혀를 옆으로 내고 온몸의 힘을 들일 때에 절명하였다고 합니다."

궁상(宮相, 민병석)이 '바가'를 우리나라 말의 '못난 놈'의 의미라고 설명하였다. 또 다음과 같이 말했다.
"만약 이 태사(이토)가 한국인이었다면 이 경우에 반드시 원수 갚을 것을 유언하였을 것인데, 조금도 그런 일이 없이 '바가'의 한마디 말로 눈을 감았습니다. 용장(勇壯)한 영웅이 아니고서는 하지 못할 바입니다."[69]

이토의 장례식에 파견되었다가 돌아온 궁내부 대신 민병석(閔丙奭)이 순종 황제를 알현하여 보고하는 장면이다. 일본 측에서 정탐하여 기록한 자료이기 때문에 기록자인 일본인의 편견이 개입되었거나, 이를 의식한 민병석이 조심해서 발언했을 가능성도 있다. 그렇지만 한 가지 분명한 점은 당시 일본 내부에서 '이토의 유언'에 대한 소문이 그의 영웅성을 강조하는 형태로 유통되었으리라는 점이다. 부축을 받거나 업혀서가 아니라 '보행', 즉 걸어서 기차 안으로 들어갔고 욕설 정도의 발언을 하는 것으로 그쳤다고 했다. 한국인과 대비한 해석이 후루야의 것인지 민병석의 것인지는 불분명하지만, 이토의 발언에 어떤 정치적 함의가 담겨 있다고는 생각하지 않았던 듯하다.

민병석이 전하고 있는 소문은 분명히 사실과 거리가 있다. 3발의 총을 맞은 이토가 걸어서 기차 안으로 들어갈 수 있는 상황은 아니었기 때문이다. 여기에는 이토의 죽음을 그의 위상에 걸맞은 영웅의 모습으로 형상화하려는 의도가 엿보인다. 거물의 죽음에 대한 상상력이 작용하고 있었을 것이다.

그런데 이러한 소문은 그것이 정치적인 함의를 담고 있는 것이건 영웅성을 강조하는 것이건 당시 한국인들에게는 그대로 받아들일 수 없는 성격의 것이었다. 그런 때문인지 박은식은 '이토의 유언'이라는 요소를 수용하되 그 맥락을 바꿔서 서술하고 있다.

이토는 기차에서 내려 러시아 대신과 악수를 하고 군대의 경례를 받은 후 각국 영사들이 있는 곳으로 서서히 걸어갔다. 안중근은 양복을 입고 권총을 지닌 채 러시아 군대의 뒤에 서서 살피고 있었다. 10보 거리에 다가오자 갑자기 들어가서 총을 들고 1발을 쏘아 이토의 가슴을 명중시켰다. 그렇지만 화포가 요란했기에 군대는 알아차리지 못했다. 두 번째 쏘아서 늑골을 명중시켜서야 군경(軍警)과 환영단들이 비로소 깨닫고 흩어지니, 안중근이 돌연 모습을 드러냈다. 이토가 손가락질하며 '바

보[馬鹿]'라고 욕하였다. 세 번째 쏘아서 배를 명중시키니, 이토가 땅에 엎어졌다.[70]

이토의 발언이 죽음을 눈앞에 둔 시점에서 행해진 것, 즉 유언이 아니라는 해석이다. 2발의 총탄을 맞고 나서 '욕설'을 했을 뿐이고 다시 1발의 총탄을 맞고는 땅에 엎어졌다고 했다. 황급했던 이토의 처지나 혼란에 빠진 하얼빈역의 상황을 고려할 때 이러한 설정은 다소 무리로 보인다. 그럼에도 박은식이 이처럼 묘사한 이유는 이토 사후의 소문들을 나름의 방식으로 해석하고 재구성하고자 했기 때문이다. '이토의 영웅적 죽음'이라는 담론을 부정하는 하나의 방식일 것이다.

이토의 최후에 대한 묘사는 오늘날에도 한국과 일본 사이에 상당한 차이가 있다. 최근에 나온 한국 측의 전기물에서는 이토가 즉사했고 아무런 말도 남기지 못했다고 서술하는 것이 일반적인 듯하다.[71] 반면 일본 측에서는 일부의 사례를 제외하면[72] 대부분 이토의 유언 장면을 비장하거나 영웅적으로 묘사하고 있다.

이런 차이에 대해서는 물론 사실의 측면에서 접근하여 시비를 가려낼 필요가 있다. 특히나 이토의 죽음이 대한제국의 멸망을 앞당겼다는 식의 설명으로 이어질 경우에 더욱 그러하다. 그렇지만 앞서 언급했듯이 이러한 설명은 이토가 이미 병합에 찬성하고 있었기 때문에 설득력이 없다. 이러한 설명은 어떤 의미에서는 왜곡에 해당할 것이다.

한편 정치적인 해석을 하지 않고 단순히 이토의 죽음을 영웅적으로 묘사하는 서술은 왜곡과 다른 차원에서 접근할 필요도 있다. 무로타의 예에서 볼 수 있듯이, 이는 기억의 문제라고 할 수 있다. 파편적인 기억을 온전하면서 구체적인 형태로 만드는 것이 인간의 상상력이다. 이토의 죽음이 하나의 질서 잡힌 서사로 만들어지는 과정에는 이러한 상상력이 적지 않게 작용했을 것이다. 무로타나 이후의 일본인, 그리고 박은식을 비롯한 한국인들의 상상력이 어떤 것이며 어떻게 형성되었는지를 앞으로 연구해볼 필요가 있다. 때로 상상력에 의해 형성된 기억은 의도적이거나 정치적인 왜곡보다 더 강한 영향력과 전파력을 가질 수도 있기 때문이다.

8장

사건의 파장과 반응, 그 표면과 이면

이토의 죽음은 세계를 뒤흔들 만한 충격적인 사건이었다. 10월 26일부터 11월 4일까지 이 사건과 관련된 전보가 9만여 통이었다는 점은 그 충격의 강도를 짐작하게 한다.[73] 특히 사건과 직접적인 관계가 있는 대한제국 및 일본, 러시아, 중국 등에서는 더욱 큰 반응을 보일 수밖에 없었다. 최근에는 이러한 반응에 대해 다각적인 연구가 이루어져 반응의 내용이나 방향에 대해서도 살펴볼 수 있다.[74]

가장 직접적인 영향을 받게 될 대한제국의 반응은 어떠했을까? 언뜻 보아서는 안중근이 기대했던 것과 상당히 달랐던 것 같다. 적어도 표면적으로는 이토에 대한 애도 분위기를 조성하고 있었던 것처럼 보이기 때문이다. 11월 4일에 순종 황제가 이토의 업적을 기리고 그 죽음을 애석해하는 문구로 가득한 '조칙'을 발표한 것이 그 상징적인 사례라고 할 만하다.[75] 대한제국 정부는 이미 10월 27일 각의에서 칙사를 파견할 것 등의 조치를 결정했고, 28일부터 30일까지 학교와 상점 등에 휴업을 명한 바 있었다.

그렇지만 대한제국 황실에서 보낸 칙사는 일본 측의 환영을 받지 못했다. 사건 직후 하얼빈으로 파견된 윤덕영, 조민희, 이완용 등은 이토의 시신이 실린 배에 오르지도 못하고 돌아왔다. 11월 14일 이토의 장례식에 조문사로 파견된 민병석, 김윤식, 유길준 등은 일본 측이 이들을 특별히 예우했다고는 했지만 그렇다고 환영받았다고 말하기는 어려웠다.

한편 민간에서도 이토 히로부미 추모의 분위기를 조성하는 무리가 있었다. 국민사죄단을 일본에 파견하기 위한 단체를 조직하려는 이들이 있었는가 하면, 이토의 추도회를 개최하는 이들도 있었다. 심지어는 이토의 송덕비(頌德碑)를 건립하자고 주장하고 실천에 옮기는 이들도 있었다.[76]

이토 히로부미 추모의 움직임에는 나름의 이유가 있었을 것이다. 황실의 입장에서는 무엇보다 황실 자체의 유지를 도모할 필요가 있었다. 우선 1907년에 고종 황제가 강제로 물러난 경험이 있었다. 실제로 일본 측에서는 한편으로는 "원래 음모에 기술 있는 당국인의 일인지라, 깊이 이면에 있어서 놀라운 암류(暗流)가 잠재한 것이 없을 것인지 다소의 의문이 없을 수 없다"[77]라고 보고하는 등 안중근과 대한제국 내부 인사의 관계에 대한 의심을 완전히 거두지 않았다.

이와 함께 일본에 머물고 있는 황태자의 신변 안전 문제도 황실이 이토의 추모에 적극적으로 나선 이유였을 것이다. 대한제국 황실의 이러한 굴욕적 태도가 '황실이 곧 국가'라는 전근대 시기의 국가론에 기인한 것이라는 비판은 정당한 것이지만,[78] 동시에 이토에 대한 추모 행위가 황실의 인식이나 감정을 그대로 반영하는 것이라고 해석할 수는 없을 것이다.

민간에서 형성된 이토 추모의 움직임에는 개인에 따라 각기 다른 목적이나 이유가 있었던 것으로 보인다. 그중에는 실제로 이토를 추모하거나 일본을 추종하는 이들도 있었을 것이다. 반면 황실이 그랬던 것처럼 일본 측의 시선을 의식하여 행동에 나선 이들도 있었을 것이다. 일본 측에서도 대한제국 내에서 벌어지는 일련의 움직임을 주의 깊게 살피고 있었는데, 그들은 '불순한 의도'를 가진 이들도 있다고 파악하고 있었다. 즉 일본 측의 환심을 사서 자신의 입지를 굳히려는 '책략(策略)'을 갖고 행동하는 이들이 있고,[79] "이를 구실로 기부금을 모집하여 생계의 밑천을 삼고자 하는 야심"이 있는 무리도 있었다는 것이다.[80]

대한제국에는 이미 통감부가 설치되어 있었고, 이런 상황에서 황실이나 민간에 이토의 추모 분위기가 형성되었다고 해서 그것을 진심에서 우러나온 것이라고 이야기할 수만은 없다. 통감부에서도 그러한 '진심'까지를 바라지는 않았을 것이다. 조문단이 파견되고 추모 행사가 벌어지는 상황 자체만으로도 만족했을지 모른다. 앞으로의 본격적인 식민화에 저항할 의지나 능력이 없다는 뜻으로 해석할 수 있을 뿐만 아니라, 행사 자체로 국제사회에 내보일 선전 자료가 될 수 있기 때문이다.

그렇지만 이러한 '진심'의 문제 또한 주목할 필요가 있다. 안중근이 구상했을 '장기적인 계획'이 실현될 수 있을지를 이를 통해 점검해볼 수 있기 때문이다. 또한 사건에 대한 인식과 반응에 더욱 입체적으로 접근할 수 있는 단서를 찾을 수 있기 때문이기도 하다. 각기 다른 성향을 지닌 세 인물의 글을 통해 당시 대한제국의 풍경을 살펴보자.

〔가〕 (10월 26일) 정치란 서글픈 것이다. 이토 공의 이번 암살은 공공의 불행으로 증오를 일으켜야 했음에도 불구하고 그러한 모습은 일본인들이나 몇몇 친일파 한국인들에게서만 보일 뿐이고, 일반 민중에게는 오히려 그것이 기쁜 소식으로 받아들여지고 있을뿐더러 그런 감정이 아주 전반적이다. 이토 공이 한국에 가져다준 그 모든 공적과 실질적인 이익까지도 한국을 억압하려는 수단으로 간주되고 있다. 그 결과 1895년 10월 왕비의 암살, 1910년 11월 보호 조약, 1907년 7월 황제의 폐위 등등이 모두 그의 책임으로 돌려지고 있다. 그러므로 그의 암살은 정당한 복수로 여겨져 모두가 기뻐하고 있다.[81]

〔나〕 26일 화요일 흐림. 밤에 만주에서 전보가 왔다. 이토 공작이 하얼빈에서 해를 입었는데, 총을 쏜 자는 한국인이라 하였다. 이토가 이번에 간 것은 러시아 대장대신과 만주의 일을 말하고 장차는 베이징으로 가서 입헌고문이 되고자 한 것이었다. 모두 동양에 크게 관계가 있는 일인데, 홀연 이 변고를 만났던 것이다. 이토는 일본의 유신 원훈으로 6대주에 이름난 인물이다. 큰 별이 홀연 떨어지니 산하가 진동한다. 범행을 한 자는 어떤 사람인지 알지 못하지만, 또한 애국자일 것이요 죽음을 두려워하지 않는 사내일 것이다.[82]

〔다〕 하루가 채 지나지 않아 그 소식이 동서양에 전신으로 전해지니, 만국이 모두 놀라서 조선에 아직 사람이 있다고 여겼다. 안중근과 거사를 함께 도모한 10여 명이 모두 붙잡혔는데, 안중근은 웃으면서 "나는 이미 일을 성공하였으니, 죽음이야 누가 알겠는가"라고 말했다 한다. 소

식이 서울에 이르자 사람들이 감히 통쾌하다고 칭송하지는 못하였지만, 모두 어깨를 추켜세웠다. 그리고 저마다 깊숙한 방에서 술을 따르며 경하(慶賀)하였다.[83]

[가]는 천주교의 대표자인 뮈텔 주교의 일기이며, [나]는 황실에서 파견한 조문단에 원로 대표로 참여한 김윤식의 일기이다. [다]는 1910년 망국의 소식을 듣고 자결한 황현이 남긴 『매천야록』의 한 부분이다.

[가]에서는 한국 내부의 분위기를 비교적 객관적인 위치에서 묘사하고 있다. 뮈텔 주교 자신이 "암살"에 대해 부정적인 생각을 갖고 있었는데도 대다수의 한국인들이 "복수"로 여겨 기뻐하고 있다고 기술하고 있다. 바로 다음 날 천주교인이 연루되었을 것이라는 소식이 전해지면서 뮈텔 주교는 더욱 복잡한 상황에 처하게 된다. "불행히도 오늘 오후 또 다롄에서 온 전보가 우리의 모든 희망을 수포로 돌아가게 했다"[84]라고 근심하거나 "신문들이 암살자에 대해 이러저러한 소식을 전하고 있으나, 그가 천주교인이라는 사실은 더 이상 거론되지 않고 있다"[85]라고 안도하는 데서 알 수 있듯이, 그의 가장 큰 관심거리는 천주교가 이 사건에 연루될 것인가 하는 문제였기 때문이다.

[나]에서는 당시 조선 사회의 지식인이나 관료의 복합적인 심정을 찾아볼 수 있다. 외교 업무를 맡은 적이 있기 때문에, 김윤식은 이토 히로부미나 그의 사위인 스에마쓰 겐초(末松謙澄)와 안면이 있었다. 그럼에도 김윤식은 "범행을 한 자"가 "애국자"나 "죽음을 두려워하

지 않는 사내"일 것으로 예상했다. 이러한 발언이 어떤 심리에서 나온 것인지는 단정할 수 없지만, 발언 자체에 "범행을 한 자"에 대한 긍정적인 시선이 깔려 있음은 부정하기 어렵다. 사건이 미칠 파장에 대한 우려와는 다른 차원에서 그렇다. 김윤식이 지식인·관료 집단의 시각을 얼마나 대표할 수 있을지에 대해서는 논란의 여지가 있겠지만, 이들 집단의 시각이 단순하거나 획일적인 것이 아니었음은 여기서 확인할 수 있다.

〔다〕에서는 보통 사람들이 느꼈던 감정과 그에 따른 행동의 양상을 엿볼 수 있다. '겉으로는 칭송하지 못한다'는 것과 '깊숙한 방에서 경하한다'는 것은 이들의 양면적인 행동과 심리를 대변하는 표현일 것이다. 즉 표면에 드러나는 행동과 이면에 품은 생각이 일치하지 않는다는 것이다. 박은식이 "나라 안의 소년 가운데 심상(心喪)을 입은 이가 있었다"[86]라고 서술한 것은 이런 상황에 대한 가장 적절한 표현일 것이다.

세 가지 사례만을 거론했지만, 이러한 사례만으로도 안중근의 거사와 이토 히로부미의 죽음에 대한 당대인들의 '인식'을 연구하기 위해서는 더욱 세밀한 접근이 필요함을 느낄 수 있다. 행동이 아닌 인식의 차원을 연구하고자 할 때 특히 그러할 것이다. 물론 외국의 반응에 대해서도 표면과 이면을 함께 탐색하는 연구가 앞으로 이루어져야 할 것이다.

국내의 반응이 안중근의 기대와 달랐을 것이라는 해석은 그 표면을 보았을 때 성립할 수 있다. 이면, 즉 사람들의 마음에 표면의 행동과 일치하지 않는 인식이 존재하고 있다면, 그 인식은 어떤 계기나 상황 아래에서는 실제의 행동으로 바뀔 수도 있다. 인식의 존재는 그래서 의미 있는 문제이다. 그리고 뒷날 우리의 독립운동사에서 안중근을 모범으로 삼은 인물이 다수 배출된 것은, 그러한 가능성이 실현된 사례라고 해석할 수 있을 것이다.

만약 당시 한국인이 마음껏 자신의 감정을 밝힐 수 있었다면 그 모습은 어떠했을까? 그것은 '깊숙한 방에서의 경하'가 아닐 것이다. 아마도 중국 땅에 망명했던 시인 김택영이 읊은 시 「의병장 안중근이 나라 원수를 갚은 일을 듣고(聞義兵將安重根報國讎事)」와 같은 모습은 아니었을까 한다. 다음은 김택영이 읊은 시의 첫 번째 수이다.

평안 장사가 두 눈 부릅뜨고
양을 잡듯 나라 원수 쾌히 죽였네.
죽지 않아 기쁜 소식 들으니
국화 옆에서 마음껏 노래하고 춤춘다네.
平安壯士目雙張 快殺邦讎以殺羊
未死得聞消息好 狂歌亂舞菊花傍[87]

5부

재판, 그리고 사후의 풍경

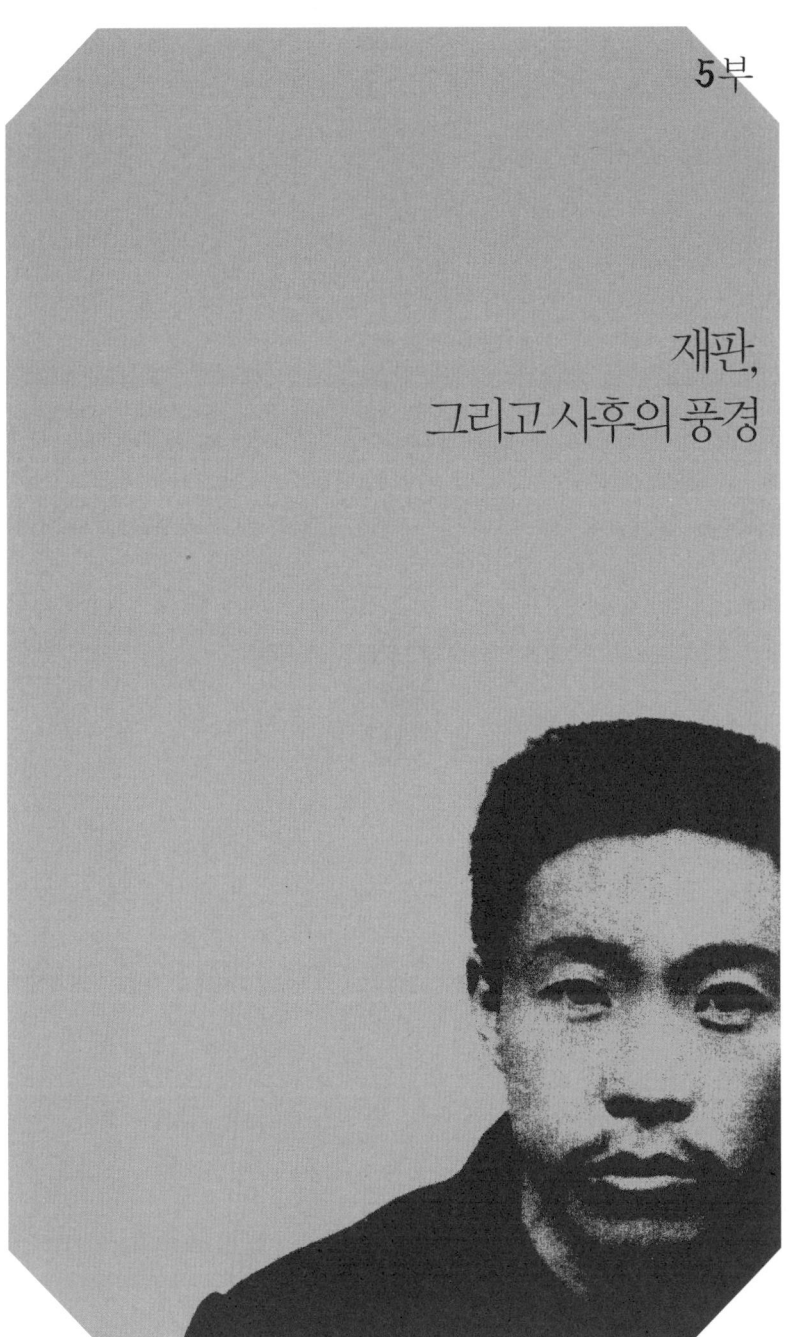

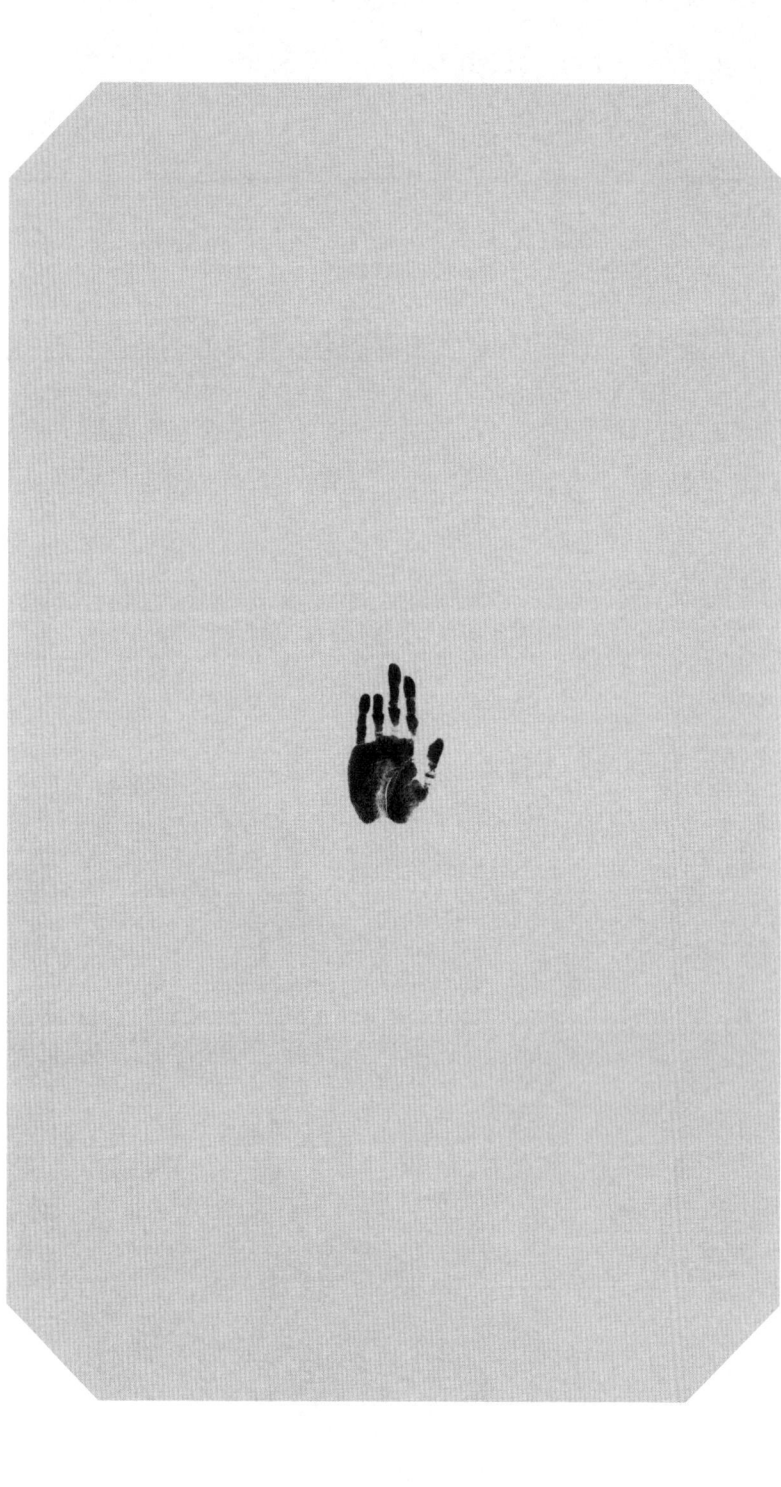

1장
이토 히로부미의 죄를 밝히다

1909년 10월 26일 밤 하얼빈의 일본 영사관에 넘겨진 안중근은 이후 일본 측으로부터 본격적인 신문을 받았다. 그는 신문 첫 장면을 기록하면서 자신이 이토 히로부미를 쏜 이유를 15개 항목으로 정리해서 밝혔다. 거사를 계획할 때부터 이토의 죄상을 세상에 널리 알리는 데 목표를 두었기에 가능한 일이었을 것이다. 「안응칠역사」를 통해 안중근이 어떤 이유로 이토에게 총을 쏘았다고 주장했는지 살펴보자.

그 뒤에 이곳(일본 영사관) 관리가 두 차례 심문했다. 4~5일 뒤에는 미조부치 다카오(溝淵孝雄) 검찰관이 와서 다시 심문하였다. 전후의 역사를 자세히 공술(供述)하였다. 또 이토를 가해(加害)한 일에 대해서 물었는데, 나는 이렇게 답했다.

"1. 한국 민황후(閔皇后)를 시해한 죄요, 2. 한국 황제를 폐위시킨 죄요, 3. 5조약과 7조약을 강제로 체결한 죄요, 4. 무고한 한국인들을 학살한 죄요, 5. 정권을 강제로 빼앗은 죄요, 6. 철도, 광산, 산림, 천택을 강제로 빼앗은 죄요, 7. 제일은행권 지폐를 강제로 유통시킨 죄요, 8. 군대를 해산한 죄요, 9. 교육을 방해한 죄요, 10. 한국인들의 외국 유학을 금지시킨 죄요, 11. 교과서를 압수하여 불태워버린 죄요, 12. '한국인은 일본의 보호를 받기 원한다'고 세계를 속인 죄요, 13. 현재 한국과 일본 사이에 경쟁과 살육이 끊이지 않고 있는데도 한국이 태평무사한 것처럼 위로 천황을 속인 죄요, 14. 동양평화를 파괴한 죄요, 15. 일본 천황 폐하의 부황(父皇)인 태황제(太皇帝)를 시해한 죄이다."

검찰관이 다 듣고 나서 놀라면서 이렇게 말했다.

"이제 진술을 들으니 가히 '동양의 의사(義士)'라 할 만하다. 그대는 의사이니 분명 사형을 당할 법은 없을 것이다. 걱정하지 말라."

나는 대답하였다.

"내가 죽고 사는 것은 논할 것 없다. 이 뜻을 속히 일본 천황 폐하께 아뢰어 속히 이토의 옳지 못한 정략을 고침으로써 동양의 위급한 대세를 바로잡기를 간절히 바란다."[1]

안중근은 1909년 10월 30일 미조부치 다카오 검찰관 앞에서 이토의 죄목 15개항을 진술한다. 검사 외에 서기와 통역이 이 자리에 함께 있었다. 이때 미조부치 검찰관은 사건 당시의 상황과 무기의 출처, 동지의 유무 등을 물었으며, 이와 함께 이토의 '업적'을 거론하며 안중근의 주장을 일부 반박하기도 했다. 물론 일본 측 기록에는 검찰관 등이 놀라면서 칭송했다는 등의 내용은 남아 있지 않다.[2]

안중근이 제기한 이토의 죄목 15개항은 자료에 따라 조금씩 달리 기록되어 있다. 예컨대 박은식은 '대한의 독립을 파괴한 일'의 포괄적인 항목을 앞세워서 총 13개항으로 기록하고 있다. 세부 내용에도 약간 차이가 있다.³ 「안응칠역사」와 일본 측에서 작성한 신문조서 사이에도 차이가 있다. 전체가 15개 항목인 점은 같지만, 순서와 내용에 약간 다르다. 신문조서에서는 항목별로 부연 설명을 하고 있는데, 이를 요약하면 다음과 같이 정리할 수 있다. 일본 측에서 작성한 문서이므로 용어에 차이가 있는데, 이는 그대로 두고 제시한다. 또 〔 〕 안에는 「안응칠역사」의 해당 항목을 표시한다.

① 한국의 왕비를 살해한 일〔1〕
② 한국에게 불리한 5조약을 체결한 일〔3-1〕
③ 한국에 군사상 불리한 12조약을 체결한 일〔3-2〕
④ 한국 황제의 폐위를 도모한 일〔2〕
⑤ 한국 군대를 해산한 일〔8〕
⑥ 의병이 일어나자 한국의 양민을 다수 살해한 일〔4〕
⑦ 한국의 정치 기타의 권리를 약탈한 일〔5〕
⑧ 교과서의 소각을 지휘한 일〔11〕
⑨ 제일은행권을 발행하게 한 일〔7〕
⑩ 신문 구독을 금지한 일
⑪ 국채 2,300만 원을 모집하여 사용한 일
⑫ 동양평화를 교란한 일〔14〕
⑬ 한국 보호의 명분으로 한국이 원치 않는 불리한 시정을 편 일
⑭ 일본 황제의 부군(父君)을 없애버린 일〔15〕
⑮ 한국이 무사하다고 일본 황제와 세계 각국을 속인 일〔12, 13〕

이상에서 볼 수 있듯이, 두 자료에서 12개 항목은 내용상 거의 일치하지만 3개 항목은 차이가 있다. 달라진 항목을 살펴보자.

「안응칠역사」에만 있는 항목

6. 철도, 광산, 산림, 천택을 강제로 빼앗은 죄
9. 교육을 방해한 죄
10. 한국인들의 외국 유학을 금지시킨 죄

일본 측 신문조서에만 있는 항목

⑩ 신문 구독을 금지한 일
⑪ 국채 2,300만 원을 모집하여 사용한 일
⑬ 한국 보호의 명분으로 한국이 원치 않는 불리한 시정을 편 일

위의 여섯 항목 가운데 다섯 가지는 교육과 경제에 대한 것이다. ⑬의 "불리한 시정"은 구체적인 특정 상황보다는 포괄적인 실정(失政)을 뜻한다. 조금 적극적으로 해석한다면 일부 한국 관료들을 앞세워 전횡을 하고 있다는 의미이다. 이는 군대 해산, 황제 폐위 등과 같은 구체적인 사건을 지칭하는 것은 아니다.

이처럼 안중근이 15개 항목을 통해 제시한 이토의 죄목에는 구체적인 사건과 포괄적인 정책, 정치적 사건과 교육 및 경제 문제가 함께 거론되어 있다. 두 자료를 합하여 18개 항목으로 이해할 경우에도 상황은 같다. 이 죄목들을 다시 정리하면 '대한제국의 독립에 이미 많은 해악을 끼쳤고, 앞으로 대한제국이 독립국가로 자리 잡는

데 방해가 될 정책을 펴고 있다'는 정도로 요약할 수 있을 것이다.

한편 15개 항목 가운데 대한제국의 내부 문제와는 다소 거리가 있는 문제가 포함되어 있다는 점도 주목할 만하다. 동양평화를 파괴했다거나 세계 각국을 속였다는 지적은 궁극적으로는 대한제국의 독립과 연관된 문제를 거론한 것이지만, 일본 천황을 속이고 그 아버지를 살해했다는 지적은 그러한 범주를 넘어선다.

일본 천황을 속였다거나 일본 천황의 아버지, 즉 선대의 천황을 살해했다는 지적이 사실과 부합하는지는 좀 더 검토해볼 필요가 있다. 앞의 문제는 메이지(明治) 천황의 역할을 보는 관점에 따라 다른 해석이 있을 수 있겠지만, 안중근은 일관되게 '이토가 천황을 속였다'는 주장을 펴고 있다. 이는 천주교에 바탕을 두고 형성된 군주관의 결과로도 해석할 수 있는 것이어서[4] 안중근 특유의 관점이라고 할 만하다.

반면 후자의 문제는 사실과 다를 가능성이 높다. 고메이(孝明) 천황이 사망한 것은 1866년인데, 이때 이토는 천황에게 접근할 만한 위치에 있지 않았기 때문이다. 그렇지만 안중근이 전혀 근거 없는 이야기를 지어낸 것은 아니다. "책 제목은 잊었지만 일본인이 만든 서적에 기재되어 있었다"[5]라고 진술했듯이, 일본인이 쓴 책에서 읽은 내용이기 때문이다.

'이토의 고메이 천황 암살설'은 오늘날에도 남아 있다.[6] 원래 신분이 낮고 특별한 공을 세우지 못했던 이토가 메이지 정권의 실력자로 부상한 이유에 대해 의문을 갖는 사람이 많았고, 그 '숨겨진 이유'를 찾는 데서 이러한 이야기가 퍼진 것이었다. 내용의 사실성에는 문제가 있지만, 그럼에도 이는 안중근이 일본 내부의 역사나 동향에 대해 상당한 관심을 가지고 있었다는 의미로 해석할 수 있어서 주목할 만하다.

안중근이 이토 히로부미의 죄상 15개 항목을 거론한 것은 일부 착오가 있음에도 중요한 의미와 효과를 지닌다.

첫째, 안중근이 형가와 같은 '협객(俠客)'의 차원에서 거사를 벌인 것이 아님을 입증한다. 박은식이 거듭 지적했듯이 당시 중국 등에서는 형가에 비유하여 안중근을 평가하는 사례가 많았지만,[7] 안중근은 자신의 판단에 따라 뚜렷한 주장을 펼치고 있어 형가와는 거리가 있음을 확인할 수 있다.

둘째, 이토의 일본에 대한 불충(不忠)을 거론하여 일본에서도 그가 용서받을 수 없는 인물이라는 점을 부각시킴으로써 '일본 전체'는 적대시하지 않도록 했다는 점을 주목할 만하다. 안중근이 주장하는 '동양평화론'에서 일본의 역할이 중시되고 있음은 이미 알려진 사실이다. 또 앞서 살펴보았듯이 안중근은 일본군 포로를 석방하면서 일본 내부에서의 변화를 원한 바도 있다. 이러한 구상을 실현하기 위해서는 이토를 쏜 것이 일본 전체를 적으로 삼는 것과는 다르다는 점을 분명히 할 필요가 있었다. 15개 항목 가운데 일본 내부의 문제를 거론한 것은 이러한 효과를 낳을 수 있다.

셋째, 안중근의 궁극적인 목표가 평화에 있다는 점을 확인할 수 있다. '동양평화론'의 단서가 될 만한 부분을 이 15개 조항에서 확인할 수 있거니와, 안중근이 거론한 이토의 죄상은 자연스러운 질서와 평화를 파괴한 것으로도 요약할 수 있기 때문이다. 대한제국의 입장에서 피해를 입은 것은 사실이지만, 안중근은 대표적인 피해 사례들을 거론하면서도 복수나 경쟁과 같은 의미는 부여하지 않고 있다. 이는 이토에 대한 응징이나 복수보다는 향후의 평화에 안중근의 시선이 놓여 있었다는 의미로 해석할 수 있을 것이다.

| 2장
뤼순 감옥의 풍경

하얼빈 일본 영사관에서의 신문이 끝난 뒤, 일본 측에서는 안중근을 뤼순 감옥으로 옮겼다. 안중근 이외에도 체포된 8명이 함께 압송되었는데, 이들이 뤼순 감옥에 도착한 때는 11월 3일이었다. 함께 뤼순 감옥으로 옮겨진 8명은 연루자인 우덕순, 조도선과 혐의자인 김성옥, 유동하, 탁공규(卓公圭), 정대호, 김여수(金麗水), 김형재(金衡在)였다.[8]

안중근 등 9명은 기차로 이동했는데, 안중근은 이 과정에서 일본 순사에게 폭행을 당하기도 했다. 호송을 맡은 헌병이 그 순사를 몰아내고서 "어느 나라에나 좋지 못한 사람이 있는 법"이라며 안중근을 위로했다지만, 이토를 죽인 안중근에 대해 분노한 일본인이 적지 않았다는 점을 여기서 짐작할 수 있다. 당시 뤼순 감옥의 간수였으며 이후 평생 동안 안중근을 공경했다는 지바 도시치(千葉十七) 또한 사건 소식을 듣고서 분노와 증오를 느꼈다고 기록하고 있으니,[9] 특별히 품행이 나쁜 순사의 돌발적 행동으로만 여길 수는 없을 것이다.

그런데 뤼순 감옥에 도착해서는 안중근에 대한 적대적 행위가 없었던 모양이다. 안중근은 그곳에서 오히려 감동을 느끼기까지 했다고 기록하고 있다. 다음은 「안응칠역사」의 한 부분이다.

나날이 점차 가까워지면서 전옥(典獄), 경수계장(警守係長)과 그 아래의 일반 관리들이 특별히 후대하니, 나는 감동하지 않을 수 없었다. 가끔은 마음속으로 의아스럽게 여기기도 하였다.
'이것이 현실인가, 아니면 꿈인가? 같은 일본인인데 어찌 이처럼 크게 다른가? 한국에 와 있는 일본인은 어찌 그리도 억세고 모질며, 뤼순에 와 있는 일본인은 무슨 까닭에 이처럼 인후(仁厚)한 것인가? 한국과 뤼순에 종류가 다른 일본인이 와서 그런 것인가? 풍토와 풍속이 달라서 그런 것인가? 한국의 일본인이 권력자인 이토의 극악한 마음을 본받아서 그렇게 된 것인가? 뤼순의 일본인이 권력자인 도독(都督)의 인자한 덕을 따라서 그렇게 된 것인가?'
아무리 생각해보아도 그 이유를 깨달을 수 없었다.[10]

이처럼 안중근 스스로 각별한 대우를 받았다고 말하고 있거니와,[11] 『대한매일신보』에서도 "일주일에 두세 번 옥중에서 운동을 허락하고 있으며 심문하거나 폭력을 가하지 않고 자유롭게 생각하는 바를 말하도록 하는"[12] 등으로 일본인과 같은 대우를 받고 있다고 보도한 바 있다. 동료인 우덕순 또한 "대우만은 아주 훌륭하여 고기, 과자, 담배 모두 풍족하게 주었다"[13]라고 회고한 바 있다. 일부 소설이나 전기물에서 묘사한 바와 같은 고문이라거나 폭행 등은 없었던 셈이다.

뤼순 감옥에서 이처럼 안중근에게 특별한 대우를 한 이유는 무엇일까? 일반 청국인이나 한국인 죄수들에 대한 대우가 이와는 달랐던 점을 생각한다면, 여기에는 특별한 이유가 있었을 것이다. 그 가능성에 대해 잠시 검토해보자.

우선 안중근이 '뤼순에는 한국과는 다른 종류의 일본인들이 와 있는 것은 아닌지' 의심했다는 점을 주목하면, 뤼순 감옥에서 활동하던 일본인들이 특별한 성향을 지닌 이들이었는지를 살펴볼 필요가 있다. 실제로 이들 가운데 상당수가 출신 지역이나 정치적 성향에서 조슈(長州) 출신의 귀족인 이토와 적대적인 입장에 있었다는 지적도 있다.

즉 고등법원장 히라이시 우지히토(平石氏人), 변호사 미즈노 기치타로(水野吉泰郎), 검찰관 미조부치 다카오는 자유민권운동의 중심지인 도사번(土佐藩)의 고치(高知) 출신이며, 히로시마 출신인 전옥 구리하라 사다기치(栗原貞吉)와 가고시마 출신인 경시 사카이 요시아키(境喜明) 또한 이토에게 호의적이지 않았을 것으로 예상된다는 것이다.[14] 그리고 사카이 경시의 경우에는 사쓰마번(薩摩藩)의 사족(士族) 출신일 뿐 아니라 을미사변 당시에 재판의 심문을 맡은 적이 있어 당시의 진상이나 통감으로서 이토의 소행을 잘 알고 있어서 이토와 적대적이었을 수 있다는 견해도 제시된 바 있다.[15] 이처럼 '뤼순의 일본인들'에 대한 분석은 당시 일본 내부의 정치적·사상적 상황을 함께 고려하면서 '안중근'의 의미를 살피고 있다는 점에서 흥미롭다.

그렇지만 뤼순의 일본인들이 이토와 적대적일 수 있는 조건을 갖고 있었다 하더라도, 그것만으로 안중근을 특별 대우한 이유를 모두 설명할 수는 없다. 이토를 죽였다는 이유만으로 안중근을 증오하고 폭행했던 순사처럼 반응하지 않은 이유를 해명할 수 있을 뿐이다.

뤼순 감옥의 간수였던 헌병 지바 도시치의 사례는 감정의 변화를 보였다는 점에서 주목할 만하다. 사족(士族)은 아니었지만 이토에게 적대적일 수 있는 지역 출신이었던 지바는 처음에는 안중근을 증오했다고 했다. 그렇지만 점차 원래의 분노와 증오의 감정은 사라지고 오히려 존경하게 되었다고 한다. 1981년 일본 다이린지(大林寺)에 세워진 현창비문(顯彰碑文)에서는 지바가 안중근에게 존경의 마음을 품게 된 이유를 안중근이 "청렴한 인격의 소유자"였고 "평화를 향한 고매한 이념"을 가졌기 때문이라고 기록하고 있다.[16] 안중근을 대면하는 과정에서 점차 그 인격과 이념에 감동하게 되었다는 것이다.

뤼순의 일본 관리들도 모두 지바처럼 안중근이 제시하는 이념에 감동하여 그것을 받아들였다고 말할 만한 근거는 없다. 그렇지만 적어도 안중근의 태도를 보면서 그를 함부로 대할 수는 없다는 마음을 가졌을 가능성은 있다. 미조부치 검찰관이 안중근에게 '동양의 의사'라고 지칭했다는 「안응칠역사」의 기록 또한 이러한 상황에서 나온 것이 아닐까 한다. 미조부치는 첫 대면에서 "그대는 한국을 위하여 실로 충군애국(忠君愛國)의 사(士)"[17]라거나 "그대는 엽부(獵夫, 사냥꾼)라 하나 앞서부터의 응답에 의하면 엽부라고는 생각할 수 없는 점이 있다"[18]라는 등의 발언을 하고 있는데, 이는 안중근이 돈이나 복수를 목적으로 한 자객이 아니라[19] 이념을 위해 자신의 몸을 바친 인물임을 인식한 결과일 것이다. 이런 경우 설사 안중근이 편 이념에 동의하지 않는다 하더라도 인간으로서의 안중근에 대해 후하게 대우할 수 있을 것이다.

당시 뤼순 감옥에서 안중근 등을 거칠게 다룰 만한 상황이 아니었다는 점도 또 하나의 이유가 될 수 있다. 안중근이 대체로 일관된 진술을 하고 있었을 뿐 아니라, 많은 사람들이 모인 장소에서 벌어진 일이기 때문에 고문을 해서 얻어낼 수 있는 것도 별로 없었다. 게다가 세계 각국의 이목이 쏠려 있어서, '문명국가'로 인정받기를 원했던 일본 측에서 안중근을 거칠게 다룸으로써 비난을 받기를 원하지는 않았을 것이다.

이상과 같은 이유들이 복합적으로 작용한 결과인지, 안중근에 대한 신문 가운데 일부는 일종의 토론처럼 보이기도 한다. 특히 한국 역사와 최근의 사건, 그리고 이토 히로부미의 정책에 대한 평가 등의 주제에 대해서는 안중근과 일본인 검찰관 사이에 치열한 논쟁이 이어졌다. 그것은 서로 양보할 수 없는 토론이었다. 안중근으로서는 이토를 쏜 것이 정당한 행위였음을 입증해야 했고, 미조부치 검찰관으로서는 안중근의 행위가 잘못된 신념과 정보에서 비롯된 것임을 밝혀야 했다.

〔문〕 그대는 일본의 근세사를 읽었는가?

〔답〕 대개 읽어 알고 있다.

〔문〕 그렇다면 이토 공작이 어떠한 일을 하였는지를 알고 있는가?

안중근을 비롯하여 이후 신채호도 투옥되었던 뤼순 감옥의 내부 모습(위)과 안중근이 투옥되었던 방의 정경(아래). 현재는 중국 랴오닝성에 '여순일아감옥구지(旅順日俄監獄舊址)', 즉 뤼순에 있는 일본과 러시아의 옛 감옥 부지라는 이름으로 건물이 보존되어 있다.

〔답〕 잘한 일도 악하게 한 일도 다 알고 있다.

〔문〕 이토도 옛날에는 한 번 그대가 가지고 있는 것 같은 생각과 거의 동일한 사상을 가지고 있어서 배외사상(排外思想)이 강하였으므로 가로(家老, 가신 가운데 가장 높은 직위)를 죽이려고까지 하려는 생각이 있었던 모양이나, 한 번 서양에 가서 그 문명을 보고는 종래의 생각을 고쳤다고 한다. 그러한 일이 근세사에 있는 것을 보았는가?

〔답〕 그러한 일은 모두 알고 있다.

〔문〕 이토는 30세가 못 되었을 때 동지 6명과 같이 영국으로 가서 5~6개월 있는 동안 『타임스』 신문에 영국·미국·프랑스·네덜란드 4국이 연합하여 함대를 편성하고 일본의 시모노세키를 포격한다는 풍문이 있음을 듣고 학문을 그만두고 일본으로 돌아와 배외사상이 있는 사람에게까지 전쟁을 해서는 안 된다고 제지하였으므로 자국민을 위해서는 변절한 자라 하여 죽이려고 한 일이 있었던 역사를 알고 있는가?

〔답〕 그 일도 알고 있다. 일본은 처음 네덜란드와 무역을 개시하고 이토는 미국에도 건너가 크게 얻은 것이 있었다고 한 일과 일본으로 돌아와서 단발(斷髮)을 힘써 시행하였다는 일도 알고 있다.

(……)

〔문〕 그렇다면 일본이 동양평화를 창도(唱導)하고 한국을 멸망시킨다든가 또는 병합한다든가 해도 만국이 감시하고 있으므로 그러한 일은 될 까닭이 없다는 것도 그대는 알고 있는가?

〔답〕 나는 일본이 한국을 병합하고자 하는 야심이 있음에도 열국(列國)에서 감시만 하고 있는 이유도 알고 있다.

(……)

〔문〕 그렇다면 통감 정치를 분개할 이유가 없고 자국민의 무능함을 뉘우치지 않으면 안 되는 것이 아닌가?

〔답〕 나는 일본이 한국에 대하여 야심이 있건 없건 그러한 일에는 착안하고 있지 않다. 다만 동양평화라는 것을 안중에 두고 이토의 정책이 잘못되어 있는 것을 미워하는 것이다. 한국은 오늘날까지 진보하고 있으며, 다만 독립 자위(自衛)가 되지 않은 것은 군주국(君主國)인 결과에 기인하며, 그 책임이 위에 있는지 밑에 있는지는 의문일 것이라고 믿는다.

(……)

〔답〕 이토는 한국에 대해 보호한 실적이 조금도 없다.

〔문〕 보호한 실적이 있는가 없는가는 지금은 아직 모른다. 이후에 나타나는 것이다. 즉 한국이 일본의 보호를 받게 된 이래 식산, 공업 발달, 위생, 교통, 기타 내정은 점차로 완비되고 있으며, 그대와 같이 본국에 살지 않는 자는 그 은택을 입지 않으므로 모를 것이라 생각한다. 어떠한가?

〔답〕 위생, 교통 완비, 기타 학교 등의 설립이 있었던 일은 나도 알고 있다. 그러나 그것은 다 일본인을 위해 한 것으로 한국을 위해 진력(盡力)한 것은 아니라고 생각하고 있다.[20]

이토의 이력을 포함한 일본의 근세사, 만국공법과 국제 정세, 통감부 정책에 대한 평가에 이르기까지 다양한 주제들이 언급되고 있음을 여기서 엿볼 수 있다. 또한 이토와 일본에 대한 안중근의 연구가 결코 만만치 않았음을 확인할 수 있다. 안중근이 단순히 복수심에서 자신의 행동을 결정한 것은 아님을 볼 수 있는데, 이러한 점은 신문을 하고 있는 미조부치 검찰관이나 뤼순 감옥의 일본인들 또한 느꼈을 것이다. 담배, 과자, 차, 쌀밥, 내복, 이불, 과일, 우유 등을 구리하라 전옥이 제공하거나 닭과 담배 같은 것을 미조부치 검찰관이 사서 준 것은 이러한 느낌에 대한 반응이기도 할 것이다.[21]

안중근을 신문하면서 '토론'을 벌인 미조부치는 안중근보다 다섯 살이 많았다. 도쿄제대를 졸업하고 도쿄에서 잠시 근무한 뒤 관동도독부 고등법원으로 옮겼는데,[22] 신문 과정을 살펴보면 안중근을 설득하기 위해 자신의 지식과 논리를 최대한 동원하고 있음을 알 수 있다. 닭이나 담배를 사준 일 등을 보면 안중근에게 어느 정도는 개인적인 호감을 느꼈던 듯한데, 그렇다고 그가 안중근의 주장에 동의했다고 볼 만한 근거는 없다.

그런데 문학 작품에서는 미조부치 검찰관이 안중근에게 감화되었다거나 신문 과정에서 죄책감을 느꼈다는 방식으로 서술한 예도 보인다. 북한에서 일찍부터 연극으로 공연되었다고 알려진 「안중근, 이등박문을 쏘다」가 가장 대표적인 사례이다. 이 작품에서는 미조부치의 이력을 허구화하면서 그를 중요 인물로 등장시키고 있는데, 신문 장면에서는 안중근의 인품에 감화되어 깊은 고민에 빠지는 것으로 묘사하고 있다.[23] 이는 작품에서 미조부치를 과거 안중근이 석방해주었던 포로로 설정했기 때문이지만, 한편으로는 '토론' 상대인 미조부치를 과소평가하고 있는 느낌도 준다. 물론 미조부치의 실제 마음을 확인할 수는 없지만, 그가 신문에서 제시하는 주장 또한 자신의 지식과 신념으로부터 나온 것인 이상 그것이 몇 번의 만남과 토론만으로 무너질 것이라고 생각하기는 어려울 것 같다. 이는 상대,

즉 안중근의 인품이나 인간미에 대한 감동과는 별개의 문제이다.

미조부치 검찰관에 의한 안중근의 신문은 1909년 12월 21일까지 11회 동안 이어졌다. 미조부치는 한국어를 몰랐기 때문에 25세의 통역 소노키 스에키(園木末喜)가 두 사람의 의견을 전달해야 했다. 반면 1909년 11월 26일부터 1910년 2월 6일까지는 통감부 소속의 사카이 경시도 안중근을 신문했는데, 기록으로 남은 것이 모두 12회이다. 사카이 경시는 한국어를 잘했기 때문에 통역이 필요하지 않았다. 안중근이 "인정(人情)으로만 논한다면 점차 친근해져서 옛 친구의 우의(友誼)와 다를 바 없게 되었다"[24]라고 기록했듯이 그는 보다 자유롭게 대화를 나눌 수 있는 상대였다. 그렇지만 안중근은 사카이 경시 또한 자신과 정략(政略)에 대한 견해가 달랐다고 기록하고 있다. 뤼순의 일본 관리들과 '인정'에서는 가까워질 수 있었다 하더라도, 그것과 이념은 별개의 문제였던 셈이다.

그런데 토론에 가까웠던 신문 분위기는 어느 순간 갑자기 변했다고 한다. 안중근이 동생 안정근, 안공근과의 면회에서 변호사를 선임하고 신부에게 성사(聖事)를 부탁할 것을 논의한 이후에 어떤 변화가 있었던 모양이다. 「안응칠역사」를 살펴보자.

그 후 어느 날 검찰관이 와서 심문할 때의 일이었다. 그의 말과 모습이 이전과 크게 달라져서 누르거나 억지를 부리는 말도 있었고 능멸하는 태도도 있었다. 나는 '검찰관의 사상(思想)이 이처럼 갑자기 변하였으니, 이는 본심은 아닐 것이다. 바깥바람(客風)이 크게 불어닥쳤나 보다. 도심은 희미하고 인심은 위태롭다(道心惟微, 人心惟危)는 문구가 진실로 헛된 말이 아니구나'라고 생각하였다. 그리고 분연히 답하였다.

"일본이 비록 100만의 정예병과 1,000만 문의 대포를 갖추었다 해도, 안응칠의 목숨 하나 죽일 권력 이외에 다른 권력은 없다. 사람이 이 세상에 태어나 한 번 죽으면 그만인데, 무엇을 근심하겠는가. 나는 다시 대답하지 않을 것이니 마음대로 하라."

이로부터 나의 앞일은 크게 그릇될 듯했고 공판(公判)도 곡판(曲判)으로 변할 듯한 형세가 명확해졌다. 스스로 헤아려보니 그러했다. 게다가 언권(言權)은 금지되어 여러 가지 목적과 의견을 진술할 도리가 없어졌다. 일이 돌아가는 기미를 보건대 자취를 가리고 거짓을 꾸미려는 태도가 현저하게 드러났다.[25]

강압적으로 돌변한 미조부치를 보고서 안중근은 분명히 곡절이 있다고 판단하고 있다. 또한 이후에 불리한 일들이 전개될 것임을 예감했다. 실제로 영국과 러시아의 변호사를 선임하게 해준다던 약속이 깨졌다. 안중근은 외국인 변호사를 면회하고서는 이러한 조치는 '세계 일등국의 행동'이라고 여겼고 자신이 오해하여 과격한 수단을 쓰는 '망동(妄動)'을 한 것은 아니었는지 돌이켜본 일도 있었다.[26] 그렇지만 미조부치의 태도 변화에 이어서 일본인 관선 변호사만 허락한다는 조치가 내려진다. 일본이 일등국일지도 모른다는 안중근의 생각은 결과적으로 오해였던 셈이다.

일본 측에서는 대외적으로 문명국으로서의 면모를 과시해야 했지만, 동시에 자신의 뜻에 맞는 재판 결과를 얻어야 했다. 사법부의 독립을 실질적으로 보장해서는 두 가지 모순된 결과를 모두 얻을 수 없었다. 따라서 겉으로는 공정한 재판을 보장하는 자세를 보이면서도 실질적으로는 재판 과정과 결과에 관여해야 했다. 즉 히라이시 우지히토 고등법원장을 도쿄로 불러들이기까지 했고, 그가 뤼순으로 돌아온 1월 27일 이후에는 일본 정부에 의해 변경된 방침이 적용되었던 것이다. 그 결과는 안중근이 예상한 바처럼 '곡판'이 될 수밖에 없었다.

| 3장
| 재판의 경과와
| 이를 바라보는 시각

공판은 모두 6차에 걸쳐 진행되었다. 1910년 2월 7일의 첫 공판에서는 안중근에 대한 신문이, 8일의 2차 공판에서는 우덕순과 조도선에 대한 신문이 진행되었다. 9일의 3차 공판에서는 유동하에 대한 신문이 이루어졌는데, 이와 함께 안중근이 이토의 죄상과 거사의 목적을 진술했다. 10일의 4차 공판에서는 검찰관의 구형이, 12일의 5차 공판에서는 변호인의 변론과 안중근의 최후진술이 이어졌다. 14일의 6차 공판은 선고 공판이었다. 그 결과 안중근은 사형, 우덕순은 징역 3년, 조도선과 유동하는 징역 1년 6개월을 선고받았다. 이상이 불과 일주일 정도 만에 선고에까지 이른 공판의 개요이다. 이제 그 과정을 좀 더 세부적으로 살피면서 이 재판이 가진 의미에 대해 생각해보자.

 처음에는 이 재판에 외국인 및 한국인 변호사의 변론이 허가될 예정이었다. 『대동공보』의 발행명의인이기도 한 미하일로프가 발행명의인을 그만두고 변호사 자격으로 재판에 참여했다. 또 민영익, 민영철, 현상건 등이 모금한 돈으로 영국인 변호사 더글러스와 변호사

선임 계약을 체결했다.²⁷ 한국인 변호사 안병찬(安秉瓚)은 변호를 자청했으며, 안정근은 한성법학협회(漢城法學協會)로 편지를 보내 변호사회에 도움을 청했다.²⁸ 안병찬은 일본 측의 방해를 무릅쓰고 뤼순으로 향했고, 한성변호사회에서는 변영만(卞榮晩)을 파견하기로 결정했다.²⁹ 우덕순의 회고록에는 이들을 포함하여 한국인 2명, 러시아인 2명, 영국인 1명, 스페인인 2명 등 7명의 변호사가 참여했다고 기록하고 있으니,³⁰ 국제적 관심에 걸맞은 다국적 변호인단이 구성되었던 셈이다.

그렇지만 1909년 12월 1일자로 미하일로프와 더글러스가 낸 변호 신청은 받아들여지지 않았다.³¹ 일본 측으로서는 공판에 국제적인 관심이 쏠리는 것이 부담스럽기도 했겠지만, 무엇보다 재판 결과를 확신할 수 없었기 때문일 것이다. 안중근이 사리(私利)를 위해 행동한 것이 아님이 분명했기 때문에,³² '정치적 확신범'으로 인정된다면 사형이 선고되지 않을 가능성이 있었다.

일본 측에서 고심한 이유는 이미 두 차례의 전례가 있었기 때문이다. 가까이는 1908년 3월 통감부의 고문이었던 미국인 스티븐스(Durham White Stevens)를 저격한 장인환(張仁煥, 1876~1930)과 전명운(田明雲, 1884~1947)에게 사형이 선고되지 않았던 일이 있었다. 또 하나의 전례는 1891년 5월 일본에서 일어난 오쓰(大津) 사건이다. 이 사건은 일본을 방문한 러시아의 황태자 니콜라이를 일본의 경찰관 쓰다 산조(津田三藏)가 오쓰에서 습격한 일을 말하는데, 이로 인해 일본은 외교적으로 곤경에 빠지게 되었다. 그래서 일본 정부에서는 쓰다 산조의 사형을 지시했지만, 사법부에서는 이를 받아들이지 않고

'정치적 확신범'이라는 이유로 무기형을 선고했다.

오쓰 사건은 일본 측으로서는 특히 불안한 전례였다. 일본 사법부가 일본 정부의 방침을 받아들이지 않을 가능성을 보인 사례이기 때문이다. 이에 12월 초 뤼순에서는 이런 문제에 대한 지적을 포함하는 보고를 외무대신 앞으로 보내기도 했다. 즉 "법원의 젊은 직원 중에는 사법권 독립의 사상에서 법원이 정부의 지휘를 받는 자세가 됨을 기뻐하지 않는다. 이미 그 기색을 나타내는 자까지 있어서 고등법원장이 이를 조종하기에 곤란함은 짐작이 간다"[33]라고 하여 법원의 움직임을 점검하고 있었다.

일본 측에서는 자신의 목적, 즉 공판이라는 '문명적' 형식은 취하되 사형 선고를 얻어내기 위해서, 그리고 외국인과 한국인의 안중근에 대한 관심을 피하기 위해서 변호인을 제한하고자 했다. 이에 결국은 일본인 관선 변호사 2명만 재판에 참여하게 되었다. 변론을 맡은 이는 미즈노 기치타로(水野吉太郎)와 가마다 세이지(鎌田正治)였다. 이들은 법률이 적절하게 적용되었는지를 문제 삼았고, 다른 한편으로는 죽음을 결심한 사람에게 사형을 선고하는 처벌의 사회적 효과에 대해 의문을 제기했다.[34] 정치적인 문제에 대한 논란은 피하고 법리적인 판단에 초점을 맞춘 셈이다. 이것이 형량을 낮추기 위한 전략일지는 모르겠지만, 안중근의 처지에서는 만족할 수 없는 것이었다. 「안응칠역사」에는 다음과 같이 기록되어 있다.

이튿날 미즈노, 가마다, 두 변호사가 변론을 했다.

"피고의 범죄는 분명히 드러나 의심할 바가 없다. 그렇지만 이는 오해에서 비롯된 일이므로 그 죄가 무겁지는 않다. 게다가 한국 인민은 일본 사법관이 관할할 권한이 전혀 없다."

내가 다시 시비와 사리를 밝혀서 말했다.

"이토의 죄상은 하늘과 땅, 신령과 인간이 다 아는 것이다. 내가 무엇을 오해했다는 말인가. 게다가 나는 개인으로 살해를 모의한 범죄인이 아니다. 나는 대한국의 의병 참모중장의 의무로서 임무를 띠고 하얼빈에 왔다. 전쟁을 벌여 습격을 했고 그 뒤에 포로가 되어 이곳에 온 것이다. 뤼순 지방재판소는 전혀 관계가 없다. 그러니 마땅히 만국공법과 국제공법으로 판결해야 한다."

이때 시간이 이미 다하였다. 재판관이 말하였다.

"모레 다시 개정해서 선고하겠다."

이때 나는 스스로 다음과 같이 생각하였다.

'모레는 일본국 4,700만 인격(人格)의 근수를 달아보는 날이다. 마땅히 그 인격의 무게와 높낮이를 지켜보겠노라.'[35]

안중근은 일본인 관선 변호인들과 사건의 성격을 전혀 다르게 파악하고 있었다. 오해에서 비롯된 일이 아님을 분명히 밝히면서, 자신은 전쟁 포로의 신분으로 재판을 받아야 한다고 주장했다. 일본 측에서 '정치적 확신범'으로 인정될까 근심했음은 앞서 지적한 바 있지만, 안중근의 주장은 이러한 문제까지도 넘어서는 것이었다. 그의 주장에 의하면 '하얼빈에서 사건을 일으킨 한국인에게 어떤 법률을 적용해야 하는가'라거나 '한국인을 어디서 재판해야 하는가'와 같은 논란은 애초에 문젯거리도 되지 않을 사안이었다.

안중근이 '만국공법'과 '국제공법'을 거론한 이유는 무엇일까? 물론 안중근 스스로 그러한 법 적용이 옳다고 생각한 것이 가장 큰 이유였겠지만, 그러한 주장을 편 배경에는 일본인에 대한 믿음이나 기대가 있었을 것이다. 뤼순 감옥의 일본인들에 대한 묘사에서도 그러하지만, 안중근은 이토를 제외한 일본인들에 대해 어느 정도 신뢰를 보이고 있다. 현상에만 주목하지 말고 발단과 원인까지 깊이 있게 살핀다면 국제적인 문제로 판단하고 만국공법을 적용할 수 있을 것이다. 안중근은 그런 판단까지 기대했는지도 모른다.

또한 만국공법을 거론한 데에는 안중근이 재판에서 얻고자 하는 바와 연관 지어 생각할 만한 여지가 있다. 그는 3차 공판에서 "헛되이 일을 좋아해서 이토를 죽인 것이 아니며, 나의 큰 목적을 발표하는 하나의 수단으로서 한 것"[36]이라고 밝힌 바 있다. 안중근이 언급한 '목적'에는 동양의 평화를 정착시키기 위한 방책을 제시하여 동양인의 동의를 얻는 것이 포함되어 있었을 것이다. 5차 공판에서 행한 안중근의 최후진술의 후반부에 자신이 만난 일본인에 대한 기억과 일본인들에 대한 호소가 포함된 사실에서도 그렇게 판단할 수 있다. 다음은 안중근의 최후진술 가운데 마지막 부분이다.

이 사람들(안중근이 한국에서 만난 일본의 군인·농부·상인)의 이야기에 의해서도 일본인이 동양의 평화를 희망하고 있는 동시에 얼마나 간신 이토를 미워하고 있는가를 알 수 있다. 일본인으로서도 그러하거늘, 하물며 한국인으로서는 친척이나 벗을 죽인 이토를 미워하지 않을 까닭이 없다.

내가 이토를 죽인 이유는 이토가 있으면 동양평화를 어지럽게 하고 한국과 일본의 사이를 소원하게 하므로 한국의 의병 중장의 자격으로 주살(誅殺)하였던 것이다. 그리고 나는 한국과 일본이 더 친밀하게 되고 평화롭게 다스렸다면, 나아가서는 5대주에도 모범을 보여줄 것을 희망하고 있었다. 결코 나는 오해하고 죽인 것이 아니다. 나의 목적을 달성하는 기회를 얻기 위해 한 것이다. 그런 까닭에 이제 이토가 그 시정 방침을 그르치고 있었다는 것을 일본 천황이 들었다면 반드시 나를 가상하게 여길 것이라고 생각한다. 지금 이후에 일본 천황의 뜻에 따라 한국에 대한 시정 방침을 개선한다면 한국과 일본 사이의 평화는 만세에 유지될 것이며, 나는 그것을 희망하고 있다.

변호인의 말에 의하면 광무 3년(1899년)에 체결된 조약에 의해 한국민은 청나라 내에서 치외법권을 가지며, 본 사건은 한국 형법 대전에 의해 죄를 다스려야 할 것이며, 한국 형법에 의하면 벌을 내릴 규정이 없다는 것인데, 그것은 부당하며 어리석은 논리라고나 말할 것으로 생각한다. 금일의 인간은 모두 법에 의하여 생활하고 있는데, 현실로 사람을 죽인 자가 벌을 받지 않고 생존할 도리는 없는 것이다.

그러면 나는 어떠한 법에 의해 처벌되는가 하는 문제이지만, 이것은 나는 한국의 의병이며 지금 적군의 포로가 되어 와 있으므로 마땅히 만국공법에 의해 처결되어야 할 것으로 생각한다.[37]

일본 천황을 거론한 점이 특이하지만, 이는 군주의 권위를 존중하는 사유 방식 때문일 것이다. 천황을 포함한 일본인에게 당부한 바는 '평화'로 요약할 수 있다. 이토의 죽음은 그가 평화를 방해하는 정책을 펴오면서도 그 잘못을 덮으려고 했기 때문이라고 했고, 장래

한국과 일본이 평화를 유지하는 모범을 보이도록 요청하고 있다. 만국공법이란 평화가 유지되거나 전란 중이라도 보편적인 질서가 지켜지는 상황에서 작동할 수 있는 것이므로, 어떤 의미에서 이는 평화의 상징으로서의 의미를 지니고 있는 셈이기도 할 것이다.

안중근은 자신의 주장이 받아들여지지 않는다면 그것은 일본인에게도 큰 손실이 될 것이라고 여겼다. "일본국 4천만이 '안중근의 날'을 크게 외칠 날이 멀지 않았다"[38]라고 한 까닭은 바로 그러한 자신감과 안타까움의 동시적 표현일 것이다.

그렇지만 재판 자체는 안중근의 의도와 달리 진행되었다. 사형이 선고된 결과도 문제이지만, 세계인을 향해 평화론을 제기할 만한 기회가 제대로 주어지지 않았기 때문이다. 어찌할 도리가 없었다. 안중근은 자신이 "인약(仁弱)한 한국 인민인 죄",[39] 즉 성품은 어질면서도 힘은 약한 민족에 속한 죄를 범한 '대죄인'이었음을 깨닫고는 웃고 만다.

사형 선고가 내려진 1심에 대한 항소 여부는 5일 이내에 결정하도록 되어 있었다. 안중근으로서는 이토의 죄상과 동양평화의 길을 다시 법정에서 밝힐 수 있는 기회를 가질 것인지를 결정해야 하는 셈인데, 1심의 과정과 결과를 볼 때 현실적으로 큰 효과를 기대하기는 어려워 보였다. 이에 안중근은 2월 17일 고등법원장을 만나기로 했다. 구리하라 전옥을 통해 면담을 청했고, 통역으로 소노키가 입회했다.

전옥 구리하라 씨가 특별히 주선하여 고등법원장 히라이시 씨와 면회

찰스 모리머(Charles Morrimer) 기자가 1910년 4월 16일자 영국의 『그래픽The Graphic』지에 쓴 안중근의 공판 참관 기사(위). 안중근, 유동하, 우덕순, 조도선의 모습과 공판정을 가득 채운 방청인들의 사진(아래, 확대 사진)이 실려 있다.

하였다. 그때 나는 사형 판결에 불복하는 이유를 대강 설명하고, 그 뒤에 동양 대세의 관계와 평화 정략(政略)의 의견을 진술하였다. 고등법원장은 듣고 나서 개연(慨然)히 답을 하였다.

"나는 그대의 뜻에 깊이 동감합니다. 그러나 정부 주권의 기관은 고치기 어려운 것이니 어찌하겠습니까? 마땅히 그대가 진술하는 의견을 정부에 품달(禀達)할 것입니다."

나는 그 말을 듣고서 깊이 칭송했다.

"이같이 공정한 담론이 우레와 같이 귀에 흘러드니, 이는 평생 다시 듣기 어려운 말입니다. 이 같은 공의(公義) 앞이라면 비록 목석이라도 감복할 것입니다."

나는 다시 그에게 청하였다.

"만일 허가된다면 「동양평화론」 1권을 저술하고 싶습니다. 사형 집행 날짜를 한 달 정도 늦춰줄 수 있겠습니까?"

고등법원장이 대답하였다.

"한 달 정도를 늦출 것이겠습니까. 비록 여러 달이라도 특별히 허가할 것입니다. 걱정하지 마십시오."

이에 나는 계속 감사를 표하다가 돌아왔다. 이로부터 항소권을 포기하겠다고 청원했다. 만약 항소를 하더라도 아무런 이익이 없을 것임은 명약관화했다. 그뿐만 아니라 고등법원장의 말이 과연 진담이라면 더 생각할 필요도 없었다. 이에 「동양평화론」을 저술하기 시작했다.[40]

안중근은 관동도독부 고등법원장 히라이시 우지히토와 면담한 뒤인 2월 19일에 항소를 포기했다. 자신의 주장을 일관되게 정리하여

「동양평화론」을 저술하는 편이 항소하여 다시 재판을 하는 것보다 낫다고 판단했기 때문이었다. 재판의 목적이 유·무죄를 다투는 것보다는 동양평화에 대한 의견을 제출하는 데 있었기 때문에 이러한 판단을 내렸을 것이다.

그렇지만 이때 저술을 시작한 「동양평화론」은 완성되지 못했다. 서문과 전감(前鑑) 부분만 썼고, 현상(現狀), 복선(伏線), 문답(問答)의 세 부분은 시작도 못한 채 중단되었다. 히라이시가 장담한 여러 달의 여유가 주어지지도 않았지만, 항소를 포기한 이후 안중근은 많은 일을 해야 했기 때문이었다. 한 달 남짓한 기간 동안 안중근은 「안응칠역사」를 완성해야 했고, 틈틈이 법원과 뤼순 감옥의 관리들에게 부탁받은 글씨도 써야 했다.

이처럼 완성되지 못했음에도, 「동양평화론」의 주요 내용은 오늘날 확인할 수 있다. 당시 히라이시와의 면담 기록이 남아 있기 때문이다. 히라이시가 "정부 주권의 기관은 고치기 어려운 것"이라고 말했다는 데서 짐작할 수 있듯이, 그 내용은 동양 3국의 공동체까지를 구상하는 것이었다. 그 내용에 대해서는 이 책의 말미에서 다시 살펴보겠지만, 「동양평화론」이라는 저술이 재판을 통해 안중근이 달성하고자 한 목적과 직접 연관된 것이었음은 여기에서 다시 지적해둔다.

안중근이 히라이시와의 면담에서 자신의 사형 집행일을 특정한 날짜로 희망했다는 점도 함께 기억해둘 만하다. 그는 천주교의 기념일인 3월 25일에 자신의 사형을 집행해달라고 청원했는데,[41] 이는 그가 자신의 삶에 부여한 종교적인 의미의 깊이를 짐작하게 하는 대목이다. 그렇지만 실제 사형 집행일은 안중근이 희망한 날보다 하루 뒤인 3월 26일로 결정되었다. 3월 25일은 순종 황제의 탄신일이었고, 3월 27일은 부활절이었다. 25일과 27일 이틀은 사형을 집행하기 어려운 날이었던 것이다. 3월 26일로 날짜를 정한 것을 두고 이토가 죽은 날과 관련된 것이라는 주장도 있지만, 그 사실 여부는 확인되지 않는다.

4장

성사, 그리고 못다 이룬 꿈

안중근이 동생들을 면회했을 때 변호사의 선임 이외에도 한 가지를 더 부탁했다. 그것은 천주교 신부를 통해서 성사를 받는 일이었다. 사형 선고를 받은 이후에는 이러한 희망이 더욱 간절해졌을 것이다. 안중근은 변함없는 천주교인이었고, 따라서 종부성사(終傅聖事) 의식은 개인 안중근의 마지막 소원이었다.

안정근과 안공근은 이에 빌렘 신부를 뤼순으로 모시기 위해 연락을 취했다. 빌렘 신부가 뤼순으로 가서 성사를 집전하기 위해서는 뮈텔 주교의 허가가 필요했다. 그렇지만 뮈텔 주교는 이를 허가하지 않았다. 그가 남긴 일기에는 그러한 과정과 함께 자신이 빌렘 신부의 뤼순행을 허가하지 않은 이유를 기록하고 있다.

- 안 도마(安重根)로부터 사형 선고를 받았고, 또 신부 한 명을 보내달라는 전보가 왔다. (2월 14일)
- 뤼순으로부터 여러 번 전보를 받은 드망즈 신부가 오늘 회신을 보냈다. 나는 거기에 빌렘 신부를 보낼 수 없다는 말을 덧붙이게 했

다.(2월 15일)
- 안 야고보(安明根)가 빌렘 신부를 안 도마에게 보내주도록 다시 간청하러 왔다. 나는 그렇게 할 수 없는 매우 중대한 이유를 들어 그에게 설명했으나 소용이 없었다. 그는 불만스러워하는 것 같았고 심지어 무례하기까지 했다.(2월 21일)
- 빌렘 신부로부터 뤼순으로 보내줄 것을 간청하는 편지가 또 왔다. 이전과 마찬가지로 사형수로 하여금 그의 거사 이유를 취소케 하는 어려움에 처하게 하고 싶지 않아 여전히 거절하는 것이고 그러나 선교사를 보내는 것을 허락하기 위해서는 그전에 그러한 취소의 어떤 증거를 나에게 보여주어야 한다고 회신했다. 이 편지를 부치자마자 빌렘 신부가 그저께 뤼순으로 떠났다는 경찰의 보고 소식을 들었다.(3월 4일)
- 오늘 아침 신문에 빌렘 신부의 출발이 보도되었다. (……) 불행하다. 고집 쓰는 것은 좋은 것이 아닌데!(3월 5일)
- 빌렘 신부가 13일 다롄으로 떠나 같은 날 기차 편으로 진남포로 출발했다고 신문들이 보도했다. 그가 복종하지 않았기 때문에 그에게 2개월 동안 미사 집전을 중지시키는 징계장을 부득이 보내야 했다.(3월 15일)[42]

뮈텔 주교가 빌렘 신부의 뤼순행을 허가하지 않으려 했던 이유는 무엇일까? 그의 개인적인 성향이나 천주교의 정교분리 원칙을 이유로 드는 사례가 많은데, 크게 보면 그것은 옳은 지적이다. 한국 천주교의 대표자로서 뮈텔에게는 천주교의 선교가 가장 중요한 문제였고, 뮈텔은 그에 맞게 행동했기 때문이다. 그는 안중근이 천주교인이라는 사실이 알려지는 것을 걱정했고, 이토의 국장일에는 조화를 보내고 장례식에 참석한 바 있었다. 이는 정치와 종교를 분리시키는 파리외방전교회의 선교 방침에 충실한 것이기도 했다.[43]

그렇지만 빌렘 신부의 뤼순행에 한정해서 말한다면, 주교의 성향이나 천주교의 선교 정책과는 별개의 문제가 있었던 것 같다. 이미 뤼순의 법원 측에서도 신부의 면회를 허가한 상황이었으므로[44] 선교 정책은 뮈텔 주교가 빌렘 신부의 뤼순행을 허가하지 않은 이유에 대한 충분한 설명이 되지 못한다. 뮈텔이 안명근에게 설명한 "그렇게 할 수 없는 매우 중대한 이유"는 상당히 구체적인 문제였을 것이다. 3월 4일에 빌렘 신부에게 회신한 내용을 보면, 그것은 안중근이 "거사 이유를 취소케 하는 어려움"임을 짐작할 수 있다. 성사를 진행하기 위해서는 자신의 잘못을 고백해야 하는데, 그 과정에서 안중근은 자신의 행위가 잘못된 것이었다고 말할 수밖에 없다. 또한 빌렘 신부의 처지에서는 안중근이 거사 이유를 취소하도록 이끌어야 한다. 두 사람 모두에게 곤란한 일인 셈이다. 그렇다고 만약 이를 행하지 않는다면, 당시의 한국 천주교에서 그런 종부성사를 인정할 수는 없었을 것이다.

빌렘 신부 또한 주교의 이러한 근심을 알았을 것이다. 그럼에도 그는 주교의 허가 없이 뤼순으로 향했다. 그리고 3월 8일부터 11일까지 총 4회에 걸쳐서 안중근을 면회했다. 8일과 9일에는 전옥과 통역관의 입회하에 면회했고, 10일에는 종부성사를 거행했다. 11일에는 안정근, 안공근과 함께 면회를 하면서 안중근이 고국을 떠난 이후의

뤼순 감옥에서 빌렘 신부 및 정근, 공근 두 동생과 면회하고 있는 안중근의 모습. 1910년 3월 11일에 찍은 사진으로 추정된다.

일에 대해 들었다.

빌렘 신부는 첫 번째 면회에서 안중근에게 자신의 잘못을 고백하도록 했다. 뮈텔 주교가 근심했던 "거사 이유를 취소케 하는 어려움"을 실행했던 것이다. 빌렘 신부는 자신이 온 세 가지 목적을 언급하면서 그 가운데 둘째 목적이 "너의 이번 흉행이야말로 온전히 오해에서 나온 것으로 그 범한 죄악은 천지가 다 용서하지 않을 바이므로 철두철미 너의 죄를 책(責)하여 교회회오(教誨悔悟, 가르쳐 잘못을 깨닫고 뉘우치게 함)하게 하는 데"[45] 있다고 밝혔다. 통역관 소노키가 기록한 것이어서 '흉행'과 같은 단어는 실제로는 사용하지 않았을 가능성이 있지만, 빌렘 신부가 이토를 저격한 안중근의 행동을 '죄악'으로 묘사한 점은 분명해 보인다. 안중근은 이에 대해 어떻게 대응했을까?

(빌렘 신부는) 다시 마음을 가다듬고 엄숙히 안중근에게 회오(悔悟, 뉘우침)를 권하며 말하였다.

"대죄를 범한 너에 대해 이와 같이 관대하고 파격적인 대우를 해주는 것은 세계에서도 아직 그와 비슷한 예를 볼 수 없는 은전(恩典)이다. 이로 말미암아 보건대, 일본은 얼마나 문명국이며 또 한국에 대한 보호 정책이 얼마나 공명정대한가를 미루어 알기에 족할 것이다. (……) 너도 이번 흉행에 대해 염두에서 모든 속념(俗念)과 정치적 망상을 버리고 허심탄회하게 그 전말을 깊이 생각할 때는 반드시 번연(飜然)히 크게 회오하는 바가 있을 것이다."

반복하여 열심히 간곡하게 깨우쳤다. 이에 미쳐서 머리를 숙이고 깊이 생각하던 안중근은 머리를 들고 꿇어 절하고서 신부에게 고백하였다.

"아아, 용서하시옵소서. 신부여. 교자(敎子)가 마침내 그르친 것을, 거기다 이러한 대죄악을 범한 교자는 한 번의 죽음으로는 도저히 그 죄를 속죄하기에 부족함을 어떻게 할까요."[46]

빌렘 신부는 일본의 문명을 구체적으로 이야기하고 그에 대비하여 안중근의 행위를 죄로 규정하고 있다. 이런 논리를 받아들인다면 안중근은 재판에서 펼쳤던 주장을 모두 취소하거나 부정해야 할 것이다. 어렵고 곤혹스런 상황이다. 안중근은 처음에는 침묵했지만,

이 시점에 이르러서는 자신이 큰 죄악을 범했다고 고백하고 있다. 다음 날인 9일에도 빌렘 신부와 안중근은 유사한 문답을 이어갔다. 신부는 이토의 선정(善政)까지 거론하며 훈계했고, 안중근은 이에 완전히 뉘우쳤다고 답했다. 그리고 이를 계기로 10일에는 종부성사까지 무사히 마쳤다.

네 번의 면회에서 문답을 주고받은 안중근과 빌렘 신부의 속마음은 어떠했을까? 오늘날 남아 있는 자료들을 통해서는 이를 확인하기 어렵다. 다만 성사를 전후한 문답에서 속마음을 그대로 드러냈을 가능성은 별로 없어 보인다. 안중근이 종교적인 의미에서의 죄는 인정할지 몰라도, 현실에서 이토의 선정을 깨닫는다거나 이토를 쏜 행위가 잘못이라고 뉘우치지는 않았을 것이다. 마찬가지 논리를 빌렘 신부에게 적용할 수도 있지 않을까? 또 더 나아가서는 뮈텔 주교에게도 그런 논리를 적용할 수는 없을까? 천주교인과 신부, 주교라는 처지에서의 종교적이며 공식적인 발언과 그의 개인적인 속마음을 동일시하는 것은 곤란한 일이 아닌가 한다.

이러한 태도에서 빌렘 신부나 뮈텔 주교에 대한 평가 문제도 좀 더 신중하게 접근해야 한다. '빌렘 신부가 어떤 시점에서 어떤 계기로 안중근의 정당성을 인정했는가'는 중요한 연구 주제이겠지만, 설사 그 결론이 옳은 것이라 하더라도 그의 면회 내용을 근거로 드는 것이 적당한지는 의문스럽다.

다음은 1912년에 빌렘 신부가 자신의 친구들에게 보낸 편지의 한 부분이다.

이토가 죽은 것은 잘된 일이기도 하다. 러시아와 중국 사람들은 암살자를 칭찬한다. 그의 행위는 분명히 비(非)그리스도교적이고 반윤리적이다. 그렇다고 그 행위가 무죄로 입증되거나 변명될 수 없다는 것은 아니다. 일본인도 자기들 가운데 그 같은 용기와 애국심을 가진 사람이 없다는 것을 애석해한다. 안중근은 나라를 위하여 자신을 바쳤고 나라를 구하지는 못하였어도 원수를 갚았음을 믿고 있었다. 그것을 이해하기 위해서는 한국을 알 필요가 있다. 안중근의 목적은 너무나 등한시되던 한국 문제로 국제적 관심을 끌려는 데 있었다. 알자스로렌에서 독일군이 철수한 것처럼 동북아시아를 아는 사람들은 일본군이 중국과 한국에서 철수하는 것만이 동북아시아의 문제를 해결하는 길이라고 생각한다.[47]

몇 년 동안 빌렘의 생각이 완전히 바뀐 것일까? 편지의 내용은, 종교적으로는 여전히 암살자로 규정될 수밖에 없지만 현실 속에서는 안중근에 대해 이해할 만한 여지가 충분히 있다는 것이다. 좀 더 깊은 의미를 부여한다면 안중근의 행위가 정당하고도 필요한 것이었다는 생각까지도 엿볼 수 있다. 신부가 아닌 개인으로서, 그리고 공식적인 의례가 아닌 사적인 편지에서의 발언이라는 점이 앞서 살펴본 면회와 근본적인 차이일 것이다.

종부성사를 마친 안중근은 이제 탈속(脫俗)한 몸이 되었다. 그렇지만 그는 세상을 떠나기 전에 마지막 당부의 말을 남기는 것을 잊지 않았다. 3월 24일과 25일, 죽음을 앞두고 6통의 편지를 써서 두 아우에게 맡겼다. 어머니, 아내, 사촌인 안명근과 숙부 앞으로 각각 1통씩을 보내도록 했고, 빌렘 신부와 뮈텔 주교에게 올리는 편지도

1통씩 남겼다.[48] 아내 김아려에게 남긴 편지를 아래에 제시한다.

분도 어머니에게 부치는 글
장부 안 도마 드림

예수를 찬미하오.
우리들은 이 이슬과도 같은 허무한 세상에서 천주의 안배로 배필이 되고 다시 주님의 명으로 이제 헤어지게 되었으나, 또 멀지 않아 주님의 은혜로 천당 영복의 땅에서 영원에 모이려 하오.
반드시 감정에 괴로워함이 없이 주님의 안배만을 믿고 신앙을 열심히 하고 어머님에게 효도를 다하고 두 동생과 화목하여 자식의 교육에 힘쓰며 세상에 처하여 심신을 평안히 하고 후세 영원의 즐거움을 바랄 뿐이오.
장남 분도를 신부가 되게 하려고 나는 마음을 결정하고 믿고 있으니, 그리 알고 반드시 잊지 말고 특히 천주께 바치어 후세에 신부가 되게 하시오.
많고 많은 말은 후일 천당에서 기쁘고 즐겁게 만나보고 상세히 이야기할 기회가 있을 것을 믿고 또 바랄 뿐이오.

1910년 경술 2월 14일[49]

날짜가 2월 14일로 되어 있는 것은 음력을 사용했기 때문이다. 양력으로는 3월 24일, 즉 죽음을 이틀 앞둔 시점이었다. 안중근의 전기 가운데는 이 유서를 양력 2월 14일에 작성한 것으로 착각함으로써 '2월 14일에 선고를 받자마자 항소를 포기할 생각을 굳히고 유서를 작성했다'고 기술한 사례도 있는데, 이는 잘못이다.

삶의 마지막 순간에 안중근이 가족과 사제에게 보낸 편지에는 종교적인 내용이 중심을 이룬다. 신부와 주교에게는 성사를 베푼 데 대한 감사를 올리면서 선교가 잘 이루어지기를 기원했고, 친척들에게도 백부의 입교를 청하는 등 종교 활동에 힘쓰기를 권유하고 있다. 장남 분도를 신부가 되도록 하라는 부탁 또한 이 같은 맥락에서 파악할 수 있다. 천주교 가문을 대표하는 천주교인으로서의 심정이 엿보이는 대목이다.

안중근은 3월 25일 뤼순 감옥에서 두 아우와 마지막 면회를 했다. 이 자리에서 안중근은 두 아우에게 자신이 죽은 뒤에 해야 할 일들을 당부했다. 하얼빈에서 촬영한 사진을 찾아오는 일, 블라디보스토크 이치권의 집에 맡겨둔 의복과 손가락을 찾는 일 등이 거론되었다. "하얼빈에 매장해달라"는 유언은 이미 3월 11일에 했기 때문에, 이 자리에서 다시 상세히 언급할 필요는 없었다.

안중근은 이 면회에서 두 동생의 장래에 대해서도 충고했다. 친척과 사제에게 올린 편지들과는 다른 차원의 유언인 셈이다.

정근을 향해 훈시하였다.

"너는 장래 공업에 종사하라. 대개 한국은 공업이 아직 발달하지 않았으나 장래 발달할 기회가 있을 것이다. 또 오늘날(當時)은 금전의 세상이므로 실업에 종사하는 것은 형편이 좋을 것이기 때문이다. 하기야 반드시 공업에 한(限)하라고 말하는 것은 아니고 식목(植木) 같은 것도 한국을 위해 가장 필요한 일이니, 혹은 식목에 종사해도 또한 좋다. 요컨대 실업에 종사하는 것은 다만 국익을 증진할 뿐 아니라 실로 자가(自家)의 이익이다."

또 공근에 대해서도 훈유(訓諭)하였다.

"너는 재질(才質)이 있으니 학문을 연구하는 편이 좋을 것이다."[50]

안정근과 안공근이 실업이나 학문에 종사할 수 있을지는 의문스러운 일이었다. 실제로 이들은 연해주와 만주 일대에서 잡화상 등을 경영하거나 학교에 다니기는 했지만 거기에만 전념할 수는 없었다. 이미 뤼순으로 안중근을 찾아오는 과정에서도 고초를 겪었거니와, 앞으로의 생활이 순탄치 않을 것임은 안중근 또한 짐작할 수 있지 않았을까? 그럼에도 안중근은 두 아우에게 실업과 학문에 종사할 것을 부탁했다.

그런데 이러한 부탁을 아우들에게만 한 것은 아니었다.

나는 한국 독립을 회복하고 동양평화를 유지하기 위하여 3년간 해외에서 풍찬노숙하다가 마침내 그 목적에 도달하지 못하고 이 땅에서 죽는다. 그러니 오직 우리 2천만 형제자매는 각자 분발하여 학문을 면려(勉勵)하고 실업을 진흥하며 나의 유지(遺志)를 계승하여 자유 독립을 회복하면, 죽은 자가 유감이 없을 것이다.[51]

안중근이 고국에 있는 2천만 동포에게 남긴 유언이다. 변호사 안병찬과 뤼순 감옥에서 면회할 때 이를 고국의 동포에게 전해달라고 했고, 『대한매일신보』에서는 그 사정과 함께 이 유언을 게재하였다. 여기서도 안중근은 학문과 실업을 언급하고 있다. 문맥으로 보건대 그는 이 두 가지가 한국 독립과 동양평화를 위한 최선의 길이라고 판단하고 있는 듯하다. 안중근에게 이토 히로부미의 죽음이 목적일 수는 없었다. 한국의 독립과 동양의 평화를 가로막는 장애물을 하나 제거한 것뿐이었다. 자신이 이루지 못한 목표를 동포들이 이루고자 한다면, 그 길은 일차적으로는 학문과 실업에 있다고 할 만하다.

이런 관점에서 본다면, 안중근이 남긴 유언의 핵심은 자신이 세상에서 이루지 못한 꿈을 동생들과 동포들이 실현해주기를 바라는 데 있을 것이다. 그 꿈은 물론 한국의 독립이고 동시에 동양의 평화이다. 그렇다면 안중근이 남긴 가장 큰 유언은 미완성의 원고 「동양평화론」이라고 해도 틀린 말이 아닐 것이다. 「동양평화론」의 취지와 내용에 주목하게 되는 또 하나의 이유가 바로 여기에 있다.

5장
마지막 순간, 동양의 평화를 호소하다

 종부성사를 마치고 친척과 동포에게 유언을 남긴 안중근은 이제 '천당'에 먼저 오를 일만을 남겨두고 있었다. 「동양평화론」을 완성하지 못했지만 핵심적인 내용은 전달했으므로, 이제 그에 대한 실천은 앞으로 세상을 살아갈 한국과 일본 사람들의 몫이었다. 사형 선고를 받은 후 안중근은 오히려 체중이 늘었다고 하는데,[52] 이는 세상에서의 자기 몫을 다한 이의 심리적 안정감에서 비롯된 것으로 해석할 수 있을 것이다.

 안중근의 마지막 순간을 지켜본 사람은 미조부치 검찰관, 구리하라 전옥, 소노키 통역 등이었다. 그 가운데 소노키가 공식 보고서를 작성했다. 일본 측에서 작성한 것임을 감안하면서 내용을 살펴보자.

 오전 10시 미조부치 검찰관, 구리하라 전옥 및 소관(小官, 소노키) 등이 형장 검시실(檢屍室)에 착석하였다. 동시에 안중근을 끌어내어 사형 집행의 뜻을 고지하고 유언의 유무를 질문하였다. 안중근은 다른 유언할 것은 아무것도 없으나 원래 자기의 흉행이야말로 오로지 동양의 평화를 도모하려는 성의(誠意)에서 나온 것이므로, 바라건대 오늘 임검(臨檢)한 일본 관헌 여러분도 다행히 나의 작은 충심을 잘 살피고 피아(彼我)의 구별이 없이 마음과 힘을 합하여 동양의 평화를 기도(期圖)하기를 간절히 바랄 뿐이라고 진술하였다. 또 이 기회에 임하여 동양평화의 만세를 삼창(三唱)하고자 하니 특별히 허락하기를 바란다고 신청하였으나, 전옥은 그런 일은 할 수 없다고 설명하였다.

곧 간수로 하여금 백지(白紙)와 백포(白布)로 그 눈을 가리게 하고, 특별히 기도하기를 허가해주었으므로 안중근은 약 2분간 묵도(默禱)를 행하였다. 이윽고 두 사람의 간수가 부축하여 계단에서 교수대에 올라가 조용히 형의 집행을 받았다. 때는 10시 4분이었으며, 10시 15분에 감옥의 (監獄醫)가 그 모습을 검사하고 절명했다고 보고하였다. 이에 드디어 집행을 끝내고 일동이 퇴장하였다.

10시 20분 안중근의 사체는 특별히 감옥에서 만든 침관(寢棺)에 넣고 흰 천을 덮어 교회당으로 운구하였다. 이윽고 그의 공범자인 우덕순, 조도선, 유동하의 세 사람을 끌어내어 특별히 예배(禮拜)를 하게 하고, 오후 1시 감옥의 묘지에 매장하였다.

이날 안중근의 복장은 지난밤 고향에서 온 명주로 만든 조선옷이었다. 저고리는 백색이었고, 바지는 흑색이었다. 품에는 성화(聖畵)를 넣고 있었다. 그 태도는 매우 침착하여 얼굴빛과 말에 이르기까지 보통 때와 조금도 다름이 없었고, 조용하고도 침착하게 죽음으로 나아갔다.[53]

1910년 3월 26일 10시에서 10시 15분까지 불과 15분 사이에 안중근은 형장에서 숨을 거두었다. 소노키가 기술하고 있듯이 안중근은 조용하고 침착한 태도로 마지막 15분을 보냈는데, 이는 동생들과의 면회에서 밝힌 심정이나 자세와 일치한다. 박은식 또한 "마침내 새로 만든 한복으로 갈아입고 조용히 형을 받았다"[54]라고 이 장면을 묘사했다.

안중근이 유언을 묻는 마지막 순간에 거듭 '동양의 평화'를 강조한 것은 그의 진심이 어디에 있는지를 분명하게 보여주는 대목이다. 일본 관리들을 향해서도 "마음과 힘을 합해 달라〔合心協力〕"고 당부한 것은 동양의 평화가 어느 한 국가의 노력만으로 달성될 수 없는 목표이기 때문일 것이다. 그가 「동양평화론」에서 편 미래의 계획은 한국, 중국, 일본의 세 나라가 힘을 합해야만 실현될 수 있는 것이었고, 따라서 마지막 순간에 일본 관리들에게 당부의 말을 남긴 것은 당연한 일이었다.

안중근이 마지막 순간에 임한 자세와 태도는 여러 신문이나 회고록 등에도 유사하게 기록되어 있다. 물론 옷의 모양이나 사형을 집행한 교수대의 풍경 등과 같은 세부 사항에서는 자세한 것과 소략한 것의 차이가 있다. 또 안중근이 입고 있던 옷을 일본인이 제공했다는 식의 다소 신뢰성 떨어지는 정보를 담은 예도 있다.[55] 그러나 적어도 조용한 태도와 동양평화를 당부한 마지막 발언 등에 대해서는 큰 차이를 보이지 않는다.

그렇지만 안중근의 죽음 직후 주변 인물의 태도에 대한 기술에는 약간의 차이가 있다. 한 가지 예를 들어보자.

〔가〕 안의 공범자인 조도선, 우덕순, 유동하 세 사람은 교회실에 끌려와 안의 유해를 향하여 최후의 고별을 허가받아, 세 사람은 모두 천주교도가 아니라서 조선식으로 머리를 2회 조아려 안의 최후를 조상(弔喪)하였다. 모두가 감격에 겨운 듯하였다. 그중 우는 하얼빈 이래 행동을 함께하였으나 안중근의 소식은 그 후 끊어져 알 길이 없었다. 이번과 같이 정중한 취급을 받고 우리에게 최후의 고별을 허가한 것을 들으면 안도 필시 만족해할 것이라고 당국의 취급에 대해 감사했다.[56]

〔나〕 최종 판결 선고를 받고 나와서 나는 안중근을 한 번 더 만나고자 하여 구리하라 전옥에게 몇 번 간청하였더니, 그는 내일 면회시켜준다고 자꾸 미루어 나가기만 합디다. 그래 나는 '안중근이 죽기 전에 한 번은 만나보게 하여주겠지' 하고 그럭저럭 지내는데, 3월 26일 점심때쯤 나를 불러내어 교회실로 들여보내는데, 가운데는 관이 있고 흰 보로 덮어두었더군요. 내가 의아하여 서 있었더니 전옥이 말했습니다.

"오늘 아침 10시에 안중근은 하늘로 올라갔소. 영결식이나 하라고 불렀소."

나는 어찌나 원통하고 분한지 눈을 부릅뜨고 발을 구르며 벽력같이 소리를 질렀지요.

"이놈들아! 일본이 망하는 것은 꼭 정해놓은 일인데, 그래 거짓말을 하면 좀 더디 망하고 참말을 하면 속히 망할까 하여 거짓말로 나를 속이느냐! 날마다 내일, 내일 하고 끌어오더니 이놈……"

"이놈들, 믿을 수 없다. 사실인지 보아야겠다. 안중근의 시체라도 보아야겠다!"

이렇게 외치며 주먹으로 땅을 치고 흰 보를 벗기며 야단을 하니, 모두 나를 끌어안으며 이왕 이렇게 된 바이니 지금 그래야 무슨 소용 있느냐고, 교수형으로 죽었으니 시체의 모양도 대단히 흉할 것이요, 보신대야 더 나을 것 조금도 없으리다 하며 극력 만류합디다.

    중들은 둘러서서 염불하고 있을 때 나는 눈을 감고 기도를 드렸습디다.[57]

일본 신문의 기사와 우덕순의 회고담이 제시하고 있는 상황에는 상당한 차이가 있다. 이는 또 극히 요약적으로 제시된 소노키의 보고서와도 다르다. 시신을 흰 보로 덮어서 교회실에 두고 우덕순 등으로 하여금 영결하도록 했다는 사실만 일치할 뿐, 시간이나 참여한 사람의 태도 등은 차이가 있다. 특히 "이번과 같이 정중한 취급을 받고 우리에게 최후의 고별을 허가한 것을 들으면 안도 필시 만족해할 것"이라고 우덕순이 발언했다는 신문 기사의 내용은 상당히 의심스럽다. 설사 우덕순이 이와 유사한 발언을 했다 하더라도 그것은 비꼬는 뜻을 품은 말일 가능성이 높아 보인다. 일본 측 신문 보도에 어떤 '의도'가 개입되어 있었으리라고 추정할 만하다.

    한편 이때 감옥 밖에서는 안중근의 두 동생이 형의 시신을 인수하기 위해 준비하고 있었다. 소노키가 기록한 것을 정리해보면 안정근과 안공근이 겪은 일도 어느 정도 짐작할 수 있다. 우선 일본 측에서 이 소식을 듣고서는 두 사람의 외출을 금지시키고 '감옥법 74조'와 '정부의 명령'에 따라 시신을 내어주지 않겠다는 뜻을 전했다고 한다. 대신 예배만을 허가했다. 안정근 등은 법조문 적용의 잘못을 지적했지만 소용없었다. 이들은 "나랏일에 순사(殉死)한 형에 대해 사형의 극형을 내리기까지 하고, 거기다가 시신도 교부하지 않으려는 너희의 참혹한 행동은 죽어도 잊지 않겠다"거나 "언젠가 반드시 갚을 때가 있을 것이다"라고 소리치며 저항했지만, 끝내 뜻을 이룰 수 없었다. 결국 안정근과 안공근은 형사들에게 끌려 나가서 다롄행 기차에 오를 수밖에 없었다고 한다. 결과적으로 시신을 인도받지 못했을 뿐만 아니라 예배를 보지도 못했던 것이다.

소노키는 안중근의 시신을 "오후 1시 감옥의 묘지에 매장하였다"라고 기록하고 있지만, 그 장소가 정확히 어느 곳인지는 알려져 있지 않다. 적어도 아직은 그에 대한 믿을 만한 기록이 발견되지 않았다. 동생들에게 시신을 내어주지 않을 때부터 그에 대한 정보를 감추려는 의도가 있었던 것은 아닌가 한다. 만약 그렇다면 이는 안중근의 시신이 특별한 상징성을 갖게 될까 두려워했기 때문일 것이다.

6장
유족의 비극

안중근의 아내 김아려가 두 아들을 이끌고 정대호와 함께 하얼빈에 도착한 때는 1909년 10월 27일이었다. 사건이 일어난 직후인지라 김성백의 집에 머물던 김아려, 정대호 일행 또한 일본 측의 조사를 받아야 했다.[58] 그렇지만 정대호와 안중근 가족에게 특별한 혐의가 없었으므로, 일본 측에서 이들을 계속 잡아둘 수는 없었다.

하얼빈을 떠난 안중근 가족은 우선 러시아의 연해주로 향했다.[59] 이어서 안정근과 안공근이 가족과 합류했다. 안중근의 활동 무대이기도 했던 그곳에는 '안중근 유족 구제공동회'가 결성되어 있었다. 최재형, 최봉준 등 블라디보스토크의 유력 인사들이 여기에 참여했다. 최재형의 딸 올가의 회상기에 안중근 가족 이야기가 등장한 것도 이 지역의 유족 구호 활동과 연관이 있을 것이다.

안중근 가족은 얼마 뒤인 1911년 4월에 중국의 헤이룽장성(黑龍江省) 무링현(穆陵縣)으로 이주했다. 그곳에서 안창호와 이갑(李甲, 1877~1917)의 도움으로 농토도 마련할 수 있었다. 그러나 다시 큰 비극을 겪어야 했다. 바로 장남 분도의 죽음이었다. 분도는 안중근이 신부로 키워달라고 유언했던 아들이다. 그의 사망 이유와 경위는 정확히 밝혀지지 않았다. 그렇지만 유동하의 동생인 유동선(劉東善)의 증언에 의하면 밀정에 의한 독살일 가능성이 높아 보인다. 유동선은 당시 안중근 가족에게 놀러갔다가 분도의 죽음을 목격했다고 하는데, 이에 의하면 분도는 '어떤 낚시꾼이 주는 과자를 먹었다'는 말만 겨우 남긴 채 쓰러져서 숨을 거두었다고 한다.[60]

안중근의 가족은 1914년경에 러시아령 우수리스크로 이주했고, 1919년 이후에는 상하이의 프랑스 조계지로 옮겨간다. 그동안 안정근은 러시아군의 장교로 세계 대전에 참가하기도 했고, 안공근은 상트페테르스부르크 등지에서 러시아어를 공부하기도 했다. 이들 형제는 각기 안창호, 김구와 함께 활동하면서 이후 독립운동에서 중요한 역할을 담당했다.[61]

안중근은 아내 김아려와의 사이에 딸 하나와 아들 둘을 두었다.[62] 장남 분도가 무링현에서 죽었기 때문에, 김아려는 딸 현생, 아들 준생과 함께 상하이에서 생활했다. 상하이로 이주했을 때 현생은 19세, 준생은 13세였다. 안현생은 하얼빈 거사 이후 명동의 수녀원에서 생활했는데, 1914년에야 가족과 함께 살 수 있었다. 상하이에서는 천주교 숭덕여학원 고등과를 졸업했고, 동 대학부 불문학과 및 미술과에 재학 중이던 25세에 일곱 살 위의 황일청(黃一淸)과 결혼했다. 안준생도 상하이의 후장(滬江) 대학 등에서 수학했다. 안중근의 유족이라는 상징적인 의미가 있었으므로, 당시 상하이의 주요 인물들은 이들 남매에게 특별한 관심을 보였다.

그렇지만 1932년 이후에 안중근의 유족은 독립운동 진영과 단절

된 채 생활하게 된다. 윤봉길 사건 이후 임시정부가 상하이를 떠나는데, 김아려와 안준생은 상하이를 벗어나지 못했기 때문이다. 이후 1937년 중일전쟁이 발발했고 상하이는 일본의 세력권에 들어가고 만다. 1938년 안준생은 중국어와 영어에 능통했던 전화 교환수 정옥녀(鄭玉女)와 결혼하는데, 식당에서 바이올린을 연주하는 등으로 어려운 생활을 이어나갔다. 심지어는 마약 밀매로 돈을 번다는 소문마저 나돌았다. 김구가 안중근의 부인을 모셔오지 못하고 자신의 가족만 이끌고 충칭으로 온 안공근을 크게 나무란 일은 앞서 언급한 바 있거니와, 안중근의 유족이 실제로 김구가 걱정했던 바처럼 곤경에 빠졌음을 여기서 확인할 수 있다.

그런데 안중근 유족의 비극은 여기에 그치지 않았다. 조선총독부에서 기획한 것으로 알려진 '박문사(博文寺)의 화해극(和解劇)'이 이들을 기다리고 있었기 때문이다.[63] 사건은 1939년 9월 26일 상하이를 출발한 '재상해 실업가유지 만선시찰단(在上海實業家有志滿鮮視察團)'에 안준생과 그의 매부인 황일청이 포함되면서 시작되었다. 사실 안준생이나 황일청은 '실업가'나 '유지'라고 불릴 만한 처지가 아니었지만 여기에 포함되어 있었다. 시찰단은 만주를 거쳐 서울에 도착했고, 10월 9일에는 조선 총독 미나미 지로와 면담을 했다. 이 시찰단의 결성이 중일전쟁 이후 일본 측이 구사한 전략의 일환이었음은 쉽게 짐작할 수 있을 것이다.

그런데 정해진 일정을 마친 이후에 안준생은 시찰단과 함께 상하이로 돌아가지 않았다. 그리고 10월 15일 오전에 조선총독부 촉탁 아이바 기요시(相場淸), 외사부장 마쓰자와 다쓰오(松澤龍雄)와 함께 박문사를 찾았다. 박문사란 다름 아닌 이토 히로부미를 현창하기 위해 세운 절이다. 게다가 뤼순에서 통역을 담당했던 소노키가 그 자리에서 기다리고 있었다. 안준생은 박문사에서 이토의 명복을 빌었고, 아버지 안중근이 죽기 직전에 자신의 행위가 "오해로 인한 폭거(暴擧)"였음을 인정했다고 발표했다. 뤼순 감옥의 사형장에 가지 않았을뿐더러 아버지의 얼굴도 본 적이 없는 안준생에게 안중근의 주장을 뒤집는 발언을 하게 한 것이다. 통역 소노키가 이 자리에 함께 한 특별한 이유가 있었음은 쉽게 추정할 수 있다.

10월 17일에는 더욱 극적인 장면이 연출되었다. 16일 오후에 안준생은 조선호텔에서 이토 히로부미의 둘째 아들인 이토 분키치를 '우연히' 만나게 되는데, 이는 총독부 외사부장인 마쓰자와 다쓰오가 알선한 것이었다. 이토 분키치는 일본광업 사장의 자격으로 광산 시찰을 위해 조선에 왔고, 돌아가는 길에 서울에 들른 것이라고 했다. 안준생과 이토 분키치는 17일에 함께 박문사를 방문했고, 이토 히로부미의 영전에서 '화해'하는 장면을 연출했다.

안준생과 이토 분키치의 화해 장면은 대대적으로 언론에 보도되었다. 서울에서 발간되던 일본어 신문 『경성일보(京城日報)』에서는 10월 16일과 17일에 안준생이 법요(法要)를 올리는 장면과 두 사람이 마주앉은 사진을 포함하여 관련 기사를 게재했다.[64] 기사에서는 안중근과 이토의 위패를 함께 모셔놓고 분향함으로써 이토 분키치가 자신의 아버지를 죽인 안중근을 용서하는 태도를 보였다는 식으로 서술했다. 일본에서는 『오사카아사히신문(大阪朝日新聞)』에서 '원수를 넘어 따뜻한 악수' 등과 같은 제목으로 두 사람의 '화해'

를 보도했다. 총독부에서는 한국인이 경영하는 신문사에도 보도를 요청한 것으로 보이며, 실제로 이에 대한 기사를 실은 신문도 있었다.[65]

사실 안준생과 이토 분키치의 박문사에서의 화해는 조선총독부의 준비에 의해 연출된 것일 가능성이 높다. 총독부 촉탁 아이바는 시찰단과 동행했고, 외사부장 마쓰자와는 이토 분키치와의 만남을 주선했다. 안준생이 상하이 시찰단에 참가하게 된 경위는 분명하지 않지만, 우연한 상황이 '지나치게' 많은 것은 사실이다.

1941년 3월 26일에는 안현생 또한 박문사에 들러 참배하고 아버지를 대신해 사죄했다. 시찰단에 포함된 남편 황일청과 함께였고, 이번에도 아이바가 이들과 동행했다. 아이바는 '박문사 화해극' 이후 중국으로 건너갔고, 안중근의 자녀인 안준생과 안현생을 관리하고 있었던 것이다.

조선총독부에서 안준생과 안현생에게 박문사를 참배하도록 한 이유는 무엇일까? 단순한 복수라고는 할 수 없을 것이다. 복수라면 너무 치졸하다. 사건이 일어난 지 30년이 지난 다음에 유족에게 복수를 한다는 것도 이상하지만, 사죄에 그치지 않고 화해까지 연출한 것을 보면 특별한 목적이 있었다고 보는 편이 자연스럽다.

이 사건이 "박문사 건립의 의도를 가장 멋지게 보여주는 것이고, 이토의 '위업'을 완성시킨 것"[66]이라는 지적은 일본 측의 목적을 가장 정확하게 지적한 것으로 보인다. 즉 일본 측에서는 박문사를 통해 '내선융화(內鮮融和)', 더 나아가서 '내선일체(內鮮一體)'를 구현하고자 했는데, 이 사건은 그러한 목표에 가장 부합되는 드라마였던

1939년 10월 16일 조선호텔에서 안준생(앞줄 왼쪽)과 이토 분키치(앞줄 오른쪽)가 만나 찍은 사진(위). 이를 주선한 총독부 외사부장 마쓰자와 다쓰오(뒷줄 가운데)와 통역을 맡은 아이바 기요시(뒷줄 오른쪽)의 모습도 보인다. 이 사진은 이토의 후손인 이토 히로아키(伊藤博昭) 씨가 소장하고 있던 것을 교토 대학 나라오카 소치(奈良岡聰智) 교수가 발굴했으며, 계명대학교 이성환 교수의 소개로 게재하게 되었다. 아래의 기사는 같은 날 『경성일보』에서 안준생의 법요 장면을 보도한 것이다.

것이다.

과연 그런지 살펴보기 위해서는 우선 박문사가 어떤 곳인지를 알아둘 필요가 있다.[67] 이곳은 이토 히로부미를 현창하기 위한 사찰, 즉 보리사(菩提寺)이다. 1929년에 조선총독부 정무총감이자 과거 통감부의 서기관으로 이토를 수행했던 고다마 히데오(小玉秀雄)가 건립을 제안했고, 1932년에 장충단 동쪽에 세워졌다.

동상이나 신사(神社)가 아닌 불교 사찰의 형태로 현창 사업을 추진한 것이 특이한데, 이는 조선에 기반이 있는 불교 사원의 형태를 취함으로써 내선융화의 목적에 부합하도록 한 것이었다. 이를 위해 건축 양식이나 재료도 일본풍과 조선풍을 절충하려고 하는 등의 관심을 기울였다고 한다. 이러한 의도가 실제 건설 과정에서 그대로 실현되지는 않았다고 하지만, 건설 과정에서는 '절충' 또는 '융화'를 명분으로 한 조선 또는 조선 황실에 대한 침탈이 적지 않았다. 대표적인 사례가 박문사의 정문인 경춘문(慶春門)인데, 이는 경희궁의 홍화문(興化門)을 옮겨다가 세운 것이었다. 이때 옮겨진 홍화문은 1988년의 경희궁 복원 사업 때에야 비로소 원래 자리를 찾게 된다.

1930년 도쿠토미 소호(德富蘇峰)는 취지서에서 이토의 공적을 강조하고서 "명복을 비는 불사를 올림으로써 길이 군국진호(君國鎭護)의 일대 도장으로 하려고 한다"[68]라고 박문사의 건립 취지를 밝힌 바 있다. 그렇지만 건립 초기에는 이용자가 그리 많지 않았고, '관립 사원'이라는 식의 비판도 적지 않았다고 한다. 하지만 1930년대 중반에 관광지로 부각되면서 상황이 달라졌고, 일본인들의 수학여행 코

『매일신보』 1915년 1월 1일자에 수록된 사진으로, 1906년 이지용이 특파대사로 도쿄에 부임했을 때 이토 히로부미의 부인 등에게 조선 의복을 선물하며 찍은 것이다. 맨 가운데에 이토 히로부미가 갓을 쓰고 도포 차림으로 서 있는 모습이 이채롭다.

스에 포함되고 그림엽서에도 자주 등장하게 되었다. 이왕(李王), 즉 영친왕이 쓴 '슌포산(春畝山)'의 편액에서 연상할 수 있듯이 조선 발전에 이토의 공적이 컸음을 인정하는 상징물이 된 것이었다. 슌포(春畝)는 이토 히로부미의 호이다.

일본 측에서 이토 히로부미를 내세워 내선융화를 강조한 것은 이토의 평소 주장과도 관계가 있었을 듯하다. 그는 한복을 입고 찍은 사진을 남겼을 만큼 한국과 자신의 거리가 가깝다는 것을 은연중에 내세운 인물이다.[69] 또한 신문에서 '극동평화론(極東平和論)'이라고 명명할 정도로 동양의 평화를 강조했던 인물이다.[70] 물론 이러한 언행의 이면에는 정치적인 판단과 아시아주의에 기반한 제국주의적 사유가 놓여 있지만, 적어도 표면적으로는 내선융화를 주장하다가 죽음을 당한 인물로 포장할 만한 측면이 있었던 셈이다.

1937년 중일전쟁을 일으킨 일본에서는 내선일체를 주장할 필요성이 높아졌는데, 이를 위한 상징으로 총독부에서 내세울 만한 인물 가운데 이토 히로부미가 포함되는 것은 그리 이상할 것 없는 일이었다. 그렇지만 여기에는 한 가지 문제가 있었다. 바로 안중근이었다. 안중근 또한 한국 독립운동의 상징적인 인물이었기에, 총독부에서는 우선 그 상징성을 훼손할 필요가 있었을 것이다. 이런 해석이 성립한다면, 안준생과 안현생의 박문사 참배는 총독부에게는 최선의 방안이었을 것이다. 이를 통해 안중근은 오해로 사람을 죽인 살인범으로 규정되는 반면, 이토는 자신을 죽인 원수까지 용서할 만큼 내선융화에 힘쓴 위인으로 부각될 수 있기 때문이다. 즉 '박문사의 화해극'은 1939년 당시 총독부에서 적극적으로 기획하여 추진할 만한 일이었던 셈이다.

안준생과 안현생 남매는 이후 불우한 생애를 살게 된다. 아이바에게 물질적인 도움을 받을 수 있었을지는 몰라도, 안중근의 유족에서 변절자의 위치로 전락함으로써 정신적인 면에서 큰 타격을 입었다. 그리고 그런 일로 1945년 일본이 물러난 뒤에도 이들은 바로 조국으로 돌아올 수 없었다. 김구가 귀국 직전에 안준생을 체포해서 처형해달라고 중국 관리들에게 부탁한 일은 그러한 상황을 잘 대변하는 사례라고 할 것이다.

1946년 안중근의 부인 김아려는 상하이에서 세상을 떠나 중국 땅에 묻혔다. 1950년 6월에야 귀국한 안준생은 이듬해 폐결핵으로 덴마크의 병원선에서 치료를 받다가 사망했다. 안준생의 부인과 아들은 이후 미국으로 이주했다. 안현생은 1946년 11월 귀국해서 잠시 프랑스어 교수로 활동하다가 1959년 고혈압으로 사망했는데, 2009년에야 묘의 위치가 알려질 만큼 사회적으로는 '안중근의 딸' 로 인정받지 못했다. 안현생의 남편인 황일청은 1945년 12월 중국 땅에서 저격당해 숨졌다.[71]

안중근의 유족이 겪은 비극을 '애국'과 '친일'의 이분법으로 단순화해서 설명하는 것은 쉬운 일이다. 그렇지만 이러한 설명이나 비판이 정당하지만은 않은 듯하다. 개인의 의지 문제로 환원해서 해석하기 어려운 부분이 적지 않을 뿐만 아니라, '안중근의 유족'이라는 상징성을 감당하기에는 이들을 둘러싼 환경이 너무 힘겨운 것이었기 때문이다. 사실 안중근 가문이 배출한 수많은 독립유공자 가운데 직계 유족의 이름이 빠져 있다는 점은 많은 것을 생각하게 한다. 자신의 자녀를 돌보지 못할 만큼 많은 것들을 세상에 바친 것은 아니었을까 한다.

안중근은 일본이 동양의 평화를 위해 노력해줄 것을 기원하며 세상을 떠났지만, 그의 희망은 바로 실현되지 않았다. 일본은 안중근의 날을 외치는 대신 안중근 가족을 감시했고, 내선일체의 이념을 선전하기 위해 그들을 동원하기도 했다. 이를 통해 일본은 이토를 평화와 화해를 상징하는 인물로 내세우고자 했다. 똑같이 '평화'를 내세웠지만, 그 내용은 안중근이 주장한 '동양평화'와 완전히 다른 것이었다. 이토가 주장한 동양의 평화란 현상의 유지, 즉 강대한 민족이나 국가가 안정적으로 약한 이웃을 핍박할 권리를 보장받는 세계 질서의 유지를 목표로 한 것이기 때문이다.

7장

사진, 그리고
남아 있는 흔적들

안중근은 세상을 떠났지만 그의 흔적은 세상에 남았다. 소문과 일화, 각종 문서와 기록이 남았다. 그리고 그의 사진이 남았다. 이 가운데 특히 사진에 주목할 필요가 있다. 이 시기에는 이미 사진이 과거를 돌이켜보는 유력한 수단으로 자리 잡았고, 어떤 의미에서는 문자 기록보다 더 효율적인 것이 되었기 때문이다.

 안중근의 경우에는 사진의 의미가 더욱 컸으리라고 생각할 수 있다. 이토 히로부미를 제거한 목적 가운데에는 거사의 정당성을 밝히고 동양평화를 위한 의견을 제시하는 것이 포함되어 있었다. 따라서 사건의 흔적으로서 어떤 사진을 남기는가는 중요한 문제였다. 안중근이 우덕순, 유동하와 함께 하얼빈에서 촬영한 사진의 보관을 동생들에게 부탁한 일은 앞서 언급한 바 있지만, 제삼자가 촬영한 안중근의 사진 또한 당대인들에게 관심 대상이었다. 다음에 제시하는 신문과 전기물의 기록은 그러한 사례로 볼 수 있다.

 〔가〕 공판 전후로 늘 법원에서 신문기자들에게 여러 가지 말을 만들어

안중근의 명예를 훼손시키도록 명령했다. 또 사진사들에게는 안중근의 용모를 좋지 못하게 하도록 명령했다.[72]

〔나〕 일본인 한 명이 안중근 씨가 이토 씨를 살해한 목적과 재판하던 전말과 안씨의 역사를 편간(編刊) 발매하는데, 이토 씨와 안중근 씨의 사진까지 삽입하였다더라.[73]

〔다〕 이때 러시아 사진사가 마침 사진을 찍다가 이 모양대로 찍었다. 활동사진으로 세계에 큰 구경거리요, 애국성을 고동(鼓動)하는 좋은 재료인지라 세상 사람들이 돌아 구경하였다. 이에 이토의 아들이 친히 와서 6천 원을 주고 사서 가니, 사진이 생겨난 뒤에 세계에서 처음(최고의) 값이다.[74]

〔가〕는 박은식의 기록인데, 고의적으로 용모가 나쁜(不好) 사진을 찍도록 사진사에게 명령했다는 지적이 보인다. 실제로 그러했는지는 알 수 없지만, 박은식이 당시 언론에서 제공하는 시각적 정보에 상당한 관심을 보였다는 점은 주목할 만하다. 〔나〕는 『대한매일신보』의 기사인데, 일본인이 '금전적 이득을 취하기 위해' 재판을 다룬 서적을 간행했다는 정보를 전하고 있다. 책에 사진을 삽입했다는 점을 덧붙였다. 당시 일본 측에서 발간하던 『만주일일신문』에서 기사 이외에 사진과 삽화를 수록하곤 했었다.

김하구가 쓴 것으로 알려진 전기물인 〔다〕에서는 러시아 사진사가 촬영한 '활동사진'을 언급하고 있다.[75] 김하구가 실제로 이를 보지는 못한 듯하지만, 그것이 애국심을 높이는 데 큰 효과가 있으리라고 판단하고 있다. 이토의 아들이 많은 돈을 주고 이 활동사진을 사갔다고 했는데, 김하구가 그것을 활동사진이 널리 퍼지는 것을 막아보려는 의도로 이해했는지 혹은 아버지 이토에 대한 추모를 위한 것으로 이해했는지는 분명하지 않다.

실제로 '이토의 아들'이 활동사진을 매입했는지는 분명하지 않다. 이토의 아들은 모두 셋이다. 첫째는 이노우에 가오루(井上馨)의 조카였고 이토의 양자로 들어간 히로쿠니이며, 둘째는 박문사에서 안준생과 만났던 분키치, 셋째는 만철에 들어간 신이치(伊藤眞一, 1890~1980)이다.[76] 이들이 당시에 사진을 사들였다는 기록은 보이지 않는다.

러시아 사진사가 찍은 활동사진에 대한 기사는 『대한매일신보』와 『만주일일신문』에 실려 있는데, 이토의 아들에 대한 언급은 없다. 『대한매일신보』 1909년 11월 21일자에는 '짜판 푸레스'의 사원 뢰모록(賴母木)이 15,000원에 사진을 사서 12월 10일에 도쿄로 가져갈 것이라는 도쿄발 기사가 게재되었다.[77] 『만주일일신문』 1910년 1월 16일자에는 "사진 상태가 좋지 못함에도 많은 사람들이 몰려드는 인기물"이라고 보도하고 있다.[78] 러시아 사진사가 찍은 사진이 유통되었으리라는 점은 이를 통해 짐작할 수 있다.

한편 일본 측에서는 사건 직후에 러시아 사진사가 찍은 활동사진의 존재를 알고 있었다. 10월 27일에 가와카미 도시히코 총영사가 고무라 주타로 외무대신에게 보낸 전보에 따르면, 러시아인 사진사가 원판을 주는 대가로 1만 루블을 요구하는데 어떻게 처리해야 할지를 문의했고 고무라는 매입할 필요가 없다는 답신을 보냈다.[79] 원판 매입은 사진이 널리 퍼지는 것을 막아보려는 의도일 텐데, 그렇다면 일본 정부에서는 굳이 사진 유포를 막을 필요성을 느끼지 못했다는 의미일 것이다. 여기에도 '이토의 아들'에 대한 언급은 없다.

하얼빈역에서 벌어진 사건을 담은 '활동사진'에 대해서는 이중적인 의미를 부여할 수 있을 듯하다. '애국성을 고동하는 좋은 재료'로 파악할 수도 있지만, 일본 측에서 보면 이토 히로부미라는 '영웅'의 비장한 최후를 담은 '애도 혹은 추모의 재료'로 파악했을 수도 있다. 이토의 최후에 대한 묘사가 다양하게 나타났듯이, 그 장면을 담은 사진에 대한 해석 또한 다양할 수 있다. 같은 사진이라도 그 사진을 보는 사람의 견해나 처지에 따라 상당히 다른 감정을 불러올 수 있다.

한편 안중근 사진은 한국 내에서도 유통되었다. 『대한매일신보』의 기사에서 이를 확인할 수 있다. 초기에는 일본인들이 안중근 사진을 판매했던 것으로 보이는데,[80] 이는 영리를 목적으로 한 것인 듯하다. 그렇지만 안중근의 모습을 담은 사진은 그 자체만으로도 '애국성을 고동하는 좋은 재료'가 될 수 있었을 것이며, 결국 일본 측에서는 '치안 방해'의 명목으로 사진 유통을 금지시켰다.[81] 그럼에도 불구하고 "평양 등지에서 잠시 동안 300개의 사진이 팔릴 정도로"[82] 사진을 원하는 사람이 많았으므로, 여전히 그의 사진은 널리 유통되었다.

자객으로서 우선 안중근이 있고 그 후 이재명이 있다. 이 둘 가운데 전자는 청년 학생의 뇌리에 통렬하게 깊이 각인되어 있는 상태이지만, 후자는 그들에게 심히 등한시되고 있는 것 같다. 실로 안중근의 회엽서(繪葉書)는 도처의 불평자(不平者)의 집에서 발견되지 않는 곳이 없고 저명한 배일자(排日者) 안태국(安泰國) 등의 무리와 같은 자는 중근의 사진을 복사하여 벽에 걸어놓고 존숭(尊崇)의 뜻을 표하였다. 불평자 간의 선배만이 이와 같겠는가. 그 나머지도 그 존숭은 남자에게만 그치는 것이 아니다. 경신여학교 졸업생 홍은희(洪恩喜) 같은 여자는 안중근의 초상을 명함 형태로 만들어 늘 품속에 넣고 본다.[83]

1911년 7월 7일 조선총독부 경무국장의 명령에 의해 작성된 문건의 한 부분이다. 이처럼 총독부에서는 사진을 통해 안중근을 존숭하는 풍습이 '불평자' 또는 '불령자(不逞者)' 사이에 널리 퍼져 있었음을 파악하고 있었다. 안중근 사진을 벽에 걸어놓거나 늘 품에 품고 다니는 식의 행동은 일본 측에 상당한 위협으로 느껴졌을 것이다. 총독부에서 이를 막기 위해 노력했을 것임은 분명한데, 1926년에 안중근 사진과 관련된 사건이 발생했다. 결박된 모습의 안중근 사진을 30매가량 복사해서 팔던 김영교(金永敎)와 박기병(朴淇秉)이 황해도에서 체포된 사례가 그것이다.[84]

해외에 망명한 한국인들에게서도 이와 유사한 사례를 발견할 수 있다. 1917년경 니콜라옙스크의 조선인 소학교에서 안중근 초상을 걸어놓고 배일사상을 고취한 일이 있었고,[85] 1919년에는 독립선언서의 배포와 가두 행진 방식을 논의하기 위해 창춘을 찾았던 인물이 안중근 사진을 소지하고 중국으로 건너온 일이 있었다.[86] 두 사례가 모두 일본 측의 정보 보고에 실렸던 것을 보면, 이러한 존숭 방식은 실제로 더 널리 퍼져 있었을 듯하다.

사진은 달력이나 엽서의 형태로 제작되기도 했다.[87] 1913년 하와이의 신한국보사에서는 달력을 만들었고 그 가운데 10부를 블라디보스토크의 권업신문사로 보냈는데, 여기에 안중근 사진이 실려 있었다. 호랑이 모양의 한반도 지도 위쪽에 '안의사 중근공'이라는 글씨와 함께 안중근의 사진을 인쇄했다. 1914년에는 안정근이 5종의 사진 엽서를 제작하여 홍콩에 500장, 하와이에 300장을 보냈다. 그리고 권업신문사에서는 안중근 전기의 간행비를 마련하기 위해 이 그림엽서를 판매한다는 광고를 싣기도 했다.[88]

이미 일본의 식민지가 된 상태에서 안중근 사진 및 사진을 활용한 달력, 엽서 등이 어떤 의미가 있었을지는 충분히 예상할 수 있다. 일본 측에서도 파악하고 있듯이 항일운동 또는 독립운동의 상징이 된 것이었다. 안중근이 말과 글, 행동으로 보여준 면모는 '항일' 이상의 것이었다고 생각되지만, 이미 일본이 동양의 평화를 파괴한 이상 안중근의 상징성이 '항일'로 제한되는 것은 어쩔 수 없는 결과일 것이다. 이상주의적이기도 한 평화주의자 안중근의 면모를 그의 사진에서 떠올리기 어렵게 된 것은, 일본과 한국을 포함한 동아시아의 불행이라고 할 수 있다.

'항일운동의 대표'로서의 안중근을 상징할 만한 효과적이며 직접적인 대상이 있다면, 그것은 안중근의 지두(指頭), 즉 단지(斷指)한 손가락일 것이다. 단지의 행위가 이토 히로부미를 제거하겠다는 의지의 표상이었기 때문에, 안중근의 손가락은 한국을 식민지로 만들어버린 일본에 대한 대항 의지를 가장 극적으로 보여주는 상징물이 될 수 있다.

안중근의 손가락은 동맹의 동지인 백규삼이 보관했었다고 한다. 안중근이 동생들과의 면회에서 이 손가락을 돌려받을 것을 당부했음은 앞서 말한 바 있거니와, 안정근은 1911년 백규삼에게서 이 손

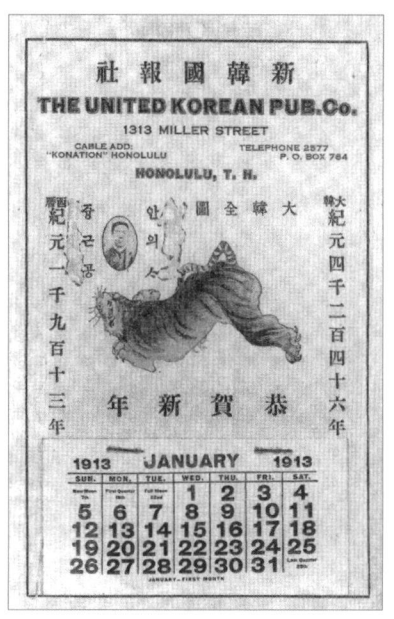

1913년 하와이의 신한국보사에서 제작한, 호랑이로 상징화된 한반도 지도 위에 안중근 사진이 실려 있는 달력(위)과 거사 전후, 그리고 옥중에서의 안중근 초상을 담은 엽서(아래).

가락과 함께 혈서를 한 태극기를 넘겨받았다고 한다.[89] 안미생 또한 자신의 아버지 안정근이 이 손가락을 보관하고 있었다고 회고한 바 있다.[90] 해외의 독립운동가들에게 이 손가락이 어떤 상징으로 받아들여졌을지는 쉽게 짐작할 수 있다.

오늘날 이 손가락의 소재는 알려져 있지 않다. 그럼에도 현대의 한국인들도 안중근을 대표하는 시각적 상징물로 흔히 이 손가락을 떠올린다. 그것은 안중근의 장인(掌印), 즉 손바닥 도장이 남아 있기 때문이다. 안중근이 뤼순 감옥에서 많은 글씨를 써서 일본 관리 등에게 주었다는 것은 이미 잘 알려진 사실인데, 이때 안중근은 낙관(落款)을 대신하여 자신의 손바닥 도장을 찍었다. 그 때문에 단지한 흔적이 선명한 이 손바닥 도장은 안중근을 대표하는 상징물로 남을 수 있었다.

여기서 한 가지 문제를 생각해볼 필요가 있다. 오늘날 우리는 사진과 손바닥 도장을 통해 '어떤' 안중근을 떠올리고 있는가? 그리고 그것은 과연 안중근이 폈던 주장과 어느 정도만큼 부합하는가? 안중근이 갈망했던 독립을 이룬 오늘날, 안중근이 기획하고자 했던 '동양의 평화'를 연상해낼 수 있다면 그것이 바람직하지 않을까 한다. 물론 오늘날에도 동아시아를 포함한 국제 관계가 순탄하지 않음은 분명한 사실이지만, 그렇다고 안중근이 항일 또는 극일(克日)의 상징으로만 받아들여진다면 아쉬운 일일 것이다. 민족 또는 국가 간의 경쟁에 대한 고려를 하지 않은 채 안중근의 면모를 바라보는 작업은 오늘날의 우리에게도 쉽지만은 않은 일이다. 이 또한 한국과 일본 사이의 과거사가 드리우는 그림자일 것이다.

> 東洋大勢思杳玄 有志男兒豈安眠
> 和局未成猶慷慨 政略不改眞可憐
>
> 庚戌三月 於旅順獄中 大韓國人 安應七

안중근의 유묵. "동양 대세를 생각하면 아득하고 어두우니 뜻있는 사나이 어찌 편한 잠을 자겠는가. 평화로운 시국을 못 이룸이 이리도 슬픈지고. 침략 전쟁을 고치지 않으니 참으로 가엾도다"라는 뜻이다. 유묵의 왼편 아래에 단지한 장인(掌印)이 선연하다. 보물 제569-5호.

8장
「동양평화론」과 평화의 기획

세상을 떠나기 전 형장에 선 안중근의 마지막 요청은 동양평화 만세를 함께 외치는 것이었다. 그 요청이 받아들여지지는 않았지만, 이러한 시도 자체는 주목할 만하다. 또한 함께 기억해둘 만한 점은 그의 마지막 유고(遺稿)도 미완성의 「동양평화론」이었다는 사실이다. 어떤 의미에서 '동양의 평화'는 그에게 '조국의 독립'만큼이나 중요한 문제였던 것이다.

그렇다면 안중근이 주장하는 '동양의 평화'란 무엇일까. 우선 현재 남아 있는 「동양평화론」의 내용을 살펴보자. 다음은 동양평화론을 제기하는 배경을 서술한 서문의 첫 부분이다.

대개 '합하면 성공하고 흩어지면 패망한다〔合成散敗〕'는 것은 만고에 변함없는 이치이다. 오늘날 세계는 동서에 각기 다른 인종이 살고 있는데, 서로 경쟁하는 것이 다반사이다. 무기〔利器〕를 농업이나 상업보다 더 열심히 연구하니, 새로운 발명품인 전기포(電氣砲), 비행선, 침수정(浸水艇)이 모두 사람과 사물을 손상시키는 기계이다. 청년들을 훈련시켜 전쟁이 벌어지는 곳으로 몰아넣으니, 수많은 귀중한 생명을 제사에서의 제물(犧牲)처럼 버린다. 그래서 피가 냇물을 이루고 시신이 땅에 가득한 광경이 날마다 이어지고 있다. '삶을 좋아하고 죽음을 싫어하는 것(好生厭死)'은 인지상정인데, 청명한 세상에 이 무슨 광경인가.[91]

인종 간의 경쟁, 그것도 무기를 개발해서 다른 인종을 죽이는 경쟁이 펼쳐지는 것이 현실이라고 했다. 이는 모든 인간이 원하는 바와 어긋난다. 죽기를 좋아할 사람은 없기 때문이다. 그럼에도 세상은 인간의 소망과 반대로 돌아가고 있다. 그렇다면 어떻게 할 것인가?

안중근은 '합하면 성공하고 흩어지면 패망한다'는 이치를 염두에 두고 구체적인 방법을 찾을 것을 제안한다. 그의 주장은 동양의 인종이 마음을 모으고 힘을 합함으로써 백인종의 침략을 막아내야 한다는 것이었다. 안중근은 서문과 전감(前鑑)에서 러일전쟁 등의 사례를 분석함으로써 교훈을 찾고, 그를 통해 동양이 '인종 경쟁'에서 살아남기 위해 무엇을 해야 할지를 논의하고 있다.

안중근이 논의 과정에서 가장 주목한 것은 일본의 정책과 태도였다. 일본이 동양의 승리 가능성과 패배의 단서를 동시에 보여주고 있다고 판단했기 때문이다. 일본이 백인종의 대표자인 러시아를 이긴 것이 동양의 승리 가능성을 구체적으로 보여주는 사례라면, 그것은 한국과 청나라가 이전의 원한을 접어두고 같은 인종인 일본에 협력했기에 가능한 일이었다고 안중근은 분석하고 있다. 특히 러시아에 대한 선전서에서 "동양의 평화를 유지하고 대한의 독립을 공고히 한다"라는 대의를 내세운 것이 효과가 있었다는 것이다. 안중근이 청일전쟁과 러일전쟁의 선전서를 착각한 것이라고 하더라도,[92] 이 주장은 여전히 유효하다. 일본이 '동양의 대의를 내걸고 전쟁을 수행했으며, 한국과 청나라의 지식인 가운데 이에 호응한 이들이 적지 않았기 때문이다.

안중근은 전쟁에서 승리한 일본이 같은 인종을 억압하고 배신했기 때문에, 앞으로 동양은 위험에 빠질 수밖에 없을 것이라고 예상했다. 같은 인종으로부터 배신당한 청나라와 한국은 "차라리 다른 인종에게 멸망당할지언정 같은 인종에게 모욕을 받을 수는 없다[寧亡於異族, 不忍受辱於同種]"라는 생각으로 일본과 맞서게 될 것이고, 서양의 백인종들은 이 기회를 틈타 어부지리를 얻게 되리라는 것이다.

당대를 인종 경쟁의 시대로 인식한 것은 안중근 특유의 것이라고 하기 어렵다. 당시 동아시아의 지적 분위기를 반영한 것이면서, 한편으로는 적자생존이나 약육강식의 원리를 그대로 인정하는 결과에 이를 만한 위험성도 내포한 것이었다. 그렇지만 안중근은 유사한 문제의식에서 출발한 일본의 '아시아주의'가 내놓은 것과 같은 '위험한' 결론을 제시하지는 않았다.[93]

왜 그럴 수 있었을까? 가장 큰 이유는 궁극적인 목적을 '평화'에 두고 있었기 때문일 것이다. 인종 경쟁에서 승리하려면 일본의 역할이 중요하다고 보았지만, 그렇다고 일본이 모든 사람이 행복을 누릴 수 있는 평화를 파괴하는 것까지 허용하지는 않았다. 이처럼 '경쟁의 승리'에서 얻을 산물을 동양을 지키는 데 한정하는 관점은 상당히 주목할 만하다.

또 하나 주목할 점은 안중근이 평화를 위해 무엇을 해야 할 것인가를 구체적이고 현실적으로 연구하고 있다는 사실이다. 이를 통해 그는 당시에 통용되던 논리나 이론을 그대로 따르는 대신 자기 나름의 방안을 내놓을 수 있었다. 그러한 연구 결과 안중근은 인종 경쟁의 시대에 동양을 대표할 능력을 가진 것이 일본이라 하더라도, 동양의 다른 나라들이 일본을 무조건 따를 가능성은 없다고 판단했다. 일본은 동양 내부를 '화합'시킬 만한 태도를 보여야 하고, 서양과의 경쟁에서 승리할 수 있는 능력을 동양의 여러 나라가 갖출 수 있도록 도와야 한다는 결론에 이르렀다.

그렇지만 현재의 「동양평화론」에서는 안중근이 연구한 '구체적인 방안'이 어떤 것이었는지를 찾아내기 어렵다. 미처 완성하지 못한 현상, 복선, 문답의 세 부분에서 구체적인 방안을 담으려 했을 듯한데, 그 개요는 히라이시 우지히토 고등법원장과의 면담에서 밝힌 동양평화론의 구상에서 어느 정도 엿볼 수 있다. 다음은 히라이시와의 면담을 기록한 「청취서」의 일부이다. 현실을 분석하는 안중근의 태도를 잘 드러내고 있으므로, 주의해서 살펴볼 만한 가치가 있다.

일본은 마음 바로잡아라

일본이 해야 할 급선무는 현재의 재정을 정리하는 것이다. 재정이란 사람으로 치면 건강이다. 다시 말해서 재정을 길러 나라를 건강하게 하는 일이 급선무다. 둘째는 세계 각국의 신용을 얻는 것이다. 오늘날 일본은 세계열강의 신용을 못 받고 있다. 셋째는 앞에서 말한 데서 알 수 있듯이 세계 각국이 일본의 약점을 노리고 있으니 이에 대비하는 연구를 해야 한다.

이 세 가지 급무를 완전히 하는 방법은 내 생각에는 어렵지 않다고 느껴진다. 전쟁도 필요치 않다. 오직 하나는 마음을 바로잡는 일이며, 그 첫째가 이토 히로부미의 정책을 고치는 일이다. 이토 히로부미의 정책은 전 세계에서 신용을 잃었다. 한일협약 같은 것은 승복보다는 반항심을 일으킬 뿐이다. 하등 얻을 것이 없다.

한국, 청국, 그리고 일본은 세계에서 형제의 나라와 같으니 서로 남보다 친하게 지내야 한다. 그러나 오늘날 형제간의 사이가 나쁠 뿐이며 서로 돕는 모습보다는 불화만을 세계에 알리고 있는 형편이다.

일본이 오늘날까지 정책을 고치겠다고 세계에 발표하는 것은 일본으로서는 다소 치욕이 되는 점도 있을 것이나 이는 불가피한 것이다.

새로운 정책은 뤼순을 일본, 청국 그리고 한국이 공동으로 관리하는 군항으로 만들어 세 나라에서 대표를 파견해 평화회의를 조직한 뒤 이를 공표하는 것이다. 이것은 일본이 야심이 없다는 것을 보이는 일이다. 뤼순은 일단 청국에게 돌려주고 그것을 평화의 근거지로 삼는 것이 가장 현명한 방법이라고 생각한다.

패권을 잡으려면 비상한 수단이 필요하다는 것은 바로 이 점을 말하는 것이다. 뤼순의 반환은 일본의 고통이 되기는 하겠지만 결과로는 오히려 이익을 주는 일이 돼 세계 각국이 그 영단에 놀라고 일본을 칭찬하고 신뢰하게 되어 일본, 청국, 한국이 영원한 평화와 행복을 얻기에 이를 것이다. 재정 확보에 대해 말하자면 뤼순에 동양평화회의를 조직하여 회원을 모집하고 회원 한 명당 회비로 1원씩 모금하는 것이다. 일본, 청국, 그리고 한국의 인민 수억이 이에 가입하는 것은 의심할 여지가 없다. 은행을 설립하고 각국이 공용하는 화폐를 발행하면 신용이 생기므로 금융은 자연히 원만해질 것이다. 그리고 중요한 곳에 평화회의 지부를 두고 은행의 지점도 병설하면 일본의 금융은 원만해지고 재정은 완전해질 것이다. 뤼순의 유지를 위해서 일본은 군함 5~6척만 계류해두면 된다. 이로써 뤼순을 돌려주기는 했지만 일본을 지키는 데는 걱정이 없다는 것을 다른 나라에 보여주는 것과 다름이 없다.

한·중·일의 협조로 범태평양권 구성해야

이상의 방법으로 동양의 평화는 지켜지나 일본을 노리는 열강에 대응하기 위해서는 무장을 하지 않을 수 없다. 이 문제에 대해서는 일본, 청국, 그리고 한국 3국에서 각각 대표를 파견하여 다루게 한다. 세 나라의 청년들로 군단을 편성하고 이들에게는 2개국 이상의 어학을 배우게 하여 우방 또는 형제의 관념이 높아지도록 지도한다. 이런 일본의 태도를 세계에 보여주면 세계는 이에 감복하고 일본을 존경하고 경의를 표하게 될 것이다. 이같이 하면 비록 일본에 대해 야심이 있는 나라가 있다고 해도 그 기회를 얻기 힘들게 되며 일본은 수출도 늘게 되고 재정도 풍부해져서 태산과 같은 안정을 얻게 될 것이다.

청과 한국 두 나라도 함께 그 행복을 누리고 세계에 모범을 보여줄 수 있게 된다. 그리고 청과 한국 두 나라는 일본의 지도 아래 상공업 발전을 도모하게 될 것이다. 따라서 패권이라는 말부터 의미가 없어지고 만철 문제로 파생되고 있는 분쟁 같은 것은 꿈에도 나타날 수 없게 된다.

이렇게 함으로써 인도, 태국, 베트남 등 아시아 각국이 스스로 이 회의에 가맹하게 되어 일본은 싸움 없이도 동양의 주인공이 되는 것이다.

은나라가 망할 무렵 열국(列國)은 주(周)라는 군자를 업어 들여 그로 하여금 천하의 패권을 잡게 했다.

　금일의 세계열강이 아무리 힘을 써도 이루지 못하는 것이 있다. 서구에서는 나폴레옹 시대까지 로마 교황으로부터 관을 받아 씀으로써 왕위에 올랐었다. 그러나 나폴레옹이 이 제도를 거부한 뒤로는 이 같은 의식을 치르지 않게 됐다. 일본이 앞서 말한 것 같은 (평화적인 의미의) 패권을 얻은 뒤 일본·청나라·한국 세 나라의 황제가 로마 교황을 만나 서로 맹세하고 관을 쓴다면 세계는 이 소식에 놀랄 것이다.

　오늘날 존재하는 종교 가운데 3분의 2는 천주교이다. 로마 교황을 통해 세계 3분의 2의 민중으로부터 신용을 얻게 된다면 그것은 대단한 힘이 된다. 만일 이에 반대하면 여하히 일본이 강한 나라라고 해도 어찌할 수 없게 된다.[94]

평화회의의 설립과 운영, 공동의 군항·군대·은행 설립 및 공용 화폐의 발행 등과 같은 항목의 설정은 안중근이 평화를 위한 방안에 대해 얼마나 구체적으로 고민했는지를 보여준다. 물론 당시의 경제 지표나 국제 관계 등을 고려한다면, 그 제안 가운데는 비현실적이거나 이상주의적인 부분도 있다. 예컨대 로마 교황을 만나 맹세하고 관을 쓰도록 하자는 제안 같은 경우에는, 세계의 공인을 받음으로써 지속 가능한 평화 체제를 구축하고자 하는 천주교인의 소원을 반영한 것이라 하더라도 당시 현실이나 「동양평화론」의 서두에 제시한 인종 경쟁의 원리와 어울리지 않는 듯하다. 그렇지만 이러한 문제점이 '평화'라는 궁극적 목적을 달성하기 위한 안중근의 치열한 고민의 가치를 훼손할 수는 없을 것이다.

안중근의 '동양평화론'은 오늘날에도 큰 의의를 가질 수 있다. 인종 경쟁이라는 식의 문제 설정은 더 이상 유효하지 않지만, 오늘날에도 세계 평화를 위협하는 정책이나 사건이 사라지지 않았기 때문이다. 그렇다면 어떤 방식으로 안중근의 동양평화론을 수용할 것인가가 중요한 문제일 것이다. 포괄적인 논의의 원칙은 다음의 글에서 찾을 수 있을 듯하다.

안중근이 살았던 제국주의의 시대와 오늘날 세계화의 시대라고 하는 국제정치의 현실은 물론, 근대국가의 체제도 완비하지 못했던 20세기 초의 대한제국의 역량과 민주화와 경제발전을 이루어낸 21세기 초의 대한민국의 역량은 너무나 다르다. 따라서 100년 전의 현실에 맞서 100년 전의 사상적 재료로 고민했던 안중근이 던진 당대에 대한 방책이 우리 시대와 불화(不和)하는 것은 20세기를 통하여 인류와 한반도가 경험한 거대한 변화를 고려한다면 어쩌면 당연한 것이다. 그럼에도 동양평화론의 구체적 정책이 오늘날의 현실에 맞아야 한다는 강박관념에서 동양평화론에 대한 연구의 방향을 설정한다면 현재의 현실이나 유행하는 사상에 안중근의 사상을 파편화시켜 끼워 맞추는 결과를 초래할 가능성도 배제할 수 없다.[95]

안중근이 제시했던 방안 하나하나를 오늘날의 현실에 기계적으로 적용하려는 사람은 물론 없겠지만, 그의 말과 글을 존중하다 보면 변화된 현실과는 거리가 있는 계승 방안을 내놓을 가능성이 없지 않을 듯하다. 그것은 안중근 또는 안중근 정신의 계승이 될 수 없다.

왜냐하면 안중근은 평화가 중요하다고 말하는 데 그치지 않고 '당대 현실'에 대한 성찰을 통해 평화를 얻기 위한 자기 나름의 방법을 고민하고 실천했던 인물이며, 따라서 안중근의 말과 글을 '그대로' 실천하려는 행위는 그가 보여준 모습이나 정신과는 반대되는 것이기 때문이다.

사실 안중근은 가르침이나 이론을 '그대로' 실천하려고 하지는 않았다. 천주교인이면서도 신부의 지시를 따르지만은 않은 일, 의병전쟁에서 포로를 석방하면서 만국공법의 실현을 꿈꾼 일 등은 그런 대표적인 사례이다. 다른 사람이 제시한 길을 그대로 따르지 않고 스스로 자신의 길을 기획하고 개척한 데 그의 생애의 특징이 있다고 해도 지나친 말이 아닐 것이다.

그렇다면 안중근의 동양평화론은 어떻게 계승해야 하는가? 사실 이 질문 자체야말로 앞으로 지속적으로 연구해야 하는 과제이다. 다만 안중근이 편 동양평화론에서 '동양'보다는 '평화'에 더 큰 관심을 두어야 할 것임은 여기서 지적할 수 있다. 동양을 내세운 것은 인종경쟁이 이루어졌던 당시의 지적 분위기와 연관된 것으로 해석되기 때문이다. 어떤 것이 진정한 평화이며, 이를 이루기 위해서는 어떤 계획이 필요할까? 또 그 계획을 어떻게 실천할 것인가? 이런 질문들을 스스로에게 던지면서 지속적으로 평화를 위한 기획을 하는 것, 그리고 평화를 향한 열망을 잃지 않고 실천하는 것이 그 첫걸음이 아닐까 한다. 그것은 또한 오늘날을 살아가면서 안중근의 삶의 태도와 가장 근접할 수 있는 방법이기도 할 것이다.

주석

1부 격한 성품, 그리고 거침없던 어린 시절

1 안중근이 쓴 「안응칠역사」(『안중근전기전집』, 국가보훈처, 1999)에는 '首楊山'이라고 되어 있으나, '楊'은 '陽'의 오자로 보인다.
2 『신증동국여지승람(新增東國輿地勝覽)』 권43.
3 김택영, 「안중근전」, 『안중근전기전집』, 국가보훈처, 1999, 449쪽.
4 이전, 「안중근혈투기」, 『안중근전기전집』, 국가보훈처, 1999, 664쪽.
5 필자 미상, 「근세역사」, 『안중근전기전집』, 국가보훈처, 1999, 431쪽.
6 「사카이 경시의 신문에 대한 안응칠의 공술(제5회)」, 『한국독립운동사: 자료』 7, 국사편찬위원회, 1978, 417쪽.
7 안중근, 앞의 글, 64~65쪽.
8 김구 지음, 도진순 주해, 『백범일지』, 돌베개, 1997, 59쪽.
9 이전, 앞의 글, 665쪽. 안학식의 『의사안중근전기』(만수사보존회, 1964)에서도 이와 유사한 서술이 보이는데, 다만 "황해도에서 2, 3위를 다투는"으로 서술된 점은 차이가 있다.
10 「안중근 의사의 고향 청계동(1)」, 『조선일보』, 1979년 9월 2일; 오영섭, 「개화기 안태훈의 생애와 활동」, 『한국 근현대사를 수놓은 인물들(1)』, 경인문화사, 2007, 227쪽.
11 오영섭, 위의 글, 227쪽. 오영섭은 이를 근거로 안학식의 『의사안중근전

기』에서의 서술이 과장된 것이라고 지적했다. 그런데 「안중근혈투기」와 이를 근거로 작성한 것으로 보이는 『의사안중근전기』의 기록은 '안중근의 고조 대'에 대한 서술이어서 바로 비교하기는 어렵다. 다만 300여 석을 남겨서 청계동으로 이주했다는 김구의 기록과 대비한다면 베버 신부의 기록이 상대적으로 안인수와 안태훈 대의 재산 상황을 잘 반영한 것으로 볼 만하다.

12 김삼웅, 『안중근평전』, 시대의창, 2009, 35쪽.
13 「고비수 제6488호의 1」, 『한국독립운동사: 자료』 7, 국사편찬위원회, 1978, 173~174쪽.
14 「고비발 제342호」, 『한국독립운동사: 자료』 7, 국사편찬위원회, 1978, 156쪽.
15 오영섭, 앞의 글, 221~226쪽. 이하 안중근의 가문에 대해서는 이 논문을 참고하여 서술한다.
16 김택영, 앞의 글, 445쪽; 이건승, 「안중근전」, 『안중근전기전집』, 국가보훈처, 1999, 458쪽.
17 『신증동국여지승람』에는 해주의 주요 성씨로 '최·정(鄭)·오·민·임(林)·문(文)·경(景)·임(任)·욱(郁)·송'의 10개 성씨를 거론하고 있다. 여기에 안씨는 없다.
18 이전, 앞의 글, 665쪽. 안학식은 『의사안중근전기』 15쪽에서 거의 같은 문장으로 가계(家系)를 서술했는데, 이 부분이 "반문(班門), 호족(豪族)과 비견(比肩)하면서"로 되어 있다. 이 차이는 무반 가문이었음을 드러내지 않으려고 해서 생긴 것으로 보인다.
19 오영섭, 앞의 글, 223쪽.
20 노상추, 『노상추일기(盧尙樞日記)』 1~4, 국사편찬위원회, 2005~2006; 문숙자, 『68년의 나날들, 조선의 일상사: 무관 노상추의 일기와 조선 후기의 삶』, 너머북스, 2009.

21 "죽게 된 어머니를 단지(斷指)한 피로 구원하여 한 해 동안 살아 계시게 했다."(계봉우,「만고의사 안중근전」,『안중근전기전집』, 국가보훈처, 1999, 494쪽)「근세역사」(앞의 책, 414쪽)에도 이 일화가 제시되어 있는데, 대상이 '어떤 부인(某婦人)'으로 되어 있다. 그렇지만 안인수가 효도와 우애, 인자함으로 이름나 있었다고 서술하고서 이 일화를 거론한 것으로 보아 '其婦人' 또는 '母婦人'의 오자가 아닌지 의심된다.

22 「백암박은식선생약력(白巖朴殷植先生略歷)」,『백암박은식전집』 6, 동방미디어, 2002, 760쪽.

23 안중근, 앞의 글, 65~66쪽.

24 이전, 앞의 글, 665~667쪽.

25 김삼웅, 앞의 책, 42~43쪽.

26 박은식은 안중근이 7세 때 이주했다고 했으며(「안중근전」,『안중근전기전집』, 국가보훈처, 1999, 230쪽), 가장 이른 기록인「근세역사」에는 그가 5세 때 이주했다고 기록되어 있다(앞의 책, 414쪽).

27 오영섭, 앞의 글, 231~232쪽.

28 안중근, 앞의 글, 64쪽.

29 장석흥,『안중근의 생애와 구국운동』, 독립기념관 한국독립운동사연구소, 1992, 21쪽. 안중근의 동생인 안정근은 형의 이름이 '중근'이며 자는 '자임'이라고 진술한 바 있다(「복명서」,『한국독립운동사: 자료』 7, 국사편찬위원회, 1978, 342쪽).

30 최서면,『새로 쓴 안중근 의사』, 집문당, 1994, 11쪽에서는 '응칠'이라는 아명을 짓는 광경을 다음과 같이 묘사하였다. "이때 할머니는 아기의 가슴과 배에 일곱 개의 점이 있다는 것도 할아버지에게 알려드렸다. 할아버지는 더없이 기뻐하였다. '점이 일곱 개 있다니 참 신기한 일이기도 하구나.' 할아버지는 곰곰이 생각하시던 끝에 밤하늘에 뜨는 북두칠성에 빌고 하늘이 돌보아 달라는 뜻을 담아 손자에게 응칠이라는 이름을 지어주셨다."

31 계봉우, 앞의 글, 494쪽. "탄싱흔 지 수홀 만에 그 비를 슯펴본즉, 이전에 삼국을 통일ᄒ던 신라 명쟝 김유신의 쟌등과 갓치 칠성졈이 빅인 고로 처음 일홈을 응칠이라고 지엇느니라."
32 '응칠'에 대해 이전의 「안중근혈투기」에서는 '유명(幼名)'이라고 했고, 김택영의 「안중근전」에서는 '소명(小名)'이라 했다. 모두 아명이라는 뜻이다. 박은식의 「안중근전」에서는 "할아버지가 기이하게 여겨 응칠이라 이름 지었는데, 뒤에 자로 삼았다"라고 했다.
33 안학식, 앞의 책, 13쪽.
34 박은식, 앞의 글, 230쪽.
35 안중근, 앞의 글, 66쪽.
36 김구, 앞의 책, 57쪽.
37 안중근, 앞의 글, 67쪽.
38 위의 글, 66~67쪽.
39 이전, 앞의 글, 667쪽. 이전은 10~50명에 이르는 사냥꾼들이 늘 청계동 집에 머물렀으며, 노제석(盧濟錫), 임도웅(任道雄), 박치범(朴致範), 한중석(韓重錫), 한재호(韓在鎬) 등이 그 중심인물이었다고 밝혔다.
40 김구, 앞의 책, 56~57쪽.
41 안중근, 앞의 글, 71~72쪽.
42 안학식, 앞의 책, 21쪽.
43 박은식, 앞의 글, 230쪽.
44 조정래, 『안중근』, 문학동네, 2007, 48~49쪽.
45 김구, 앞의 책, 52~54쪽.
46 정은경, 「1894년 황해도·강원도 지역의 농민전쟁」, 한국역사연구회 편, 『1894년 농민전쟁연구』 4, 역사비평사, 1995, 394~397쪽. 이하 황해도 동학농민전쟁의 전개 과정에 대해서는 주로 이 논문을 참고하여 서술한다.
47 위의 글, 397쪽.

48 스즈키 아키라(鈴木彰), 「황해도동학당정토략기(黃海道東學黨征討略記)」, 동학농민혁명 종합정보시스템(http://www.e-donghak.go.kr).

49 조경달 지음, 박맹수 옮김, 『이단의 민중반란』, 역사비평사, 2008, 409쪽.

50 정은경, 앞의 글, 407~408쪽.

51 「갑오해영비요전말」(11월 19일), 『동학란기록(하)』, 국사편찬위원회, 1971, 735쪽.

52 스즈키 아키라, 앞의 글.

53 장석흥의 『안중근의 생애와 구국운동』에서는 황해감사 정현석의 의병 요청설을 받아들이고 있는 듯하며, 오영섭의 「개화기 안태훈의 생애와 활동」에서는 이전이 기술한 안태훈 의병 부대 활동에 신빙성이 있다고 파악하고 이를 서술에 반영하고 있다.

54 김구 또한 안태훈이 "경성 모(某) 대신의 원조와 황해감사의 지도 아래" 동학 토벌에 나섰다고 기록하고 있다. 김구, 앞의 책, 50쪽.

55 이전, 앞의 글, 668쪽.

56 장석흥, 앞의 책, 30~31쪽; 김삼웅, 앞의 책, 62~63쪽.

57 「선유방문병동도상서소지등서(宣諭榜文竝東徒上書所志謄書)」, 『동학란기록(하)』, 국사편찬위원회, 1971, 379~380쪽(조경달, 앞의 책, 317~318쪽에서 재인용). 조경달은 '척왜척화'를 왜적과 개화를 배척한다는 뜻으로 풀이했다.

58 안중근, 앞의 글, 67쪽.

59 위의 글, 68~69쪽.

60 위의 글, 69~70쪽.

61 김구, 앞의 책, 51쪽.

62 오영섭, 앞의 글, 237쪽.

63 김구를 식객으로 받아들인 안태훈의 행동은 당시 상황으로 볼 때 쉬운 일은 아니었다. 안태훈이 1896년 2월에 쓴 편지에서는 김구를 추적했으나 놓

쳤고 지금도 추적하고 있다고 보고한 바 있다. 위의 글, 238쪽.
64 김구, 앞의 책, 59쪽, 주석 77.
65 위의 책, 85~90쪽. 김구의 부친이 이전에 맺었던 혼약 때문에 실제 혼인은 이뤄지지 않았다고 한다.
66 위의 책, 67쪽.
67 위의 책, 87쪽.
68 「사카이 경시의 신문에 대한 안응칠의 공술(제5회)」, 앞의 책, 413~421쪽.
69 이전, 앞의 글, 676쪽.
70 위의 글, 676쪽.
71 안공근의 활동 및 김구와의 관계에 대해서는 오영섭, 「일제시기 안공근의 항일독립운동」, 『한국 근현대사를 수놓은 인물들(1)』, 경인문화사, 2007 참조.
72 위의 글, 291쪽에서는 김구가 안공근을 중용했던 이유를 다섯 가지로 나누어 제시하고 있다.
73 김구, 앞의 책, 361~362쪽.
74 오영섭, 앞의 글, 300쪽. 안공근과 김구의 결별 이유에 대해서는 금전 문제를 비롯한 안공근의 '전횡불륜(專橫不倫)'을 지적하는 설도 있다(같은 책, 298~299쪽).
75 이우(爾友), 「상해폭탄사건은 무엇을 말하느냐?」, 『이정박헌영전집』1, 역사비평사, 2004.
76 김구, 앞의 책, 408쪽.
77 안중근, 앞의 글, 70~71쪽.
78 오영섭, 「개화기 안태훈의 생애와 활동」, 앞의 책, 239~242쪽. 이하 사건의 전모에 대해서는 이 논문의 내용을 중심으로 서술한다.
79 김구는 『백범일지』에서 안태훈과 김종한의 관계를 다음과 같이 언급한 바 있다. "안 진사는 과거 수험생〔擧子〕으로 경성의 김종한 집에 다년간 머무

르면서 김종한이 시관일 때 소과에 합격하였다. 그리하여 안 진사는 '김종한의 문객'이니 '식구'니 하는 소문이 있었다."(59쪽)

80 탁지부 편, 『공문편안(公文編案)』 22책, 규장각 소장본 규18154; 오영섭, 앞의 글, 241쪽, 주석 65.

81 「안중근혈투기」에서는 민영준에 대해 언급하지 않고, 어윤중을 방문한 자리에서 곡식 반납의 요구를 들었다고만 서술하고 있다.

82 오영섭, 앞의 글, 241~242쪽.

83 윤선자, 「안중근의 애국계몽운동」, 『한국근대사와 종교』, 국학자료원, 2002, 171쪽에서는 러시아와 프랑스가 특수 관계였던 점에서 종현성당으로 피신한 이유를 찾고 있다. 당시는 삼국간섭 이후이므로 아관파천을 계기로 구성된 친러 내각이 프랑스 선교사들에게 피신한 안태훈을 처벌할 수 없었다고 한다.

84 「안중근 의사의 고향 청계동(1)」, 『조선일보』, 1979년 9월 2일.

85 오영섭, 앞의 글, 243~244쪽.

86 한국교회사연구소 편, 『황해도천주교회사』, 황해도천주교회사간행사업회, 1984, 191쪽(오영섭, 앞의 글, 243~244쪽, 주석 74에서 재인용).

87 이전, 앞의 글, 677쪽.

88 위의 글, 678쪽.

89 「안중근 의사의 고향 청계동(1)」, 『조선일보』, 1979년 9월 2일.

90 「안중근 의사의 고향 청계동(2)」, 『조선일보』, 1979년 9월 4일.

91 오영섭, 앞의 글, 245~246쪽.

92 황재문, 「안중근의 문학적 형상화 양상 연구」, 『국문학연구』 15호, 2007, 198~200쪽.

93 홍종표, 「대동위인 안중근전」, 『안중근전기전집』, 국가보훈처, 1999, 472쪽.

94 윤선자, 「'한일합병' 전후 황해도 천주교회와 빌렘 신부」, 『한국근대사와 종교』, 국학자료원, 2002, 205~206쪽. 이하 빌렘 신부의 생애와 활동에

대해서는 이 논문을 참고하여 기술한다.

95 조동일, 『세계문학사의 전개』, 지식산업사, 2002, 401쪽; 조동일, 『지방문학사』, 서울대학교 출판부, 2003, 68쪽.

96 빌렘이 프랑스 국적을 취득하기 위해 프랑스로 일시 귀환한 것은 이러한 상황을 상징적으로 보여준다. 윤선자는 「'한일합병' 전후 황해도 천주교회와 빌렘 신부」에서 이 일을 "1871년 이후 독일 국민이 되었고, 파리외방전교회 소속 신부였기에 프랑스 국적 취득이 요구되었다"라고 풀이했다(206쪽).

97 한국교회사연구소 역주, 『뮈텔 주교 일기』 2, 한국교회사연구소, 1993, 233~235쪽.

98 황종렬, 「'안중근편 교리서'에 나타난 천·인·세계 이해」, 『안중근과 그 시대』, 경인문화사, 2009, 309쪽에서는 이하의 대목을 거론하며 "주체적 신앙 인식을 반영하는 것"이라고 지적했다.

99 「피고인 제3회 신문조서」, 『한국독립운동사: 자료』 6, 국사편찬위원회, 1978, 75쪽.

100 황종렬, 앞의 글, 304~320쪽.

101 위의 글, 327~328쪽.

102 위의 글, 334쪽.

103 안중근, 앞의 글, 74쪽.

104 황종렬, 앞의 글, 295쪽.

105 신운용은 1899년 4월 무렵의 사건이라고 추정하였다. 신운용, 『안중근과 한국근대사』, 채륜, 2009, 507쪽.

106 안중근, 앞의 글, 79~80쪽.

107 위의 글, 93쪽.

2부 민족의 현실에 맞서다_국내 활동

1 안중근, 「안응칠역사」, 『안중근전기전집』, 국가보훈처, 1999, 83~84쪽. 원문에는 한원교의 이름이 '韓元校'로 표기되어 있으나, 『황해도각군소장(黃海道各郡訴狀)』에 따라 '韓元敎'로 고쳐 인용한다.

2 위의 글, 84쪽.

3 「필무시리」, 『독립신문』, 1899년 10월 3일. 현대어로 바꾸어서 인용하되, 뜻을 이해할 수 있도록 한자를 괄호 안에 병기하였다.

4 안중근, 앞의 글, 89~90쪽.

5 국사편찬위원회 편, 『각사등록』 제26권, 경인문화사, 1987, 329~330쪽(신운용, 『안중근과 한국근대사』, 채륜, 2009, 94~95쪽에서 재인용).

6 안중근, 앞의 글, 88쪽.

7 신운용, 앞의 책, 95쪽.

8 윤선자, 「'한일합병' 전후 황해도 천주교회와 빌렘 신부」, 『한국근대사와 종교』, 국학자료원, 2002, 210쪽.

9 위의 글, 210~213쪽.

10 「뮈텔 문서」에는 1897년에 빌렘 신부가 신천군수에게 체포된 안태훈을 석방시킨 일이 기록되어 있다. 위의 글, 214쪽

11 「안중근 의사의 고향 청계동(2)」, 『조선일보』, 1979년 9월 4일.

12 윤선자, 앞의 글, 213~218쪽; 오영섭, 「개화기 안태훈의 생애와 활동」, 『한국 근현대사를 수놓은 인물들(1)』, 경인문화사, 2007, 248~258쪽. 이하 빌렘 신부와 관련된 갈등의 내용에 대해서는 이 논문들을 참조하여 기술한다.

13 「보고 제4호」(1897년 5월 14일, 황해도 관찰사 → 의정부 찬정), 『황해도거래안(黃海道去來案)』(오영섭, 위의 글, 250쪽에서 재인용).

14 『고종실록』, 광무 7년(1903) 8월 21일조, 국사편찬위원회 조선왕조실록

(http://sillok.history.go.kr).

15 윤선자, 앞의 글, 217~218쪽.
16 안중근, 앞의 글, 90쪽.
17 이전, 「안중근혈투기」, 『안중근전기전집』, 국가보훈처, 1999, 680~681쪽.
18 안중근, 앞의 글, 79쪽.
19 신운용, 앞의 책, 95~96쪽. 1900년설(최석우), 1902년설(원재연·윤선자·장석흥), 1907년설(조광) 등이 제기되었으나, 이후 공판 과정에서 안중근이 10년 전쯤이라고 답했다는 사실과 「안응칠역사」의 기술 순서에 의거해 신운용은 1898년 4월에서 1899년 10월 사이에 이 사건이 있었을 것이라고 추정했다.
20 「피고인 안응칠 제8회 신문조서」, 『한국독립운동사: 자료』 6, 국사편찬위원회, 1978, 233쪽.
21 안중근, 앞의 글, 93~94쪽.
22 황재문, 「안중근의 문학적 형상화 양상 연구」, 『국문학연구』 15호, 2007, 194~196쪽.
23 박은식, 「안중근전」, 『안중근전기전집』, 국가보훈처, 1999, 231쪽.
24 안중근, 앞의 글, 90~93쪽. 「안응칠역사」에는 '서가(舒哥)'라고만 기록되어 있으나, 공식적인 사건 기록에는 이름까지 나온다. 신운용, 앞의 책, 96~97쪽 참조.
25 "如淸醫之所爲면 我韓民生이 豈有支保之道乎잇가." 『외부소장(外部訴狀)』, 서울대학교 규장각, 552쪽(신운용, 위의 책, 97쪽에서 재인용).
26 「안중근 내력(來歷)」, 『대한매일신보』, 1909년 12월 3일, 2쪽(『한국독립운동사: 자료』 7, 국사편찬위원회, 1978, 219~220쪽에서 재인용).
27 신운용, 앞의 책, 99~101쪽; 김삼웅, 『안중근 평전』, 시대의창, 2009, 118~120쪽.
28 「헌기 제2634호」, 『한국독립운동사: 자료』 7, 국사편찬위원회, 1978, 243쪽.

29 계봉우, 「만고의사 안중근전」, 『안중근전기전집』, 국가보훈처, 1999, 497쪽.
30 신운용, 앞의 책, 102쪽.
31 안중근, 앞의 글, 94~95쪽.
32 「헌기 제2643호」, 『한국독립운동사: 자료』 7, 국사편찬위원회, 1978, 243쪽.
33 신운용, 앞의 책, 102쪽.
34 "我之可與爲脣齒者, 中國而已. 往遊中國, 交結才俊, 與圖維持, 兒之願也." 김택영, 「안중근전」, 『안중근전기전집』, 국가보훈처, 1999, 444쪽.
35 박은식도 중국과의 관계를 중시하는 해석을 하고 있다(앞의 글, 233쪽). 또한 1905년 10월에 떠나 옌타이(烟臺), 자오저우(膠州), 웨이하이(威海), 상하이 등을 방문했다고 기술했다. 박은식의 경우에도 당시에 자신이 활동했던 공간과 관련시켜 안중근의 중국행 목적을 이해한 것으로 해석할 수 있다.
36 안중근, 앞의 글, 95~96쪽.
37 위의 글, 98쪽.
38 「고비발 제342호」, 『한국독립운동사: 자료』 7, 국사편찬위원회, 1978, 156쪽.
39 김구 지음, 도진순 주해, 『백범일지』, 돌베개, 1997, 58쪽.
40 「서신」〔오가키 다케오(大垣丈夫) → 사타케(佐竹)〕, 『한국독립운동사: 자료』 7, 국사편찬위원회, 1978, 147쪽.
41 홍종표, 「대동위인 안중근전」, 『안중근전기전집』, 국가보훈처, 1999, 472쪽.
42 황재문, 앞의 글, 214~217쪽에서는 「영웅루」에 나타난 안중근의 생애를 검토하고 그것이 실제와 달리 설정된 이유를 추정하였다.
43 안중근, 앞의 글, 98쪽.
44 신운용, 앞의 책, 107~113쪽. 삼흥학교의 운영에 대해서는 이를 주로 참고하여 서술한다.
45 「국채보상의연금수입광고(國債報償義捐金收入廣告)」, 『대한매일신보』,

1907년 5월 29일.
46 교감 '안동근(安東根)'이 3원을 낸 것으로 기록되어 있는데, 이는 '안중근(安重根)'의 오기일 가능성이 높다.
47 「매토기교(賣土寄校)」, 『대한매일신보』, 1907년 5월 31일.
48 「기밀통발 제1982호」(1909년 11월 18일), 『한국독립운동사: 자료』 7, 국사편찬위원회, 1978, 201쪽.
49 「경비 제317호」(1909년 11월 17일), 『한국독립운동사: 자료』 7, 국사편찬위원회, 1978, 196쪽
50 신운용, 앞의 책, 113쪽.
51 「복명서(復命書)」(1909년 11월 5일), 『한국독립운동사: 자료』 7, 국사편찬위원회, 1978, 345~346쪽.
52 신운용, 앞의 책, 110쪽.
53 윤선자, 「안중근의 애국계몽운동」, 『한국근대사와 종교』, 국학자료원, 2002, 191~192쪽
54 이전, 앞의 글, 683쪽.
55 계봉우, 앞의 글, 502쪽.
56 「놀라운 부인」, 『대한매일신보』(국문판), 1910년 1월 30일.
57 필자 미상, 「근세역사」, 『안중근전기전집』, 국가보훈처, 1999, 434쪽.
58 이전, 앞의 글, 682쪽.
59 안중근, 앞의 글, 99~100쪽.
60 신운용은 『안중근과 한국근대사』에서 집회가 이루어진 곳이 진남포일 것으로 추정하였다(115쪽).
61 「청취서」, 국가보훈처·광복회 편, 『21세기와 동양평화론』, 국가보훈처, 1996, 55~56쪽.
62 안중근, 앞의 글, 99쪽.
63 삼합의의 일원으로 언급된 한재호는 앞서 살펴본 『대한매일신보』 기사에

서 삼흥학교 교장으로 기록된 인물이다. 또한 「안중근혈투기」에서는 청계동의 안태훈을 찾아오던 산포군의 우두머리 가운데 한 사람이자 안태훈 의병의 '중대장'으로 묘사된 바도 있다. 안중근 가문과 오래전부터 교분이 있었을 듯하다.

64 「복명서」(1909년 11월 5일), 『한국독립운동사: 자료』 7, 국사편찬위원회, 1978, 339쪽.

65 앞의 글, 338쪽.

66 신운용, 앞의 책, 115~116쪽.

67 「사카이 경시의 신문에 대한 안응칠의 공술(제1회)」(1909년 11월 26일), 『한국독립운동사: 자료』 7, 국사편찬위원회, 1978, 397쪽.

68 안중근, 앞의 글, 100쪽.

69 박은식, 앞의 글, 235쪽.

70 「헌기 제2634호」, 앞의 책, 243~244쪽.

71 안중근, 앞의 글, 98~99쪽.

72 오영섭, 「일제시기 안공근의 항일독립운동」, 『한국 근현대사를 수놓은 인물들(1)』, 경인문화사, 2007, 273~274쪽에서 "아버지의 친우이자 서북학회 총무인 김달하의 권유로"라고 기술한 것은 이런 맥락에서 해석한 사례로 보인다.

73 「안미생 여사와의 일문일답」, 『안중근의사자료집』, 국학자료원, 1999, 228쪽.

74 「보고서」, 『한국독립운동사: 자료』 7, 국사편찬위원회, 1978, 534쪽.

75 「안미생 여사와의 일문일답」, 앞의 책, 228~229쪽

76 이전, 앞의 글, 681쪽.

77 최서면, 『새로 쓴 안중근 의사』, 집문당, 1994, 105쪽; 윤병석, 「안중근 의사의 저술과 유묵」, 안중근의사기념사업회 편, 『안중근 연구의 기초』, 경인문화사, 2009, 84쪽.

78 「사카이 경시의 신문에 대한 안응칠의 공술(제1회)」, 앞의 책, 394쪽.
79 박은식, 앞의 글, 235쪽.
80 「조선교구통신문」(1909년 11월 7일), 『안중근(도마) 의사 추모자료집』, 천주교정의구현사제단, 1990, 174쪽(윤선자, 앞의 글, 198~199쪽에서 재인용).
81 「사카이 경시의 신문에 대한 안응칠의 공술(제1회)」, 앞의 책, 394쪽.

3부 독립을 향한 지난한 여정_해외 활동

1 「사카이 경시의 신문에 대한 안응칠의 공술(제1회)」, 『한국독립운동사: 자료』 7, 국사편찬위원회, 1978, 395쪽.
2 위의 글, 394쪽.
3 안중근, 「안응칠역사」, 『안중근전기전집』, 국가보훈처, 1999, 100쪽.
4 옥사(玉史), 「만고의사 안중근전」, 『안중근전기전집』, 국가보훈처, 1999, 373쪽.
5 「사카이 경시의 신문에 대한 안응칠의 공술(제1회)」, 앞의 책, 395쪽.
6 박환, 『시베리아 한인 민족운동의 대부 최재형』, 역사공간, 2008, 20~28쪽.
7 안중근, 앞의 글, 100쪽.
8 「전보 제82호」(1909년 12월 26일), 『한국독립운동사: 자료』 7, 국사편찬위원회, 1978, 231쪽.
9 한용운, 「북대륙(北大陸)의 하룻밤」, 『한용운전집』 1, 신구문화사, 1974, 246~247쪽.
10 황재문, 「'나'를 서술한 백농 조창용 산문의 성격과 의미」, 『정신문화연구』 109호, 2007, 281~285쪽.
11 조창용, 『백농실기(白農實記)』, 독립기념관 한국독립운동사연구소, 1993, 129~130쪽.
12 이전, 「안중근혈투기」, 『안중근전기전집』, 국가보훈처, 1999, 689쪽.

13 조정래, 『안중근』, 문학동네, 2007, 101~102쪽.
14 「사카이 경시의 신문에 대한 안응칠의 공술(제1회)」, 앞의 책, 396쪽.
15 반병률, 「노령 연해주 한인 사회와 한인 민족운동」, 『한국근현대사연구』 7집, 1997, 80쪽.
16 원문에는 '李範元'이라고 기록되어 있으나, 이는 오자이다.
17 안중근, 앞의 글, 100~102쪽.
18 림종상 각색, 『안중근, 이등박문을 쏘다』, 자음과모음, 2006, 323쪽
19 「안응칠역사」의 원본이 발견되지 않았기 때문에 이러한 용어로 표현된 것일 수도 있다. 현재 우리가 볼 수 있는 「안응칠역사」의 이본은 일본인이 옮겨 쓴 것이다. 그렇지만 안중근이 재판 과정에서 편 논리 등을 통해서도 일본과 러시아에 대한 인식을 살펴볼 수 있는데, 이 용어가 그러한 인식과 어긋나지는 않는 것으로 보인다.
20 안중근, 앞의 글, 102쪽.
21 박환, 앞의 책, 95쪽.
22 「사카이 경시의 신문에 대한 안응칠의 공술(제1회)」, 앞의 책, 396쪽.
23 이하 최재형의 생애에 대해서는 박환, 앞의 책, 20~62쪽을 주로 참고하여 서술한다.
24 위의 책, 76~78쪽.
25 이전, 앞의 글, 687쪽.
26 최봉준은 소(小)무역으로 세를 확장하여 상선 준창호(俊昌號)의 선주가 된 인물로, 최재형과 버금가는 재산가였다.
27 이전은 「안중근혈투기」에서 안중근이 급진파와 밀접한 관련을 맺었다고 서술했지만, 이는 사실과 거리가 있다. 오히려 자중파인 최재형과 깊은 관련을 맺고 활동했던 것으로 볼 수 있다. 그렇지만 한인 교포들을 둘로 분류한 것은 당시의 상황을 개괄하는 데 적절한 것으로 보인다.
28 박환, 『러시아지역 한인 언론과 민족운동』, 경인문화사, 2008, 3~33쪽.

29 위의 책, 22쪽.

30 「기서」, 『해조신문』, 1908년 3월 21일.

31 신운용, 『안중근과 한국근대사』, 채륜, 2009, 136쪽에서는 한인 사회의 분열 양상에 대한 해결책이라는 관점에서 이 글을 분석했다.

32 안중근, 앞의 글, 102~105쪽.

33 위의 글, 105쪽.

34 이전의 「안중근혈투기」에서는 이범진, 이범윤 등의 '급진파'를 언급하면서 김두성의 이름을 들었다(앞의 책, 687쪽). 그렇지만 이 명단은 그리 신뢰할 만한 것은 아닌 듯하다.

35 김택영, 「안중근전」, 『안중근전기전집』, 국가보훈처, 1999, 445쪽. 그렇지만 김택영은 김두성이 안중근과 거의 같은 연배인 것으로 파악하고 있는 듯하다. 그는 블라디보스토크의 교포 가운데 김두성, 우덕순 등의 협사(俠士) 12명을 얻었다고 했으며, 안중근이 김두성에게 대장의 직위를 양보(讓)했다고 기록하고 있다. 김택영의 서술이 모두 정확하다면 김두성이 유인석일 가능성은 거의 없어 보이지만, 김두성이 '관동(사람)'으로 기록된 점 자체는 주목할 만하다.

36 반병률, 「안중근과 최재형」, 『역사문화연구』 33, 2009, 93~99쪽. 반병률은 '실존인물 김두성'을 주장한 견해들을 자료를 통해 비판하고, '공판 전략'이라는 관점에서 김두성이 최재형일 것이라는 견해를 밝혔다.

37 「연해주의 군총독 각하께」(1908년 6월 19일), 『한국독립운동사: 자료』 34, 국사편찬위원회, 1997, 22쪽.

38 「우덕순 선생의 회고담」, 『안중근의사자료집』, 국학자료원, 1999, 195쪽.

39 이 문제에 대해서 실존인물설(신용하), 유인석설(조동걸), 최재형설(반병률·신운용) 등이 제기된 바 있다. 신운용, 앞의 책, 144쪽, 주석 58.

40 「사카이 경시의 신문에 대한 안응칠의 공술(제3회)」, 『한국독립운동사: 자료』 7, 국사편찬위원회, 1978, 405~407쪽.

41 반병률, 「노령 연해주 한인 사회와 한인 민족운동」, 앞의 책, 81쪽; 박환, 『시베리아 한인 민족운동의 대부 최재형』, 역사공간, 2008, 76~101쪽; 신운용, 앞의 책, 137~141쪽.

42 박환, 위의 책, 88~91쪽.

43 위의 책, 86쪽.

44 이범윤파에서는 안중근을 비롯한 9명을 '모반자'로 매도하고 총기 보관소를 습격하여 총기를 탈취하기도 했다. 이에 안중근 등은 이범윤파를 제거하려는 움직임을 보이기도 했다(신운용, 앞의 책, 139~140쪽).

45 「우덕순 선생의 회고담」, 앞의 책, 196~197쪽.

46 「사카이 경시의 신문에 대한 안응칠의 공술(제3회)」, 앞의 책, 405~406쪽.

47 신운용, 앞의 책, 145쪽.

48 안중근, 앞의 글, 105~106쪽.

49 「바실리 예고르비치 각하께」(1908년 4월 5일), 『한국독립운동사: 자료』 34, 국사편찬위원회, 1997, 12쪽

50 신운용, 앞의 책, 146~147쪽.

51 「사카이 경시의 신문에 대한 안응칠의 공술(제9회)」, 『한국독립운동사: 자료』 7, 국사편찬위원회, 1978, 434~436쪽.

52 「우덕순 선생의 회고담」, 앞의 책, 196~197쪽.

53 안중근, 앞의 글, 106~107쪽.

54 최서면, 『새로 쓴 안중근 의사』, 집문당, 1994, 92쪽에서는 "적 안에 분열을 일으키는 전술을 세운 것"이라고 풀이했다. 흥미로운 견해임은 분명하지만, 현실적으로 그런 전술이 성공할 가능성이 얼마나 있었을지는 의문스럽다.

55 안중근, 앞의 글, 107~108쪽.

56 위의 글, 109쪽.

57 「우덕순 선생의 회고담」, 앞의 책, 198~205쪽.

58 「보고서」, 『한국독립운동사: 자료』 7, 국사편찬위원회, 1978, 536쪽.
59 안중근, 앞의 글, 112쪽.
60 최서면, 앞의 책, 105쪽; 윤병석, 「안중근 의사의 저술과 유묵」, 안중근의사기념사업회 편, 『안중근 연구의 기초』, 경인문화사, 2009, 84쪽.
61 「아령 해삼위 지방회원명록(俄領海蔘威地方會員名錄)」, 이상봉·이선우 편, 『이진룡 의병장 자료전집』, 국학자료원, 2005, 68쪽.
62 신운용, 앞의 책, 160쪽에서는 안중근이 동지로 우덕순을 택한 이유를 이해하는 데 실마리를 제공할 수 있다고 파악하였다. 우덕순은 안중근보다 9개월 정도 뒤인 1909년 9월 9일에 공립협회의 블라디보스토크 지회 회원으로 가입한 것으로 기록되어 있다.
63 반병률, 앞의 글, 82~84쪽.
64 러시아 측에서는 두 번의 충돌에서 일본군이 각기 90명 이상의 사상자를 낸 데 비해 의병 가운데는 소수의 부상자만 발생했을 뿐이라고 한 바 있다〔「연해주의 군총독 각하께」(1908년 7월 20일), 『한국독립운동사: 자료』 34, 국사편찬위원회, 1997, 30~31쪽〕. 이 통계를 그대로 믿을 수는 없지만 개별적인 전투에서는 어느 정도 전과(戰果)를 올린 것이 사실이다. 그렇지만 원래 목표로 했던 바는 이루지 못한 것으로 보인다.
65 「연해주의 군총독 각하께」(1909년 2월 6일), 『한국독립운동사: 자료』 34, 국사편찬위원회, 1997, 40~41쪽.
66 위의 글, 42~43쪽.
67 반병률, 앞의 글, 82~83쪽.
68 위의 글, 82쪽.
69 박환, 앞의 책, 116쪽.
70 안중근, 앞의 글, 115쪽.
71 계봉우, 「만고의사 안중근전」, 『안중근전기전집』, 국가보훈처, 1999, 507쪽.
72 「경비친 제22호」, 『한국독립운동사: 자료』 13, 국사편찬위원회, 1983,

803쪽.

73 「사카이 경시의 신문에 대한 안응칠의 공술(제2회)」(1909년 11월 27일), 『한국독립운동사: 자료』 7, 국사편찬위원회, 1978, 400쪽.

74 「사카이 경시의 신문에 대한 안응칠의 공술(제11회)」(1909년 12월 11일), 『한국독립운동사: 자료』 7, 국사편찬위원회, 1978, 443쪽.

75 「사카이 경시의 신문에 대한 우연준(우덕순)의 공술(제1회)」(1909년 11월 25일), 『한국독립운동사: 자료』 7, 국사편찬위원회, 1978, 392쪽.

76 일본 측에서는 엄인섭, 김태훈 등 4명과 함께 한국과 일본의 주요 인물들을 암살하기로 약속하고 손가락을 끊어 맹세했다는 정보 보고를 올린 바도 있다(『한국독립운동사: 자료』 7, 국사편찬위원회, 1978, 276쪽). 그렇지만 실제 동맹에 엄인섭 등은 포함되어 있지 않았다.

77 신운용, 앞의 책, 161~163쪽.

78 위의 책, 164~165쪽.

79 위의 책, 169~170쪽.

4부 때가 영웅을 만듦이여, 영웅이 때를 만드는도다_하얼빈 거사

1 안중근, 「안응칠역사」, 『안중근전기전집』, 국가보훈처, 1999, 115~116쪽.

2 「헌기 제2634호」(1909년 12월 30일), 『한국독립운동사: 자료』 7, 국사편찬위원회, 1978, 241쪽

3 「헌기 제2634호」(1909년 12월 30일) 별지2, 위의 책, 248~249쪽.

4 박환, 『러시아지역 한인 언론과 민족운동』, 경인문화사, 2008, 64~90쪽. 81쪽의 대동공보사 구성원 변동 일람표와 83~84쪽의 신문사 주요 구성원의 이력을 정리한 표는 이 신문의 성격을 이해하는 데 큰 도움이 된다.

5 위의 책, 66~67쪽.

6 위의 책, 74~75쪽 참조. 1909년을 기준으로 하얼빈 지역에서의 『대동공

보』 구독 매수는 10부 정도였다고 한다.
7 1909년 10월 당시에 사장은 최재형이었다. 위의 책, 81쪽 표 참조.
8 이강, 「내가 본 안중근 의사」, 『안중근전기전집』, 국가보훈처, 1999, 640~641쪽.
9 「우덕순 선생의 회고담」, 『안중근의사자료집』, 국학자료원, 1999, 206~207쪽.
10 위의 글, 206쪽.
11 방광석, 「메이지 정부의 한국 지배정책과 이토 히로부미」, 이성환·이토 유키오 편, 『한국과 이토 히로부미』, 선인, 2009, 68~73쪽. 방광석은 이토 히로부미가 병합의 가능성을 고려한 것은 '보호 통치'를 시작할 때부터였다고 지적했다.
12 「사카이 경시의 신문에 대한 안응칠의 공술(제8회)」(1909년 12월 5일), 『한국독립운동사: 자료』 7, 국사편찬위원회, 1978, 432쪽.
13 「사카이 경시의 신문에 대한 안응칠의 공술(제7회)」(1909년 12월 4일), 『한국독립운동사: 자료』 7, 국사편찬위원회, 1978, 429쪽.
14 김윤식, 「주인과 노예의 변증법」, 『현대소설과의 대화』, 현대소설사, 1992. 삼중당에서는 1991년에 삼중당 창설 60주년을 기념해 이를 재간행했다.
15 위의 글, 430쪽.
16 시라이 히사야(白井久也), 「일본에서 본 안중근 의사」, 안중근의사숭모회 편, 『대한국인 안중근 학술연구지』, 2005, 113쪽.
17 황재문, 「안중근의 문학적 형상화 양상 연구」, 『국문학연구』 15호, 2007, 218~221쪽.
18 미국에서 간행된 니토베 이나조(新渡戶稻造, 1862~1933)의 책 『일본의 무사도』(1899)에서는 「주신구라」의 장면들을 삽화로 수록하고 부분적으로는 이 작품을 통해 무사도를 설명하고 있다.
19 최관, 「'47인의 사무라이'의 세계」, 『47인의 사무라이』, 고려대학교 출판

부, 2007, 261~262쪽.
20 「흉행자 및 혐의자 조사서」, 『한국독립운동사: 자료』 7, 국사편찬위원회, 1978, 298쪽.
21 박환, 『시베리아 한인 민족운동의 대부 최재형』, 역사공간, 2008, 126쪽에서 재인용.
22 「헌기 제2634호」, 앞의 책, 251쪽.
23 최근에 발표된 소설 가운데는 최재형의 역할이나 비중을 극단적으로 높게 파악한 예가 있어서 흥미롭다. 이수광의 『대륙의 영혼, 최재형』(랜덤하우스코리아, 2008)이 그것이다. 이 작품의 486~488쪽 및 「나는 태양을 쏘았다」라는 장에서는 최재형을 중심에 놓고 당시 사건을 재구성하고 있다. 허구적인 요소가 적지 않지만, 최재형에 대한 기록을 최대한 적극적으로 해석해서 작품에 반영한 점은 주목할 만하다.
24 안중근, 앞의 글, 116쪽.
25 이선우, 「해제」, 이상봉·이선우 편, 『이진룡 의병장 자료전집』, 국학자료원, 2005, 14~17쪽. 이 글의 17쪽에서는 「안응칠역사」의 기록을 "일제의 추적으로부터 이진룡 의병장을 보호하기 위해 안 의사가 고의로 위장했던 것"이라고 파악하고 있다.
26 신운용, 『안중근과 한국근대사』, 채륜, 2009, 183쪽.
27 안중근, 앞의 글, 116~117쪽.
28 안중근은 신문 및 공판에서는 윤치종(尹致宗)과 교환했다거나 그에게 부탁해서 구입하여 권총을 지니고 있었다고 진술한 바 있다.
29 신운용, 앞의 책, 185~187쪽; 사키 류조(佐木隆三) 지음, 이성범 옮김, 『안중근과 이토 히로부미』, 제이앤씨, 2003.
30 「우덕순 선생의 회고담」, 앞의 책, 207쪽.
31 원문에는 "車에 올러 다음 停車場에 오니"로 표기되어 있다.
32 사키 류조, 앞의 책, 74~75쪽.

33 「공판시말서 제2회」, 『한국독립운동사: 자료』 6, 국사편찬위원회, 1978, 337쪽. 우덕순의 답변에 이 내용이 언급되어 있다.
34 「피고인 안응칠 제9회 신문조서」(1909년 12월 21일), 『한국독립운동사: 자료』 6, 국사편찬위원회, 1978, 263~264쪽.
35 위의 글, 266쪽; 「공판시말서 제3회」(1910년 2월 9일), 『한국독립운동사: 자료』 6, 국사편찬위원회, 1978, 367~368쪽.
36 안중근의사기념회 편, 『대한국인 안중근, 사진과 유묵』, 안중근의사기념관, 2001, 88쪽.
37 「피고인 안응칠 제9회 신문조서」(1909년 12월 21일), 앞의 책, 263~264쪽.
38 위의 글, 265~267쪽; 「피고인 조도선 제5회 신문조서」(1910년 1월 25일), 『한국독립운동사: 자료』 6, 국사편찬위원회, 1978, 296~298쪽.
39 「우덕순 선생의 회고담」, 앞의 책, 209쪽.
40 편지에서는 특별열차의 도착 예정 시간을 10월 25일 오후 11시로 기록했다. 안중근의사기념회 편, 『대한국인 안중근, 사진과 유묵』, 안중근의사기념관, 2001, 103쪽.
41 안중근, 앞의 글, 117쪽.
42 일본은 포츠머스조약의 결과 쿠안청쯔 이남의 철도와 그에 부속된 이권을 획득했다. 따라서 창춘 남부에 위치한 쿠안청쯔는 만철(滿鐵)의 끝 부분이었다. 고바야시 히데오(小林英夫) 지음, 임성모 옮김, 『만철, 일본제국의 싱크탱크』, 산처럼, 2004, 33~34쪽 및 17쪽 지도 참조.
43 「피고 안응칠 제10회 신문조서」(1909년 12월 22일), 『한국독립운동사: 자료』 6, 국사편찬위원회, 1978, 277~278쪽; 안중근, 앞의 글, 117~118쪽.
44 안중근, 앞의 글, 118~119쪽.
45 「우덕순 선생의 회고담」, 앞의 책, 209~210쪽.
46 「안·우 양씨의 공판 심문에 대한 진술의 상보(속)」, 『대한매일신보』, 1910년 2월 24일; 『한국독립운동사: 자료』 7, 국사편찬위원회, 1978, 510쪽.

47 「사카이 경시의 신문에 대한 안응칠의 공술(제3회)」(1909년 11월 29일), 『한국독립운동사: 자료』 7, 국사편찬위원회, 1978, 404쪽; 「사카이 경시의 신문에 대한 안응칠의 공술(제6회)」(1909년 12월 3일), 『한국독립운동사: 자료』 7, 국사편찬위원회, 1978, 426쪽.

48 「고국에 돌아와도 의지하고 찾아갈 곳이 없었다」, 『시사in』 132호, 2010년 3월 22일.

49 박노연, 『안중근과 평화』, 을지출판공사, 2000, 131쪽.

50 안중근의사기념회 편, 『대한국인 안중근, 사진과 유묵』, 안중근의사기념관, 2001, 88쪽. 원문에 '○○'으로 표시된 부분은 '伊藤'을 채워서 인용한다. 노래 가운데 '豈肯比命'의 뜻은 분명하지 않다. 한글본인 「만고의사 안중근전」에서는 '比'를 '아끼다'의 뜻으로 풀이하였다. 또 '比' 대신 '捨'로 표기한 이본도 있는데, 이는 드문 사례이다.

51 박은식의 「안중근전」에 수록된 것은 다른 이본과 비교할 때 글자 차이가 적지 않기 때문에 원본과 제법 거리가 있어 보인다. 또 김택영과 이건승의 「안중근전」에 실린 것도 일부 구절이 빠진 흔적이 있어 원본과 거리가 있다.

52 여기에 인용한 것 이외의 이본 4종의 출처는 다음과 같다. 「정보 제3」(1909년 11월 15일), 『한국독립운동사: 자료』 7, 371~372쪽; 『대한매일신보』 1910년 2월 18일; 『한국독립운동사: 자료』 7, 국사편찬위원회, 1978, 501~502쪽; 김하구, 「만고의사 안중근전」, 『안중근전기전집』, 국가보훈처, 1999, 364쪽; 「안중근선생공판기」, 『안중근의사자료집』, 국학자료원, 1999, 91~92쪽.

53 신운용, 앞의 책, 189~190쪽.

54 안중근, 앞의 글, 119~121쪽.

55 「피고인 신문조서」(1909년 10월 30일), 『한국독립운동사: 자료』 6, 국사편찬위원회, 1978, 12쪽

56 「공판시말서 제3회」(1910년 2월 9일), 앞의 책, 374쪽.

57 「우덕순 선생의 회고담」, 앞의 책, 216~217쪽.

58 앞의 글, 208쪽.

59 「증인 신문조서(코코프체프)」(1909년 10월 26일), 『한국독립운동사: 자료』 7, 국사편찬위원회, 1978, 324~326쪽.

60 앞의 글, 326쪽.

61 「전보 제160호」(1909년 10월 29일), 앞의 책, 330쪽

62 신운용, 앞의 책, 479~481쪽.

63 「우덕순 선생의 회고담」, 앞의 책, 207~208쪽.

64 위의 글, 212쪽.

65 「청취서」(1909년 11월 20일), 『한국독립운동사: 자료』 6, 국사편찬위원회, 1978, 217~221쪽.

66 「청취서」(1909년 12월 16일), 위의 책, 286~287쪽.

67 나카노 야스오(中野泰雄) 지음, 양억관 옮김, 『동양평화의 사도 안중근』, 하소, 1995, 31쪽.

68 사키 류조, 앞의 책, 149~151쪽.

69 「경비 제2707의 1」(1909년 11월 10일), 『한국독립운동사: 자료』 7, 국사편찬위원회, 1978, 39쪽.

70 박은식, 「안중근전」, 『안중근전기전집』, 국가보훈처, 1999, 238쪽.

71 김삼웅, 『안중근평전』, 시대의창, 2009, 230~235쪽.

72 사이토 타이켄(齊藤泰焉) 지음, 이송은 옮김, 『내 마음의 안중근』, 집사재, 2002; 사키 류조, 앞의 책.

73 조광, 「안중근 연구의 현황과 과제」, 『한국근현대사연구』 12집, 2000, 182쪽.

74 안중근의사기념사업회 편, 『안중근 연구의 기초』, 경인문화사, 2009에서는 여러 각도에서 국내외의 반응을 다룬 논문을 수록하여 당시의 상황을 입체적으로 살펴볼 수 있게 했다. 수록된 논문은 다음과 같다. 「안중근 의

거에 대한 국내의 반응과 인식」(신운용), 「안중근 의거에 대한 국외의 인식과 반응」(신운용), 「안중근 의거에 대한 천주교회의 인식」(윤선자), 「안중근 의거에 대한 재미 동포의 반응: 신한민보를 중심으로」(한상권), 「북한의 안중근 인식」(정현기), 「안중근 의거에 대한 조선과 해외의 반응」(박 벨라 보리소브나), 「안중근 의사의 위업에 대한 러시아 신문들의 반응」(박 보리스 드미트리예비치·박 벨라 보리소브나), 「안중근 의거에 대한 중국의 인식」(김춘선), 「안중근 의거가 보여준 민족 정신과 중국에 대한 영향」(이범), 「중국에서의 안중근 의거에 대한 반응과 그 인식」(서용), 「중국 근대소설과 안중근」(문정진), 「한일 역사교과서는 안중근을 어떻게 기술해 왔는가」(신주백).

75 「경비 제3566호의 1」, 『한국독립운동사: 자료』 7, 국사편찬위원회, 1978, 83~85쪽.

76 신운용, 앞의 책, 376~390쪽.

77 「복명서」(1909년 11월 5일), 『한국독립운동사: 자료』 7, 국사편찬위원회, 1978, 337쪽.

78 신운용, 앞의 책, 376쪽.

79 「헌기 제2216호」, 『한국독립운동사: 자료』 7, 국사편찬위원회, 1978, 51쪽.

80 「헌기 제2164호」, 『한국독립운동사: 자료』 7, 국사편찬위원회, 1978, 49쪽.

81 한국교회사연구소 역주, 『뮈텔 주교 일기』 4, 한국교회사연구소, 1993, 413~414쪽.

82 김윤식, 「속음청사」(1909년 10월 26일), 국사편찬위원회 편, 『속음청사(하)』, 국사편찬위원회, 1971, 306쪽.

83 황현, 『매천야록』(1909년 10월 26일), 『황현전집(하)』, 아세아문화사, 1978, 1428쪽.

84 한국교회사연구소 역주, 『뮈텔 주교 일기』 4, 한국교회사연구소, 1993, 416~417쪽(1909년 11월 2일).

85 위의 책, 418쪽(1909년 11월 7일).

86 박은식, 앞의 책, 239쪽.
87 김택영, 「문의병장안중근보국수사(聞義兵將安重根報國讎事)」, 『정간소호당집(精刊韶濩堂集)』 권4. 이 작품에서 안중근을 '평안 장사(平安壯士)'라고 지칭한 정확한 이유는 알 수 없다. 김택영은 「안중근전」에서는 안중근이 황해도 출신이라고 서술하고 있다.

5부 재판, 그리고 사후의 풍경

1 안중근, 「안응칠역사」, 『안중근전기전집』, 국가보훈처, 1999, 121~122쪽.
2 「피고인 신문조서(안응칠)」(1909년 10월 30일), 『한국독립운동사: 자료』 6, 국사편찬위원회, 1978, 1~13쪽.
3 박은식, 「안중근전」, 『안중근전기전집』, 국가보훈처, 1999, 240쪽.
4 신운용, 『안중근과 한국근대사』, 채륜, 2009, 259~264쪽.
5 「피고인 안응칠 제8회 신문조서」(1909년 12월 20일), 『한국독립운동사: 자료』 6, 국사편찬위원회, 1978, 241쪽.
6 송영걸, 『이등박문 연구: 명치 정부 내와 조선 침략 과정에 있어서의 역할을 중심으로』, 제이앤씨, 2005, 45~50쪽.
7 박은식, 앞의 글, 248쪽.
8 「전보」(1909년 11월 3일), 『한국독립운동사: 자료』 7, 국사편찬위원회, 1978, 332쪽.
9 사이토 타이켄 지음, 이송은 옮김, 『내 마음의 안중근』, 집사재, 2002, 17~18쪽.
10 안중근, 앞의 글, 122~123쪽.
11 안중근이 빌렘 신부와 만난 자리에서도 뤼순 감옥의 대우에 대해 유사한 언급을 하고 있다. 「보고서」, 『한국독립운동사: 자료』 7, 국사편찬위원회, 1978, 535쪽 참조.

12 「심사개문(審査槪聞)」, 『대한매일신보』, 1909년 12월 3일.
13 「우덕순 선생의 회고담」, 『안중근의사자료집』, 국학자료원, 1999, 215쪽.
14 도진순, 「안중근의 전쟁과 평화, 죽임과 죽음」, 『역사와 현실』 75호, 한국역사연구회, 2010, 272~273쪽; 나카노 야스오 지음, 양억관 옮김, 『동양평화의 사도 안중근』, 하소, 1995, 238~239쪽; 사이토 타이켄, 앞의 책, 171쪽.
15 나카노 야스오, 「일본에서의 안의사관(安義士觀)의 변화 추세」, 안중근의사숭모회 편, 『대한국인 안중근 학술연구지: 안중근 의사의 위업과 사상 재조명』, 2005, 392쪽.
16 사이토 타이켄, 앞의 책, 화보(32쪽과 33쪽 사이).
17 「피고인 신문조서(안응칠)」(1909년 10월 30일), 앞의 책, 5쪽.
18 위의 글, 8쪽.
19 하얼빈으로 끌려온 우덕순에게 서양 기자가 "의무로 알고서 하는 것인가, 돈을 받고서 하는 것 아닌가?"라고 질문한 것은 이러한 인식의 사례가 된다. 「우덕순 선생의 회고담」, 앞의 책, 213쪽 참조.
20 「피고인 제6회 신문조서(안응칠)」(1909년 11월 24일), 『한국독립운동사: 자료』 6, 국사편찬위원회, 1978, 169~178쪽.
21 안중근, 앞의 글, 124쪽.
22 정일성, 『이토 히로부미: 알려지지 않은 이야기들』, 지식산업사, 2002, 33쪽.
23 림종상 각색, 『안중근, 이등박문을 쏘다』, 자음과모음, 2006, 476~509쪽.
24 안중근, 앞의 글, 123쪽.
25 위의 글, 124쪽.
26 위의 글, 123쪽.
27 신운용, 앞의 책, 401~402쪽.
28 『대한매일신보』, 1910년 1월 7일.
29 「변씨 변호」, 『대한매일신보』, 1910년 1월 29일.
30 「우덕순 선생의 회고담」, 앞의 책, 215쪽.

31 「변호 신고」, 『한국독립운동사: 자료』 6, 국사편찬위원회, 1978, 306쪽.

32 「전보 제34호(극비)」(1909년 11월 13일), 『한국독립운동사: 자료』 7, 국사편찬위원회, 1978, 476쪽.

33 「전보 제37호」(1909년 12월 3일), 『한국독립운동사: 자료』 7, 국사편찬위원회, 1978, 477쪽.

34 「공판시말서 제5회」(1910년 2월 12일), 『한국독립운동사: 자료』 6, 국사편찬위원회, 1978, 391~392쪽.

35 안중근, 앞의 글, 127쪽.

36 「공판시말서 제3회」(1910년 2월 9일), 『한국독립운동사: 자료』 6, 국사편찬위원회, 1978, 384쪽.

37 「공판시말서 제5회」(1910년 2월 12일), 앞의 책, 395~396쪽.

38 안중근, 앞의 글, 128쪽.

39 위의 글, 128쪽.

40 위의 글, 128~129쪽.

41 「청취서」, 국가보훈처·광복회 편, 『21세기와 동양평화론』, 국가보훈처, 1996, 57쪽.

42 한국교회사연구소 역주, 『뮈텔 주교 일기』 4, 한국교회사연구소, 2009, 447~453쪽.

43 정교분리 정책의 연원과 양상에 대해서는 윤선자, 『한국근대사와 종교』, 국학자료원, 2002, 81~93쪽 참조.

44 「보고서」, 앞의 책, 533쪽.

45 위의 글, 534쪽.

46 위의 글, 535쪽.

47 「빌렘이 로렌의 친구들에게 청계동에서 보낸 1912년 3월 19일 서한」(윤선자, 앞의 책, 224쪽에서 재인용).

48 『한국독립운동사: 자료』 7, 국사편찬위원회, 1978, 528~531쪽.

49 신용하 편, 『안중근 유고집』, 역민사, 1995, 316쪽.

50 「보고서」, 앞의 책, 540~541쪽.

51 「안씨 결고(訣告)」, 『대한매일신보』, 1910년 3월 25일.

52 「안중근의 체중」, 『만주일일신문』, 1910년 2월 23일(신운용, 앞의 책, 212쪽에서 재인용).

53 「보고서」, 앞의 책, 515~516쪽.

54 박은식, 앞의 글, 245쪽.

55 "일본에서는 뤼순 감옥의 전옥 구리하라의 명으로 그의 장녀가 안중근이 사형을 당하였을 때 입고 있던 한복을 만들어주었다고 하여 구리하라의 인간됨을 상찬하기도 한다. 그러나 고향에서 56원을 주고 사서 보낸 기록에서 이는 전혀 사실이 아님을 알 수 있다."(신운용, 앞의 책, 216쪽)

56 「공범자의 조배(弔拜)」, 『만주일일신문』, 1910년 3월 26일(위의 책, 82쪽에서 재인용).

57 「우덕순 선생의 회고담」, 앞의 책, 219~220쪽.

58 김아려의 하얼빈에서의 경험은 안중근의 딸인 안현생의 수기에 묘사되어 있다. 김아려는 3일 동안 유치장에 갇혀 있었다고 한다. 이 수기는 『실화』 1956년 4월호에 실렸는데, 최근 다시 발굴되어 『시사in』에 전재되었다. 「고국에 돌아와도 의지하고 찾아갈 곳이 없었다」, 『시사in』 132호, 2010년 3월 22일.

59 안중근 사후 가족들의 생활에 대해서는 다음 두 글을 주로 참고하여 서술한다. 조광, 「안중근의 아내와 그 자녀들」, 『경향잡지』 1627호, 한국천주교중앙협의회, 2003년 10월; 도진순, 「안중근 가문의 유방백세와 망각 지대」, 『역사비평』 90호, 2010년 봄.

60 유동선 구술, 김파 정리, 「민족해방사화: 안중근과 그의 동료들, 가족들의 수난」, 『송화강』 3호, 1985(김삼웅, 『안중근 평전』, 시대의창, 2009, 521~522쪽 재인용).

61 안정근과 안공근의 활동에 대해서는 『안중근과 그 시대』(경인문화사, 2009)에 수록된 오영섭의 「안공근의 항일독립운동」과 「일제시기 안정근의 항일독립운동」을 참조. 여기서는 일본 측의 안중근 직계 가족에 대한 감시와 동원 문제에 집중할 것이므로, 안정근과 안공근의 생애에 대한 문제는 다루지 않는다.

62 이하 안준생과 안현생의 생애와 활동에 대해서는 도진순, 앞의 글, 258~266쪽을 참조하여 정리한다.

63 이하 '박문사의 화해극'에 대해서는 다음의 두 논문을 주로 참고하여 서술한다. 도진순, 앞의 글, 258~266쪽; 미즈노 나오키(水野直樹), 「식민지기 조선에서의 이토 히로부미의 기억」, 이성환·이토 유키오 편, 『한국과 이토 히로부미』, 선인, 2009, 396~400쪽.

64 「亡父の贖罪は報國の誠で伊藤公靈前に額づく運命の子安俊生(重根遺子)君」, 『경성일보』, 1939년 10월 16일; 「故伊藤公の令息と安重根の遺兒對面」, 『경성일보』, 1939년 10월 17일.

65 미즈노 나오키, 앞의 글, 399~400쪽. 『조선일보』, 1939년 10월 17일자에 '역사는 구른다!/ 30년 전 하얼빈 역두(驛頭)의 악몽을 초월하여'라는 제목의 기사가 게재되었다.

66 위의 글, 400쪽.

67 이하 박문사의 건립 경위와 운영 현황에 대해서는 앞서 언급한 미즈노 나오키의 「식민지기 조선에서의 이토 히로부미의 기억」을 주로 참고하여 서술한다.

68 위의 글, 378쪽.

69 최재목, 「이토 히로부미의 한국 유교관」, 이성환·이토 유키오 편, 『한국과 이토 히로부미』, 선인, 2009, 75~77쪽.

70 신운용, 앞의 책, 307쪽.

71 안현생은 수기에서 "남편이 한교민단(韓僑民團) 단장으로 일을 보아오다

가 그해(1945년) 12월 4일 나쁜 사람들로부터 저격을 당해 세상을 떠나게" 되었다고 기록하고 있다. 황일청이 아이바와 함께 활동하거나 도움을 받았다는 설이 있으나, 안현생은 이에 대해서는 기록하지 않았다. 물론 자신의 박문사 참배 사건도 기록하지 않았다.

72 박은식, 앞의 글, 245쪽.
73 「망리지계(網利之計)」, 『대한매일신보』, 1910년 4월 23일.
74 옥사(玉史), 「만고의사 안중근전」, 『안중근전기전집』, 국가보훈처, 1999, 382~383쪽.
75 『합이빈일보(哈爾賓日報)』 1909년 10월 27일자 기사에 러시아 사진사인 즈에프 씨가 이토 일행을 따르며 활동사진을 찍었다는 내용이 수록되었다. 일본 측에서는 이 기사를 번역하여 참고자료로 활용한 바 있는데, 김하구가 언급한 러시아 사진사가 곧 즈에프인지는 분명하지 않다. 「헌기 제2160호」(1909년 11월 7일), 『한국독립운동사: 자료』 7, 국사편찬위원회, 1978, 19쪽.
76 나라오카 소치(奈良岡聰智), 「이토 히로부미 연구의 기초 사료」, 이성환·이토 유키오 편, 『한국과 이토 히로부미』, 선인, 2009, 437~438쪽.
77 「활동사진」, 『대한매일신보』(한글판), 1909년 11월 21일; 「사진장도(寫眞將到)」, 『대한매일신보』, 1909년 11월 21일.
78 신운용, 「안중근에 관한 신문 자료의 연구」, 안중근의사기념사업회 편, 『안중근 연구의 기초』, 경인문화사, 2009, 59쪽.
79 「전보 호외 9호」(1910년 10월 27일), 『한국독립운동사: 자료』 7, 국사편찬위원회, 1978, 13~14쪽.
80 「안씨의 사진」, 『대한매일신보』(한글판), 1910년 3월 29일; 「치안 방해도 만허」, 『대한매일신보』(한글판), 1910년 3월 31일.
81 「이것도 치안방해라고」 및 「치안 방해도 만허」, 『대한매일신보』(한글판), 1910년 3월 31일.

82 「안씨의 사진」, 『대한매일신보』(한글판), 1910년 4월 6일.
83 일본 외교사료관, 「불령사건(不逞事件)에 의해 얻은 조선인의 측면관(側面觀)」(신운용, 『안중근과 한국근대사』, 채륜, 2009, 364~365쪽에서 재인용).
84 「안중근 사진으로 청년 2명 피착(被捉)」, 『조선일보』, 1926년 1월 17일.
85 신운용, 앞의 책, 407쪽.
86 위의 책, 423쪽.
87 신주백, 「식민지기 안중근에 대한 국내외 조선인 사회의 기억」, 『한국과 이토 히로부미』, 선인, 2009, 355~356쪽.
88 신운용, 앞의 책, 399쪽.
89 위의 책, 408쪽.
90 「안미생 여사와의 일문일답」, 『안중근의사자료집』, 국학자료원, 1999, 228쪽.
91 「동양평화론」, 『안중근전기전집』, 국가보훈처, 1999, 184쪽.
92 사키 류조 지음, 이성범 옮김, 『안중근과 이토 히로부미』, 제이앤씨, 2003, 23쪽. 일본은 러일전쟁의 선전서에서 전쟁의 목적을 "동양의 치안과 한국의 보전을 위하여"로 바꿔서 제시했다고 한다.
93 일본의 '아시아주의'도 단일한 것은 아니다. 시대와 인물에 따라 그 양상은 다양하게 나타난다. 그 구체적인 내용에 대해서는 다케우치 요시미(竹內好) 지음, 서광덕·백지운 편역, 『일본과 아시아』, 소명출판, 2004 참조.
94 「청취서」, 앞의 책, 55~57쪽.
95 강동국, 「동아시아의 관점에서 본 안중근의 동양평화론」, 『안중근과 그 시대』, 경인문화사, 2009, 403쪽.

주요 저술 및 참고도서 목록

1. 1차 자료

윤병석 편, 『안중근전기전집』, 국가보훈처, 1999.
국사편찬위원회 편, 『한국독립운동사: 자료』 6, 국사편찬위원회, 1978.
국사편찬위원회 편, 『한국독립운동사: 자료』 7, 국사편찬위원회, 1978.
국사편찬위원회 편, 『한국독립운동사: 자료』 34, 국사편찬위원회, 1997.
신용하 편, 『안중근 유고집』, 역민사, 1995.
국가보훈처 편, 『아주제일의협(亞洲第一義俠) 안중근』 1~3, 국가보훈처, 1995.
독립기념관 한국독립운동사연구소 편, 『안중근의사자료집』, 국학자료원, 1999.
안중근의사기념관 편, 『대한국인 안중근: 사진과 유묵』, 안중근의사기념관, 2001.
김도형 편, 『대한국인 안중근 자료집』, 선인, 2008.

『대한매일신보』, 『대동공보』, 『독립신문』, 『신한민보』, 『해조신문』
김윤식, 『속음청사(續陰晴史)』, 국사편찬위원회, 1971.
한국교회사연구소 역주, 『뮈텔 주교 일기』, 한국교회사연구소, 2009(개정판).
황현, 『매천야록(梅泉野錄)』, 국사편찬위원회, 1971.

백암박은식선생전집편찬위원회 편, 『백암박은식전집』, 동방미디어, 2002.
조창용, 『백농실기(白農實記)』, 독립기념관 한국독립운동사연구소, 1993.
이상봉·이선우 편, 『이진룡(李鎭龍) 의병장 자료전집』, 국학자료원, 2005.
한용운, 『한용운전집』, 신구문화사, 1974.
김구 지음, 도진순 주해, 『백범일지』, 돌베개, 1997.
박헌영, 『이정박헌영전집』1, 역사비평사, 2004.

2. 논문집

국가보훈처·광복회 편, 『21세기와 동양평화론』, 국가보훈처, 1996.
  안중근, 「동양평화론」(「청취서」 포함)
  최서면, 「일본의 한국 병합과 안중근의 동양평화론」
  마웨이이(馬維頤), 「중국인 시각으로 보는 안중근」
  김우종, 「안중근 동양평화론의 현실적 의의」
  하야시 다케히코(林建彦), 「일본인이 본 안중근」
  후지다 요시로(藤田義郎), 「안중근에 대한 일본의 인식」
  신운용, 「노령 한인을 중심으로 본 안중근」
  박종효, 「안중근 의거에 관련된 러시아 문서」
  야마시타 야스노리(山下靖典), 「안중근의 저격과 피격자」
  김유혁, 「안중근 동양평화론과 신동북아경제권 전개의 이념」
  이즈하라 아쓰시(泉原敦史), 「역사교과서에 나타난 한일관계」
  시미즈 데쓰로(淸水哲朗), 「안중근 연구의 전산화에 대하여」
  스위안화(石源華), 「일본 군국주의 아시아주 침략의 거듭되는 망언은 되풀이되어서는 안 된다」

안중근의사숭모회 편, 『대한국인 안중근 학술연구지: 안중근 의사의 위업과 사상 재조명』, 2005.

윤병석, 「안중근 의사의 민족운동과 의열」

류빙후(劉秉虎), 「안중근 의사의 거의에 대한 중국의 반응과 시각」

김영호, 「안중근 의사의 동양평화론과 동북아경제공동체론」

시라이 히사야(白井久也), 「일본에서 본 안중근 의사」

조순, 「안중근 선생을 다시 생각한다」

박종효, 「안중근 의사·하얼빈 의거 진상과 러시아의 반응」

박벨라, 「안중근 의사의 영웅적 위업과 러시아의 문헌자료」

박성수, 「안중근 의사의 의거와 공판 투쟁」

윤선자, 「안중근 의사의 천주교 신앙과 애국계몽운동」

김호일, 「안중근 의사의 동양평화론」

윤병석, 「안중근 의사 전기의 종합적 검토」

윤병석, 「안 의사의 의병 활동과 그의 사상」

나카노 야스오(中野泰雄), 「일본에서의 안의사관의 변화 추세」

김우종, 「안중근 문건 집대성에 관하여」

박창희, 「안의사의 동양관 및 아시아의 어제와 오늘」

최창규, 「한민족사에서 바람직한 청년상 정립」

김우종, 「중국인이 보는 안중근 의사」

최이권, 「정의감과 동양평화론을 중심으로」

나카노 야스오(中野泰雄), 「안중근 의사와 동양평화론」

가노 다쿠미(鹿野琢見), 「안중근 무죄론」

김병준, 「안중근 의사 전기 발견과 내용 개요」

안중근의사기념사업회 편, 『안중근과 그 시대』, 경인문화사, 2009.
    신운용, 「안중근의 민권·민족의식과 계몽운동」
    신운용, 「안중근의 의병 투쟁과 활동」

오영섭, 「을사조약 이전 안태훈의 생애와 활동」
오영섭, 「안공근의 항일독립운동」
이동언, 「안명근의 생애와 독립운동」
오영섭, 「일제시기 안정근의 항일독립운동」
신운용, 「안중근 의거의 사상적 배경」
황종렬, 「'안중근편 교리서'에 나타난 천·인 세계 이해」
오영섭, 「안중근의 정치사상」
윤병석, 「안중근 의사의 하얼빈 의거와 '동양평화론'」
강동국, 「동아시아의 관점에서 본 안중근의 동양평화론」
김현철, 「20세기 초 한국인의 대외관과 안중근의 「동양평화론」」
박영준, 「러일전쟁 이후 동아시아 질서 구상」
신운용, 「안중근의 「동양평화론」 연구와 실천을 위한 방안」
신운용, 「안중근의 '동양평화론'과 이토 히로부미의 '극동평화론'」

안중근의사기념사업회 편, 『안중근 연구의 기초』, 경인문화사, 2009.
한상권·김현영, 「안중근 공판 기록 관련 자료에 대하여」
신운용, 「안중근에 관한 신문 자료의 연구: 『만주일일신문』을 중심으로」
윤병석, 「안중근 의사의 저술과 유묵」
오영섭, 「한국 근현대 민족운동가 전집 간행 현황과 『안중근의사전집』 간행을 위한 몇 가지 제언」
신운용, 「안중근 의거에 대한 국내의 인식과 반응」
신운용, 「안중근 의거에 대한 국외의 인식과 반응: 재외 한인을 중심으로」
윤선자, 「안중근 의거에 대한 천주교회의 인식」
한상권, 「안중근 의거에 대한 재미동포의 반응: 『신한민보』를 중심으로」
정현기, 「북한의 안중근 인식: 림종상의 『안중근, 이등박문을 쏘다』를 중심으로」

박 벨라 보리소브나, 「안중근 의거에 대한 조선과 해외의 반응」
박 보리스 드미트리예비치·박 벨라 보리소브나, 「안중근 의사의 위업에 대한 러시아 신문들의 반응」
김춘선, 「안중근 의거에 대한 중국의 인식」
이범, 「안중근 의거가 보여준 민족정신과 중국에 대한 영향」
서용, 「중국에서의 안중근 의거에 대한 반응과 그 인식」
문정진, 「중국 근대소설과 안중근」
신주백, 「한일 역사교과서는 안중근을 어떻게 기술해왔는가(1845~2007)」

이성환·이토 유키오(伊藤之雄) 편, 『한국과 이토 히로부미』, 선인, 2009.
  이토 유키오, 「이토 히로부미의 한국 통치: 헤이그 밀사사건 이전」
  방광석, 「메이지 정부의 한국 지배정책과 이토 히로부미」
  최재목, 「이토 히로부미의 한국 유교관」
  나라오카 소치(奈良岡聰智), 「영국에서 본 이토 히로부미와 한국 통치」
  이토 다카오(伊藤孝夫), 「통감부의 사법개혁 착수」
  문준영, 「이토 히로부미의 한국 사법정책과 그 귀결」
  아사노 도요미(淺野豊美), 「'보호' 정책 이념으로서의 한일 '협동주의'」
  이성환, 「이토 히로부미의 한국 통치와 한국 내셔널리즘: 애국계몽운동과 이토의 파탄」
  다카이 가즈히로(瀧井一博), 「지(知)의 향도(嚮導)로서의 한국 통치」
  마쓰다 도시히코(松田利彦), 「이토 히로부미 살해사건의 파문: 경찰 자료로 보는 한국인 사회의 상황」
  신주백, 「식민지기 안중근에 관한 국내외 조선인 사회의 기억」
  미즈노 나오키(水野直樹), 「식민지기 조선에서의 이토 히로부미의 기억: 서울의 박문사를 중심으로」
  이성환·이토 유키오, 「식민지의 기억과 한일 관계」

나라오카 소치(奈良岡聰智), 「이토 히로부미 연구의 기초 사료」

안중근의사기념사업회 편, 『안중근 연구의 성과와 과제』, 채륜, 2010.
　　조광, 「안중근 연구 100년: 현황과 과제」
　　신운용, 「안중근 유해의 조사 · 발굴 현황과 전망」
　　따찌아나 심비르체바, 「러시아의 안중근 인식」
　　임수경 · 전영란, 「『대한매일신보』에 나타난 안중근 관련 보도 분석」
　　윤선자, 「해방 후 안중근 기념사업의 역사적 의의」
　　조광, 「안중근 의거 이후 그 가문의 동향」
　　신운용, 「안중근 의거 관련 『노국 관헌 취조번역문』의 내용과 그 의미」
　　원재연, 「안중근의 선교 활동과 황해도 천주교회」
　　조현범, 「안중근 의사와 빌렘 신부」
　　프랭클린 라우시(Franklin Rausch), 「종교와 폭력의 정당성」
　　김동원, 「안중근의 천주교 신앙과 사상적 성격」
　　전수홍, 「안중근 사건의 신학적 고찰」

3. 단행본

김삼웅, 『안중근평전』, 시대의창, 2009.
림종상 각색, 『안중근, 이등박문을 쏘다』, 자음과모음, 2006.
민병수 외, 『개화기의 우국문학』, 신구문화사, 1974.
박노련, 『안중근과 평화』, 을지출판공사, 2000.
박성진, 『사회진화론과 식민지 사회사상』, 선인, 2003.
박환, 『대륙으로 간 혁명가들』, 국학자료원, 2003.
박환, 『러시아지역 한인 언론과 민족운동』, 경인문화사, 2008.
박환, 『시베리아 한인 민족운동의 대부 최재형』, 역사공간, 2008.

송영걸, 『이등박문 연구: 명치 정부 내와 조선 침략 과정에 있어서의 역할을 중심으로』, 제이앤씨, 2005.

신운용, 『안중근과 한국근대사』, 채륜, 2009.

안학식, 『안중근의사전기』, 만수사보존회, 1963.

오영섭, 『한국 근현대를 수놓은 인물들(1)』, 경인문화사, 2007.

유경환, 『안중근』, 태극출판사, 1972.

윤선자, 『일제의 종교정책과 천주교회』, 경인문화사, 2001.

윤선자, 『한국근대사와 종교』, 국학자료원, 2002.

이수광, 『대륙의 영혼 최재형』, 랜덤하우스, 2008.

이수광, 『안중근 불멸의 기억』, 추수밭, 2009.

이원순, 『한국천주교회사 연구』, 한국교회사연구소, 1986.

이태호, 『합이빈(哈爾賓) 역두(驛頭)의 총성』, 삼중당, 1931.

장석흥, 『안중근의 생애와 구국운동』, 독립기념관 한국독립운동사연구소, 1992.

정일성, 『이토 히로부미: 알려지지 않은 이야기들』, 지식산업사, 2002.

조경달 지음, 박맹수 옮김, 『이단의 민중반란』, 역사비평사, 2008.

조동일, 『세계문학사의 전개』, 지식산업사, 2002.

조정래, 『안중근』, 문학동네, 2007.

최서면, 『새로 쓴 안중근 의사』, 집문당, 1994.

가토 슈이치(加藤周一) 지음, 김태준 옮김, 『일본문학사서설』, 시사일본어사, 1996.

고바야시 히데오(小林英夫) 지음, 임성모 옮김, 『만철, 일본제국의 싱크탱크』, 산처럼, 2004.

나카노 야스오(中野泰雄) 지음, 양억관 옮김, 『동양평화의 사도 안중근』, 하소, 1995.

나카무라 기쿠오(中村菊男) 지음, 강창일 옮김, 『이등박문』, 중심, 2000.
다케다 이즈모(竹田出雲) 외 지음, 최관 옮김, 『47인의 사무라이』, 고려대학교 출판부, 2007.
미요시 도오루(三好徹) 지음, 이혁재 옮김, 『사전(史傳) 이토 히로부미』, 다락원, 2002.
사이토 타이겐(齊藤泰焉) 지음, 이송은 옮김, 『내 마음의 안중근』, 집사재, 2002.
사키 류조(佐木隆三) 지음, 이성범 옮김, 『안중근과 이토 히로부미』, 제이앤씨, 2003.
양진인(楊塵因) 지음, 임홍빈 옮김, 『조선망국연의』, 알마, 2006.
中國吉林大學東北亞硏究院 · 韓國鮮文大學中文系 協編, 『韓國藏中國稀見珍本小說』第1輯, 中國: 北京, 中國大百科全書出版社, 1997.
市川正明, 『安重根と日韓關係史』, 東京: 原書房, 1979.

4. 논문

김윤식, 「주인과 노예의 변증법」, 『현대소설과의 대화』, 현대소설사, 1992.
김진욱, 「안중근 의거를 통한 중국 지식인의 조선 인식 연구: 문학작품을 중심으로」, 『중국인문과학』 30집, 중국인문학회, 2005.
도진순, 「안중근 가문의 유방백세와 망각 지대」, 『역사비평』 90호, 2010.
도진순, 「안중근의 전쟁과 평화, 죽임과 죽음」, 『역사와 현실』 75호, 한국역사연구회, 2010.
류창진, 「『영웅루』의 인물 유형을 통한 시대 인식」, 『중국인문과학』 30집, 중국인문학회, 2005.
류창진, 「「회도조선망국연의(繪圖朝鮮亡國演義)」 소고」, 『중국소설논총』 제21집, 한국중국소설학회, 2005.

류창진 · 정영호 · 송진한, 「한국 제재 중국 근대문학 작품 목록 및 해제」, 『중국인문과학』 26집, 중국인문학회, 2003.

문성재, 「안중근 열사를 제재로 한 중국 연극: 남대본(南大本) 「망국한전기(亡國恨傳奇)」를 중심으로」, 한국중국희곡학회 편, 『한국과 중국의 연극과 연희』, 신성출판사, 2004.

박성수, 『안중근 연구』, 한국정신문화연구원(한국학중앙연구원) 석사학위논문, 1994.

반병률, 「노령 연해주 한인 사회와 한인 민족운동」, 『한국근현대사연구』 7집, 한국근현대사연구회, 1997.

반병률, 「안중근과 최재형」, 『역사문화연구』 제33집, 한국외국어대학교 역사문화연구소, 2009.

신광철, 「안중근을 보는 두 가지 시선: 남북한 영화가 재현해낸 애국적 인물의 궤적」, 『인문콘텐츠』 1호, 인문콘텐츠학회, 2003.

신운용, 『안중근의 민족운동 연구』, 한국외국어대학교 박사학위논문, 2007.

안현생, 「고국에 돌아와도 의지하고 찾아갈 곳이 없었다」, 『시사in』 132호, 2010.

오영진, 「이시카와 다쿠보쿠(石川啄木) 문학에 나타난 한국관(韓國觀): 안중근을 노래한 시(詩)를 중심으로」, 『일본학』 13집, 동국대학교 일본학연구소, 1994.

윤병석, 「안중근 의사 전기의 종합적 검토」, 『한국근현대사연구』 9집, 한국근현대사연구회, 1998.

정은경, 「1894년 황해도 · 강원도 지역의 농민전쟁」, 한국역사연구회 편, 『1894년 농민전쟁연구』 4, 역사비평사, 1995.

조광, 「안중근 연구의 현황과 과제」, 『한국근현대사연구』 12집, 한국근현대사학회, 2000.

조광, 「안중근의 아내와 그 자녀들」, 『경향잡지』 1627호, 한국천주교중앙협의회, 2003.

진료(陳遼), 「강개비가(慷慨悲歌) 영웅루(英雄淚) - 독영웅루(讀英雄淚)」, 『중국소설연구회보』 23집, 중국소설연구회, 1995.

한시준, 「중국인이 본 안중근: 박은식과 정원(鄭沅)의 「안중근」을 중심으로」, 『충북문학』 11·12합집, 충북대학교 사학회, 2000.

현광호, 「안중근의 동양평화론과 그 성격」, 『아세아연구』 113호, 고려대학교 아세아문제연구소, 2003.

현광호, 「유길준과 안중근의 동아시아 인식 비교」, 『역사비평』 76호, 2006.

황재문, 「서간도 망명기 박은식 저작의 성격과 서술 방식」, 『진단학보』 98호, 진단학회, 2004.

황재문, 「안중근의 문학적 형상화 양상 연구」, 『국문학연구』 15호, 국문학회, 2007.

연보

안중근(安重根, 1879~1910)

- 1879년(1세) 황해도 해주에서 안태훈과 조마리아의 장남으로 태어나다(9월 2일)〔「안응칠역사」에는 음력인 7월 16일로 기록되어 있다〕.
- 1884년(6세) 부친 안태훈이 박영효가 구성한 유학생단에 선발되었으나 갑신정변으로 떠나지 못하다. 동생 안정근이 태어나다.
- 1885년(7세) 황해도 신천군의 청계동으로 이주하다〔「안응칠역사」에는 "6~7세 무렵"으로 기록되어 있다〕. 이주 이후에는 '한문학교'에서 수학하는 한편, 사냥 등을 통해 무예를 닦는 데 힘쓰다.
- 1889년(11세) 동생 안공근이 태어나다.
- 1891년(13세) 부친 안태훈이 급제하여 진사가 되다〔진사가 된 것을 확인할 수 있는 자료는 아직 발견되지 않았다. 단 안태건의 이름으로 과거를 보았다는 설을 따른다면 급제 시기는 이해가 된다〕.
- 1892년(14세) 조부 안인수 별세. 이 일로 충격을 받아 6개월 정도 크게 앓다.
- 1894년(16세) 김홍섭의 딸 김아려와 혼인하다. 동학군과의 싸움에 부친이 일으킨 '의병'으로 참가하여, 원용일의 부대를 물리치는 데 공을 세우다.

· 1895년(17세) 김구가 안태훈의 권고에 따라 청계동으로 와서 생활하다(2~5월). 동학당으로부터 빼앗아 사용한 군량미 및 의병대 유지 등의 문제로 안태훈이 곤경에 처하다(4~5월). 탁지부의 유권해석으로 군량미 문제가 일시 해소되다(7월).
· 1896년(18세) 민영준의 위협을 피하기 위해 안태훈이 종현성당(명동성당)으로 피신하다. 군량미 문제가 완전히 해결된 후 안태훈이 천주교 교리서를 갖고 청계동으로 돌아오다(10월).
· 1897년(19세) 안중근을 포함한 안태훈 일가가 세례를 받다(1월). 빌렘 신부가 청계동에 공소를 설치하고 머물다(4월). 안태훈이 결전 징수와 포군 설치 문제로 정부와 갈등을 빚다(4~5월). 뮈텔 주교의 청계동 및 해주 방문길에 안중근이 길 안내를 맡다(11월).
· 1898년(20세) 서울에서 한국인의 말을 빼앗은 일본인을 꾸짖어 물리치다(3월)〔박은식의 전기에만 보이며, 사실 여부는 아직 확인할 수 없다〕. 빌렘 신부가 청계동에 본당을 세우고 부임하다(4월).
· 1899년(21세) 안악군에서 도적 혐의를 받던 천주교인을 무단으로 끌고 나온 일로 안태훈과 빌렘 신부가 정부와 갈등을 빚다. 금광의 감리 주가와 충돌하고, 만인계 채표회사 사장으로 선임되어 갈등을 빚다(4~10월 무렵). 뮈텔 주교에게 대학 설립을 건의했으나 받아들여지지 않다〔대학 규모와 건의 시기에 대해서는 1900년설, 1902년설, 1907년설 등의 이견이 제기되고 있다〕. 김중환이 옹진군 백성의 돈 5천 냥을 빼앗은 사건과 한원교가 이경주의 아내와 재산을 빼앗은 사건을 해결하기 위한 총대로 피선되다(10월 무렵). 이후 서울로 올라가서 문제 해결을 위해 노력하고 한원교와 7~8회 재판을 벌이다.
· 1900년(22세) 재판 결과 도리어 투옥되었던 이경주가 1년 만에 석방되다.
· 1902년(24세) 이경주가 한원교의 지시를 받은 송만진 등에 의해 살해되다(10월).

- 1903년(25세) 해서사핵사 이응익이 파견되다(1월). 빌렘 신부가 소환되고, 안태훈은 체포를 피해 피신하다(4월 이후). 한원교가 빼앗은 이경주 전답의 처리를 다툰 소송에서 천주교인들이 승소하다(9월). 해서교안이 타결되고, 빌렘 신부가 청계동으로 돌아오다(11월). 안태훈이 병든 채 돌아오다.
- 1904년(26세) 청나라의 의사 서원훈이 안태훈을 구타하는 사건이 일어나 안중근이 그와 소송을 벌이다(4월). 프랑스와 대한제국의 선교 조약이 체결되다(6월)〔이해에 보안회를 방문하여 일본 공사를 죽일 것을 제안했다는 기록이 있으나, 사실 여부를 확인하기 어렵다〕.
- 1905년(27세) 중국으로 이주할 계획을 세우고 현지 사정을 확인하기 위해 중국에 건너가다. 상하이에서 민영익, 서상근을 방문했지만 자신의 뜻과 다름을 확인하고, 우연히 르 각 신부를 만나 충고를 듣다(6월). 안태훈 별세(12월). 진남포로 귀국하여 부친의 별세 소식을 듣다(12월). 이토 히로부미가 조선통감으로 임명되다(12월).
- 1906년(28세) 안중근 일가가 진남포 용정동으로 이주하다(3월). 삼흥학교와 돈의학교를 운영하다(3~10월).
- 1907년(29세) 석탄광산 개발을 위해 한재호, 송병운과 함께 삼합의를 결성하고 처남 김능권 등과 미곡상을 운영하고자 했으나 실패하다(3월 무렵). 서우학회에 가입하다(5월 무렵). 국채보상운동에 참여하다. 빌렘 신부에게 간도로 갈 것을 알리고, 이 일로 서로 충돌하다. 군대 해산을 목격하고 서울을 떠나다(이상 8월 이전). 원산의 브레 신부에게 간도로 갈 것을 알렸으나, 그는 이를 만류하며 성사 요청을 거절하다(8월 15일 무렵). 간도에 도착해 불동 남 회장 댁에 머물다(9~10월). 러시아로 건너가서 블라디보스토크에 머물다(10월 말 무렵). 청년회의 임시사찰로 활동하다(11월). 이범윤을 찾아가서 의병 활동을 벌이자고 설득했으나 실패하다(11월). 엄인섭, 김기룡과 의형제를 맺다(겨울 무렵).
- 1908년(30세) 『해조신문』에 인심의 단합을 주장한 신문 논설에 동감을 표하

는 글을 발표하다(3월 21일)〔별도의 제목이 없이 '기서(寄書)' 란에 게재되었다〕. 최재형, 이범윤 등이 주축이 된 동의회 설립에 참여하다(4~5월). 우영장 자격으로 의병 부대를 이끌고 국내 진공작전을 펼쳤으나 실패하다(6~8월). 일진회의 여당으로 짐작되는 무리에게 붙잡혀 곤욕을 치르다(8월 이후). 수원에서 빌렘 신부에게 엽서를 부치다(10월 1일)〔직접 국내로 들어와서 부친 것인지, 그리고 그 목적이 무엇인지는 분명하지 않다〕. 공립협회의 블라디보스토크 지회 회원으로 가입하여 활동하다(12월).

· 1909년(31세) 새로운 활동 방안을 모색하고, 단지 동맹을 결성하다(3월). 노보키예프스키를 떠나 블라디보스토크로 돌아가다(9월)〔9월 무렵부터 의병장 이석산으로부터 자금을 구했다거나 최재형의 집에서 사격 연습을 했다거나 대동공보사에서 향후 계획을 의논했다는 등의 기록이 나타나지만, 그 정확성을 판단하기는 어렵다〕. 이강, 유진율의 배웅을 받으며, 우덕순과 함께 하얼빈행 열차에 오르다. 저녁에 정차 역인 쑤이펀허에서 유동하를 합류시키다(10월 21일). 밤 9시 15분에 하얼빈에 도착하여 김성백의 집에서 숙박하다(10월 22일). 우덕순, 유동하와 함께 머리를 깎고 옷을 구입한 후 사진을 찍다. 통역으로 조도선을 일행에 합류시키다. 유동하를 통해 김성백에게 거사 자금을 구하려 했으나 실패하고, 우덕순과 함께 결의를 다지는 노래를 짓다(10월 23일). 우덕순, 조도선과 함께 차이자거우역으로 가서 거사 계획을 재조정하다(10월 24일). 홀로 하얼빈으로 되돌아와서 유동하에게 전보 내용에 대해 따지고, 그날 밤 김성백의 집에서 머물다(10월 25일). 차이자거우역에서 우덕순과 조도선이 결행을 하지 못하다(6시 무렵). 하얼빈역에 도착하다(7시 무렵). 의장대 사열을 마친 이토 히로부미를 향하여 총탄을 발사해 명중시키고 체포되다(9시 30분 무렵). 이토가 사망하다(9시 40분~10시 무렵). 우덕순과 조도선이 차이자거우역에서 체포되다(11시 55분 무렵). 러시아 당국의 취조를 거쳐 하얼빈 일본 총영사관으로 인계되다(10시 10분 무렵, 이상 10월 26일). 미조부치 다카오 검찰관으로부터 첫 번째 신문

을 받다(10월 30일). 연루 혐의자들이 뤼순 감옥으로 옮겨서 수감되고(11월 3일), 이후 미조부치 검찰관 및 사카이 요시아키 경시에게 신문받다(1910년 공판 이전까지). 미하일로프 변호사가 변호계를 제출하다(12월 1일).

· 1910년(32세) 외국인 변호사의 변호가 거부되다(2월 1일). 총 6회의 공판을 받다(2월 7~14일). 사형 언도를 받다(2월 14일). 히라이시 우지히토 고등법원장과의 면담에서 「동양평화론」의 구상을 밝히고 사형집행일을 3월 25일로 요청하다(2월 17일). 항소를 포기하다(2월 19일). 뤼순으로 찾아온 빌렘 신부와 면회하다(3월 8~11일). 빌렘 신부가 종부성사를 거행하다(3월 10일, 3차 면회). 「안응칠역사」를 탈고하다(3월 15일). 6통의 유서를 남기다(3월 24일). 두 동생과 마지막으로 면회하고, 유언을 남기다(3월 25일). 사형이 집행되다(3월 26일 10시).

* 시기를 확정하기 어렵거나 여러 견해가 있는 것들은 세부적인 설명을 〔 〕 안에 밝혔다.

찾아보기

ㄱ

「갑오해영비요전말(甲午海營匪擾顚末)」 56, 60
계봉우(桂奉瑀) 13, 127~128, 150, 225
고메이(孝明) 천황 307
고무라 주타로(小村壽太郎) 244, 363
구리하라 사다기치(栗原貞吉) 312, 328, 344, 347
국채보상운동 150, 152~153
김구(金九) 12, 32, 39, 46, 49, 54~56, 59, 67~75, 81, 139, 162, 351~352, 358
김기룡(金起龍) 182, 192, 198~199, 226, 228
김능권(金能權) 145~146, 154
김달하(金達河) 158~160
김두성(金斗星) 185, 198~200
김문규(金文奎) 143, 146~148
김성백(金成伯) 257, 259~262, 267, 284, 350
김성옥(金成玉) 238, 261, 310
김아려(金亞麗) 33, 53, 340, 350~352, 358
김여수(金麗水) 310
김윤식(金允植) 294, 297~298
김인(金仁) 71~72
김종한(金宗漢) 77~79, 158
김중환(金仲煥) 97~98, 103~105, 115
김택영(金澤榮) 12, 28, 36, 133~134, 199, 299
김하구(金河球) 169, 362~363
김형재(金衡在) 261, 310
김홍섭(金鴻燮) 53

ㄴ

나카무라 제코(中村是公) 278, 286~287
노제석(盧濟石) 57

ㄷ

다니 지요지(谷讓次) 247~249
『대동공보(大東共報)』 233, 237~238, 241, 261, 322
「대동위인 안중근전(大東偉人安重根傳)」 12, 84, 141, 155
『대한매일신보』 125, 127~128, 143, 145, 150, 311, 343, 362~364
『독립신문』 99~102, 106
돈의학교(敦義學校) 12, 28, 143, 148~149

동양평화론 15, 19, 121, 153, 308, 330~331, 343~344, 346, 370, 373, 376~378

ㄹ

루쉰(魯迅) 27
뤼순 14~15, 18, 48, 103, 156, 162, 164, 196, 200, 205, 238, 310~315, 318~319, 321, 323~326, 331, 333~336, 341~342, 353, 368, 374~375
르 각, 샤를 조제프 앙주(Le Gac, Charles Joseph Ange) 137~138, 141~142, 153, 157
르레드, 쥘(Lereide, Jules) 148

ㅁ

마쓰자와 다쓰오(松澤龍雄) 352~355
마틴, 윌리엄(Martin, William) 210
만국공법(萬國公法) 205, 209~212, 273, 317, 325~328, 378
메이지(明治) 천황 307
무로타 요시부미(室田義文) 278, 286~288, 292
뮈텔, 구스타브 샤를 마리(Mutel, Gustave Charles Marie) 86, 111, 113, 119, 122, 142, 297, 333~339
미나미 지로(南次郎) 75, 352
미조부치 다카오(溝淵孝雄) 303~304, 312~314, 318~320, 344
미즈노 기치타로(水野吉泰郎) 312, 324
미하일로프, 콘스탄틴(Mikhailov, Konstantin) 235~240, 242, 261, 322~323
민병석(閔丙奭) 289~290, 294
민영익(閔泳翊) 132, 134~135, 322
민영준(閔永駿) 76~79, 81

ㅂ

박문사(博文寺) 352~354, 356, 358, 363
박봉석(朴鳳錫) 228
박영효(朴泳孝) 38, 61
박은식(朴殷植) 13, 28, 38, 45, 53~54, 121~122, 157, 164, 170, 290~292, 298, 304, 308, 346, 362
박헌영(朴憲永) 73~74
백규삼(白圭三) 226, 228~230, 366
『백범일지』 32, 55, 67, 70, 73, 81
베버, 노르베르트(Weber, Norbert) 34, 39~40, 80~82, 108, 110
보안회(保安會) 125, 127~128, 133, 158
브레, 알루아시우스(Bret, Aloysius) 159, 166, 170
블라디보스토크 126, 140, 154, 160~161, 163~164, 169~173, 175~179, 184, 186, 189, 191~192, 198~201, 216, 219~220, 222~224, 233~235, 237~242, 244~248, 250, 252, 255~257, 261, 266, 341, 350, 365

빌렘, 니콜라 조제프 마레(Wilhelm, Nicolas Joseph Mare) 14, 40, 84~88, 92~93, 107~111, 113~114, 116~117, 119~121, 133, 159, 161~164, 166, 218, 220, 333~339

ㅅ

사카이 요시아키(境喜明) 19, 166, 246, 280, 312, 319
삼합의(三合義) 154, 157
삼흥학교(三興學校) 143, 145~147, 150, 152, 165, 233
『상재상서(上宰相書)』 81~82, 90
서북학회(西北學會) 156~160, 177
서상근(徐相根) 135~137, 191
서우학회(西友學會) 156
서원훈(舒元勛) 123, 125~126
스즈키 아키라(鈴木彰) 56~58, 66, 123

ㅇ

아이바 기요시(相場淸) 352, 354~355, 358
안공근(安恭根) 32~33, 59, 71, 73, 146, 165, 319, 333, 335~336, 342, 348~352
안명근(安明根) 33, 335, 339
안미생(安美生) 12, 33, 71~72, 161~163, 230, 368
안병찬(安秉瓚) 323, 342

「안응칠역사(安應七歷史)」 14, 18~19, 25, 31~32, 37, 39, 41, 43, 46~48, 63, 66, 70, 86, 88, 90, 92, 97, 101~102, 104, 114, 117, 121, 123, 130~131, 133~135, 139, 142, 145, 151, 160, 169, 171, 181~182, 191, 196, 200, 206, 216~217, 220, 224, 233~234, 252, 254, 257, 267, 270, 275, 278, 283, 285, 303, 305~306, 311, 313, 319, 324, 331
안인수(安仁壽) 31~37, 39, 41
안정근(安定根) 32~33, 59, 71, 154, 164~165, 230, 319, 323, 333, 335~336, 341~342, 348~351, 366, 368
안준생(安俊生) 33, 74~75, 351~355, 358~359, 363
「안중근혈투기(安重根血鬪記)」 12, 28, 34, 36~37, 39, 44, 49, 58, 60, 70, 81~82, 116, 149, 151, 163, 176, 185
안창호(安昌浩) 156, 158, 183, 350~351
안태건(安泰健) 31, 33, 39, 41, 60, 110, 112~113
안태훈(安泰勳) 14, 31, 33, 35, 37~39, 41, 43~47, 49, 51, 53~63, 65~71, 78~86, 107~113, 116, 123, 128, 132~133, 138~142
안학식(安鶴植) 28, 44, 53
안현생(安賢生) 12, 33, 266, 351, 354, 358~359

양성춘(楊成春) 176, 240
어윤중(魚允中) 76~79
엄인섭(嚴仁燮) 175, 177, 182, 192, 198~201, 203, 205~206, 223, 229
오쓰(大津) 사건 323~324
오일환(吳日煥) 143, 145~146
우덕순(禹德淳) 12, 200, 202~203, 206, 215~216, 226~227, 235, 237~238, 240~242, 244~245, 250, 253~254, 256~257, 259~268, 271, 273~274, 280~281, 283~284, 310~311, 322~323, 329, 345, 347~348, 361
유경집(劉敬緝) 257, 259
유동선(劉東善) 315
유동하(劉東夏) 254~255, 257, 259~265, 267, 280~281, 310, 322, 329, 345, 347, 351, 361
유수길(柳秀吉) 97, 100
유인석(柳麟錫) 199, 253
유진율(兪鎭律) 183, 235, 237, 240~242, 254~256
을사조약[5조약] 29, 128, 130~131, 142, 193, 239, 245, 303, 305
이강(李剛) 12, 183, 235, 237~238, 240~242, 253, 256, 262, 268
이경주(李景周) 97~99, 101~105, 122
이동엽(李東燁) 54~55
이범윤(李範允) 176, 178~186, 190~191, 196~202, 222~224
이범진(李範晉) 178~179, 184~186,

201
이석산(李錫山) 253~255
이위종(李瑋鍾) 179, 185, 201, 223
이용익(李應翼) 111, 114, 137
이전(李全) 12, 28, 34, 36, 39, 44, 49, 58, 60, 70, 149
이진룡(李鎭龍) 253
이치권(李致權) 246~247, 341
이토 분키치(伊藤文吉) 75, 353~355, 363
이토 히로부미(伊藤博文) 10, 13, 35, 70, 75, 125~127, 130~132, 140, 147, 157~158, 162~163, 179, 182, 193, 196, 207, 210, 213, 226, 235~236, 239~240, 242, 244~248, 253, 260, 262~265, 267~268, 270, 272~298, 303~304, 306~314, 316~317, 322, 325~328, 332, 335, 337~339, 343, 353~359, 361~364, 366, 374
이토 히로쿠니(伊藤博邦) 75, 363

ㅈ

장지연(張志淵) 186
전제익(全濟益) 203, 205
정대호(鄭大鎬) 146~147, 233, 310, 350
정명섭(丁明涉) 98, 103~104
정미조약[7조약] 157, 193, 245, 303
정순만(鄭淳萬) 186, 235, 238
정옥녀(鄭玉女) 352

정재관(鄭在寬) 235, 238
정하상(丁夏祥) 81, 90
정현석(鄭顯奭) 55, 58, 60
조도선(曺道先) 235~238, 261~262, 267, 281, 283~284, 310, 322, 329, 345, 347
「주신구라(忠臣藏)」 248~249
지바 도시치(千葉十七) 310, 313

ㅊ

차이자거우(蔡家溝) 259, 262~265, 267, 283
『천주실의(天主實義)』 82, 90
최봉준(崔鳳俊) 185~186, 191, 223~224, 237, 350
최시형(崔時亨) 56, 67
최익현(崔益鉉) 29~30
최재형(崔才亨) 171, 175, 178, 182~185, 191, 199~201, 222~224, 237~238, 251~252, 350

ㅋ

코코프체프, V.N.(Kokovsev, V.N.) 282

ㅎ

하야시 곤스케(林權助) 125~126, 133
하얼빈 10, 15, 146~147, 227, 231, 236~240, 242, 244, 247, 251, 254~267, 276, 280~282, 284~286, 289, 291, 294, 296, 303, 310, 325, 341, 347, 350, 361, 364
한용운(韓龍雲) 172, 175, 182
한원교(韓元敎) 97, 99, 102~105
한재호(韓在鎬) 60, 143, 154
항우(項羽) 49, 215
해서교안(海西教案) 110, 133
『해조신문』 171, 186~187, 189, 201, 233, 237
홍범도(洪範圖) 202~203
홍종표(洪宗杓) 84, 155
황일청(黃一淸) 351~352, 354, 359
히라이시 우지히토(平石氏人) 312, 321, 328, 330~331, 373

지은이 | 황재문
1969년 부산에서 태어났고, 서울대학교 국어국문학과에서 『장지연·신채호·이광수의 문학사상 비교 연구』로 박사 학위를 받았다. 한국문학사상사에 관심의 뿌리를 두고서, 중세에서 근대로의 이행기에 전통 사상이 어떻게 수용되었는지에 대한 연구를 진행해왔다. 최근에는 문학과 역사의 경계에 놓인 글들의 의미를 오늘날의 시각에서 재구성해보는 연구를 구상하고 있다. 현재 서울대학교 규장각한국학연구원 HK교수로 재직 중이며, 주요 논문으로는 「안중근의 문학적 형상화 양상 연구」, 「『대동시선(大東詩選)』의 편찬 경위와 문학사적 위상」, 「서간도 망명기 박은식 저작의 성격과 서술 방식」 등이 있다.

안중근 평전
ⓒ 황재문 2011

초판 1쇄 발행 2011년 5월 20일
초판 4쇄 발행 2017년 2월 22일

지은이 황재문
기획 부산대학교 점필재연구소
펴낸이 이기섭
편집인 김수영
기획편집 정회엽, 김남희
마케팅 조재성, 정윤성, 한성진, 정영은, 박신영
경영지원 김미란, 장혜정
디자인 오필민 디자인
표지 사진 독립기념관

펴낸곳 한겨레출판(주) www.hanibook.co.kr
등록 2006년 1월 4일 제313-2006-00003호
주소 121-750 서울시 마포구 효창목길6(공덕동) 한겨레신문사 4층
전화 02-6383-1602~3
팩스 02-6383-1610
홈페이지 www.hanibook.co.kr
이메일 book@hanibook.co.kr

ISBN 978-89-8431-468-9 94900
　　　978-89-8431-466-5 (세트)

*값은 표지에 있습니다.
*파본이나 잘못된 책은 서점에서 교환하여 드립니다.
*이 책에 수록한 사진들은 대부분 저작권자의 동의를 얻었지만, 일부는 저작권 협의를 진행 중입니다.